— 実務に必要な知識を凝縮 —

特許講義録

実用新案・意匠・商標

弁理士　伊丹 健次 著

はしがき

本書の前の版（２０２０年４月１日に発行し希望者に配布）は技術に関する知的創作物であり新しさを生命とする特許、実用新案及び意匠を収載し、これらとは異質で、業務上の信用（good-will）を保護し商品の流通に関する選定物である商標は収載しませんでした。

しかしながら、製品を市場に投入する際に必要な商標も含めてほしいとの声があり、また、平成８年（１９９６年）の改正で立体商標制度が導入されて以来、特許や意匠登録とともに商標（立体）登録がなされ、特許権や意匠権と半永久権的な商標権とのミックスによる「知財権ミックス戦略」が実践されています。例えば、ヤクルトの容器は意匠登録と商標（立体）登録がなされており、たとえ意匠権が失効しても商標権の更新がなされる限り、他社は半永久的に該容器を使用することができません（341頁「〔3〕意匠権と商標権のミックス戦略」）。

世界に目を転じても、スマートフォン端末及びタブレット端末に関して、２０１１年から７年を費やし、米国、韓国、日本等１０か国に及んだアップル社とサムスン社との知財バトルで、アップル社が特許権、意匠権（デザイン特許)、商標権、トレードドレス（trade dress： 製品の形状、包装等から生じる全体的イメージ）等を組み合わせた知財ミックス戦略を展開し、特に、意匠（デザイン）やブランドイメージを重視したことで一躍注目されました。

２０１８年５月、経済産業省と特許庁は「デザイン経営宣言」の報告書で、「デザイン経営」とは、デザインの力をブランドの構築やイノベーションの創出に活用する経営手法であると定義しています。令和元年（２０１９年）の意匠法の改正では、大幅な改正が行われました。

このような実情に鑑み、本書では全面的に見直すとともに、新たに第２６章に「商標」、第２７章に「知財ミックス戦略」を追加しました。
ともかく、半世紀余にわたる知財実務を通しルーティンに必要と思われる知識・情報について、一冊で間に合うワンストップ・ブックを提供するという所期の目的は前の版よりは達成されたのではと考えています。なお不敏・不明による思わぬ間違いや、分かり易さに拘泥するあまり不適切な表現等が含まれているかもしれません。このような点に気づかれた際には、ご教示、ご叱正をいただければ幸いです。

２０２２年7月吉日　　　　　　　　　　　　　　　伊丹　健次

自　序

この講義録は、主としてクライアントの知財力向上の一環として、勉強会や研修会で使用したレジュメや資料を講義録として編集したものです。

これは、ある場末の酒場で、参加者の一人であるＡ氏が口にした次の一言に端を発しています。「勉強会の当日はよく理解したつもりが、一夜明けると朧となり、１週間もするとほとんど記憶から消えています。講義録のようなものがあると有難いのですが・・・」

一瞬聞き流しそうになりましたが、次の瞬間強烈な自省となって跳ね返ってきました。長年の勉強会の効果は精々１週間程度で消滅し、「知財力向上の一環」という高邁な目標は自画自賛や自己満足に終わっていたのかと。もっとも、知財は複雑で１度や２度聞いて、モノにできるような生易しい代物（シロモノ）とは思ってはいませんでしたが。

そこで、この講義録は知財のルーティンの実務に必要な知識・情報をコンパクトに凝縮するとともに、できるだけわかりやすく、一冊で間に合うワンストップ・ブックを目指して作成されたもので、下記にウエイトを置いています。

（１）長大で難解な特許法等の条文の使用は、最小限度とする。なお、できるだけ関連する条文番号を付記したので、実際の手続に際しては、なるべく条文で内容を再確認し、最新の様式（しばしば変更される）にしたがって手続をして頂きたい。

（２）レア・ケースにも言及すると煩雑となるので、思い切ってカットする。

（３）馴染みの薄いと思われる用語等については、読解を中断させる脚注や章末でなく、その都度文章中に（多くの場合は括弧書きで）注釈を付ける。

（４）図表を多用し、視覚的にも整理や理解を助ける。

（５）手続の追完等の救済については、救済要件である「正当な理由」等の基準が厳しいため、原則として言及しない。しかし、特に、我が国では避けられそうにない天災地変等の客観的理由の他、主観的、人為的理由でもその内容によっては救済される可能性がある。とにかく困ったときには、諦めずに特許庁に問い合わせて頂きたい。

なお、特許法等の条文の説明については、「特許庁編　工業所有権法（産業財産権法）逐条解説（第２０版）」を利用させていただきました。引用や参考に際しての要約や言い換え等における不手際があれば、専ら筆者の責任です。学説や裁判例についても同様です。また、誤謬や誤記等に気づかれた際には、ご教示、ご叱正いただければ幸いです。

また、余白に「掲示板」（コラム）を設け、発明・特許に関するトピックス、エピソードや経験の一端を紹介しました。気分転換にでもご笑覧ください。

最後に、このささやかな講義録が、特許実務のルーティン・ワークにいくらかでもお役にたつことを願っています。そして、この講義録のきっかけを作ってくださったＡ氏のご要望にも叶っていることも。

２０１９年１０月吉日

伊丹　健次

知財を学習するにあたって

皆さんこんにちは。今日から知的財産権について一緒に学習します。

学習する量は膨大です。したがって、いきなり本論にはいりたいところですが、これからの理解を助けるために、昨今の知的財産権、特に特許等の産業財産権を取り巻く状況をしばし俯瞰することから始めたいと思います。

多くの方は知的財産権や産業財産権よりも工業所有権のほうに馴染みがあり、特許、実用新案、意匠や商標ならもっと馴染みがあるでしょう。しかし、最近は工業所有権という語はとんと聞くことがなくなり、その代わりに、知財とか知的財産権という語を聞くことが多くなりました。かつて、会社で特許部と呼ばれていた部署は、今日では知的財産部とか、略称して知財部と呼ばれています。

新聞やテレビでも、毎日のように、米国が貿易摩擦や知的財産権の侵害を理由に中国製品に高関税を課す制裁措置を発表したり、強力な貿易制限をかける通商法 301 条を発動するといったことが報じられています。1980 年代には日米間でも同様の問題が生じ、この通商法 301 条は、日本に譲歩を迫る道具として頻繁に使用されました。中国は米国に次いで世界第 2 位の経済大国ですが、当時は、日本も世界第 2 位の経済大国でした。これは単なる偶然でしょうか。それとも 2400 年の時空を超えた「ツキティディスの罠」なのでしょうか。

（プロパテントとアンチパテント）

1980 年代の米国は、自動車、鉄鋼、半導体等の分野における我が国との競争により大幅な貿易赤字に陥り、種々の対策を講じましたが、その中でもヤング・レポートが有名です。ヤング・レポートとは、ヒューレット-パッカード社の社長であった J. A. Young 氏を委員長とし米国の産業競争力の強化を目的として 1985 年に公表されたもので、知的財産権に関しては従来のアンチパテント（anti-patent)政策からプロパテント（pro-patent)政策に切り替え、知的財産権の保護を強化することにより、沈滞していた産業力が復活したと言われています。

“pro-patent (”pro“は”賛成の”とか”支持の“を意味）”は “親（シン）特許”を意味し、“anti-patent（”anti“は”反”とか“非” を意味）”は“反特許”を意味します。

一般にプロパテント政策は「特許重視政策」と訳され、具体的には、特許される対象が拡大され（米国では、1980 年に人工微生物、1981 年にコンピュータプログラム、1998 年にビジネス方法に特許)、また特許性や有効性において特許出願人や特許権者に有利な取り扱いや判断がなされ（特許率が高くなる)、特許侵害訴訟においても特許権者の勝訴率が高くなり（特許権者に有利な拡張解釈である均等論が認められやすい)、損害賠償額も高騰します（1985 年のポラロイド対コダック事件では 1250 億円)。

因みに、我が国では、パチスロ機事件（東京地判平 14.3.19）で 84 億円(被告 2 社の合計)の高額の損害賠償額が出ましたが、9 か月後に特許無効審決が出され、「絵に描いた餅」に終わりました。他方、アンチパテント政策は、上記のプロパテント政策とは正反対です。

（特許制度と独占禁止法）

特許制度は法的に独占を認める制度です。ここで独占は独占禁止法（独禁法）で禁止されているはずでは？と疑問に思う方はいませんか。そうです。特許制度は、私的独占を禁止し競争を促進する独占禁止法に風穴を開ける制度なのです。独禁法の 21 条では、「特許法等による権利の行使と認められる行為には独占禁止法を適用しない。」と明記しています。

しかしながら、特許制度も発明の保護と利用を通じて市場を開拓し競争を促進することを目的としており、独禁法と矛盾するものではなく、むしろ両者は相互に補完する関係にあります。例えば、プロパテント政策が行き過ぎて特許による独占の弊害が強くなると、アンチパテント政策に切り替え独禁法を優先させて特許による独占を制限し、逆に、アンチパテント政策が行き過ぎると、プロパテント政策に切り替え独禁法が後退します。このように両政策は、あたかも時計の振り子のように概ね 40〜50 年周期で交互に使い分けられて、特許制度が産業政策や国家戦略に適合するように調整されます。

2013 年米国最高裁は、天然に存在する DNA の一部を単離した DNA の特許性を否定しました（Myriad Genetics, Inc.）。1980 年頃にプロパテント政策が始まったとすると、それから 30 年余が経ち、そろそろプロパテント政策からアンチパテント政策へ転換する予兆かもしれません。

（日本の知的財産立国）

さて、我が国の状況はどうでしょうか。バブル後に深刻な長期不況に陥った日本は、プロパテント政策による米国産業界の復活を目の当たりにし「２匹目のどじょう」を狙って、米国に約１５年遅れてプロパテント政策を打ち出しました。2003 年に知的財産基本法が施行され、政府に知的財産戦略本部が設置され、知的財産の創造、保護及び活用を推進し産業の国際競争力の強化を図り、知的財産立国（知財立国）を標榜し精力的に活動されています。

しかしながら、過去 15 年間、プロパテント政策を精力的に進めたにもかかわらず、企業の 70%、弁護士の 80%が「知財立国になったと思わない」と答えたとされています（日本経済新聞 2018 年 1 月 15 日）。その理由として、我が国を代表する大手電機会社が外資の傘下に入ったこと、特許出願の公開や、リストラによる技術者の流出や海外拠点の従業員を通じて技術流出が加速したこと、我が国がプロパテント政策に躍起となっている間に、欧米の企業ではプロパテント政策を大きく進化させ、自前主義のクローズド・イノベーションから外部の知識や技術を積極的に取り込み共に成長するオープン・イノベーションの方向に舵を切り、「オープン&クローズ戦略」を推進したこと等を挙げています。

（オープン&クローズ戦略）

最近、「オープン&クローズ戦略」なる用語も最近よく耳にします。これは「自社の技術を他社に利用させるオープン戦略」と「自社の技術を他社に利用させず自社で独占して利用するクローズ戦略」とを組み合わせて高収益化を図る高度な経営戦略です。この戦略の知財面では、例えば、特許等を出願し公開することはオープン戦略であり（ただし、特許権を取得し他社には使用させず自社のみが使用する場合はクローズ戦略となる）、出願せずノウハウ(knowhow 又は know-how)として秘匿することはクローズ戦略です。後者のクローズ戦略は、以前からも、発明が創出されると、出願すべきか又は出願せずにノウハウとして秘匿すべきかについての判断が行われていたことであり、いわば古典的かつ基本的な戦略です。

最近では、特に、この戦略の事業面が脚光を浴びています。例えば、米国のアップルはiPhone(アイフォーン)の技術の中核である iOS を完全秘匿する一方、端末を安く製造するための知財は公開し、中国メーカーに生産を委託したことが報じられています（上掲の日本経済新聞)。2015 年には、トヨタが FCV（Fuel Cell Vehicle: 燃料電池車)特許の無償開放を発表して大きな反響を呼びましたが、その後もパナソニックが IoT（Internet of Things: モノのインターネット）関連特許を、ダイキンがオゾン層を破壊しない新冷媒（HFC-32）関連特許をそれぞれ無償開放しています。もちろん、これらの企業は単純に社会に奉仕し拍手喝采を得るために無償開放したのではなく、自社技術を他社に無償で開放して自社技術の早期普及と市場の育成拡大を図ることにより高収益を得ることを狙ったものです。

かつては、特許は専ら自社で独占的に実施するために取得するものと考えられ、たとえ有償であっても他社に使用させることには消極的で、無償使用に至っては、異議申立や無効審判を請求しないことに対する取引条件に限られていた自前主義（クローズド・イノベーション）を思うと、まさにコペルニクス的転回です。

（五大特許大国の出願状況）

少し世界に目を転じ、世界の特許出願件数の約 80%を占める五大特許大国（IP 5 ）の 2016 年と 2011 年の特許出願数をみると、1 位の中国は 133.9 万件（2016 年）/65.3 万件（2011 年)、2 位の米国は 60.6 万件/54.3 万件、3 位の日本は 31.8 万件/34.3 万件、4 位の韓国は 20.9 万件/18.9 万件、5 位のヨーロッパ特許庁は 15.9 万件/14.9 万件です（出所：松田国際特許事務所「特許申請・特許出願件数の推移」)。中国が出願数、伸びとも断トツで、日本だけが大きく減少しているのが気がかりです。これは多くの会社が特許（知財）戦略を数量から品質にシフトした面もありますが、新興国では日本の特許情報に記載された発明を僅かに改変して出願しているとも言われており、これに対抗するために特許出願を抑えるクローズ（秘匿化）戦略をとった結果である面も否定できません。特に、中国の勢いは凄まじく、国家主導で研究開発費や補助金を投入して知財でも世界一を目指しています。出願数では既に断トツの世界一ですが。

しかし、ここで拱手傍観しているわけにもいきません。日本の優秀な技術者がリストラやヘッドハンティングにより大量に新興国へ流出しており、彼らを通じて漏出した膨大な技術が特許出願され、気がつくと周りは新興国による特許のネットワークが張りめぐらされて身動きがとれなくなり、警告や侵害訴訟への対応に明け暮れるということも決して杞憂とは言えないのです。2010 年には、中国の企業が、日本が供与した新幹線の技術を中国独自の技術として国際出願し、マケドニアに輸出していることが報道され、物議を醸しました。

なお、新興国の肩を持つわけではありませんが、後述するように、特許制度は技術を公開し、公開された技術の利用を奨励する制度であり、極論すれば、技術の模倣を奨励する（その結果、発明を奨励・促進する）制度とも言えます。「発明の利用」か「発明の模倣」かの峻別は事実上不可能であり、この解決は限りなく不可能に近い難題です。

（第4次産業革命以降の知財経営）

AI（Artificial Intelligence: 人工知能）、ロボット、IoT、ビッグデータ、ブロックチェーン等急速に進展している第 4 次産業革命以降のイノベーションは、旧来の自社単独や系列会社内での自前主義を脱却し、外部の同業他社や異業種企業、大学や研究開発機関等と連携して技術革新を起こし、自社の利益を確保するための標準化（製品の品質、形状、寸法等を統一し、共通して使用できる一定の基準を定めること）やオープン・イノベーションへの対応が避けられません。トヨタ自動車とソフトバンク、ソニーとマイクロソフトの提携は世間を驚かせました。2019 年 3 月には、京都四条室町の京都経済センターにオープンイノベーションカフェが登場するご時世です。

近年、IP ランドスケープ（Intellectual Property Landscape: IPL: 知財の環境・展望）なる手法が注目されています。AI 等を活用した知財情報にマーケット情報を統合し、自社、他社の研究開発、事業、市場等の環境を分析し、現状の俯瞰と将来の展望をグラフや模式図でビジュアル化して経営層に提示する手法です。経営層と知財部門とが一体となった知財経営であり、我が国でも取り組みが始まっています（日本経済新聞 2019 年 5 月 13 日）。

最後に、知的財産権制度は上記の五大特許大国の出願状況が示すように、テクノロジーの先進国に利する制度です。世界各地で台頭する反グローバル化、ナショナリズムやポピュリズムの状況下で、知的財産権制度に対し不満をもつ発展途上国や先進国が、自国の利益第一を掲げ、知的財産権制度の世界の枠組みからの離反や変容等、予断を許さないところです。既に、発明のクローズ化、自国企業に有利な判決、有利な判決を求めて裁判地を漁るフォーラム・ショッピング、近年中国で頻発されている禁訴令（自国企業の利益のため中国以外での関連訴訟を禁止）等において、これまでよりも顕在化しつつあります。

以上のように、知的財産権をめぐる環境は内外とも様変わりしています。早速、知的財産権の概要からスタートし、主として特許制度について学習した後、特許と同じく知的創作物に関する制度である実用新案及び意匠について学習し、さらに商品の流通秩序に関する商標、及びこれらの知的財産権を組み合わせた知財ミックス戦略について学習します。

主要参考文献

特許庁編　工業所有権法（産業財産権法）逐条解説〔第２０版〕〔第２１版〕発明推進協会

竹田和彦　特許の知識〔第８版〕－理論と実際―　ダイヤモンド社

吉藤幸朔　特許法概説〔第７版〕　有斐閣

三宅正雄　特許　本質とその周辺　発明協会

中山信弘編著　注解特許法　上巻、下巻　青林書院新社

外川英明　企業実務家のための実践特許法（第６版）中央経済社

青和特許法律事務所　弁理士　下道晶久著　出願人のための特許協力条約（PCT）改訂版　発明協会

奥田百子　国際特許出願マニュアル「特許協力条約」活用の実務　中央経済社

高田　忠　意匠　有斐閣

斎藤瞭二　意匠法概説　有斐閣

網野　誠　商標　商標（新版再増補）有斐閣

三宅正雄　商標法雑感　冨山房

村林隆一　審決取消訴訟の実務　経済産業調査会

日本弁理士会編著　改訂版　知的財産権侵害訴訟実務ハンドブック　経済産業調査会

山田勇毅　戦略的特許ライセンス　ー特許ライセンス契約の留意点ー　経済産業調査会

監修　北川善太郎・斉藤　博　三省堂 知的財産権辞典　三省堂

永野周志　注解特許権侵害判断認定基準第２版　―裁判例からみたクレーム解釈の実務―　ぎょうせい

浜野哲郎　裁判例から見た特許明細書　東洋経済新報社

特許庁 特許の審査基準及び審査の運用　平成 30 年度、令和元年度

特許庁 商標の審査基準及び審査の運用　令和元年度

特許庁 知的財産権制度入門　2020 年度、2021 年度

別冊ジュリスト　特許判例百選　有斐閣

角田正芳編　判例付き知的財産権六法 2019　三省堂

高瀬彌平　特許権侵害訴訟判決ガイド（１）～（７）　パテント 2003　Vol. 56　No. 5，　No.7,　No.8,　No.9,　No.10,　No.11,　パテント 2004　Vol. 57　No. 5　日本弁理士会

特許法の世界/判例集　特許ニュース　判例タイムズ　判例時報　特許管理　知財管理

凡　例

（法令等の略語）

特	特許法	実	実用新案法
意	意匠法	商	商標法
施規	特許法施行規則	独禁	独占禁止法
不競	不正競争防止法	民	民法
民訴	民事訴訟法	パリ	パリ条約
PCT	特許協力条約		

（裁判例の裁判所の略記）

大審判	大審院（ 明治憲法下での最高の司法裁判所）		
最高判	最高裁判所	大阪地判	大阪地方裁判所
京都地判	京都地方裁判所	東京地判	東京地方裁判所
東京高判	東京高等裁判所	知財高判	知的財産高等裁判所

目　次

第1章　知的財産権と特許制度

1　知的財産権

知的財産基本法（平成１４年（２００２年）１２月４日法律第１２２号）は、知的財産の創造、保護及び活用に関する基本施策を定めたもので、その２条２項で、『知的財産権とは、特許権、実用新案権、育成者権、意匠権、著作権、商標権その他の知的財産に関して法令により定められた権利又は法律上保護される利益に係る権利をいう。』と定義されています。

図表１－１　知的財産権

	種類		法律名	保護対象	審査の有無	保護期間
知的財産権	産業財産権（工業所有権）	特許権	特許法	発明（物、方法の技術）	有	２０年（出願から）（２５年に延長可）
		実用新案権	実用新案法	考案（物品の形状、構造、組合せ）	無	１０年（出願から）
		意匠権	意匠法	デザイン（物品の形状、模様、色彩、画像）	有	２５年（出願から）＊
		商標権	商標法	商標（商品、サービスの識別標識）	有	１０年（更新可）
	その他の権利	回路配置利用権	半導体集積回路の回路配置に関する法律	半導体集積回路の回路配置の利用	無	１０年（登録から）
		育成者権	種苗法 特許法	植物の新品種	有	２５年（登録から）（果樹等　３０年）
		商号権	商法	商人の名称	—	—
		不正競争防止法上の権利	不正競争防止法	他人の商品、営業との混同防止	—	—
		営業秘密ノウハウ	不正競争防止法	顧客リスト、ノウハウの盗用等の防止	—	—
	著作権		著作権法	文芸、学術、美術、音楽、プログラム等	—	５０年（著作者の死後）（７０年に延長＊＊）（映画　公表後７０年）

＊令和元年の改正法（２０１９年5月１０日成立、同月１７日公布）により、「登録日から２０年」が「出願日から２５年」に改正（２０２０年４月１日以降の出願に適用）
＊＊２０１８年１２月３０日の前日において、著作権が消滅していない著作物に適用。

知的財産権（Intellectual Property Rights）は、〔１〕産業財産権（特許権、実用新案権、意匠権、商標権：従来の工業所有権）、〔２〕その他の権利（回路配置利用権、育成者権、商号権、不正競争防止法上の権利、営業秘密・ノウハウ）、及び〔３〕著作権に大別されます。なお、知的財産権は、知的所有権又は無体財産権とも言われます。

〔１〕産業財産権

（１）特許権

特許法で保護されます。物又は方法についての技術的なアイデア（発明）が対象で、植物、動物、微生物、コンピュータプログラム、ビジネスモデル（方法）等が含まれます。審査され、出願日から２０年保護されます。医薬品、農薬については最長２５年まで延長されます。また、審査遅延による場合は、遅延期間の範囲内で延長されます（ＴＰＰ(環太平洋パートナーシップ協定)の規定により２０２０年３月１０日以降の特許出願に適用)。

令和元年（２０１９年）の改正法により、査証制度（立ち入り検査）の新設と損害賠償額の算定方法の見直しがなされました。査証制度は、侵害の立証を容易にするために、被疑侵害者の工場等に立ち入り侵害立証に必要な調査を行い、裁判所に報告書を提出する制度です（施行日は２０２０年１０月１日)。損害賠償額の算定方法の見直しは、賠償額が大きくなるように改正されました（施行日は２０２０年４月１日)。

令和３年（２０２１年）の改正法により、新型コロナウイルス感染拡大に対応し、審判等においてウエブ会議システムの口頭審理が可能となり（施行日は２０２１年１０月１日)、侵害訴訟における第三者意見募集制度の新設等がなされました（施行日は２０２２年４月１日)。

令和４年（２０２２年）5月 11 日、経済安全保障推進法が成立し、その中に軍事関連技術や先端技術の流出防止のために、これらを非公開とする秘密特許制度の導入が含まれ、施行日は公布から２年以内（２０２４年5月 17 日まで）です。

（２）実用新案権

実用新案法で保護されます。物品の形状、構造、組合せについての技術的なアイデアである考案が対象ですが、特許ほど高度でなくてもよく、また方法は含まれず、小発明とも言われます。ライフサイクルの短い物品等に適しています。無審査で、出願日から１０年保護されます。無審査のため、権利行使するには、登録性を有する内容の技術評価書（言わば権利付与後の審査）を提示して警告する必要があります。登録性が無いのに権利行使を認めることは制度の目的に合致しません。

（３）意匠権

意匠法で保護されます。物品（部分を含む）の形状、模様、色彩、これらの結合、建築物、画像で、物の外観であるデザインが対象です。審査され、出願日から２５年保護されます。令和元年の改正法（２０１９年）により、保護対象が拡充され、存続期間が特許権と同様に、「出願日から２５年」に改正されました（２０２０年４月１日以降の出願に適用)。

令和３年（２０２１年）の改正法により、海外事業者が模倣品を直接個人宛に郵送等により持ち込む行為が「輸入」に含まれ、意匠権侵害として税関での輸入差止や裁判での差止、損害賠償請求が可能となりました（２０２２年10月１日施行)。

（４）商標権

商標法で保護されます。商品やサービスについて自他を識別するための標識で、文字、図形、記号、立体的形状、色彩、これらの結合、音、位置、動き、ホログラム、色からなります。審査され、登録日から１０年保護されます。商標は使用するほど業務上の信用（goodwill）が蓄積されるので、１０年毎の更新が何度でも可能です。

令和３年（２０２１年）の改正法により、海外事業者が直接個人宛に郵送等により持ち込む行為が、上記意匠権の場合と同様、商標権侵害となりました（２０２２年10月１日施行)。

〔２〕その他の権利

知的財産権のうちその他の権利としては、回路配置利用権、育成者権、商号権、不正競争防止法上の権利、営業秘密・ノウハウがあります。

（１）回路配置利用権

半導体集積回路の回路配置に関する法律で保護されます。半導体の回路配置（回路素子及び導線の配置）が対象で、無審査ですが、回路配置を利用した製品を製造販売してから２年以内に申請をしないと登録されません。登録日から１０年保護されます。

（２）育成者権

種苗法で保護されます。植物の新品種が対象で、審査され、登録日から２５年（果樹等の永年性植物は３０年）保護されます。また、植物の新品種は特許法でも保護されます。

令和２年（２０２０年）の改正法では、イチゴやシャインマスカット等の優良品種の海外流出を防止するため、品種の出願時に栽培地域を国内や特定の都道府県等に限定できるようになり（２０２１年４月１日施行)、また、登録品種の自家増殖に許諾が必要になりました（２０２２年４月１日施行)。

（３）商号権

商法で保護されます。商人の営業上の名称が対象で、登記が望ましいですが登記なしでも保護されます。商号は使用により経済的価値を有するので、保護期間の制限はありません。

（４）不正競争防止法上の権利

競業者や一般消費者の利益保護を図るために、他人の周知又は著名な商号、商標などの商品等表示と同一又は類似の表示の使用、競争関係にある他人の営業上の信用を害する虚偽事実の告知又は流布による信用毀損等の不正競争行為を防止します。他人の商品等表示は意匠や商標を含みますが、意匠法や商標法のように登録は要件でありません。

（５）営業秘密・ノウハウ

営業秘密については、不正競争防止法２条６項では、「営業秘密とは、秘密として管理されている生産方法、販売方法その他の事業活動に有用な技術上又は営業上の情報であって、公然と知られていないものをいう。」と定義されています。即ち、不正競争防止法により保護される営業秘密は、(1) 秘密管理性、（２）有用性、（３）非公知性の３要件が必要です。３要件が満たされている間は保護されます。

ノウハウについては、国際商業会議所（ICC: International Chamber of Commerce）のノウハウ保護基準条項では、「ノウハウとは、単独で又は結合して工業目的に役立つある種の技術を完成し、又はそれを実際に適用するために必要な秘密の技術知識と経験又はそれらの集積をいう。」と定義されています。ノウハウ（know-how）は「どんな方法か（how）を知る(know)」を意味する技術知識や情報であり、技術秘訣と訳されることもあります。

〔３〕著作権

著作権法で保護されます。文芸、学術、美術、音楽の分野において、思想又は感情を表現した創作物が対象で、ソフトウェアも含まれます。創作物を創作した時点で自動的に権利が発生し、登録等は不要です（無方式主義）。正式な著作者であると証明したい場合は、文化庁で登録できます。これまで著作物の保護期間は著作者の死後５０年でしたが、ＴＰＰ(環太平洋パートナーシップ協定)が２０１８年１２月３０日に発効したことにより、同日の前日において著作権が消滅していない著作物については７０年に延長されました。映画の著作物は従来と同じ公表後７０年です。保護期間の計算方法は、死後、公表、創作した年の翌年の１月１日から起算します。

なお、「©」（マルシー・マーク）のＣは copyright (著作権)の略ですが、日本は無方式主義を採用しているので「©」表示をしなくても保護されます。

2 特許制度

世界最初の特許法は、１４７４年のヴェネチア特許法とされています。

我が国において、実質的に最初の特許制度は、明治１８年（１８８５年）４月１８日に公布、同年７月１日に施行され、先発明主義を採用した専売特許条例に始まります。初代専売特許所長は、昭和１１年（１９３６年）の陸軍青年将校によるクーデター２．２６事件で殺害された高橋是清（当時大蔵大臣）です。公布の日である４月１８日は、「発明の日」とされています。その後、数次の改正が行われ、特に、大正１０年（１９２１年）法では先発明主義を先願主義に改め、現在の特許法は昭和３４年（１９５９年）４月１３日に公布、同３５年（１９６０年）４月１日から施行され、以後、毎年のように改正されています。

図表１－２は、特許制度を模式化したものです。

図表１－２　　特許制度

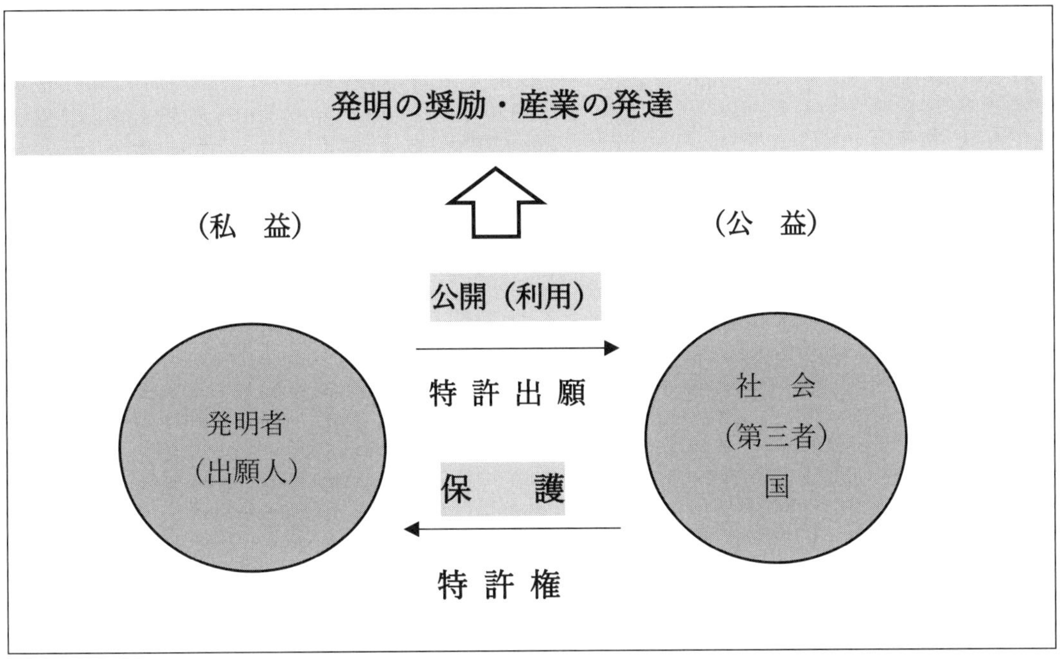

特許を意味する英語“patent” は、「公開」を意味するラテン語に由来すると言われています。即ち、特許制度とは、発明を社会(第三者)に**公開**させるための制度です。一体何のために公開させるのでしょうか？　発明を公開させる目的は、発明の**利用**を図るためです。

（１）発明の公開（利用）

①発明の創成

第三者は公開された発明の課題（問題点）を改良する発明をし、あるいは、この発明からヒントを得て別の発明をし、科学技術を進歩させ産業の発達に寄与します。

②発明の実施

出願人（又は発明者）が発明を自ら実施したり、他人に実施させることにより製品化して、国民生活を豊かにし産業の発達に貢献します。特許権の存続期間中は特許権者の許諾が必要ですが、存続期間経過後は誰でも自由に実施できます。

しかし、いかに科学技術や産業の発達に貢献し、国民生活を豊かにするからといって、長年努力し、多額の資金をつぎ込んで開発した自分の発明を他人が改良発明に利用したり、実施することを簡単に容認できるでしょうか。他人に利用・模倣され損では、発明をする意欲は減退し、仮に発明をしても、次からは公開（出願）しないで秘匿化（ノウハウ化）することを選ぶでしょう。それでは特許制度の上記目的を到底達成することはできません。

（２）発明の保護

そこで、特許制度は発明公開（利用）の代償（見返り）として、一定期間、特許権という強力な独占排他権を与えて発明を**保護**しようというわけです。これにより、出願人、即ち特許権者はこの独占排他権の下で他人を排除して独占的に実施することにより大きな経済的利益（創業者利益）を得ることができ、発明者の発明努力は報われ、投入した研究開発費は回収され、さらに大きな創業者利益が得られる可能性があります。その結果、発明者はインセンティブ（incentive：刺激、動機）が付与されて発明の意欲は鼓舞され、次の発明も積極的に公開（出願）しようという気になるでしょう。

以上のように、特許制度は発明者（出願人）の「私益」（発明の保護）と社会（第三者）の「公益」（発明の公開・利用）とが恰も車の両輪のようにバランスして初めて目的が達成されるのであり、いずれの側に偏っても制度目的は達成されないのです。特許庁における特許性の判断等から裁判所における侵害の判断等を含め、すべて特許制度の目的が十分に達成されるように配慮しながら遂行されているといって過言でありません。

特許法は１条で、特許制度の目的を「発明の保護及び利用を図ることにより、発明を奨励し、もって産業の発達に寄与することを目的とする。」と宣言しています。

発明の公開と秘密特許制度

ところで、令和４年（２０２２年）５月 11 日に成立した経済安全保障推進法に含まれる秘密特許制度は、軍事関連技術や量子等の先端技術の流出を防止するために、これらの技術を非公開とするものですが、これは安全保障等の国家の政策的理由から、特許制度の大原則である公開を例外的に制限するものです。

秘密特許制度は多くの国で採用されており、G7 の中では採用していないのは日本だけで、G20 の中では日本、メキシコ、アルゼンチンだけです。しかし、秘密特許制度は我が国も明治３２年（１８９９年）法以来採用していましたが、敗戦国の戦後措置の関係で昭和２３年（１９４８年）の改正で廃止された経緯があります。

第2章　発明と発明の種類

1　発明

特許法の２条１項で、「発明とは、自然法則を利用した技術的思想の創作のうち高度のものをいう。」と定義されています。これは発明の成立要件で、これを要件ごとに分説すると図表２－１のとおりです。

図表２－１　発明（2条１項）

	発明の要素	説　　明
1	自然法則を利用	万有引力等の自然界における法則を利用したもの。 　人為的な取り決め（販売方法、遊戯方法等）、数学上の法則、一本足打法、ルール等は自然法則を利用したものでない。
2	技術的思想	技術そのものである必要はなく、より抽象的、概念的な手段でよい。実施可能性、反復可能性が必要である。
3	創　　作	発明時に主観的に新しいとの意識でよい。
4	高　　度	実用新案法の考案（発明より低度でよい）と区別するための観念的なもので、あまり意味がない。

2　発明の種類（カテゴリー）と発明の実施

発明の種類（カテゴリー）と発明の実施は２条３項で規定されており、まとめると下記の図表２－２のとおりです。

図表２－２　発明の種類（カテゴリー）と発明の実施（2条３項）

<table>
<tr><th></th><th colspan="2">発明の種類（カテゴリー）</th><th>例</th><th>発明の実施</th></tr>
<tr><td rowspan="3">発明</td><td colspan="2">物の発明</td><td>機械、電動機、樹脂、化学物質、成形品、手袋、窓枠構造、ラミネート紙、填料、字消し</td><td>物の生産、使用、譲渡、輸出、輸入、譲渡の申出等</td></tr>
<tr><td rowspan="2">方法の発明</td><td>単純方法の発明（生産物なし）</td><td>測定方法、制御方法、分析方法、使用方法</td><td>方法の使用</td></tr>
<tr><td>物を生産する方法の発明（生産物あり）</td><td>塩化ビニル樹脂の製造方法、染毛料の製造方法、填料の製造方法、パンの製造法、字消しの製法　ピリジン誘導体の生成方法</td><td>生産方法の使用、生産した物の使用、譲渡、輸出、輸入、譲渡の申出等</td></tr>
</table>

（註１）「生産」：工業的製造に限らず動植物を作り出すことも含むため「製造」ではなく

「生産」を使用。(実用新案では工業的製造に限るので「製造」を使用)
（註２)「輸出」：輸出に至るまでの国内での行為（属地主義から（205 頁))

（１）「 物の発明」と「方法の発明」

発明は、大別して「物の発明」と「方法の発明」とに分類され、さらに「方法の発明」は「単純方法の発明」と「製造方法の発明」とに分類されます。「物の発明」には、機械、成形品等の製品的なものと、化学物質、組成物等の材料的なものを含みます。

「方法の発明」は、経時的要素（複数の行為の場合は逐次性：例えば、「A を行い、(次に) B を行う」）を含むとされ(**放射作用を遮断する方法事件**　東京高判昭 32.5.21)、「単純方法の発明」は、「測定方法」のように生産物を伴うことがなく、「製造方法の発明」は「A と B を５０～８０℃で反応させる C の製造方法。」のように生産物（C）を伴います。

（２）「 物の発明」と「製造方法の発明」の特許権の効力

「物の発明」とするか「製造方法の発明」とするかは出願人の自由ですが、特許権の効力に大きな差があるので、慎重に選択する必要があります。即ち、「物の発明」の特許権の効力は、物が同一であればよく製造方法には限定されない（即ち、全ての製造方法に及ぶ）ので極めて強大です。これに対し、「製造方法の発明」の特許権の効力は、その製造方法の使用及びその方法により製造した物の使用、譲渡等に限定されます。「製造方法」は、「製造法」又は「製法」とも表現されます。

（３）「物の発明」は侵害の発見が容易

「物の発明」の場合は製品を入手して、見たり、分析又は分解（リバース・エンジニアリング）すれば侵害しているかどうか（発明の範囲内に入るかどうか）を判断しやすいのに対し、「製造方法の発明」の場合は、製品を入手して製品を見たり、分析しただけでは分からず、相手の工場に踏み込み実際に工程を見ないと分かりません。例えば、上記の「A と B を５０～８０℃で反応させる C の製造方法。」では、製品を分析すれば反応原料として A と B を用いていることは分かる可能性があるとしても、「５０～８０℃で反応」させたかどうかまでは分かりません。このため侵害しているかどうかの判断が事実上不可能です。

したがって、侵害を見つけやすい観点からは「製造方法の発明」よりも「物の発明」の方で特許を取得するのが望ましく、十分な発明の保護の観点からは「物の発明」と「製造方法の発明」の両方で特許を取得するのが一層望ましいと言えます。

では「製造方法の発明」について特許を取得しても意味がないのかどうか。侵害の発見が事実上不可能だからといって、巨額の設備投資をして他人の製造方法特許を実施し製造販売することに簡単に踏み切れるかどうか。万一侵害が露見した場合には製造販売が差止められ、ユーザーに迷惑をかけ、さらに損害賠償を請求され会社に迷惑をかけること等を考えると、実際には、そう簡単には「ゴー」のサインは出せないでしょう。侵害の事実は内部告発により公になることもあります。一度侵害の事実が明らかになれば、会社の信用失墜は避けられません。製造方法特許の効力は、主にこのような抑止力にあると思われます。

なお、令和元年（２０１９年）の改正法により、侵害の立証を容易にするために、被疑侵害者の工場等に立ち入り侵害立証に必要な調査を行い、裁判所に報告書を提出する査証制度が導入されました（施行日は２０２０年１０月１日）。これにより、侵害の発見が容易となり、製造方法特許を取得する実効性が高まることが期待されます。

（４）その他の発明の種類

①「方式」又は「システム」

「方式」又は「システム」（例えば、「電話方式」）は、「物の発明」として扱われます。

②「使用」及び「利用」

「使用」及び「利用」は、「使用方法」として扱われます。例えば、「物質Ｘの殺虫剤としての使用」は、「物質Ｘの殺虫剤としての使用方法」を意味するものとして扱われます。

③「プロダクト・バイ・プロセス(product-by-process: PBP)」

「プロセス（製造方法）で限定されたプロダクト（物）」で、プロダクト（物）を構造や特性では特定できない場合に、例外的に認められるものです。一般に「～(製造方法)により得られるＸ(“X obtained by ～” 又は ”X obtainable by ～”)」の形をとります。例えば、ポリマー(重合体)は、構造式や、繰り返し単位、分子量、固有粘度等の理化学的性質を規定することにより特定されますが、このような特定が不可能又は困難な場合、例えば、グラフト重合体は、一般に、「ゴム質重合体Ａの存在下で、単量体混合物Ｂを重合させて得られるグラフト重合体。」のように製造方法を加える形で表現されます。

しかし、物の発明（グラフト重合体）の中に製造方法（ゴム質重合体Ａの存在下で、単量体混合物Ｂを重合させる）が入っているため、「物の発明」か「製造方法の発明」かが明確でなく、また、その製造方法により製造された物に限定されるのか（**製法限定説**）、それとも、物が同一であればよく他の製造方法で製造された物も含まれるのか（**物同一説**）について議論があります。製法限定説をとるのであれば、製造方法の発明「ゴム質重合体Ａの存在下で、単量体混合物Ｂを重合させるグラフト重合体の製造方法。」と変わらず、わざわざ物の発明とする意味がありません。

近年、最高裁は、プロダクト・バイ・プロセス・クレームの技術的範囲については、製法が異なっても同一の構造，特性の物であればクレームに含まれる（物同一説）と判示し、またクレームの有効性に関しては、「構造や特性での特定が不可能か又は実際的でない事情」

（以下、「不可能・非実際的事情」と記す）がある場合に限って物の発明（物同一説）として認められ、そうでない場合には「発明が明確でない（明確性違反）」（記載不備）として拒絶されると判示しました（**プラバスタチンナトリウム事件**　最高判平 27.6.5）。

しかしながら、「不可能・非実際的事情」がある場合とは、一体どのような場合を指し、どのように立証するのか不明です。「可能」は証明できても「不可能（又は可能でない）」の証明は事実上できないのです。その理由は「すべての可能性」を検討し、「すべてが不可能である」ことを証明する必要があるためで、このような証明は「悪魔の証明」と言われます。この判決を受けて、審査する特許庁も該判決に拘束される立場上、審査基準において「技術的に不可能であったこと、過大な経済的支出又は時間を要すること」を事情として挙げていますが、まるで禅問答のようで基準は一向に明確になったとは言えません。また、この最高裁判決により多数の既存の PBP 特許が無効となる可能性があることや、基準が不明確なため特許庁と裁判所との間で判断が分かれる可能性がある等、多くの問題を含んでいます。

私見としては、「不可能・非実際的事情」が（立証でき）ない場合に明確性違反として拒絶するのは発明保護の目的に沿わず、従来のように、製造方法への補正や訂正をすることなく「製法限定説」を採るのが妥当と思われます。特に、PBP 発明は、審査過程において製造方法の相違に基づき引用文献との（物）の違いを主張して特許性が認められる場合が多く、したがって、“「製造方法が相違するから特許性がある（製法限定説）」との審査段階での主張と相反し、「他の製造方法で製造された物も含む(物同一説)」と主張することは禁反言（191 頁）により禁じられる”とする考えで、上記最高裁の判決以前の裁判例とも整合します（**抗真菌外用剤事件**　東地判平 9.11.28）。しかし、下級審で別の判断をしても上告されると最高裁で覆されるため、上告しないか最高裁が上記判例を変更することが必要です。

なお、上記最高裁の判決以降は明確性違反とされるケースの増加が懸念されましたが、「製造方法が記載されている場合であっても、当該製造方法の記載が物の構造又は特性を明確に表しているときは不可能・非実際的事情の主張立証を要しない」「明確性要件違反はない」とする裁判例（**ローソク事件**　知財高判平 28.9.29、**内部導光ロール事件**　知財高判平 28.11.8、**無洗米事件**　知財高判平 29.12.21）が続き、大きな混乱は避けられそうです。

3　実務的観点からの発明の種類

実務的観点からは、図表２－３に示すように、基本発明、改良発明、応用発明、周辺発明、防衛発明、結合発明、単独発明、共同発明、数値限定発明、パラメータ発明、ビジネスモデル、用途発明、選択発明、利用発明等に分類されます。これらの発明は特許法には記載されていませんが、「これは基本発明」とか「これは選択発明」のように、発明をその特徴で区別できる利便があり、実務上よく使用されます。

図表2－3　実務的観点からの発明の種類

基本発明	原理的で実施を避けて通れないような基本的な発明。パイオニア発明とも。
改良発明	先願（基本）発明に改良を加えた発明。多くの発明は改良発明である。
応用発明	先願（基本）発明を応用（発展）した発明。改良発明や周辺発明も含まれる。
周辺発明	先願（基本）発明の周辺を取り巻く発明。改良発明や応用発明も含まれる。
防衛発明	権利化を目的とせず、他人の特許取得を防ぐための発明。
結合発明	技術Aと技術Bとを組み合わせた発明。特に、公知技術の組み合わせにより顕著な効果を有する発明。
単独発明	1人の発明者がなした発明。
共同発明	2人以上の発明者が共同でなした発明。
数値限定発明	公知発明に数値限定して構成される発明。数値限定のない公知発明に新たに数値限定した発明と、数値限定のある公知発明に別の数値限定した発明がある。
パラメータ発明	物性値（物理的・化学的性質：パラメータ）により特定されている発明。物質に共通する物性により特定されるため、一般に、化学式や化学構造で特定される物質よりも広い権利範囲となる。
ビジネスモデル	ビジネス方法とも言われ、コンピュータ技術と組み合わせたビジネス方法の発明。コンピュータ技術を使用しないビジネス方法そのものは、特許の対象ではない。
用途発明	物質（既知又は新規）の未知の属性の発見に基づく新規用途の発明。
選択発明	先願発明に形式的には含まれるが具体的には記載のない下位概念を選択した発明。進歩性のためには顕著な効果が必要。
利用発明	先願発明の特許要旨全部を含み、これをそっくり利用した発明（そっくり説）。後願発明を実施すれば必然的に他人の先願発明を実施する関係にある発明。

先願発明：狭義の先願のみならず、先の出願日を有する発明（先行発明）を指す。

基本発明は文字通り原理的な発明で、他人による侵害回避が容易でないような強大な発明です。しかし、実際に物を工業的に生産するには基本発明の原理的技術だけでは十分でないことが多く、通常、製造条件等について改良発明等によって補われ、強力な特許網（ネットワーク）が構築されます。

また、他人が強大な基本特許を取得し、これを回避して実施することが困難又は不可能な場合は、この基本特許の周りに改良発明等の特許網を張り巡らして身動きできないようにし、ライセンス（実施許諾）の交渉に持ち込むといった戦術が採られる場合があります。

さらに、用途発明、選択発明、利用発明の基本（ベース）となった発明という意味で基本発明という場合があります。

改良発明は先願（基本）発明に改良を加えた発明、**応用発明**は先願（基本）発明を応用（発展）した発明、**周辺発明**は先願（基本）発明の周辺を取り巻く発明で、これらは殆ど区別することなく使用されます。

防衛発明は当面は実施する予定がないが、将来実施する可能性があるような場合に、他人の特許取得を防ぐために出願する発明で、防衛出願と言われます。もっとも、自ら実施する事情が生じた場合や、他人の実施が判明したような場合は権利行使に備え、方針を転換して特許を取得することになります。

結合発明は、広義には複数の技術要素を組み合わせた発明ですが、特に、複数の公知の技術要素を組み合わせることにより顕著な効果を奏する発明を言います。

単独発明は１人の発明者がなした発明です。**共同発明**は２人以上の発明者が共同でなした発明で、特許を受ける権利は共有となり、共同で出願することになります。

数値限定発明は、広義には数値限定を含む発明ですが、厳密には公知発明に数値限定して構成される発明です。数値限定発明には、①数値限定のない公知発明に新たに数値限定した発明と、② 数値限定のある公知発明に別の数値限定した発明があります。

パラメータ発明は、物性値（物理的・化学的性質：パラメータ: parameters）により特定されている発明です。パラメータとしては、例えば、融点、沸点、粘度、元素分析値、屈折率，紫外スペクトル、赤外スペクトル、核磁気共鳴値，結晶形、引張強度、曲げ強度、透明度、白色度、数式等が挙げられます。パラメータ発明は、物質に共通する物性により特定されるため、一般に、化学式や化学構造で特定される物質よりも広い権利範囲となります。

また、パラメータ発明は数値限定発明とも一部重複しますが、数値限定発明は、例えば、「ＡＢＳ樹脂２０～５０重量%とポリカーボネート樹脂８０～５０重量%からなる樹脂組成物。」の場合、ＡＢＳ樹脂、ポリカーボネート樹脂のそれぞれの配合割合から具体的に選定した組成の実施例は容易に考えられ（例えば、実施例：ＡＢＳ樹脂　３５重量%、ポリカーボネート樹脂６５重量%からなる樹脂組成物）、発明の範囲も明確です。

一方、パラメータ発明は、例えば、「極限粘度〔η〕（メチルエチルケトン中，３０℃で測定）が０．１～１．５ｄｌ/ｇであるゴム強化ビニル系樹脂。」の場合、たとえ〔η〕が「０．３」や「１．２」の実施例（製造例）が示されていたとしても、〔η〕が「０．４」のゴム強化ビニル系樹脂は、実施例「０．３」の近隣であるにもかかわらず、一体どのように製造すれば得られるのか当業者といえども容易ではありません。この場合、〔η〕を調整する条件、即ち、〔η〕を「大きくする条件Ｌ」や「小さくする条件Ｓ」の記載があれば、〔η〕が「０．３」の実施例で示された製造条件に〔η〕を「大きくする条件Ｌ」を加えることにより、過度の試行錯誤をすることなく「０．４」のゴム強化ビニル系樹脂が得られることになります(実施可能要件)。なお、発明の範囲は、数値限定発明ほど明確ではありません。

ビジネスモデルは**ビジネス方法**とも言われ、コンピュータ技術と組み合わせたビジネス方法の発明です。コンピュータ技術を使用しないビジネス方法そのものは、技術的思想ではないので特許の対象ではありません。１９９８年に、米国のCAFC（Court of Appeals for the Federal Circuit：連邦巡回控訴裁判所）は、ステート・ストリート・バンク（State Street Bank）事件で、ハブ・アンド・スポーク（Hub and Spoke）特許と呼ばれる投資信託の運用方法に関するビジネス方法の発明が特許の対象となることを認めました。この事件を契機として、我が国でもブームとなり、間もなく特許査定率の低さ等から下火となりましたが、近年、ＩＴ（情報技術）と金融を融合した金融テクノロジー（フィンテック：FinTech）の急成長とともに急回復しています。

上記の発明の中で、特に、他人の特許と関連し権利の調整の必要な、**用途発明**、**選択発明**及び**利用発明**が重要ですので以下に詳述します。

４ 用途発明

（１）用途発明

用途発明は、審査基準によれば、「ある物の未知の属性を発見し、この属性により、当該物が新たな用途への使用に適することを見出したことに基づく発明」と定義されています。「ある物」とは既知(公知)物質、新規物質の両方を含み、①「殺虫剤」のように「～剤」形式のもの、②「染毛料」のようにそれ自体で用途を限定するもの、③「～用組成物」のように用途限定するもの等の「物の発明」としてもよく、また④「殺虫方法」のように「方法の発明」としても成立し、⑤「殺虫剤としての使用」も「使用方法」として認められます。

例えば、用途発明の先駆けとされる殺虫剤ＤＤＴ（ジクロロジフェニルトリクロロエタン）は、既知の化合物の殺虫効果・用途を見つけたもので、日本特許第１６９６６５号（特許日：昭和２０年（１９４５年）１月３０日）は下記のように「方法の発明」とされています。

「１モルのクロラール又はブロマールと２モルの交換しうる水素原子を有する化合物との縮合したる構造を有する化合物を用いる害虫又は卵及び幼虫を殺す方法。」

（２）用途発明の実施

用途発明はある物質を特定の用途に利用する関係にあるので、該物質に特許が付与されている場合は、該特許との間に従属関係（利用関係）が発生します（後出の「６利用発明」参照）。したがって、たとえ用途発明について特許を取得したとしても、物質特許権者に無断で該用途特許発明を実施することはできず（72 条）、実施すれば侵害です。しかし、後述するように、物質特許権者の実施許諾又は特許庁長官の裁定による実施権により、用途特許発明を実施する道が開かれます（92 条）。なお、物質特許権者としては、他人に用途特許を取られると、用途、即ち、販売分野が制限されるので、積極的に用途特許も取得すべきです。

5　選択発明

（１）選択発明

選択発明は、「上位概念で構成された先願発明に形式的には含まれるが、先願発明（明細書、図面）に具体的には記載のない下位概念を構成要素として選択した発明」です。

図表２－４は、選択発明の模式図を示しています。

図表２－４　選択発明

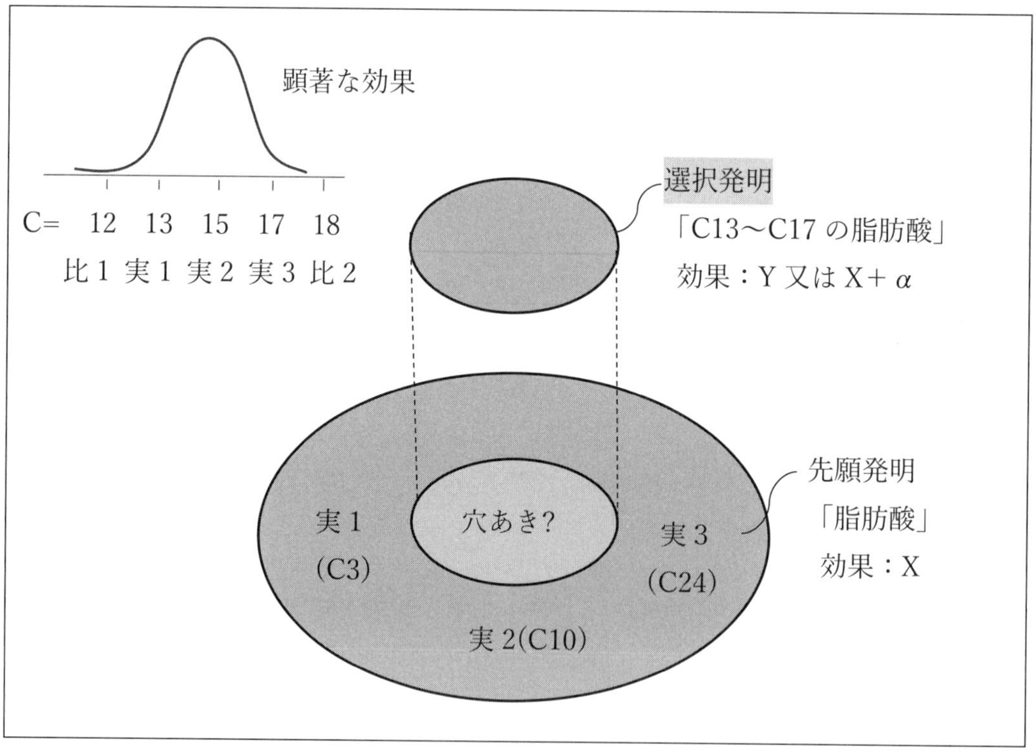

上記図表２－４に示す例では、先願発明は「脂肪酸」（肉、魚等の脂質を構成し反応性に富み、炭素数 C1〜C32 からなる）を要件とする発明で、その効果は X であり、実施例１は「C３」、実施例２は「C１０」、実施例３は「C２４」で、炭素数が小さい脂肪酸「C３」か

ら、中程度の脂肪酸「C１０」及び大きい脂肪酸「C２４」までカバーしています。

これに対し、選択発明は「C１３〜C17 の脂肪酸」を要件とする発明で、先願発明の効果Xとは異種の効果Yを奏するか、又は同質の効果XであるがX＋αと顕著に向上（例えば、α＝２０％）することを見出した例です。「C１３〜C17」の範囲で顕著な効果が得られることは、比較例１（C１２）、実施例１（C１３）、実施例２（C１５）、実施例３（C17）及び比較例２（C18）によって示されています（なお、出願では顕著な効果の図示は不要）。

このように先願発明が他人の特許発明である場合には、選択発明は他人の陣地（特許）の中に自分の陣地（特許）を築くということです。したがって、選択発明が特許されるには、先願発明に対して、通常の発明では「効果」でよいのに比べ、よりハードルが高い「顕著な効果」が必要です。この顕著な効果には、「異質の効果」と「同質の効果」とがあります。異質の効果は、例えば、先願発明の効果が「純度」の向上であるのに対し、選択発明の効果が「収率」の向上であるような場合であり、同質の効果は、例えば、選択発明の効果も先願発明の効果もともに同じ「純度」の向上ですが、選択発明の「純度」は先願発明の「純度」よりも例えば２０％も高いというように、際立って優れている場合が該当します。なお、「効果」は、「作用（働きを及ぼすこと）」と一体化され「作用効果」とも言われます。

リーディングケースとして、**有機燐酸エステル殺虫剤事件**（東京高判昭 38.10.31）があります。公知文献に記載されている一般式の置換基（化合物の部分構造）を選択した特定化合物について、「公知文献において具体的に開示されている化合物に比し、殺虫性において同等であるとはいえ、温血動物に対する毒性がきわめて僅少であるという顕著な効果を有する。」として進歩性が認められ特許されています。

選択発明は文字どおり二重特許ですが、その特許性については、**ペニシリン事件**（東京高判昭 56.11.5）において、次のように判示しています。

> 特許出願に係る発明の構成要件が、既知の文献又は特許明細書に記載された発明にその下位概念として全部包摂されるときは、原則として同一発明として特許を受けることができないというべきである。しかし、先行発明には具体的には開示されていない選択肢を選び出し、これを結合することにより先行発明では予期できなかった特段の効果を奏する発明に特許を与えることは、発明を奨励し、産業の発達に寄与することを目的とする特許法の精神に合致するから、形式的に二重特許になる場合であっても、右のような選択発明に特許を与えることを否定すべき理由はない。

（２）選択発明の実施

選択発明は先願発明の発明未完成の部分（先願発明者が発明として認識していない部分）で、いわば穴空き部分であるから両発明は別個独立した発明であり、先願発明の権利は選択発明にまで及ばない（選択発明は先願発明の権利を侵害しない）とする説（穴あき説）もあります。しかしながら、選択発明は先願発明の中にそっくり含まれているので先願発明の特徴や効果を多少とも引き継いでいる場合もあり、当該先願発明に特許が付与されているときは、当該特許との間に従属関係が生じる（即ち、該特許の利用発明となる）と考えられます。その場合には、たとえ選択発明について特許を取得したとしても、先願発明の特許権者に無断で選択特許発明を実施することはできず（72 条）、実施すれば侵害です。（なお、先願発明の特許権者も無断で後願の選択特許発明を実施することはできません。）

しかし、後述するように、先願発明の特許権者の実施許諾又は特許庁長官の裁定による実施権により、選択特許発明を実施する道が開かれます（92 条）。

なお、選択発明では先願発明の特徴や効果を引き継ぐことなく全く別の特徴や効果しか有しない場合は、別個独立の発明として利用関係なしとされる場合があります（上記穴あき説）。ただし、選択発明は先願発明の中にそっくり含まれているので、先願発明の特徴や効果を「全く有しない」ケースは少ないと思われ、仮に、先願発明の中に当該発明の効果を「全く有しない」部分があるとすれば、先願発明は無効理由を含むことになります。

（３）選択発明の活用Ⅰ（攻撃側）

ある技術を実施したいのに他社が強大な基本特許を持っていて、他社が独占的に利益を上げているのを、ただ指をくわえて見ているだけという場合があります。このようなときには、選択発明の活用が考えられます。

一般に発明を創成する場合を考えますと、たとえ既存の発明に「プラスα」して改良発明をする場合であっても、「α」の手がかりは簡単には見つからず、多大の試行錯誤を繰り返すのが普通です。これに対して、選択発明は、他社の先願発明という極めて限られた範囲（上記の例では「脂肪酸」：通常　C1～C32）の中で実験を繰り返して、異質又は同質の顕著な効果を奏する部分を見つければよいわけです。**一般の発明**の場合は、実験すべき範囲が無限であるのに対し、**選択発明**の場合は、実験すべき範囲が有限で、しかも特定の先願発明という狭い範囲内であることを考えると、広狭・難易の差は歴然です。

そして、一旦選択発明に特許が付与されると、先願発明の特許権者の実施許諾又は特許庁長官の裁定による実施権（92 条）により、選択特許発明を実施する道が開かれ、首尾よく新規参入の目的を果たすことができるのです。

（４）選択発明の活用Ⅱ（防御側）

上記（３）で述べたことは、とりもなおさず、強大な基本特許を取ったからといって決して安心できないことを物語っています。いつ自分の広大な陣地（基本特許）の中に他人が陣地（選択発明特許）を築くか分からないということです。一般に、広い特許ほど好ましい部分（顕著な効果を奏する部分）も多く含まれており、他人にとっては選択発明をしやすくなります。

したがって、他人が選択発明をする前に自分が発明して権利化し、他人が選択発明の特許取得により新規参入するのを阻止する必要があります。一旦発明が公開されると、その公開技術を見て他人が選択発明をする可能性が一気に高まるので、できるだけ自分の発明が公開される前に手を打つことが重要です。発明はいかに強大な発明であったとしても、常に改善すべき余地（発明の余地）を含んでいます。発明には終わりがないのです。

他人の選択発明の特許化をできるだけ阻止するには、自分の基本発明の中に選択発明になり得る好ましい部分（顕著な効果を奏する部分）を盛り込み特許請求範囲に記載（即ち、選択発明となりそうな部分も特許取得できるように）しておくか、又は、基本発明の出願と同日に、もしくは他人の選択発明の出願よりも先んじるように、基本発明の出願後可及的速やかに出願することです。もっとも、このように急いだとしても他人よりも先んじられたかどうかは蓋を開けてみる（公開される）までは分かりません。

6　利用発明

（1）利用発明

利用発明は、他人の先願発明をそっくり利用する関係にある発明で、後願発明を実施すれば必然的に他人の先願発明を実施する関係にある後願発明です。２つの発明が同日出願の場合には、利用関係は認められません。同日出願の場合は先後願関係がなく、いずれを主とすることもできないから利用関係を認めるのは不合理であるからとされています（吉藤 328 頁）。利用関係については、①そっくり説と、②実施（侵害）不可避説があります。

①そっくり説

後願発明が先願発明の構成要件をそっくり含む関係とする説で、先願発明の技術的思想をそっくり利用するという関係から捉える説。この場合も、後願発明を実施するには先願発明を実施せざるを得ないという関係にあります。下記の裁判例がリーディングケースです。

クロルプロマジン事件（大阪地判昭 33.9.11）

「利用発明とは、先行発明の特許要旨に新たな技術的要素を加えたものをいうのであるから、利用発明は先行発明の特許要旨全部を含み、これをそっくり利用したものでなければならない。（199 頁）」

②実施（侵害）不可避説

後願発明を実施するには先願発明を実施せざるを得ないという関係から捉える説。

一般に、先願発明を「A」とすると、「A」に「B」を付加した「A+B」の構成からなる後願発明が典型的な利用発明となります。後願発明「A+B」は先願発明の構成要件「A」をそっくり含み、後願発明「A+B」を実施すれば、必然的に先願発明「A」を実施することになり、侵害を避けられない関係です。

では、先願発明が『「A+B」でXを製造する方法』で、後願発明が『「A+B+C」でYを製造する方法』の場合はどうでしょうか？　後願発明の構成「A+B+C」は『「A+B」+C』の関係にあるので、構成上は先願発明「A+B」をそっくり含む可能性があります。この場合は、「AとBでXを製造」し「XとCでYを製造」する、即ち、[「A+B →X」+C →Y] である場合には、先願発明「AとBでXを製造」:「A+B →X 」をそっくり含むので利用発明となります。これに対し、先願発明の思想としての有機的一体性が失われている場合は、利用発明とはなりません。上記例では「C」を付加することによって『「A+B」でXを製造する』反応が存在しない（有機的一体性が破られている）場合です。

また、先願発明Xが物の発明、後願発明Yがその物Xの製造方法（Y製造方法 →X物）である場合、後願発明Y（製造方法）は先願発明X（物）の技術的思想を利用する関係にはないので、そっくり説では利用発明が成立しません。しかし、後願発明Y（製造方法）を実施するには先願発明X（物）を実施せざるを得ない関係（方法Yを実施すれば物Xが製造される関係）にあり、したがって、実施（侵害）不可避説では利用発明が成立します。

利用関係は、当然ながら、化学の分野に限られません。例えば、先願発明「X」に「Y」を付加し改良した物「X+Y」や、先願発明が部品「P」で、後願発明が該部品「P」を組み込んだ装置「P+A」のような場合にも利用関係が成立します。

（２）利用発明の実施

利用関係にある後願特許発明は、他人の先願特許発明を実施せざるを得ないという関係にあるので、無断で実施することはできず（72条）、実施すれば侵害です。しかし、「第４章２」（47頁）で後述するように、先願特許権者の実施許諾又は特許庁長官の裁定による実施権により、利用発明を実施する道が開かれます（92条）

（３）先願発明による後願発明の利用

先願が「A+B」で後願「A」を利用する場合はどうでしょうか。言わば逆利用です。後願「A」は、多くの場合、先願範囲の拡大（29条の２）や進歩性（29条２項）で拒絶されるでしょうが万一特許された場合は、先願者は「A+B」を自由に実施できるとされています。その根拠は、先願主義の下では、先願発明が後願発明の技術的範囲に属することはありえないという**先願優位の原則**です。他の根拠としては、このような逆利用については、利用関係に関する７２条にも、裁定に関する９２条にも規定がないことが指摘されています。

第3章　特許を受けられない発明

「第２章１発明」（33頁）で述べた発明の成立要件（２条１項）を満たし、さらに後出の「第５章　特許要件」を満たす発明であっても、公益的な理由から特許を受けられない発明があります（32条）。

1　昭和50年(1975年)の改正前

特許制度は我が国の産業の発達を図ることを目的としているので、我が国産業の技術水準と無関係ではありえません。即ち、我が国の技術水準が劣る分野でも特許を認めると、技術水準の高い欧米先進国の企業によって特許を取得され、我が国産業が外国の企業によって特許で支配されることになり、我が国の技術の発達に支障をきたすことになります。また、飲食物や医薬等は国民の生活や健康に不可欠であるため、外国の企業によって特許で支配されると国民生活が不安定となります。

このような国内技術、産業を保護する産業政策的配慮から、昭和５０年（１９７５年）の改正前の昭和３４年（１９５９年）法では、①飲食物又は嗜好物の発明、②医薬又は２以上の医薬の混合方法の発明、③化学物質の発明、④原子核変換物質の発明、⑤公序良俗に反する発明、については、特許を受けることができないとされていました。

しかしながら、その後の我が国技術水準の急激な進歩により、飲食物や医薬等は豊富に供給されるようになり、また化学工業も欧米先進国にも遜色のない水準となり、化学物質の発明に特許を付与しないと独創的な新規物質の開発意欲を喪失させ、他人の発明を模倣する安易な製造方法発明や用途発明の開発に走らせ、却って技術の発達を阻害する等の問題が顕在化してきました。

2　昭和50年(1975年)及び平成6年(1994年)の改正(現行法)

このような事情と国際的な動向に鑑みて、昭和５０年（１９７５年）の改正で上記①～③を削除し物質特許制度が採用され、平成６年(１９９４年)の改正で上記④が削除されました。その結果、現在は上記⑤の公序良俗に反する発明、即ち、「公の秩序、善良の風俗又は公衆の衛生を害するおそれがある発明(32条)」だけが特許を受けることができません。「善良の風俗」とは、社会の一般的な道徳や倫理についての考えや規律を言います。

例えば、紙幣偽造装置のように本来の目的が公序良俗に反する場合を言い、**ビンゴゲーム事件**（東京高判昭31.12.15）では、「不正行為の用に供せられることがあり得るという理由で公序良俗を害するおそれがあるものとすることができない。」と判示しています。

“新規御法度”

八代将軍徳川吉宗は、支配体制を維持するために、享保６年（１７２１年）に新規御法度のお触書を発し、改善や発明を含む新規なこと自体を禁止しました。

呉服、諸道具、書物、菓子や玩具の新規な製法・販売までも禁止されています。新しい技術は一子相伝の時代で、特許制度など想像もできず、明治４年（１８７１年）の「専売略規則」（運用上の問題により翌年廃止）を経て、明治１８年（１８８５年）の「専売特許条例」まで待たなければなりませんでした。

「一　呉服諸道具書物類ハ不及申、諸商売物菓子類ニても新規ニ巧出し候事、自今以後、堅停止たり、若無拠子細有之、役所え訴出、ゆるしを受、可仕出事、

一　諸商物之内古来之通にて事済候処、近年色品を替、物数奇ニて仕出し候類ハ追て遂吟味、停止可申付候間、兼々其旨可相心得事、」

（出所：特許庁「工業所有権制度百年史」上巻）

第4章　物質特許制度と裁定制度

1　物質特許制度

物質特許制度とは、昭和５０年（１９７５年）の法改正で導入された化学物質特許制度の略称です。化学物質は「反応、重合等の化学的方法により製造される物質」で、一般に、化合物名又は化学式で表示されます。以下、単に「物質」と略称する場合があります。

物質特許の発明は、既に述べたカテゴリー「物（化学物質でない物）の発明」と特に変わるところはありませんが、第３章で述べたように、従来は産業政策（国内産業保護）の面から権利の限られた「製造方法発明」や「用途発明」でしか特許を取得できなかったのとは異なり、強大な権利である「物質自体（substance per se）」（絶対物質クレームと言われる）に特許権（物質特許）を付与するところに特徴があります。

そして物質特許の効力は、すべての製造方法、すべての用途に効力が及ぶという強力なものです。したがって、該物質特許の物質（X）について、該物質特許の明細書に記載されていない製造方法（Y）発明や用途（Z）発明について他人が新たに特許を取得しても物質特許の権利が及ぶため、物質（X）特許の権利者に無断では製造方法（Y）特許や用途（Z）特許を実施することはできません。

即ち、製造方法（Y）特許を実施すれば必ず物質（X）が製造される関係にあり、また用途（Z）特許を実施するには必ず物質（X）の使用が必要不可欠です。即ち、製造方法（Y）特許や用途（Z）特許は物質（X）特許を利用する（物質（X）特許に従属する）関係にあるので、これらの権利関係を特許法では利用関係として規定しています（72条）。

そして、この場合、物質（X）特許の特許権者が製造方法（Y）や用途（Z）の特許権者に対し実施許諾をしない場合には製造方法（Y）特許や用途（Z）特許を実施できないことになり、それでは、せっかく製造方法（Y）特許や用途（Z）特許を取得した意味がなく、発明を奨励し産業の発達に寄与する特許制度の目的・趣旨にも反することになります。そこで、実施許諾が得られない場合には、特許庁長官に通常実施権について裁定を請求することにより実施する道が開かれることになっています（92条）。

2　裁定制度

特許制度の主たる目的は、発明の実施により産業の発達を図ることにあり、この発明の実施を確保するために通常実施権を設定する裁定制度が設けられています。この通常実施権は特許権者の意思に反して裁定により強制的に設定されるので、**強制実施権**又は**裁定実施権**といわれます。

裁定制度には、〔１〕利用発明（自己の特許発明）の実施のための裁定制度、〔２〕不実施の場合の裁定制度、及び〔３〕公共の利益のための裁定制度の３種があります。しかし、これまで裁定請求されても裁定に至る前に取り下げられており、裁定は一度もなされたことがないとのことです。裁定前に当事者間の話し合いで解決した可能性もあります。

通常実施権を設定すべき旨の裁定においては、①通常実施権を設定すべき範囲、②対価の額、その支払方法及び支払時期を定めることになります（86 条２項１、２号）。また、対価の額について不服があるときは対価の額の訴えを提起し、額の増減を求めます（183　条１項）。裁定制度は当事者対立構造（84 条）（92 条７項）（93 条３項）を採用しているので、出訴する裁判所は被告となる当事者（強制実施権者、特許権者等）の住所地の地方裁判所です。出訴期間は、裁定の謄本の送達日から６月以内です（183 条２項）。

〔１〕利用発明（自己の特許発明）の実施のための裁定制度

利用発明を実施するための通常実施権を設定するための裁定制度です。利用発明では、後願者乙の発明「A+B」が他人である先願者甲の発明「A」を利用している関係にあるため、権利上主従関係（先願者甲の「A」が「主」で、後願者乙の「A+B」が「従」の関係）にある発明です。

そして、両発明が特許発明である場合は、後願特許権者乙は自己の特許発明「A+B」を業として実施することができず（72 条）、実施すれば侵害となります。したがって、乙は自分の特許発明「A+B」を業として実施するためには、特許発明「A」の先願特許権者甲から通常実施権の許諾（実施許諾）を受ける必要がありますが、話し合いが不調に終わると実施できなくなります。これでは特許制度の趣旨にも反するので、後願特許権者乙が自己の特許発明「A+B」を実施するための裁定制度が設けられています（92 条）。なお、利用関係は、他人の先願に係る特許発明だけでなく、登録実用新案や登録意匠及び類似意匠を利用する場合にも生じます（72 条）。

図表４－１にこの裁定制度を示しました。これに基づいて説明します。

図表4－1　利用発明（自己の特許発明）の実施のための裁定制度（92条）

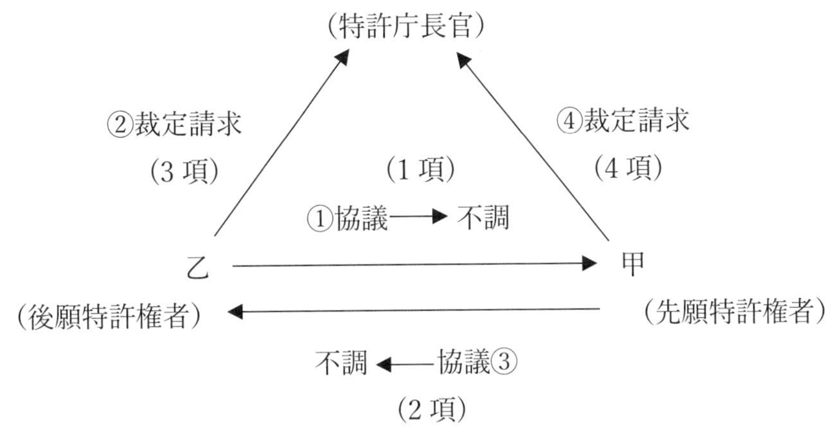

・甲又は乙の利益を不当に害するときは裁定できない（5項）。
・乙の裁定をしないときは甲の裁定もできない（6項）。

（1）後願特許権者乙から先願特許権者甲へ

①乙は甲と通常実施権の許諾について協議し（92条1項）、②協議が不成立又は不可能なときは特許庁長官の裁定を請求できます（92条3項）。

（2）先願特許権者甲から後願特許権者乙へ（クロスライセンス）

③甲も乙と通常実施権の許諾について協議し（92条2項）、④協議が不成立又は不可能なときは特許庁長官の裁定を請求できます（92条4項）。所謂クロスライセンス（cross license, cross-license：相互実施許諾）制度で、お互いに実施許諾することにより、乙甲ともに特許発明「A+B」を実施することができます。

乙の利用発明「A+B」は、甲の発明「A」に「B」を加えることにより改良している場合が多く、発明「A」と「A+B」の両実施品が市場に出回った場合には、「A」の実施品が改良されている「A+B」の実施品によって市場から駆逐される可能性があります。そこで、甲も乙の発明「A+B」を実施したいと考える場合があります。

選択発明の場合においても同様です。即ち、選択発明Yはその基礎となった他人の基本発明Xのうちで顕著な効果を発揮する部分を選択しているので、後願特許権者乙の選択発明Yと先願特許権者甲の基本発明Xの両実施品が市場に出回った場合には、基本発明Xの実施品が選択発明Yの実施品によって市場から駆逐される可能性があります。そこで、甲も乙の選択発明Yを実施したいと考える場合があります。

しかし、(1)の後願特許権者乙の裁定②が認められない場合は、(2)の先願特許権者甲の裁定④も認められません(92条6項)。また、裁定に基づく実施権の設定が甲又は乙の利益を不当に害するときは、裁定は認められません(92条5項)。例えば、乙の些細な改良発明により甲の基本発明による事業が著しく害されるような場合が該当するとされています。

なお、特許権が他人の先願に係る意匠権、商標権と抵触する場合においても上記裁定が適用されます。**抵触**(conflict)とは、異種の権利同士が衝突(重複)していることを言い、物や方法の実施により技術的範囲に属する**権利侵害**(infringement)とは異なります。しかし、抵触は権利侵害の意味でも使用されることがあります。

このうち商標権の場合は、裁定が認められません(92条1項から商標権は除外されている)。例えば、瓶の形状について後願の特許権と先願の商標権(立体商標)とが併存する場合に、後願の特許権者に商標権について通常実施権を設定すると、両者の使用によって出所の混同が生じる恐れがあり、商標権の出所の表示(識別)機能が損なわれるからです。

また、後願の特許発明の特許権者のみならず専用実施権者にも上記裁定が適用されます。なお、裁定制度の目的は、後願権利者と先願権利者との権利間の調整にあるので、例えば、後願の利用発明が特許発明でない(特許されていない発明)場合には適用がなく、実施許諾の話し合いが不調に終われば後願の利用発明を実施する道は閉ざされます。

〔2〕不実施の場合の裁定制度

不実施の場合の通常実施権です。特許制度の目的である発明の利用は主として発明の実施によりなされます。

そこで、図表4－2に示すように、継続して3年以上日本国内において適当に実施されていない特許発明(ただし、出願日から4年を経過していない場合を除く)を実施したい者は、①特許権者に対して通常実施権の許諾について協議し(83条1項)、②協議が不成立又は不可能なときは特許庁長官の裁定を請求できます(83条2項)。

図表４－２　不実施の場合の裁定制度（83条）

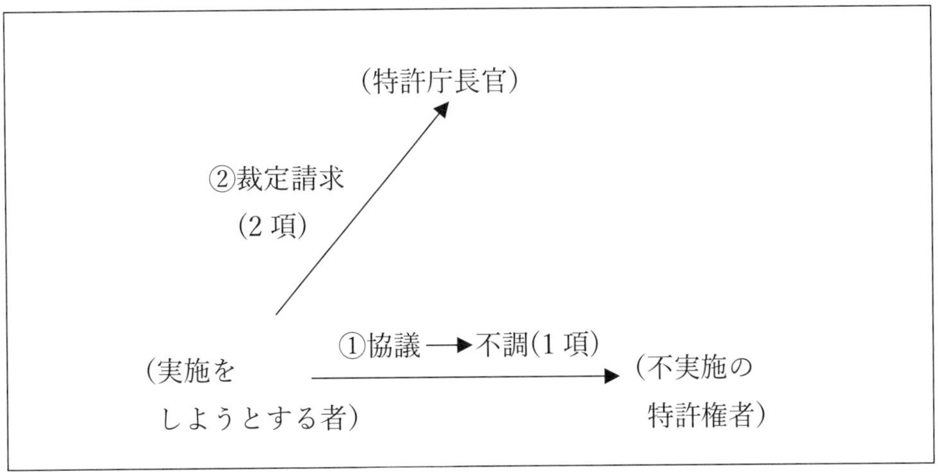

不実施の裁定制度については、２０１４年にインドの最高裁により、ドイツのバイエル社の癌治療剤の特許に対して強制実施権がジェネリック・メーカーに認められたケースが有名です。バイエル社の癌治療剤は、輸入を通じてインド内で実施されていたのですが、輸入では不十分と判断されたようです。

〔3〕公共の利益のための裁定制度

公益のための通常実施権です。例えば、難病の特効薬が特許権の存在により製造できないとすれば、難病の治療に使用できず公共の利益に反することになります。

そこで、図表４－３に示すように、このような特許発明を実施したい者は、①特許権者に対して通常実施権の許諾について協議し（93条1項）、②協議が不成立又は不可能なときは経済産業大臣（公益性の判断と、厚生労働大臣等の他の行政機関からの請求が予想される等の理由で、特許庁長官ではない点に注意）の裁定を請求できます(93条2項)。エイズ(AIDS)の抗ウイルス薬に対して、ブラジルや南アフリカでは強制実施権が設定されました。

図表４－３　公共の利益のための裁定制度(93条)

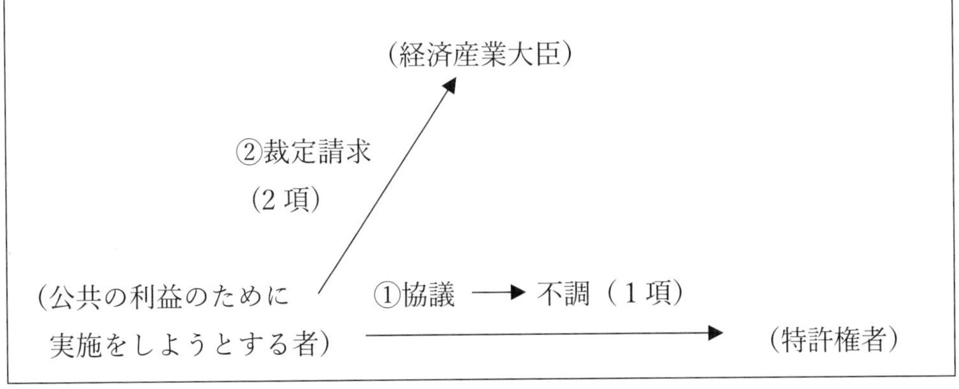

“特許庁と農水省との代理戦争”
「ヨモギ事件」

ミブヨモギとクラムヨモギを交配して得られる、回虫駆除薬サントニンの含有率が高い新品種であるペンタヨモギ（５倍体ヨモギ）の特許性について、日本種苗協会が植物自体に特許を付与することに異議申立し、特許庁と農水省との代理戦争と言われました。最終的には「異議理由なし」として特許されました（「ヨモギ属に属する新植物」特公昭 58-3646 号　特許第 1281544 号）。（参考文献：竹田 50 頁）

植物新品種については、特許法（特許庁）と種苗法（農水省）の両方で保護されます。

＊　＊　＊

“もぐもぐタイムのイチゴは韓国産？”

２０１８年の平昌オリンピックで、カーリング女子日本代表がハーフタイムの“もぐもぐタイム”で食べたイチゴ「章姫（アキヒメ）」についての発言「韓国のイチゴはおいしい」が話題となりました。このイチゴは日本から流出したものが勝手に交配されたものだったからです。

イチゴのほか、シャインマスカット等日本の農産物が海外に流出しており、シャインマスカットは流出先の韓国での輸出額が日本の 5 倍超に膨らんでいるそうです（2021 年 8 月 15 日付日本経済新聞）。このような事態に対処するため、２０２０年に種苗法が改正され、出願時に栽培地域を限定できるようになりました。

第5章　特許要件

1　特許要件

特許制度は、技術を向上させ産業を発達させる有用な発明を公開した見返りとして特許権という強力な独占権を付与する制度です。したがって、公開された発明が独占権を付与するに値するかどうか、即ち、技術を向上させ産業を発達させる新規で有用な発明かどうかを審査する必要があります。

特許要件には、29 条に規定されている、①産業上の利用性（産業上利用できること）、②新規性（新しいこと）及び③進歩性（容易に発明できないこと）；39 条に規定されている④先願（最先の出願であること：先願主義）；及び 29 条の 2 に規定されている⑤先願範囲の拡大（先願に記載されていないこと）があります。これらは積極的特許要件と言われ、第 3 章で記載した 32 条の「特許を受けることができない発明（公序良俗に反する発明）」は消極的特許要件と言われることがあります。一般に、特許性と言えば新規性と進歩性を指します。図表 5 － 1 は特許要件をまとめたものです。

図表 5 － 1　特許要件

特許要件	内容	特許法条文
①産業上の利用性	学術的、科学的にのみ利用できるような発明を除く意味	29 条 1 項柱書
②新規性	特許出願前に日本国又は外国において公然知られた発明でないこと（公知でないこと）	29 条 1 項 1 号
	特許出願前に日本国又は外国において公然実施された発明でないこと（公用でないこと）	29 条 1 項 2 号
	特許出願前に日本国又は外国において、頒布された刊行物への記載や電気通信回路（インターネット）を通じての公表（利用可能に）がされていないこと（刊行物記載・ネット公表でないこと）	29 条 1 項 3 号
③進歩性	特許出願前に当該発明の技術分野における通常の知識を有する者（当業者）が上記の公知、公用、刊行物記載・ネット公表の発明から容易に発明できないこと（容易に想到できないこと）	29 条 2 項
④先願主義	最先の出願であること	39 条
⑤先願範囲の拡大	公開された他人の先願（願書に最初に添付した明細書等）に記載されていないこと	29 条の 2

2 産業上の利用性（industrial applicability）

特許制度は、産業の発達に寄与することを目的とする（１条）ので、産業上利用できる発明であることが必要です（29条１項柱書（柱書：箇条書の号以外の部分））。

産業上の利用性とは、学術的、科学的にのみ利用できるような発明を除く意味であるとされています。審査基準によれば、「産業上の利用性を満たさない発明に該当する」として下記の（１）～（３）が挙げられています。

（１）人間を手術、治療又は診断する方法の発明

医療機器、医薬は方法でなく物であるので該当せず、また人間から採取したもの、例えば、血液、尿、皮膚、髪の毛、細胞、組織を処理したり分析し各種データを収集する方法は該当しないとされ特許を受けることができます。しかし、採取したものを採取された者と同一人に治療のために戻すことを前提にして処理する方法（例えば、血液透析方法）は該当するとされ特許を受けることができません。

しかし、**外科手術の光学的表示方法事件**（東京高判平14.4.11）では、「医薬や医療機器に特許性を認めておきながら、医療行為の発明のみに特許性を認めないことには合理的理由を見出しがたく、むしろ特許性を認め、特許権の効力は医療行為に及ばない措置を講じる」ことを示唆し、「特許の対象としその発達を促進すべきであり、そのことが最終的には大きく人類の福祉に貢献し、特許制度の趣旨に合致するのではないか」と述べています。

（２）業として利用できない発明

個人的にのみ利用される発明（例えば、喫煙方法）、学術的、実験的にのみ利用される発明が該当するとされ特許を受けることができません。

（３）実際上、明らかに実施できない発明

例えば、「オゾン層の減少に伴う紫外線の増加を防ぐために、地球表面全体を紫外線吸収プラスチックフィルムで覆う方法」等が該当するとされ特許を受けることができません。

3 新規性（novelty）

2条で、「発明とは、自然法則を利用した技術的思想の創作」と定義されていますが、ここでの創作は「発明時に主観的に新しい」と認識すればよいのに対して、特許要件としての29条１項で規定の新規性は「特許出願前に客観的に新しい」ことが要求されます。しかし、

「客観的に新しい」とは、「現実に審査や審理に供された公知技術」に対していい得る相対的なもので絶対的なものではありません。例えば、特許付与後に異議申立や無効審判、侵害訴訟で新たな公知技術が見つかれば、その時点で「新しい」とは言えなくなります。

（1）特許出願前

「特許出願前」とは「特許出願日の前」とは異なり、「特許出願時の前」であり、「分」まで問題となる点に注意が必要です。したがって、午前中に当該発明を発表や出展して公知にすると、午後に特許出願しても新規性なしとして拒絶されます。

（2）公然知られた発明（公知）（29条1項1号）

①「公然」

発明が秘密を脱した状態を意味し、発明が不特定人により「現実に知られること」です。秘密保持義務を有しない者（不特定人）であれば、たった1人が発明を知った場合でも公知であり、逆に、秘密保持義務を有する者（特定人）であれば多数人が知った場合であっても公知でありません。また、社会通念上又は商慣習上、明示的指示がなくても秘密扱いとすることが期待される者（例えば、工場の従業員や家族）が知った場合も公知でないとされます。なお、「公然知られ得る状態」でよいとする学説、裁判例もありますが、以下に述べるように、「公然知られ得る状態」でよいとされる2号、3号の存在理由がなくなること、「公然知られ得る状態」が立証されると「公然知られた」と推定でき、この推定を覆すことは困難であるので、「公然知られ得る状態」にあれば「公然知られた」と解されています。

②「知られた」

発明が「技術的に理解された」を意味し、したがって、技術的に理解できない者が発明品を見たとしても公然知られた発明とはなりません。

（3）公然実施された発明（公用）（29条1項2号）

「公然知られ得る状態での実施」でよく、現実に知られている必要はありません。このような実施を「公用」と言います。したがって、特許出願前に発明に係る物質や装置を販売した際に、当該物質を分析したり、当該装置を分解（リバース・エンジニアリング：reverse engineering）することにより発明の内容が分かる場合は、公用に該当します。しかし、発明が扉の内部にある装置を展示会に出展し実際に稼働しても、扉を開けずに稼働したり、又は内部の発明についての説明をしないで稼働したような場合は公用ではありません。

なお、「実施」とは、「第2章2図表2－2」で述べた、物の生産、使用、譲渡等です。

（4）刊行物に記載された発明（刊行物記載）（29条1項3号）

「頒布された刊行物」とは、公衆に対し頒布により公開することを目的として複製された文書、図面その他これに類する情報伝達媒体であって、頒布されたものです（**一眼レフカメラ事件**　最高判昭 55.7.4）。「頒布」とは、公衆が閲覧し得る状態にすることであり、実際に閲覧したことは必要ではありません（**テトラポット事件**　最高判昭 38.1.29）。

特許庁による頒布された時期の取り扱いは、下記のとおりです。

①発行の年のみが記載されているときは、その年の末日の終了時、

②発行の年月が記載されているときは、その年月の末日の終了時、

③発行の年月日まで記載されているときは、その年月日の終了時。

なお、特許出願日と刊行物の発行日とが同日の場合は、刊行物の発行の時が特許出願の時よりも前であることが明らかな場合にだけ、頒布時期が特許出願前（刊行物記載）であるとして取り扱われます。

（5）電気通信回路を通じて公衆に利用可能となった発明（ネット公表）（29 条 1 項 3 号）

発明が公表され利用可能となったインターネット上の情報で、不特定人に「アクセス可能な状態に置かれること」を言い、実際にその情報を見たことは必要ではありません。いつアクセス可能な状態に置かれたかの判断は当該情報の掲載日時に基づくので、掲載日時の記載のないものは引用されません。

4 進歩性（inventive step）

上記のとおり、発明は新規性を有すること、即ち、従来の技術と同じでないことが必要です。しかし、従来技術との間に違いがあり新規性を有するものの、その違いが僅かであり、容易に思いつくような発明に特許権を付与することは、特許制度の目的である技術の進歩や産業の発達を図ることになりません。そこで、新規性はあるが、容易に思いつくような発明は、進歩性を有しない発明として特許を受けることができません（29 条 2 項）。

進歩性は、発明の属する技術分野における通常の知識を有する者(当業者）が「容易に発明できない（容易に想到できない）か」、「創作困難性があるか」の判断で、必ずしも進歩していることは要求されません。このように、進歩性の基準は極めて曖昧であるため、判断する人によって大きくばらつく傾向があり、特許庁の中でも審査官と審判官とで異なったり、また裁判所の中でも地裁、高裁（知財高裁）、最高裁とで異なることも少なくありません。ともかく、進歩性は、せっかく労力と時間と資金をかけて生み出した発明が特許されるかどうかの天王山です。

（1）　発明の属する技術分野における通常の知識を有する者(当業者）

当該発明の技術分野における専門家や熟練者で、当業者と言われます。審査基準では、当

業者について、「出願時の技術常識を有し、研究開発（文献解析、実験、分析、製造等）の通常の技術手段を用いることができ、材料の選択、設計変更等の通常の創作能力を発揮でき、出願時の技術水準にあるもの全てを自らの知識とすることができ、発明が解決しようとする課題に関連した技術分野の技術を自らの知識とすることができる者」と定義されています。この当業者が、先行技術（公知、公用、刊行物記載・インターネット公表の技術）から容易に発明できたときは、進歩性を有しないとして特許を受けられません。

（２）　審査基準における進歩性の判断

①先行技術の中から、(進歩性なしとの) 論理付けに最も適した引用発明を主引用発明(A)とし、発明(請求項に係る発明) との相違点に関し、下記の図表５－２「論理付けのための主な要素」における左側の「進歩性が否定される方向に働く要素」に係る諸事情に基づき、副引用発明(B)を適用したり、技術常識を考慮し、論理付けができるか否かを判断し、論理付けができないと判断した場合は、「進歩性を有する」と判断する。

② (進歩性なしとの) 論理付けができると判断した場合は、下記の図表５－２「論理付けのための主な要素」における右側の「進歩性が肯定される方向に働く要素」に係る諸事情も含めて総合的に評価した上で論理付けができるか否かを判断する。

③上記②に基づき、「進歩性なし」との論理付けができないと判断した場合は「進歩性を有する」と判断し、論理付けができたと判断した場合は「進歩性を有しない」と判断する。

図表５－２　論理付けのための主な要素

論理付けのための主な要素	
進歩性が否定される方向に働く要素	**進歩性が肯定される方向に働く要素**
・主引用発明に副引用発明を適用する動機付け (1)技術分野の関連性 (2)課題の共通性 (3)作用、機能の共通性 (4)引用発明の内容中の示唆 ・主引用発明からの設計変更等 ・先行技術の単なる寄せ集め	・有利な効果 ・阻害要因： 例：副引用発明が主引用発明に適用されると、主引用発明がその目的に反するものとなるような場合等

上記の審査基準を含めて以下に詳細に検討します。

（あ）進歩性が否定される方向に働く要素

①　引用発明の組み合わせと動機付け

主引用発明(A)に副引用発明(B)を適用すれば当該発明（請求項に係る発明）に到達する場合には、その適用を試みる動機付けがあり、進歩性なしの方向に働きます。その場合、動機付けの有無は、（１）技術分野の関連性、（２）課題の共通性、（３）作用、機能の共通性、及び（４）引用発明の内容中の示唆、を総合的に考慮します。上記（１）～（４）が肯定される程、進歩性なしの方向に働き、逆に否定される程、進歩性ありの方向に働きます。

② 単なる設計変更等

公知材料の中から最適材料の選択、数値範囲の最適化又は好適化、均等物（技術的同等物）による置換、設計変更や設計的事項の採用等は、当業者の通常の創作能力の発揮にすぎないとされ、進歩性なしの方向に働きます。

③ 先行技術の単なる寄せ集め

例えば、公知技術「A」と公知技術「B」とを組み合わせた「A＋B」は、単なる寄せ集めとされ、進歩性なしの方向に働きます。

（い）進歩性が肯定される方向に働く要素

①　有利な効果

引用発明と比較した有利な効果は、進歩性ありの方向に働きます。引用発明の効果と異質の効果（例えば、耐熱性と耐衝撃性）であって当業者が予測困難な場合は進歩性ありの方向に働き、同質の効果（例えば、耐熱性と耐熱性）であっても優れており当業者が予測困難な場合は進歩性ありの方向に働きます。

血清コレステロール低下剤事件（知財高判平 25.10.3）は、「相違点に係る構成自体の容易想到性が認められる場合であっても、当該発明が奏する作用効果が当該発明の構成そのものから当業者が予測し難い顕著なものであるときは、その作用効果が顕著である点において当該発明は特許法の目的である産業の発達に寄与（特許法１条）するものとして進歩性を認めるべきであるから、当該発明が引用発明から容易想到であったとはいえないものと解するのが相当である。」と判示しています。

②　意見書等で主張された効果及び実験成績証明書

意見書等で主張された効果は、明細書で記載されている場合、又は、明細書で記載されていなくても明細書や図面の記載から当業者がその効果を推論できる場合には参酌されます。しかし、明細書に効果の記載がなく推論もできない場合には、出願後に主張したり、実験成績証明書等を提出するなど「データの後出し」は原則として認められません。

焼け止め組成物事件（知財高判平 22 .7.15）では、「発明の効果を認識できる程度の記載がある場合やこれを推論できる記載がある場合には、出願後に補充した実験結果等を参酌することは許される」と判示しています。どのような拒絶理由がくるかは全く予測できないので、実験成績証明書で顕著な効果等を示せることは、出願人にとっては極めて重要です。

③ 阻害要因

主引用発明(A)に副引用発明(B)を適用することを阻害する事情がある場合は、両引用発明(A) (B)の組み合わせを妨げる要因（阻害要因）があるとして、進歩性ありの方向に働きます。例えば、(ア)副引用発明(B)が適用されると、主引用発明(A)の目的や機能、効果が達成されなくなる、(イ)主引用発明(A)に副引用発明(B)を適用することを排除する記載がある、等の場合です。

④ 商業的成功等

技術的特徴に基づく商業的成功(commercial success)や、長い間解決が待望されていた課題(long-felt need)、他者の失敗(failure of others)等の事情は、進歩性が肯定される二次的考察(secondary considerations)として副次的に参酌される場合があります。

（う）単なる設計変更等

上記のとおり、単なる設計変更等は、進歩性なしの方向に働きます。しかしながら、「公知材料の中から最適材料を選択したり、数値範囲の最適化又は好適化を見出すこと」は、研究開発の重要なテーマの一つであり、選択発明とも共通するものです。したがって、選択した材料や、最適化又は好適化した数値範囲が、選択発明のところで述べたように、引用発明に具体的に記載がなく顕著な効果を奏する場合や、動機付けがない場合、課題や技術思想が異なる場合には、「単なる設計変更」の域を超え、進歩性が認められる可能性があります。

ゾレドロン酸事件(知財高判平 26.12.24)は、ゾレドロン酸の投与時間が５分間である引用発明に対し、本件特許では１５分間である事案において、裁判所は「安全性が一応確認されたゾレドロン酸４mg の５分間の投与時間を更に延長し、これを１５分間とする動機付けがあると認めることはできない。」と判示し、設計事項と判断した審決を取り消しました。

（え）数値限定の臨界性又は臨界的意義

例えば、「加熱する X の製造方法。」のように温度の限定なしで進歩性が認められる場合は良いのですが、進歩性が認められない場合は、「５０～８０℃で加熱する X の製造方法。」（ただし、５０～８０℃での加熱は新規性ありと仮定）のように、温度を限定（数値限定）し当該限定により得られる効果を主張して進歩性を主張することがあります。

このような場合、下記の図表５－３中に破線で示すように、通常、効果は５０℃より低い温度から８０℃より高い温度まで連続した正規分布状の連続したカーブを描くことが多く、その結果、数値限定の範囲「５０～８０℃」の内外であまり差がなく、「５０～８０℃の数値限定に格別の効果が認められない」として進歩性が否定されることになります。

しかし、実線で示すように、効果のカーブが５０℃で急激に上昇（変曲点 C1 が存在）し、８０℃で急激に下降（変曲点 C2 が存在）する場合は、「５０～８０℃」の数値限定に臨界性（criticality)又は臨界的意義（critical meaning)があるとされ、進歩性が認められます。

図表５－３　臨界性・臨界的意義

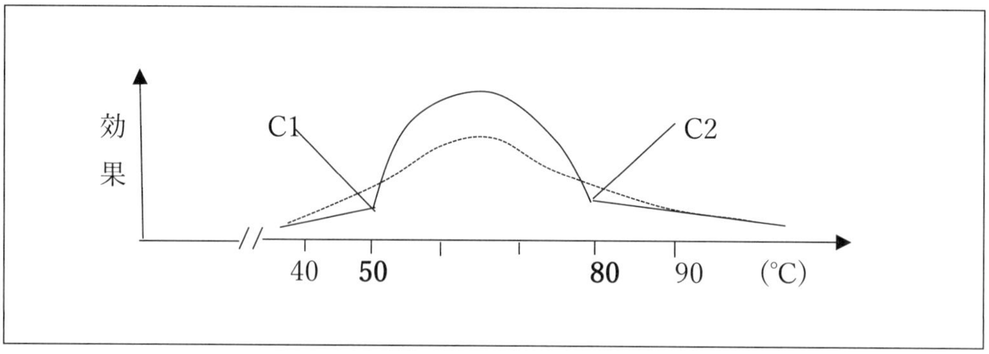

（お）単なる寄せ集め

公知技術「A」と公知技術「B」とを組み合わせた「A＋B」についても同様です。図表５－４に示すように、例えば、「A」単独の場合の効果は「５」で、「B」単独の場合の効果は「３」である場合に、「A＋B」の効果が「８」であれば、公知技術「A」と「B」の各効果の単なる足し算の総和(５＋３)で、公知技術の「単なる寄せ集め（湊合)」とされてもやむを得ません。**減音用囲い付内燃機関事件**（東京高判昭 57.5.27）では、公知発明（各引用例）の奏する効果の総和を出ないものである、として進歩性を否定しています。

しかし、仮に「A＋B」の効果が「１０」であれば、足し算の総和である「８」を超え、たとえ同質の効果であっても相乗効果が「２」加わっており、これは「２５％」に相当します。「A」と「B」を組み合わせることにより相乗効果が２５％も得られることは、通常、当業者といえども容易には予測できないと言え、進歩性が認められる可能性があります。

このように公知技術を組み合わせて顕著な効果を奏する場合は、単なる寄せ集め（湊合：aggregation）ではなく結合(combination)であり、結合発明として進歩性が認められます。

ストレプトマイシン事件(東京高判昭 38.2.26)では、甲乙２つの工程がそれぞれ公知であっても、甲乙２つを結合することにより新規であり、かつその２つを結合することにより奏せられる効果が従来の事例に比し顕著な場合は、容易に推考し得る程度のものとすることはできない、と判示されています。

図表５－４　湊合と結合

（湊　合）		（結　合）	
「A」単独の効果　：	5	「A」単独の効果：	5
「B」　〃　：	3	「B」　〃　：	3
		（相乗効果　：	2）
「A」＋「B」の効果：	8	「A」＋「B」の効果：	10

（か）新規性と進歩性をめぐる問題点

①　選択発明の新規性と進歩性

選択発明は、上位概念で構成された先願発明に形式的には含まれるが、先願発明（明細書、図面）に具体的には記載のない下位概念を構成要素として選択した発明です。先願発明の上位概念の中にそっくり含まれ、いわば、他人の陣地（特許）の中に自分の陣地（特許）を築くようなものであることは先述したとおりです。そうであれば、選択発明は先願発明とは重複しており、これらに特許を与えると二重特許(ダブルパテント：double patent)になるので、新規性も進歩性も認められないのではないかとの疑問が起きそうです。

この点については、第２章５（１）（41 頁）で示したように、「先行発明には具体的には開示されていない選択肢を選び出し、先行発明では予期できなかった特段の効果を奏する発明に特許を与えることは、発明を奨励し、産業の発達に寄与することを目的とする特許法の精神に合致するから、形式的に二重特許になる場合であっても、選択発明に特許を与えることを否定すべき理由はない」趣旨の判例があります（**ペニシリン事件**　東京高判昭56.11.5)。

選択発明は、先願発明の発明者が知り得なかった顕著な効果を見出すことにより、社会に顕著な効果を有する有用な技術を提供し、産業の発達に寄与する特許制度の目的にも沿うもので、保護に値すると考えられます。

②　用途発明の新規性及び進歩性

選択発明は、未知の属性（物性）を発見し、この属性を利用した新たな用途を見出した発明です。公知物質にもともと内在している効果（属性）を見つけた場合、その新規性及び進歩性はどうでしょうか？

例えば、「αの効果」を有する公知物質 X が「βの効果」も有することを新たに見つけた場合、新規性ありとされるのかどうか。この場合は、「βの効果」も公知物質 X に内在していたものであり、単なる効果の発見又は追認（later recognition)として特許されない可能性があります。米国では、「内在（又は固有）の理論」(Doctrine of Inherency : DOI) により新規性なしとして特許されません。

しかし、この考えを余り厳しくすると、産業の発達に寄与する有用な用途発明を否定することになり問題です。作用効果の機序（メカニズム）が異なることにより、用途発明を認めた下記の裁判例があります。

シワ形成抑制剤事件（知財高判平 18.11.29）では、アスナロ又はその抽出物を有効成分とする、「シワ形成抑制剤」が引用発明の「美白化粧料組成物」に対して用途発明として成立するかどうかについて、「シワ」と「皮膚の黒化、又はシミ、ソバカス等の色素沈着（美白)」は、いずれも紫外線暴露が原因の一つとなって起こるが、その機序は、「シワ」が、正常な弾性繊維とそれによる網状構造が変化し、異常な弾性組織が蓄積することによって起こるのに対し、「皮膚の黒化、又はシミ、ソバカス等の色素沈着（美白)」は、メラニン色素の沈着によって起こるものであって、機序が異なること、本願出願当時、両化粧料は異なる種類の製品であると認識されていたことを理由に、本願発明は新たな用途を提供したといえると判断し、美白と同時にシワ形成抑制剤作用も奏しているはずとする審決を取消しました。

（き）新規性と進歩性の判断の対象は特許請求の範囲

新規性、進歩性の判断は、特許請求の範囲（クレーム）に基づいておこなわれます。

この点については、「特許出願に係る発明の要旨認定は、特段の事情のない限り、願書に添付した明細書の特許請求の範囲に基づいてされるべきである。特許請求の範囲の技術的意義が一義的に明確に理解できないとか、一見してその記載が誤記であることが明細書の詳細な説明の記載に照らして明らかであるなどの特段の事情がある場合に限って、明細書の発明の詳細な説明の記載を参酌することが許されるにすぎない。」趣旨の判例があります（**リパーゼ事件**　最高判平 3.3.8)。

なお、この最高裁のリパーゼ判決は、侵害するかどうかの技術的範囲の判断には適用されないというのが一般的です。なぜなら、技術的範囲の判断も特許請求の範囲に基づく点では共通するものの、技術的範囲の判断は、明細書や図面の記載を考慮しクレームの用語の意義を解釈し（70 条2項)、開示と保護とのバランス、均等論による拡張解釈、禁反言（審査過程での出願人の補正書や意見書の主張と相反する主張を侵害段階ですることを禁ずる）による縮小解釈、等の解釈がなされます。その結果、技術的範囲の判断は、審査段階において、特許請求の範囲に基づいて定められる発明の要旨認定よりも広くなったり、狭くなったりするからです（「第16章1〔3〕技術的範囲を定める原則・基準」(190 頁）参照)。

5 先願主義

先願主義（first to file system）は、最先の出願人に特許を付与する主義で、厳密には特許要件ではなく手続上の要件です。したがって、新規性に近い、次の先願範囲の拡大を先に勉強すべきですが、先願範囲の拡大は、文字どおり先願主義を拡大し補完するために設けられた経緯があるので、先に先願主義を勉強します。

先願主義は、早く出願した者が勝ち（早い者勝ち）です。これに対して、先発明主義(first to invent system)では、早く発明した者が勝ちです。理論的には先発明主義が正しいとも考えられますが、特許制度は発明を公開する制度であることに着目すれば、出願の順番に発明が公開される先願主義のほうが優れています。

これまで先発明主義に固執してきた米国が、２０１１年に先願主義にようやく移行しました。しかしながら、米国の先願主義は所謂先願主義とは異なり、先発明主義の影を色濃く残した先発明者先願主義(first inventor to file system)です。即ち、先に発表し１年以内に出願すれば特許を取得できるという制度で、発表（先発明）にウエイトが置かれています。

我が国の先願主義は 39 条に規定され、1 発明 1 特許、即ち、二重特許（ダブルパテント）の排除と、特許権の存続期間の延長の防止を規定しています。概要は下記のとおりです。

① 同一発明について異なった日に２以上の特許出願があったときは、最先の出願人のみが特許を受けることができます(39 条 1 項)。先願か後願かの判断基準は、「日」であって、新規性の場合のように「時」ではありません。

② 同一発明について同日に２以上の特許出願があったときは、協議により定められた出願人だけが特許を受けることができ、協議が不成立のときは、いずれも特許を受けることができません(39 条 2 項)。実際には、いずれか一方の出願を共同出願とし、他方の出願を取り下げるケースが多いようです。

③ 特許出願に係る発明と実用新案登録出願に係る考案とが同一で、異日又は同日に出願された場合にも、上記①又は②と同様に規定されています（39 条 3 項、4 項)。

④ 特許出願もしくは実用新案登録出願が放棄、取り下げ、もしくは却下されたとき、又は特許出願について拒絶査定もしくは拒絶審決が確定したときは、特許出願もしくは実用新案登録出願は初めからなかったものとみなされ、先願の地位は認められません(39 条 5 項)。ただし、協議が不成立のため拒絶査定が確定したときは、先願の地位が残ります(39 条 5 項ただし書)。この場合も先願の地位が残らないとすると、第三者による後願や、協議不成立となった同一人による再度の出願により権利取得の可能性が出てくるためです。

⑤ 発明が同一かどうかは、特許請求の範囲に記載された発明同志を比較し、実質的に同一性(同一プラス一定の幅)があるかどうかで判断されます。即ち、先願の地位(先願権)は、先願の**特許請求の範囲に記載された発明の範囲（クレームの範囲）**であり、この範囲で後願を排除します。これは先願の特許請求の範囲に記載されていない発明は特許を求めていない発明であり、後願に特許を与えても差し支えないとの考えです。

⑥ ２以上の出願が同一出願人によりなされた場合にも適用されます。これは、二重特許（ダブルパテント）の排除と、特許権の存続期間の延長を防ぐためです。同一出願人が出願日をずらせて出願した同一発明に特許を付与すると、特許権の存続期間は出願日から２０年であるので、存続期間が出願日をずらせた分だけ次々と延長されることになるからです。

なお、同一出願人の場合は協議のための時間は不要であるため、拒絶理由が通知されます。

6 先願範囲の拡大

後願の出願後に公開された他人の先願（願書に最初に添付した明細書、特許請求の範囲、図面）に記載されている発明又は考案と同一である発明に係る後願は、特許されません(29条の 2)。これは絶対新規性ともいわれ、後願の出願時点で先願の記載事項が将来公開されることを条件として公知となったものとみなすものです。昭和 45 年（１９７０年）の改正で導入されました。

後願の出願前に公開された先願は公知であり、当然に後願の新規性を妨げます（29 条 1項）。しかし、後願の出願時には公開されていなかった(即ち、公知でない)先願に記載されている発明にも、将来後願よりも先に公開されることを条件として、後願を排除(拒絶)させる地位を与えようというものです。29 条の 2 は、「先願地位の拡大」、「先願範囲の拡大」、「拡大された先願の地位」、「拡大先願」と色々言われますが、39 条の先願の範囲が「特許請求の範囲」に限られるのに対し、29 条の 2 では先願の範囲が「明細書、特許請求の範囲、図面」に拡大される点に着目し、本書では「先願範囲の拡大」と言います。

（１）先願範囲の拡大を採用した理由

①後願は二番目の公開

発明は、特許請求の範囲のみならず、明細書、特許請求の範囲、図面を含む全体が公開されます。したがって、たとえ先願が公開される前に出願された後願であっても、その内容が先願の内容と同一であれば、まず先願が一番目に公開されるので、後願は二番目の公開となり何ら新しい技術を公開することになりません（下記の図表５－５参照)。即ち、後願は新しい発明の公開の代償として発明を保護する特許制度の趣旨に合致しません。

②先願審査を待たずに後願審査

審査は出願審査請求の順に行われます。このため、出願を審査する段階で先願が出願審査請求されていない場合は、その先願の特許請求の範囲は確定しないことになります。なぜなら、審査が終了するまでは、特許請求の範囲が補正により変動し得るからです（「第 12 章 1 補正」）(133 頁)。したがって、先願の地位（後願排除の範囲）を特許請求の範囲に限定しておくと(39 条)、先願の審査が終了し先願の特許請求の範囲が確定するまでは後願の審査ができなくなります。そこで、先願の範囲を、審査段階での補正による変更の最大限である「出願当初の明細書、特許請求の範囲、図面を含む全体」に認めておけば、先願の審査終了を待つことなく後願を審査できることになります。

③先願の後願排除力の拡大

先願の出願人にとっては、明細書、図面を含む全体で広く他人の後願を排除(拒絶)することができます。したがって、他人の後願を排除(拒絶)するための防衛出願を減らすことができます。また、先願の出願人は、明細書や図面に記載されている技術について、例えば、他人の実施又は実施可能性が明かとなり、権利取得の必要性が生じた場合には、別個に出願しなくても分割出願をすることによって、特許権を取得することができます。

（２）先願範囲の拡大の概要

①先願の公開には、公開特許公報による出願公開のほか、特許公報や登録実用新案公報の発行が含まれます。特許出願において、早期審査を請求すると数カ月（２０１８年の実績では２～３カ月）で特許される場合があるので、出願公開(出願日から１年６月経過後)される前に、特許公報が発行される場合があります。先願の後願排除の範囲は、**願書に最初に添付した明細書、特許請求の範囲、図面に記載されている発明又は考案**です。先願明細書の記載が、たとえ比較例や参考例等であっても後願を排除します。

接着テープ事件(東京高判平 3.1.2)は、「先願として後願を排除できる考案または発明は、先願の『願書に最初に添付した明細書又は図面に記載された』ものであれば足り、・・したがって、引用例の比較例１に記載されたものもひとつの発明であるから、後願を排除できる発明にあたる」と判示しています。

②先願の発明者と後願の発明者が同一(**全員の一致が必要**)の場合や、先願の出願人と後願の出願人が同一(**後願の出願時**に)の場合には適用されず、後願は排除されません（２９条の２かっこ書及びただし書)。これは、先願の明細書、図面に記載しながらクレームしなかった発明について、他社の動向等により、後日に出願して特許取得したい場合があるからです。この点については、出願の分割で足りるとする説があります（吉藤 154－155 頁)。

③先願と後願の出願人の同一性の判断時は「**後願の出願時**」であって、出願後には同一性は問題とされません。したがって、先願の発明Ａを出願人「甲」で出願し、後願の改良発明Ａ＋αを出願人「甲と乙」で共同出願すると該規定により拒絶される恐れがあるときは、後願の改良発明 Ａ＋αを先願の発明 Ａ と同じ出願人「甲」で出願しておき、その後に後願の改良発明Ａ＋αの出願人を本来の「甲と乙」に名義変更して共同出願とすれば拒絶を避けることができます。

④先願が一旦公開されると、当該先願がその後に放棄や取り下げられたり、却下されても後願を排除します。公開された事実は、放棄等により何ら変わらないからです。

⑤先願の願書に最初に添付した明細書等に排除力があるので、出願後に補正により削除された事項も後願を排除します。

⑥先願と後願との出願日が同日の場合には適用されません。

7 先願主義と先願範囲の拡大との比較

下記の図表5－5及び図表5－6に、先願主義と先願範囲の拡大とを対比しました。

図表5－5　先願主義と先願範囲の拡大

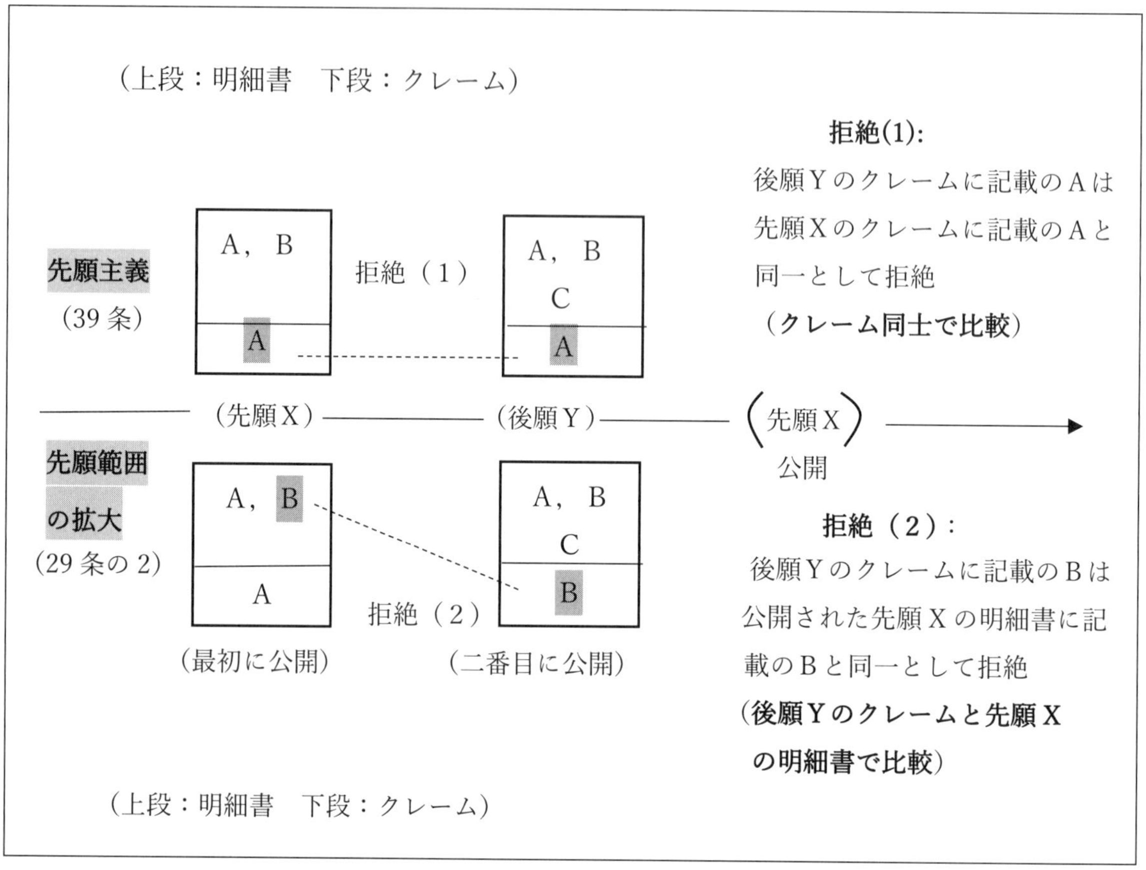

図表5－6　先願主義と先願範囲の拡大との比較

	先願主義（39条）	先願範囲の拡大（29条の2）
目的	・先に出願した者を保護 ・二重特許の排除	先に公開した者を保護
先願の後願排除の範囲	請求範囲（クレーム）	明細書・請求範囲・図面
同日出願	適用あり(協議)	適用なし
出願人・発明者が同一	適用あり	適用なし
先願の放棄、取下げ、却下、拒絶の確定	適用なし（初めからなかったものとみなされる）	公開されている場合は適用あり
先願が非公開	適用あり	適用なし
適用順		先に適用（原則として）
対応策(後願Yの補正)＊	先願Xの請求範囲Aと異なる請求範囲B又はCに補正	先願Xの明細書・図面の全体に記載されていない発明(請求範囲C）に補正

＊別発明にする補正（シフト補正：17条の2第4項）として許されない場合は分割出願

第6章　新規性喪失の例外

1　新規性喪失の例外

特許出願前に発明を公表すると新規性を喪失し(公知になり)、特許を受けることができません。自分が公表した場合は新規性を失わないと思っている人を見かけますが、自分が公表した場合であっても新規性を失います。

しかし、大学や研究機関等では研究成果をまず論文発表するという慣行があり、また特許出願前に発明を新聞や雑誌に発表したり、発明品を出展したり、試販する必要に迫られることもあります。このような場合までも特許を受けられないとすれば、却って特許制度の趣旨に反する場合があり、そこで、所定の条件を満たす場合には、新規性喪失の例外を認め、新規性を喪失しなかったもの（新規性あり）とみなすことにしています。

平成２３年(２０１１年)の改正までは、特許を受ける権利を有する者の行為に起因して新規性を失った場合(以下、「行為に起因して」と記載)とは、試験、刊行物への発表、意に反する新規性喪失等の特定の行為に限定されていました。しかし、これらの行為だけでは、近年のインターネットを通じての公開等、公開態様の多様化に十分対応できない等の指摘を受け、平成２３年（２０１１年）の改正では、「行為に起因して」新規性を失った場合は、**公開行為の態様を問わず救済**されるようになりました。また、特許を受ける権利を有する者の意に反して新規性を失った場合(以下、「意に反して」と記載)も、従来どおり救済されます。

しかしながら、後述のように、この規定は色々な問題を含んでいるため、できるだけ公表前に出願すべきで、例外出願は「販売してみたら予想に反し好評だったので出願する」場合のように、文字どおり例外的な場合に限るべきです。

2　救済される行為

（1）「意に反して」(30条１項)

発明者又は出願人が発明を公表する意思がなかったにもかかわらず、その意思に反して公表された場合です。出願前に長男が原告（筆者注：発明者）に無断で展覧会に出品したことが、「意に反して」に当たるとされた事例があります（**農用牽引車事件**　東京高判昭47.4.26)。この他、秘密保持契約違反や、窃盗、脅迫、詐欺等の不正手段による公開も「意に反して」に該当すると考えられます。

（2）「行為に起因して」(30 条２項)

特定の行為に限定されず、包括的に対象となります。ただし、内外国への特許出願に起因して、特許公報等に掲載されて新規性を喪失した場合は、本救済の趣旨に照らし救済されません(2 項かっこ書)。特許公報等による公表は、積極的に公表したものでなく刊行物への公表とはいえないとした裁判例(**水平無鉄芯型誘導路事件**　東京高判昭 57.6.22)があります。

3 救済を受けるための手続

① 発明を公表にした日から１年以内に特許出願する必要があります。

②「行為に起因して」の場合は、(イ) 出願と同時に適用を受ける旨の書面（適用書面）を提出し（願書に記載した場合は書面の提出は省略可：施規 27 条の４）、(ロ) 出願日から３０日以内に証明する書面（証明書面）を提出する必要があります(30 条 3 項)。

これに対し、「意に反して」の場合は、特許出願の際に自己の発明が意に反して公知になっていることを知らないのが通例ですので、これらの手続きは不要です。「意に反して」公表されたことは、第三者からの情報提供や特許異議申立により知らされることが多く、これらの手続きの中で、公表が意に反するものであったことを説明し立証することになります。

4 救済される範囲

（1）発明の範囲

公表した発明「A」と同一のものに限らず、当該発明「A」から容易に発明できた発明(進歩性のない発明)「A＋α」も救済されます(平成１１年(１９９９年)の改正)。即ち、公表した発明は、出願された発明の新規性、進歩性を否定する引用発明とはなりません。

（2）「行為に起因して」の範囲

原始的に特許を受ける権利を有する発明者により公表された発明、特許を受ける権利の承継者により公表された発明だけでなく、発明者により公表された後特許を受ける権利が出願人に譲渡された発明も含まれ、これらの者の行為に基づいて他人が公表した発明も含まれます。例えば、これらの者からの依頼を受けて第三者が学会等で発表した発明も救済を受けることができます。また、発明者が「甲」、公表者は発明協力者乙が含まれ「甲と乙」のように発明者と公表者とが一致しない場合には、事実に即した書面の提出が必要です。

5 例外規定に関する問題点

（１）１年以内に特許出願すれば救済は万全？

例外規定は、新規性の例外規定であって、先願や出願日の特例ではありません。

下記の図表６－１に示すように、甲が１月１日に公表して公知にした後、乙が別個に完成した同一技術を２月 １ 日に特許出願し、甲が乙の出願後に新規性喪失の例外の適用を受けて５月１日に特許出願した場合は、甲が公表後１年以内に特許出願した場合であっても、甲の５月１日の特許出願(例外出願)は乙の２月１日の特許出願の後願であるとして 39 条に基づき拒絶され、乙の特許出願が出願公開されると 29 条の２に基づき拒絶されます。

一方、乙の２月１日出願の特許出願は、甲の１月１日の公表により公知にされているので新規性なしとして、29 条１項に基づき拒絶されます。

結局、上記のケースでは、甲も乙も特許を取得することができません。したがって、甲は、１年もあるからと安心することなく、公表後に速やかに特許出願する必要があります。本例の場合、例えば、甲の特許出願(例外出願)が乙の２月１日の特許出願よりも先（図では１月２０日）であれば救済されます。

図表６－１　例外出願と他人の出願との関係

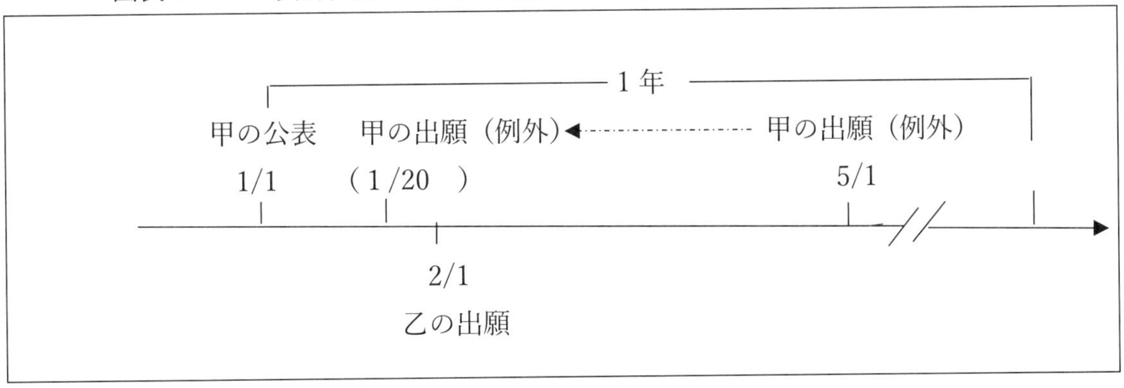

（２）複数回公開した場合は？

図表６－２の(a)に示すように、学会Ａで発表（１回目の公開）した後、学会Ｂでも発表（２回目の公開）し、１ 年以内に新規性喪失の例外の適用を受けて特許出願した場合は、１回目の公開、２回目の公開は別個の公開であるので、いずれの公開についても、適用書面の提出と証明書面の提出（以下、両書面の提出を所定手続という）が必要です。３回目以降の公開についても同様です。

これに対し、図表６－２の(b)に示すように、まず学会発表があり、その後に学会発表内容の講演要旨集が発行された場合のように、１回目の公開と２回目の公開の間に密接不可分の関係にある場合は、１回目の学会発表についてのみ所定手続が必要で、２回目の講演要旨集による公開については、適用書面の提出だけでよく証明書面の提出は不要です。

図表６－２の(c) に示すように、上記図表６－２の(b)とは逆で、まず講演要旨集が発行

され、その後に学会発表された場合は、１回目の講演要旨集による公開と２回目の学会発表について、それぞれ所定手続が必要です。

これは、図表６－２の(b)の場合は、１ 回目の学会発表の内容は２回目の講演要旨集の内容を含む（１回目の学会発表の内容＞２回目の講演要旨集の内容）のに対し、図表６－２の(c)の場合は、１ 回目の講演要旨集の内容は２回目の学会発表の内容を部分的にしか含まない（１回目の講演要旨集の内容＜２回目の学会発表の内容）ことによるものと思われます。

図表６－２　複数回公開

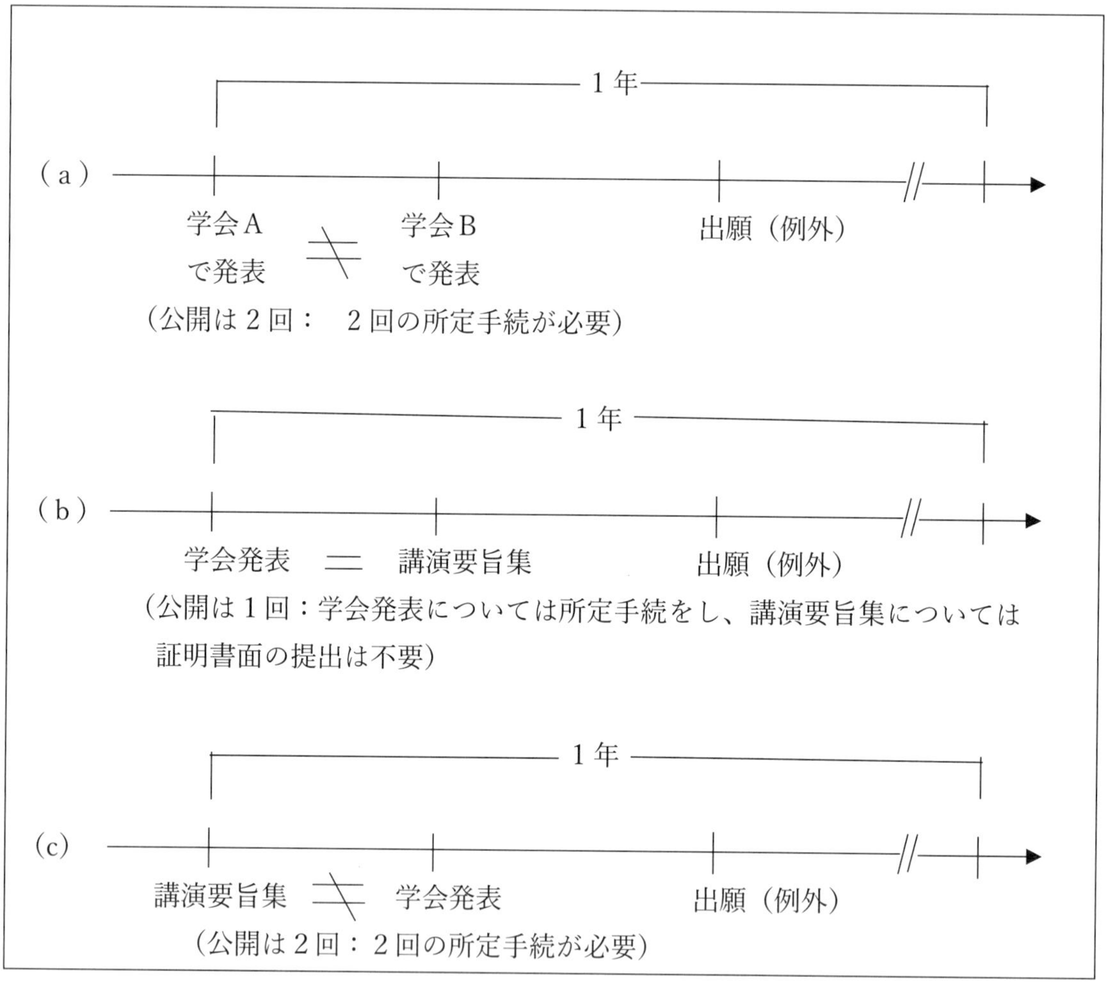

なお、テレビや新聞社の取材を受ける場合には、インターネット等を通じて爆発的に拡散し、特許出願が １ 日遅れるごとに所定の手続きがネズミ算式に増加し手続の負担が大きくなるので、取材を受ける前又は取材を受けた後、速やかに出願する必要があります。

（３）海外出願

海外出願を予定している場合は、各国特許法により対象となる行為、猶予期間（グレース・ピリオド：grace period）等が異なるので注意が必要です。

第7章 出願手続

1 出願手続

特許制度は、発明を公開する代償として特許権を付与して一定の期間保護する制度です。発明が完成すると、発明者又は出願人は特許権を取得するために特許出願し、出願日から１年６月後に出願公開され、特許権の付与に値するかどうかの審査を受け、審査にパスすれば特許権が付与されます。即ち、特許出願は、発明公開の第一歩であるとともに、特許権を取得するための第一歩であり、これによって、特許制度の目的が達成されます。特許出願から特許権の取得までの出願手続の流れは、次頁の図表７－１に示すとおりです。

以下の（１）～（２０）は、図表７－１内の（１）～（２０）に対応しています。

〔１〕出願手続

〔１－１〕拒絶理由がない場合

（１）出願

特許を受けようとする者（出願人）は、願書に、明細書、特許請求の範囲、要約書及び必要な図面を添付（この順で）して特許庁長官に提出します(36 条)。

（２）方式審査

出願が受理されると出願番号が通知され、形式的要件の不備がないかどうかについて方式審査が行われます（17 条 3 項)。

（３）出願公開

出願日から １ 年６月経過すると、公開特許公報に掲載することにより出願公開されます(64 条)。特許出願人は、早期公開を請求することができます（64 条の 2）。

（４）出願審査請求

特許出願しただけでは特許庁の審査を受けることができず、出願日から３年以内に出願審査請求があった場合にのみ審査を受けることができます(48 条の 2、48 条の 3)。

（５）実体審査

特許要件（産業上の利用性、新規性、進歩性、先願、及び先願範囲の拡大）を充足しているかどうかについて審査されます(47 条、49 条)。

（６）特許査定

上記の実体審査で拒絶理由を発見しない（特許要件を充足している）ときは、特許査定がなされます（51 条)。

図表７－１　出願手続の流れ

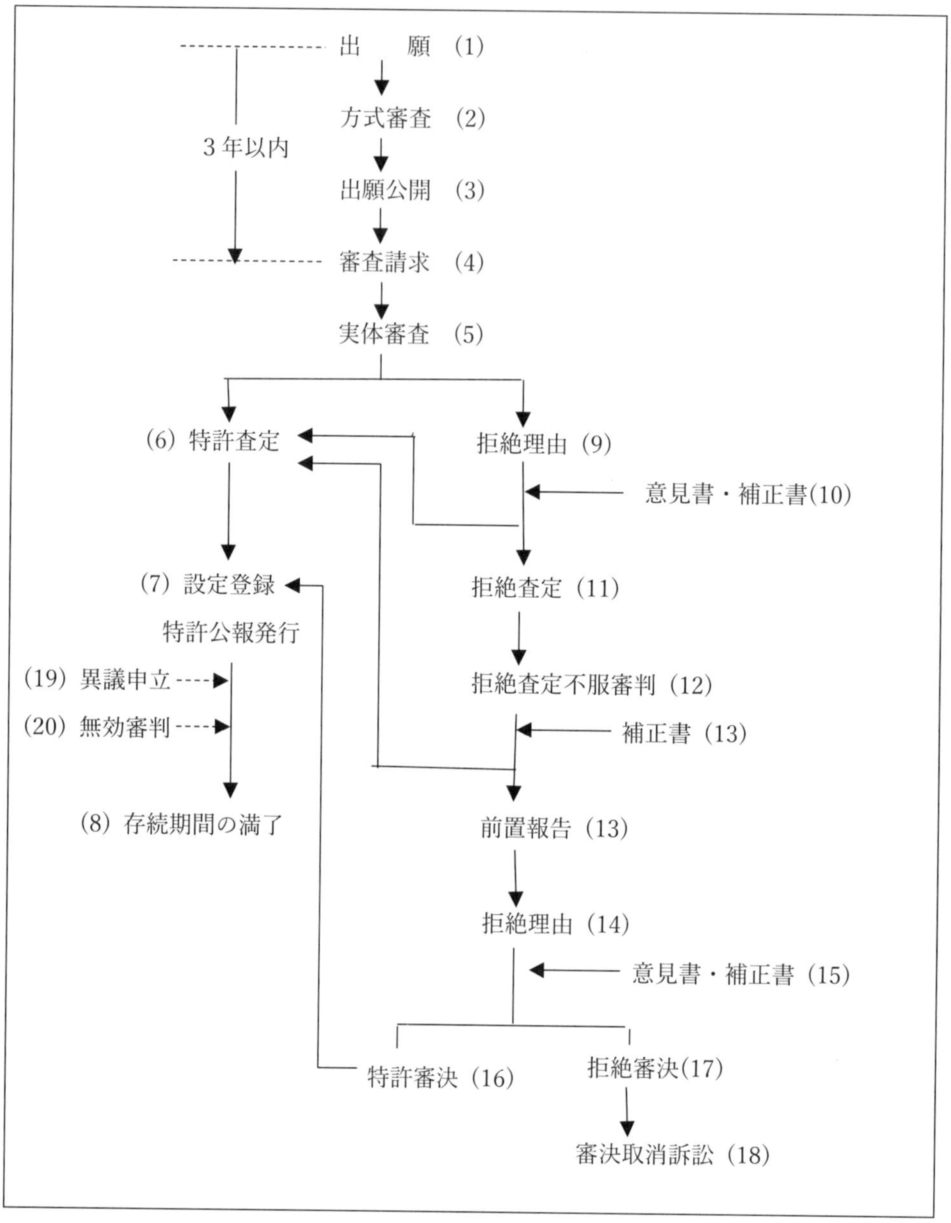

（７）設定登録・特許公報発行

特許査定（又は審決）の謄本の送達を受けてから３０日以内に特許料（１～３年分）を納付します（108 条)。特許料を収めると特許番号が付与され、特許登録原簿に特許権の設定登録がなされ特許権が発生し（66 条１項、２項)、特許公報が発行されます（66 条３項)。

（８）存続期間の満了

存続期間は、特許出願日から２０年です（ただし、４年以降の各年度の特許料の納付が必要)（67 条、107 条)。存続期間は延長される場合があります（第 14 章１〔3〕(166 頁))。

〔１－２〕拒絶理由がある場合

（9）拒絶理由通知書（最初の拒絶理由通知書、最後の拒絶理由通知書）

審査官は拒絶理由を発見すると拒絶理由通知書を出願人に送達し、その発送日から６０日以内（2カ月の延長可）に、出願人に対し意見書を提出する機会を与えます（50条）。

（１０）意見書、補正書

出願人は意見書で反論したり、必要な場合には手続補正書で明細書、特許請求の範囲、図面を補正することができます。これにより上記（9）の拒絶理由が解消されると、上記（6）の特許査定がなされます。

（１１）拒絶査定

上記（9）の 拒絶理由が上記（１０）の意見書や手続補正書で解消しない場合には、拒絶査定となります（49条）。

（１２）拒絶査定不服審判請求

上記（１１）の拒絶査定に不服の場合には、その謄本の送達後3月以内に拒絶査定不服審判を請求することができます（121条）。審判は審査の上級審で、審査官が行った審査（拒絶査定）が妥当であったかどうかを審判官の合議体（3～5 人）がもう一度審査(審理)します（136条）。

（１３）手続補正書・審査前置・特許査定・前置報告

上記（１２）の 拒絶査定不服審判請求と同時に明細書、特許請求の範囲、図面を補正することができます。この補正があったときは、審査官(原則として拒絶査定をした審査官)がその請求を再審査します(162条)。審判手続の前段階として、拒絶査定をした審査官が補正された出願を再審査することを**審査前置制度（**又は**前置審査制度）**と言います。審査官が再審査し審査段階で指摘した拒絶理由が解消し、他の拒絶理由も発見しないと判断した場合は、拒絶査定を取り消して上記（6）の特許査定を行います(164条1項)。

一方、拒絶理由が解消しないと判断した場合は、その審査結果を特許庁長官に報告（**前置報告**）し（164条3項)、本来の審判官（３～５人の合議体）による審判が始まります。

（１４）拒絶理由通知書

上記（9）の 拒絶理由と同様に、審判官は拒絶査定の理由と異なる拒絶理由を発見すると拒絶理由通知書を請求人（出願人）に送達し、その発送日から６０日以内に、出願人に対し意見書を提出する機会を与えます（159条2項)。

（１５）意見書、補正書

請求人はで意見書で反論したり、必要な場合には手続補正書で明細書、特許請求の範囲、図面を補正することができます。

（１６）特許審決（請求認容、審判成立）

上記(１４)の拒絶理由が上記（１５）の 意見書、補正書により解消されると、特許審決がなされます。

以下、上記（７）の設定登録、（８）の 存続期間の満了に従います。

（１７）拒絶審決（請求棄却、審判不成立）

上記（１４）の拒絶理由が上記（１５）の 意見書、補正書により解消されない場合には、拒絶審決となります。

（１８）審決取消訴訟

上記（１７）の拒絶審決に不服の場合には、その謄本の送達後３０日以内に審決取消訴訟を東京高等裁判所（知財高裁）に提起することができます（178 条 1 項、3 項)。知財高裁判決に不服の場合は、最高裁判所に上告できます（民訴 311 条)。ただし、最高裁の判例と相反する判断又は法令解釈に関する事項を含む事件に限られます（以下同じ。民訴 318 条)。

〔１－3〕特許異議申立・特許無効審判

（１９）特許異議申立

何人も、特許公報の発行日から６月以内に、特許を取り消すことについて異議申立をすることができます(113 条)。取消決定が確定すると、特許権は初めから存在しなかったものとみなされます(114 条 3 項)。取消決定を受けた特許権者は、決定取消訴訟を東京高等裁判所（知財高裁）に提起することができます（178 条)。知財高裁判決に不服である場合は、最高裁判所に上告できます（民訴 311 条)。

（２０）特許無効審判

利害関係人は、いつでも特許を無効にすることについて無効審判を請求することができます(123 条)。無効審決が確定すると、特許権は初めから存在しなかったものとみなされます(125 条本文)。利害関係人には、「特許権侵害で訴えられている者」、「類似の特許を有する者」、「特許発明と同種の製品を製造する者」等が該当すると裁判例で認められています。

審決に不服である場合は、審決取消訴訟を東京高等裁判所（知財高裁）に提起することができます（178 条)。知財高裁判決に不服である場合は、最高裁判所に上告できます（民訴 311 条)。

2　発明者と出願人

〔1〕発明者（inventor)

発明者は発明をした者、即ち、アイデアを考えかつ具体的に実現させた者で、発明完成と同時に特許を受ける権利を取得します(29 条柱書)。発明者になれるのは、自然人(法人に対する語で権利義務の主体である個人)のみで法人(企業、組織体)は発明者にはなれません。また、アイデアを考えただけの者、単に指示に従って実験した者や、単なる補助者や助言者、上司、資金提供者等は発明者ではありません。

２０１８年のノーベル賞の対象となった癌治療薬「オプジーボ（登録商標)」に関する特許について、元大学院生が、特許権者である本庶佑教授と小野薬品に対して、発明者であることの確認を求めた訴訟で、発明者は「発明の技術的思想（技術的課題及その解決手段）を着想し、又は、その着想を具体化することに創作的に関与したことを要する」と判示し、「元大学院生は教授の単なる補助者にとどまるものとは言えないが、創作的な関与に当たると認めることはできない」として発明者とは認められないと判断しました（**オプジーボ共同発明者事件**　知財高判令 3.3.17）。

発明者については、我が国では、上司や資金提供者を追加したり、あまり注意が払われていないのが実情ですが、近年、発明者の問題は、①特許を受ける権利や特許権の帰属、②職務発明の対価の請求、③発明者掲載権（発明者名誉権），④受章や受賞、等において、発明者の認定が重要度を増しています。特に、最近ではオープン・イノベーションにより、他の会社や大学等との共同研究・開発の研究成果についての共同出願が増加しており、共同発明者の決定は単独出願の場合よりも複雑となっています。

発明者の問題は、発明者の人格権（発明者掲載権、発明者名誉権）の問題であるにも関わらず、特許法上の取り扱いは十分とは言えないので、以下少し詳しく考察します。

発明者は、願書（36 条１項２号）、公開公報（64 条２項３号）、特許公報（66 条３項３号）、特許証（28 条、施行規則 66 条４号）に掲載されます。また、パリ条約では特許証に発明者として記載される権利を有する、と記載されています（パリ４条の 3、特 26 条）。これらは一般に、発明者掲載権とか発明者名誉権とかいわれ、発明者の名誉といった人格的利益であり法的に保護されるとされています。

発明者の真否は特許法上審査の対象とされておらず、したがって、発明者の記載を誤っても拒絶理由、無効理由でないため、特許の有効性には影響しないとされています。しかしながら、このような出願の適法性については、判例・学説とも分かれており、例えば、**大和帽子事件**（大審判大 15.3.20）では、「特許を受ける権利を承継した事実の有無を問わず、適法な権利行使でなく無権利者のなしたもので無効である」と判示しています（百選３０）。

なお、特許付与前では、発明者の誤記（発明者の削除、追加を含め）について補正することができます（発明者相互の宣誓書、変更の理由が必要）が、特許付与後では発明者の誤記は訂正審判の訂正理由とされていないため訂正できず（126 条）誤記のままとなります。

その結果、特許公報には不実の発明者が表示されたままであり、真の発明者の人格権（発明者掲載権、発明者名誉権）が侵害されている面を否定できず（大阪地判平 22.2.18：真の発明者の精神的損害を認容）、訂正審判による訂正等の立法的措置が必要と思われます。

特許を受ける権利を承継した者が自ら発明者と称して出願した場合、例えば、資金提供者として出願料を負担する代わりに特許を受ける権利の一部を承継して出願人に加わるとともに**発明者**にも加わり出願したような場合は（出願料の負担は特許を受ける権利の譲渡対価とも考えられる)、特許を受ける権利は承継しているので冒認出願（無権利者の出願）（後記〔5〕参照）ではないものの、上記29条の「発明をした者」には該当しません。発明者の真否の問題は、補正によるクレームの変更、分割出願（原出願とは異なるクレーム）の場合にも生じることがあります。

最近、AIが発明者になれるかが問題になっていますが、南アフリカ、オーストラリア（連邦地裁）ではAIを発明者と認め、英国、米国、韓国、ヨーロッパでは発明者は自然人（人間）でなければならないとしてAIを発明者と認めていません。

〔2〕特許を受ける権利とその承継

特許を受ける権利は、発明すると同時に発明者が原始的に取得（他人から引き継ぐのではなく初発的に権利を取得）し、発明者が自己の発明を支配・利用する私権的な権利（発明権）と公権的な権利（特許請求権）を有するとされ、これに基づいて発明者は出願人として特許出願し、国家(特許庁)に対し特許を受けることを請求することができます。特許を受ける権利は、特許査定により特許権に移行し、拒絶査定の確定により消滅すると考えられます。

また、特許を受ける権利は他人に移転（移転は、譲渡による特定承継と、相続、会社合併等による一般承継とを含み、譲渡よりも広い）することができますが(33 条)、権利移転の適当な公示手段がないので、二重譲渡等が生じる場合があります。そこで承継が特許出願前か特許出願後かにより、下記のように規定されています。

（1）特許出願前に承継した場合

特許を受ける権利の特許出願前の承継については登記や登録のような外部から認識できる適当な公示手段がないため、承継人が特許出願をしなければ第三者に対抗できません（即ち、承継したことを他人に主張できません）（34 条 1 項)。したがって、例えば、特許を受ける権利をAが承継した後にBも承継し、Bが先に特許出願した場合には、仮にBの承継がAよりも後であっても特許を受けることができるのはBとなります。同日出願の場合は、協議により定められた者のみが第三者に対抗できます（34 条 2 項)。

（2）特許出願後に承継した場合

相続その他の一般承継を除き、承継人が、特許出願人の名義を自分の名義に変更する届け出（出願人名義変更届）を特許庁長官にしなければ効力が生じません(34 条 4 項)。相続その他の一般承継を除いたのは、相続等の発生時点から承継の届出までの間の権利者不在となる事態を防ぐためです。よって、相続その他の一般承継の場合は、届け出なくして承継の効力が生じるものの、承継人は遅滞なく届け出る義務があります（34 条 5 項)。届け出が同日の場合は、協議により定められた者の届け出のみが効力を生じます（34 条 6 項)。

図表7－2は、特許を受ける権利の承継についてまとめたものです。

図表７－２　特許を受ける権利の承継

特許を受ける権利の承継	出願前	特許出願が第三者対抗要件 ・同日の場合：協議により定められた者が三者に対抗 ・二重譲渡の場合：先に特許出願した者が優先	３４条１項 ２項
	出願後	特許庁長官への届け出が効力発生要件 相続その他の一般承継（会社合併等）の場合は遅滞なく届け出 ・同日の場合：協議により定められた者が有効 ・二重譲渡の場合：先に届け出た者が優先	３４条４項 ５項 ６項

（３）共有の場合の譲渡

発明者が複数のときは共同発明者となり、特許を受ける権利は共有となります。持分の記載がないときは、相等しいものと推定されます（民 250 条）。各共有者は、他の共有者の同意を得なければ自分の持分を譲渡することができません(33 条 3 項)。各共有者は自分の持分に基づいて発明を自由に実施できるので、新しい共有者の投下する資本や技術等によっては、自分の持分の価値や実施に大きな影響を受ける場合があるためです。共有者の 1 人が持分を放棄したときは、その持分は他の共有者に帰属します（民 255 条）。

〔３〕出願人（applicant）

出願人は、特許出願することにより特許を受けようとする自然人(個人)又は法人(企業、組織体)(36 条 1 項 1 号)で、特許が付与されると特許権者となります。出願人は、発明者又は発明者から特許を受ける権利を承継した個人又は企業等です。発明者は特許を受ける権利を譲渡すると、もはや自分で特許出願できず、単に発明をしたという発明者の人格権（発明者掲載権、発明者名誉権）を有するだけで、特許権とは法律上何の関係もなくなります。

〔４〕共同出願

特許を受ける権利が共有であるときは、共同者全員で出願する必要があります(38 条)。例えば、複数の発明者が発明した共同発明の場合は発明者全員が連名で共同出願しなければなりません。審判請求するときも同様です(132 条 3 項)。共同出願の規定に違反した場合は、拒絶され(49 条 2 号)、特許されても無効とされます(123 条 1 項 2 号)。また、真の権利者(特許を受ける権利を共有する者)は、共同出願違反の出願に基づく特許権の特許権者に対し、その特許権の持ち分の移転を請求することができます(74条)。

〔5〕冒認出願

特許を受ける権利を有していない者、即ち、発明者でない者で特許を受ける権利を承継していない者がした出願を冒認出願と言います。冒認出願は拒絶され(49条7号)、特許されても無効とされます(123条1項6号)が、公益的目的を主眼とする異議申立理由ではありません。また、真の権利者(特許を受ける権利を有する者)は、冒認出願に基づく特許権の特許権者に対し、その特許権の移転を請求することができます(74条)。

3 明細書

明細書は、発明の内容を記載し**発明の公開**をする使命を有する**技術説明書**であるとともに、出願人が保護を求める特許権としての**権利範囲（特許請求の範囲）をサポート**する使命を有するものです。特許制度は、発明を公開した代償として排他独占権である特許権を付与する制度です。そこで、発明の公開と権利範囲のサポートの両使命を果たす明細書は特許制度の中核をなすものであり、必要書類及びその記載について規定されています。

特許を受けようとする者は、願書に明細書、特許請求の範囲、必要な図面、及び要約書を添付して特許庁長官に提出（特許出願）します(36条2項)。

〔1〕願書

願書には、特許出願人の氏名又は名称（企業の場合)、住所又は居所（本拠地ではないが、ある程度継続して滞在している場所)、発明者の氏名、住所又は居所を記載します(36条1項1，2号)。願書は、施行規則２３条に規定されている様式２６により作成します。

〔2〕明細書

明細書には、発明の名称、図面の簡単な説明、及び発明の詳細な説明を記載します(36条3項)。明細書の作成については、第8章「明細書の作成」を参照してください。

① 発明の名称：　発明の内容を簡潔に記載します。

② 図面の簡単な説明：　図面の概要を記載します。

③ 発明の詳細な説明：　発明の詳細な説明は、下記に適合するように記載します。

（1）実施可能要件

発明の詳細な説明には、当業者が実施できる程度に明確かつ十分に記載することが必要です(36 条 4 項 1 号)。特許による保護を与える前提として、発明の詳細な説明が明確に記載されていることを義務付けるものです。明確に記載されていないと、その発明を実施できず、また発明公開の意義や使命が失われ、特許制度の目的が達成されません。また、経済産業省令（施行規則 24 条の 2）では、発明の技術上の意義の理解に必要な事項を記載するよう求めており、これを委任省令要件と言います。これらの規定に違反すると、拒絶(49 条 4 号)、異議申立（113 条 4 号）又は無効（123 条 4 号）の各理由となります。

フィルム

実施可能要件違反の拒絶に対しては、出願時の技術常識等を示し、これらを考慮すれば実施できる程度に明確かつ十分に記載されていることを意見書で主張します。また、意見書での主張や発明の詳細な説明の記載や示唆に基づき実験成績証明書で提出したデータが参酌される可能性があります。ただし、詳細な説明の記載が不十分で、出願時の技術常識等を考慮しても実施できる程度に記載されていない場合は、データの後出しは認められません。

（2）先行技術文献情報の開示

出願人が特許出願時に知っている先行技術文献情報を記載することが必要です(36 条 4 項 2 号)。これは出願人が有する先行技術文献情報を審査等に有効活用するためで、開示がない場合は、開示を促す通知があり(48 条の 7)、それでも開示がない場合は、拒絶理由が出されます(49 条 5 号、50 条)。しかし、開示義務違反の異議申立や無効審判が多発する可能性を考慮して、異議申立理由や無効理由ではありません。

〔3〕 特許請求の範囲

特許請求の範囲は、出願人が特許により保護を求める事項を記載する部分で、これにより権利範囲が決定される**権利書**としての役割を果たすもので極めて重要な意義を有しています。特許請求の範囲は、クレーム(claim)と呼ばれます。このクレームは、ビジネスにおける“苦情や文句”ではなく、“特許を請求する（“ I (We) claim : ”, “ What is claimed is : ”, “ The invention claimed is : ” 等）”の意味です。本書においても、クレームと記載する場合があります。特許付与後において、特許権を侵害するかどうかは、被疑侵害者の実施技術が特許請求の範囲に基づいて判断される技術的範囲（特許請求の範囲が拡大又は縮小解釈される場合がある）に属する(入る)かどうかで決定されます。「属する」ときは侵害、「属しない」ときは非侵害です。特許請求の範囲は、また、特許権の効力の限界、即ち、第三者が自由に実施できる範囲（public domain：公有又は共有財産）を画定する役割をも担っています。

（1） 単項制と多項制

単項制は、1 発明について 1 請求項での記載のみを認める制度であるのに対し、多項制は

１発明について複数の請求項での記載を認める制度です。多項制は、発明を種々の角度から見て、多面的に請求項を記載することにより、発明の十分な保護を図ることができます。多項制は昭和５０年（１９７５年）の改正で導入されました。

（2）出願人の自己責任

特許請求の範囲には、出願人が特許を受けようとする発明を特定するために必要と認める事項のすべてを記載します（36条5項）。この規定により、出願人が自己の責任で保護を求めようとする発明を決定し、そこに記載した事項は、出願人自らが「発明を特定するために必要と認める事項のすべて」と判断した事項であることが明確になります。

なお、この規定は、出願人が自己責任で自由に特許請求の範囲を決めてよいことを規定するので、拒絶(49条4号)、特許異議申立（113条4号）又は無効（123条4号）の各理由には含まれていません。しかし、出願人は自己の責任で自由に特許請求の範囲（どのような発明について特許を取得するか）を決めてよいのですが、「発明を公開」する使命からその記載も自由とはいかず、下記のサポート要件等の記載要件を満たす必要があります。

（3）サポート要件

特許請求の範囲に記載する特許を受けようとする発明は、発明の詳細な説明に記載したものであること（サポートされていること）が必要です(36条6項1号)。即ち、特許請求の範囲に記載する発明は、発明の詳細な説明に記載した発明の範囲を超えることはできません。仮に、特許請求の範囲に記載した発明が、発明を公開する部分である発明の詳細な説明に記載されたものでない場合は、公開されていない発明について特許権を付与することになり、特許制度の目的に反するからです。

一般に、サポート要件違反は、上述の実施可能要件違反とともに拒絶理由通知されることが多く、両者は表と裏との関係的な面もありますが、サポート要件は「公開されていない発明についての特許権付与の防止」であり、前記した実施可能要件は「実施できない発明の公開防止」であり、両要件は内容及び趣旨において異なります。

サポート要件違反の拒絶に対しては、発明の詳細な説明の記載や示唆、又は出願時の技術常識等から当業者が発明の課題を解決できると認識できる範囲であることを意見書で主張します。審査基準では、意見書の主張を実験成績証明書により裏付けることができるとしていますが、下記のような厳しい裁判例もあります。意見書での主張が難しい場合は、特許請求の範囲を当業者が発明の課題を解決できると認識できる範囲に減縮します。

偏向フィルムの製造方法事件（知財高判平 17.11.11）

サポート要件に適合するか否かは、特許請求の範囲の記載と発明の詳細な説明の記載とを対比し、特許請求の範囲に記載された発明が、発明の詳細な説明に記載された発明で、発明の詳細な説明の記載により当業者が当該発明の課題を解決できると認識できる範囲のものであるか否か、また、その記載や示唆がなくても当業者が出願時の技術常識に照らし当該発明の課題を解決できると認識できる範囲のものであるか否かを検討して判断すべきであると判示し、特許出願後に実験データを提出し詳細な説明の記載内容を補足して特許請求の範囲に記載された発明の範囲まで拡張ないし一般化し、サポート要件に適合させることは、発明の公開を前提に特許を付与するという特許制度の趣旨に反し許されない、と判示。

（4） 明確性要件

特許請求の範囲に記載する特許を受けようとする発明は、明確性が必要です(36条6項2号)。特許請求の範囲は、特許権の権利範囲を確定する基礎となるため(70条1項)、明確でなければなりません。

（5） 簡潔性要件

請求項ごとの記載が簡潔であることが必要です(36条6項3号)。特許請求の範囲は、上記のように権利範囲を確定する基礎となるので、第三者にとって理解しやすいように簡潔な記載でなければなりません。

下記の図表7－3に、明細書及び特許請求の範囲の主要な記載要件をまとめました。

図表7－3　明細書及び特許請求の範囲の記載要件

記載要件		特許法条文	内容	拒絶(49条)	異議申立(113条)	無効(123条)
明細書	実施可能要件	36条4項1号	当業者が実施できる程度に明確かつ十分に記載	○	○	○
特許請求の範囲	出願人の自己責任	36条5項	出願人が発明特定に必要と認める事項のすべてを記載	×	×	×
	サポート要件	36条6項1号	発明が発明の詳細な説明に記載したものであること	○	○	○
	明確性要件	36条6項2号	発明が明確であること	○	○	○
	簡潔性要件	36条6項3号	請求項ごとの記載が簡潔であること	○	○	○

○：理由である　　×：理由でない

4 発明の単一性

技術的に所定の関係を有する発明は、別々に出願するよりも1つの出願にまとめたほうが、①出願人にとっては出願手続きが簡易となり、②第三者にとっては関連発明の情報が効率的に入手可能となり、③特許庁にとっては関連発明をまとめて効率的に審査できる利点があります。

そこで、2以上の発明が所定の技術的関係を有することにより発明の単一性を満たす一群の発明は一の願書で出願できます(37 条)。所定の技術的関係を有しているかどうかは特別な技術的特徴（special technical feature : STF)を有していることにより、これらの発明が単一の一般的発明概念を形成するように連関している技術的関係を有しているかどうかにより判断されます(施規 25 条の 8 第 1 項)。そして、特別な技術的特徴とは、発明の先行技術に対する貢献を明示する技術的特徴をいう(施規 25 条の 8 第 2 項)と規定されています。

発明の先行技術に対する貢献を明示する特別な技術的特徴とは、少なくとも新規性を有すること指すと考えられます。したがって、特別な技術的特徴があるとして複数発明を一出願で出願したものの、新規性がなく先行技術である（即ち、特別な技術的特徴がない）と判断されると発明の単一性がなくなり、一出願での出願が認められず拒絶理由となります(49 条 4 号)。なお、発明の単一性違反は、特許性等の実体上の瑕疵ではなく、手続上の瑕疵にすぎないので、異議申立理由や無効理由ではありません。

〔1〕発明の単一性の審査

発明の単一性は上記のとおり複雑であり、さらに審査をまとめて効率的に進めるという観点からも判断されるため、審査官の裁量によるところが大きいと思われます。単一性違反の拒絶理由に対しては、出願人は分割出願（2以上の出願に分けること：139 頁）で対処できるので、さほど大きな問題にはならないと思われます。

しかしながら、特許請求の範囲の補正をするときは、補正の前後で発明の単一性の要件を満たすことが要求されます（シフト補正の禁止：１７条の2第4項)。これは「特別な技術的特徴を変更（シフト）する補正」、即ち、「別発明に変更する補正」を禁止するものです。このような補正を認めると、①それまで（補正前）の審査結果が有効に活用できない、②補正前と補正後の2つの発明について審査を受けることになる、③このような補正をしない第三者との間に不公平が生じる、ためです。

したがって、発明の単一性を概略理解しておく必要があります。そこで、次頁の図表7－4に示す仮想の特許請求の範囲について、発明の単一性の審査手順の一例を示します。

なお、物と製造方法と製造装置、物と使用方法、物と用途、等については、共通の特別な技術的特徴を有する（単一性の要件を満たす）と判断されます。

図表７－４　発明の単一性の審査手順

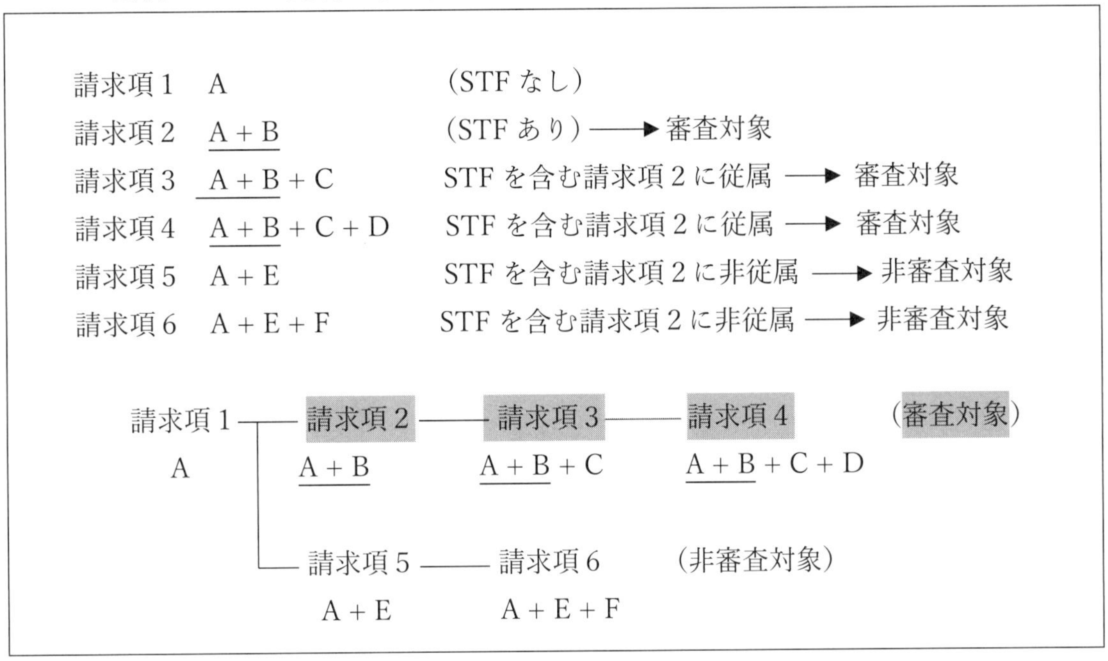

①請求項１は新規性なし：ＳＴＦ（特別な技術的特徴）なし。

②請求項２はＳＴＦありで審査（新規性、進歩性等）の対象とされる。

③請求項３，４は、ＳＴＦありの請求項２の発明特定事項を全て含む同一カテゴリーの発明であるので審査の対象とされる。

④請求項５，６は、ＳＴＦありの請求項２に従属しておらず、請求項２の発明特定事項を全て含むものでないので審査対象とはされず、発明の単一性違反の拒絶理由が通知される。

⑤発明の単一性違反の拒絶理由に対しては、出願人は請求項５、６の発明を分割出願して特許取得を図ることができる。

〔２〕実務上の注意点

①請求項１はＳＴＦを有するように作成

先行技術調査をし、請求項１がＳＴＦを有するように作成する。請求項１がＳＴＦを有すると、上記の例では、請求項５，６も発明の単一性を満足し審査対象とされるので、分割出願が不要となります。

②請求項２には重要な発明を記載

請求項１がＳＴＦを有しない場合でも、請求項２は同一カテゴリーであれば審査対象とされるので、請求項２には重要な発明をもってくるのが望ましいです。

③従属項を請求項１と直列的に従属

請求項１がＳＴＦを有しない場合に、請求項１と直列的に従属する従属項は審査対象とされる可能性があります。

“臥雲式紡織機（ガラ紡）”

長野の僧侶であった臥雲辰致（ガウンタッチ）は、明治６年（１８７３年）に和式紡織機（「臥雲式紡織機」又はガラガラという音を発するところから通称「ガラ紡」）を発明し、明治８年（１８７５年）に専売免許を請願しましたが、当時は特許制度がなかったため単に発売の認許を得ただけでした。

この紡織機は画期的なもので、明治１０年（１８７７年）に上野公園で開催された第１回内国勧業博覧会に出品されて最高の賞牌「鳳紋賞牌（ホウモンショウハイ）」を得ました。これによりガラ紡は全国に普及したものの各地で模倣品が続出し、経済的には報われませんでしたが、明治１５年（１８８２年）には発明の功績により藍綬褒章が与えられました。

このガラ紡事件が端緒となり、明治１８年（１８８５年）ようやく専売特許条例が成立しました。明治４年（１８７１年）の専売略規則が廃止されていなければ、又は専売特許条例がもう少し早く成立していたならば、彼の人生は月とすっぽん程(否ガラッと)変わっていたかもしれません。

（出所：特許庁「工業所有権制度百年史」上巻；参考文献：世界大百科事典第２版）

第８章　明細書の作成

１　明細書の作成

〔１〕明細書の作成方法

明細書の作成方法は、施行規則 24 条に規定の様式第２９に詳細に記載されています。これを少しアレンジした作成方法を下記の図表８－１に示しました。

図表８－１　明細書の作成方法

【書類名】　明細書
【発明の名称】　**（発明の名称を簡明に記載）**
【技術分野】　**（発明の属する技術分野を記載）**
　【０００１】　**（段落ごとに、連続した段落番号を付す）**

【背景技術】　**（従来技術を記載）**
　【０００２】

【先行技術文献】　**（関連する公報や刊行物を記載）**
　【特許文献】
　【・・・・】
　　【特許文献１】特開○○○○－○○○○○号公報
　　【特許文献２】特開○○○○－○○○○○号公報
　【非特許文献】
　【・・・・】
　　【非特許文献１】○○○○著、「△△△△(書名)」××出版、○○○○年○月○日発行、p. ○○～○○
【発明の概要】
　【発明が解決しようとする課題】　**（従来技術の問題点を記載）**
　【・・・・】

　【課題を解決するための手段】　**（特許請求の範囲に記載した構成を記載）**
　【・・・・】

【発明の効果】　**（従来技術に比し有利な効果を記載）**

【・・・・】

【図面の簡単な説明】　**（図面の概要を記載）**

【・・・・】

【図１】・・・・（平面図）である。

【図２】・・・・（断面図）である。

【発明を実施するための形態】　**（発明をどのように実施するかを具体的に記載）**

【・・・・】

【実施例】

【・・・・】

【比較例】

【・・・・】

【産業上の利用可能性】　**（産業上の利用方法、使用方法を記載）**

【・・・・】

【符号の説明】　**（図の主要な部分を表す符号の説明を記載）**

【・・・・】

1　○○○

2　△△△

〔２〕仮想明細書

後掲の明細書は、「転動を防止した鉛筆」の仮想明細書です。

このテーマは、特に技術的専門分野の有無を問わず誰でも容易に理解できるため、以前から発明の捉え方や明細書の書き方についての格好の教材として、しばしば取り上げられてきました。筆者も会社に在職中から社内教育の教材として、色々な角度から「転動を防止した鉛筆」を取り上げてきました。

ところで、明細書を作成するに当たり、予めどのような戦略で作成するかを決める必要があります。

（１）完全排除型

商品性（利便性、使い勝手)、市場性や製造性（製造の難易や製造コスト）等をあまり考慮せずに、ともかく当該分野に他者が参入するのを完全に排除する（参入障壁を築く）ことに焦点を当てて明細書を作成する（自分以外は実施できないようにする)。

（２）優位排除型

商品性、市場性や製造性等を考慮して、これらの点で劣る製品はたとえ他者が市場に参入したとしても自ずから競争に打ち勝って市場から駆逐できるので、市場で優位に立てる製品に焦点を当てて明細書を作成する（劣位の製品は市場で淘汰されるので、他者により模倣されてもかまわない)。

これまでの「転動を防止した鉛筆」については、上記（１）の完全排除型の観点から取り上げられてきました。

ところで、鉛筆の歴史を見ると、１５世紀初頭から使用され、６角形の鉛筆は１９世紀半ばにデザインされたようです。即ち、転動を防止した鉛筆は、２００年近く経った現在においても、広く実用化されているのは６角形の鉛筆だけです。このことは、６角形以外の転動を防止した鉛筆、例えば楕円形や偏芯した鉛筆を商品化しても、６角形の鉛筆を凌駕できないことを物語るものであり、他方、精々６角形を含む「多角形」について特許を取得しておけば十分であることをも示唆しています。

このように劣位の製品であれば、たとえ他者が新規参入しても市場の形成や成長に貢献することはあっても、いずれ市場からの退場を余儀なくされるので、優位の製品はその拡大・成長した市場をしっかり独占できることになります。したがって、優位の製品にとっては劣位の製品の参入はむしろ歓迎すべきとも言え、オープン戦略で市場の育成拡大を図り、その後に特許を取得して他人に実施させないクローズ戦略でシェアの拡大を図り高収益を得るオープン＆クローズ戦略の一つとも考えられます。

また、発明（クレーム）は広くなる程、明細書記載不備（サポート要件違反、実施可能性要件違反）の問題や公知技術を含みやすくなります（新規性や進歩性の欠如)。したがって、審査過程で拒絶理由を受け、公知技術を含まないようにクレームを補正することも多くなり、いきおい権利化に時間がかかる傾向があります。

また、意見書や補正書によりクレームの縮小解釈に繋がり、非侵害に繋がりやすい禁反言（審査段階での補正書や意見書の内容と矛盾する主張（拡大する主張）を侵害訴訟の段階ですることが禁じられる）(191 頁）が生じる恐れもあります。

更に、苦労して特許を取得しても異議申立により取り消されたり、無効審判により無効とされる（いずれも特許権は初めから存在しなかったものとみなされる）恐れがあり、権利が不安定となるため権利行使がしにくくなる傾向があります。

（３）完全排除型と優位排除型の併用

優位排除型は、言わば商品化したいと考えている本命に係るものであり、早期に権利化し特許権により保護された状態で製品を市場に投入することが望まれます。一方、完全排除型は自らの商品化よりも寧ろ他者の参入阻止を図るものであり、少々時間がかかっても可能な限り広い特許権の取得が望まれます。したがって、完全排除型と優位排除型は併用して、それぞれの特徴を活用・補完することが望ましいと言えます。

（４）仮想明細書の例

下記の「転動を防止した鉛筆」の仮想明細書は、敢えて上記（２）の優位排除型の戦略「多角形を排除すればよい」との立場から、下記を前提として作成したものです。

①従来の鉛筆は断面が円形で、筆記作業中に机上で転動したり転落し、筆記作業を妨げるという課題を有していた、

②上記課題を解決するための、断面が多角形の鉛筆を発明した、

③先行技術文献の記載例を示すとともに、進歩性についても議論ができるように、先行技術として、転動防止効果も期待できる字消し付き鉛筆を仮設した。

④製造方法の発明も加えた。なお、物の発明（鉛筆）だけの発明の場合は、明細書中の製造方法についての記載は大幅に簡略化することが可能である。

下記の仮想明細書は模範例を示すものではなく、また技術内容の面でも正確性を考慮したものではありません。なお、クレームは９７頁、図面は１０４頁、要約書は１０５頁に記載のものを参照してください。

＊　　　　＊　　　　＊

【書類名】　明細書

【発明の名称】　転動を防止した鉛筆及びその製造方法

【技術分野】

【０００１】

本発明は、転動を防止し、筆記作業中における転動や、机上等からの転落を防止した鉛筆及びその製造方法に関する。

【背景技術】

【０００２】

従来の鉛筆は、軸体の断面が円形であるため、筆記作業中に転動したり、机上から転落したり、また、転落の際に芯体が折れたりして、作業が中断されるという欠点がある。

近年、図５に示すように、軸体１３の一端に、断面が３角形の消しゴム１４が取付金具（図示せず）により取り付けられた鉛筆１１が提案されている（例えば特許文献１）。

【先行技術文献】

【特許文献】

【０００３】

【特許文献１】　特開２０１９－○○○○○号公報

【発明の概要】

【発明が解決しようとする課題】

【０００４】

特許文献１の鉛筆１１に取り付けられた消しゴム１４は、細部の文字も消せるように３角形状とし角部を形成したもので、鉛筆１１の転動防止とは全く関係がない。しかしながら、消しゴム１４の角部が軸体１３の円周から外側に突出しているため、該消しゴム１４の部分で鉛筆１１の転動が防止される可能性がある。

しかながら、特許文献１の鉛筆は、消しゴム１４を後加工により取り付ける必要があり、このため、製造が面倒であるばかりでなく、コストアップとならざるを得ない。また、消しゴム１４の取り付けを望まない鉛筆単独の場合には、転動防止は全く期待できない。

【０００５】

本発明は、上記のごとき従来技術の問題点を解消し、鉛筆の軸体自体を改良することにより、鉛筆の転動を防止し、筆記作業中に机上等での不用意な移動や、机上等からの転落を防止した鉛筆を提供するものである。

【課題を解決するための手段】

【０００６】

上記目的を達成するための本発明は、下記の鉛筆を特徴とするものである。

（１）芯体と該芯体を包囲する軸体とからなる鉛筆において、前記軸体の断面形状を多角形としたことを特徴とする鉛筆。

（２）多角形が、３～１０角形であることを特徴とする上記（１）記載の鉛筆。

（３）多角形が、５～８角形であることを特徴とする上記（２）記載の鉛筆。

（４）多角形が、６～７角形であることを特徴とする上記（３）記載の鉛筆。

（５）軸体の素材が、木、紙、樹脂及び発泡樹脂からなる群より選択されることを特徴とする上記（１）～（４）のいずれかに記載の鉛筆。

（６）軸体の素材が、発泡樹脂からなることを特徴とする上記（５）記載の鉛筆。

（７）さらに、多角形のキャップを着脱自在に備えたことを特徴とする上記（１）～（６）のいずれかに記載の鉛筆。

（８）板材の片面に複数の芯体収容溝を有する１対のスラットを作製し、前記スラットの芯体収容溝の面に接着剤を塗布し、一のスラットの各芯体収容溝に芯体を乗せた後、他のスラットを重設して張り合わせ、各スラットの表面を削り且つ切り離して多角形の軸体とすることを特徴とする鉛筆の製造方法。

（９）発泡性樹脂を押出発泡成形して１対のスラットを作製することを特徴とする上記（８）記載の鉛筆の製造方法。

（１０）軸体を塗装することを特徴とする上記（８）又は（９）記載の鉛筆の製造方法。

【発明の効果】

【０００７】

本発明の鉛筆は、鉛筆の軸体の断面形状を多角形としたことにより、筆記作業中に机上等において転動したり、机上等から転落することが防止され、作業の能率化が図られる。また、転落による芯体の損傷がないので鉛筆を長期にわたって使用でき、経済的である。

【図面の簡単な説明】

【０００８】

［図１］本発明の鉛筆の実施例を示す斜視図（要部）である。

［図２］本発明の鉛筆の他の実施例を示す斜視図（要部）である。

［図３］本発明の鉛筆の別の実施例を示す斜視図（要部）である。

［図４］スラットを示す側面図である。

［図５］従来の消しゴム付き鉛筆を示す斜視図（要部）である。

【発明を実施するための形態】

【０００９】

本発明の鉛筆は、芯体と該芯体を包囲する軸体とからなる鉛筆において、前記軸体の断面形状を多角形としたことを特徴とするものである。

【００１０】

本発明の実施例を示す図面に基づいて説明すると、図１は、芯体２と該芯体２を包囲する軸体３とからなる鉛筆１において、前記軸体３の断面形状を３角形とした鉛筆１である。

図２は、軸体３の断面形状を６角形とした鉛筆１であり、図３は、軸体３の断面形状を１０角形とした鉛筆１である。

【００１１】

木発明において、軸体３の断面形状の多角形は、転動防止性の観点からは３～１０角形が好ましく、転動防止性及び鉛筆を親指、人差し指、中指の間で持った際の鉛筆角部の指への触感性の観点からは５～８角形がより好ましい。また、筆記作業中において、無意識に鉛筆を左右に回動させ把持位置を変えることがあるが、この把持回動性は辺の数が多いほど良い。しかし、辺の数が多くなれば、転動防止性が低下する傾向がある。したがって、転動防止性、触感性及び把持回動性の観点からは６～７角形がさらに好ましく、特に６角形が好ましい。６角形は意匠性においても優れている。

【００１２】

軸体３の素材としては特に限定されないが、木、紙、樹脂、発泡樹脂等が挙げられる。これらの中では特に木、樹脂、発泡樹脂が好ましい。樹脂や発泡樹脂としては、塩化ビニル系樹脂、ポリエチレンやポリプロピレン等のポリオレフィン系樹脂、AS 樹脂、AES 樹脂等が挙げられる。環境にやさしいポリ乳酸、ポリブチレンサクシネート等の生分解性樹脂も使用できる。これらのリサイクル樹脂や、木粉、顔料等を添加した疑似木も含まれる。これらの中で、AS 樹脂、AES 樹脂が疑似木にしやすく、成形性が良好である点で好ましい。

【００１３】

木からなる軸体３は、インセンスシダー等の板材の片面に複数の芯体収容溝 4a、４b を有する１対のスラット３a、３b を作製し（図４）、前記スラット３a、３b の芯体収容溝 4a、４b の面に接着剤を塗布し、一のスラット３a の各芯体収容溝４a に芯体を乗せた後、他のスラット３b を重設して張り合わせ、各スラット３a、３b の表面を削り且つ１本１本切り離して多角形の軸体３とする方法により本発明の鉛筆１を製造することができる。

【００１４】

発泡樹脂からなる軸体３は、上記の片面に複数の芯体収容溝 4a、４b を有する１対のスラット３a、３b を、発泡剤を含有する発泡性樹脂を押出発泡成形する方法により製造し、以降の工程は上記と同様の方法により本発明の鉛筆１を製造することができる。

樹脂からなる軸体３は、キャビティに芯体２を装着してインサート成形が可能である。

【００１５】

鉛筆 1 の軽重や硬度を発泡倍率により自在に調整でき、また触感が良好である点で、樹脂よりも発泡樹脂の方が好ましい。発泡樹脂の発砲倍率は、強度と削り易さの観点から、２～５倍程度が好ましい。芯体２は、これまでの黒鉛と粘土からなる焼結体が好適に使用できる。

上記のようにして得られた鉛筆１は、通常、軸体３に塗装が施され、所定の本数（通常１ダース）が箱詰めされ製品とされる。

【００１６】

さらに、キャップを使用する場合は、例えば、多角形のキャップを着脱自在に備えることもできる。キャップの素材は、従来公知の金属、樹脂等でよい。

【実施例】

【００１７】

以下、本発明を実施例及び比較例に基づいて説明するが、本発明はかかる実施例のみに限定されるものではない。

【００１８】

実施例１

インセンスシダー製のスラットの芯体収容溝の面に接着剤を塗布し、その上に芯体を乗せ、もう１枚のスラットを重ねて張り合わせた。上側スラットの上の面と下側スラットの下の面を削り、１本１本切り離して断面が３角形の軸体の鉛筆を得、軸体に機械で塗装した。

得られた鉛筆の転動防止性は極めて良好で、親指、人差し指、中指の３本の指の間にすっぽりと収まり鉛筆角部の指への触感性も良好であったが、把持回動性にやや難があった。

【００１９】

実施例２

軸体の断面を５角形とした他は、実施例１と同様にして鉛筆を得た。転動防止性、触感性、把持回動性はいずれも良好であった。

【００２０】

実施例３

軸体の断面を６角形とした他は、実施例１と同様にして鉛筆を得た。転動防止性、触感性、把持回動性はいずれも極めて良好であった。また、意匠性も良好であった。

【００２１】

実施例４

軸体の断面を７角形とした他は、実施例１と同様にして鉛筆を得た。転動防止性、触感性、把持回動性はいずれも極めて良好であった。

【００２２】

実施例５

軸体の断面を８角形とした他は、実施例１と同様にして鉛筆を得た。触感性、把持回動性はいずれも良好であったが、転動防止性が僅かに低下した。しかし、実用性には何ら問題は見られなかった。

【００２３】

実施例６

軸体の断面を１０角形とした他は、実施例１と同様にして鉛筆を得た。触感性、把持回動性はいずれも良好であったが、転動防止性が少し低下した。しかし、実用性には特に問題は見られなかった。

【００２４】

実施例７

軸体の断面を１２角形とした他は、実施例１と同様にして鉛筆を得た。触感性、把持回動性はいずれも良好であったが、転動防止性に低下が見られ、筆記作業中において、稀に転動により鉛筆が不本意な場所に移動することがあった。しかし、机上からの転落は殆どなく、比較例１の軸体断面が円形の鉛筆に比べると、転動防止性には明らかに著差が認められた。

【００２５】

実施例８

AES 樹脂（A 社製、商品名WWW（登録商標））１００重量部、木粉（B 社製、商品名 XXX（登録商標））１５重量部、発泡剤（C社製、商品名 YYY（登録商標））０．８重量部、及び顔料（D 社製、商品名 ZZZ（登録商標））５重量部からなる発泡性樹脂組成物を押出発泡成形して得られたスラット（発泡倍率：２．５倍）を用いた他は、実施例３と同様にして軸体の断面が６角形の鉛筆を得た。転動防止性、触感性、把持回動性はいずれも極めて良好であった。また、意匠性、削り易さも良好であった。

【００２６】

比較例１

軸体の断面を円形とした他は、実施例１と同様にして鉛筆を得た。触感性、把持回動性はいずれも良好であったが、転動防止性が全く認められず、筆記作業中において、しばしば転動により鉛筆が机上で不本意に移動したり、机上から転落し、その都度筆記作業が中断された。

【００２７】

【産業上の利用分野】

【００２８】

以上のとおり、本発明の鉛筆によれば、筆記作業中における机上等での不本意な移動や机上等からの転落が防止されるので作業の中断が避けられ、事務の能率化に大きく貢献するものである。

【符号の説明】

【００２９】

１　　鉛筆	２　　芯体
３　　軸体	３ａ、３ｂ　スラット
４ａ　４ｂ　芯体収容溝	１１　従来（消しゴム付き）の鉛筆
１２　芯体	１３　軸体
１４　消しゴム	

＊　　　＊　　　＊

〔３〕明細書作成のチェックポイント

（１）発明の名称

発明の内容を簡明に表示しているか。

（２）技術分野

発明の属する技術分野が記載されているか。

（３）背景技術

①発明の属する従来技術(公知技術)が記載されているか。

②従来（公知）技術でない技術（自分の未公開先願に記載の技術等）にもかかわらず、従来技術として自認した記載はないか（自分で自分の首を絞めることになるので要注意)。

（４）先行技術文献

発明に関する先行技術文献（特許文献、非特許文献）が記載されているか。

（５）発明が解決しようとする課題

発明が解決しようとする課題(問題点)が従来技術との関連において記載されているか。

（６）課題を解決するための手段

①課題がどのように解決されたかが記載されているか。

②特許請求の範囲に記載した発明の構成（課題の解決方法）が記載されているか。

③複数の課題がある場合は、例えば、「一又は二以上の課題が解決される」と記載する。「全ての課題が解決される」ように記載すると当該明細書の記載に縛られ、第三者が実施したときに解決されない課題があると、侵害しないと制限的に解釈される場合がある。

（７）発明の効果

発明の効果の記載は必須ではない。しかし、機械や電気の分野では、発明の構成を見れば効果は明らか又は予測できるが、化学の分野では発明の構成を見ても効果は明らかではなく、また予測も不可能であることが多い。一般に、効果の記載は発明の理解を助け進歩性にも影響を与え、特に、「顕著な効果」により進歩性が認められたケースは枚挙にいとまがない（**血清コレステロール低下剤事件**　知財高判平 25.10.3）（58 頁）。さらに、効果の記載に基づき実験データの後出しが許される利点もある（第５章４（い）②）（58 頁）。

一方、効果の記載により減縮解釈される場合もある（効果が異なるので非侵害等）（**エアロゾル製剤事件**　大阪地判平 13.10.30）（193 頁））。しかし、効果が異なることは、構成も異なり別発明である（侵害しない）可能性を意味する（**同**　大阪高判平 14.11.22）（193 頁）。

①従来技術に比べて有利な効果が記載されているか。

②複数の効果を記載する場合、主たる効果（独立クレームや全実施例に共通する効果）と従たる効果（従属クレームや、特定の条件下、特定の実施例で得られる効果）とを区別して記載する。異なるか又は奏しない効果が主たる効果の場合は侵害しないと判断され、従たる効果の場合は侵害すると判断される可能性がある。

③効果は定量的(数値的)に記載されているか。官能テストや「○、△、×」「優、良、可」等のランク評価では基準が曖昧で差異が分かりにくく説得力に欠けるため、可能な限り**定量（数値）的な記載**を工夫する。

上記の仮想明細書においても、転動防止性については定量的に記載することができる。例えば、「鉛筆に一定の傾斜面を滑落させ平面板上の転動距離を測定し、その長短で判断する。」

④ 効果が達成される作用やメカニズム（機序）や理由が記載されているか（進歩性の面では説得力がある反面、効果達成の作用やメカニズムや理由が異なるとの理由で減縮解釈され非侵害とされる場合もあるので、断定せずに推定的に記載する。)。

（８）図面の簡単な説明

図の説明ごとに行を改め、〔図１〕平面図、〔図２〕立面図のように記載されているか。

（９）発明を実施するための形態

①クローズ戦略（第１７章）に基づいて、何を開示しないか（ブラックボックス化、ノウハウ化、秘匿化）を十分に考慮して記載されているか（実施可能要件：36 条４項１号)。

②発明を特定する事項はその発明を特定するのに十分な程度に記載されているか。

③考え得る事項の組み合わせが階層的、多面的に記載されているか。

④制限的記載（必須的記載）と非制限的記載（任意的記載）が区別して記載されているか。

⑤数値限定は必要か（数値限定がないと進歩性が主張できないか）。数値限定が必要な場合、その臨界的意義が必要か。臨界的意義が必要な場合、臨界的意義が実施例や比較例により裏付けられているか（後述の「５数値限定発明の実施例・比較例」（106頁）参照）。

⑥実施例は、通常、化学の発明では必要で、当業者が実施可能な程度に記載されているか。

⑦実施例はクレーム範囲の全体をサポートしているか、実施例の偏りはないか（サポート要件：36条6項1号、実施可能要件：36条4項1号）。（110頁註（１）参照）

⑧段階的記載、例えば、図表８－２に示すように、好ましい範囲、より好ましい範囲の２段階記載や、これらに最も好ましい範囲を加えた３段階記載がなされているか（４段階記載、５段階記載等も可能）。図表中、Cは炭素を示す。

図表８－２　段階的記載の例

例「好ましくはC１～C２０、より好ましくはC３～C１０、

最も好ましくはC５～C８」

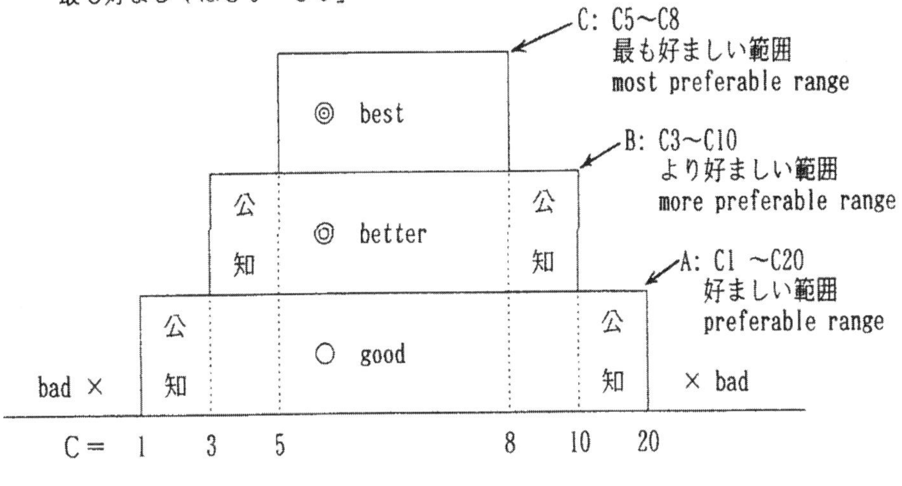

（ｉ）Aの図示した範囲が公知の場合　→　Bの「より好ましい範囲」に減縮

効果はgoodに対しbetterであるから進歩性の主張可

（ii）Bの図示した範囲が公知の場合　→　Cの「最も好ましい範囲」に減縮

効果はbetterに対しbestであるから進歩性の主張可

図表中の（i）において、Aの好ましい範囲「C１～C２０」をBのより好ましい範囲「C３～C１０」に減縮した場合は、Aの好ましい範囲「C１～C２０」のうちの公知の部分（C１～C２）と（C１１～C２０）は実質的に実施例から比較例となる。

図表中の(ii)において、Ｂのより好ましい範囲「Ｃ３～Ｃ１０」」をＣの最も好ましい範囲「Ｃ５～Ｃ８」に減縮した場合は、Ｂのより好ましい範囲「Ｃ３～Ｃ１０」」のうちの公知の部分（Ｃ３～Ｃ４）と（Ｃ９～Ｃ１０）は実質的に実施例から比較例となる。

⑨従来技術の比較例やクレーム範囲(最も広いクレーム１)を外れた比較例が記載されているか。比較例の存在により実施例、即ち、発明の効果や優位性について説得力が増す。

⑩出発物質、反応物質、触媒、反応温度や圧力等についても、２段階記載や３段階記載がなされているか、また、これらが実施例により裏付けられているか(減縮補正により進歩性を主張する場合に必要)。

⑪原料も新規な場合は、その原料の製法も記載されているか。

⑫新規物質の場合は、その製法及び有用性（該物質の特性や用途）のそれぞれについて少なくとも１つは記載されているか。

⑬物質の同定のための分析方法、分析装置等についても記載されているか。

⑭他人の後願の権利取得を阻止するように配慮されているか（特に、原料、用途、併用、組み合わせ、添加剤等）（先願範囲の拡大 29条の 2)。

⑮登録商標を使用している場合は、登録商標の表記をしているか。

⑯外国出願を意図する場合は、その国の法律を満足する記載となっているか。

⑰数値限定（パラメータを含む）発明の場合は、その測定方法や装置、サンプルの調整条件や測定条件が記載されているか。

・測定条件は再現性のよい測定値（パラメータ）が得られるように特定して記載されているか。例えば、「JIS○○○○に準拠した。」との記載がよく見られるが、JIS規格に記載のないサンプルの調整条件や測定条件（濃度、温度等）については具体的に記載・特定する必要がある。これらの条件が異なると、データがばらつく場合があるからである。

・測定方法、装置や調整・測定条件が記載されていない場合や記載不十分の場合は、「明確性違反」（**遠赤外線放射体事件**　知財高判平 21.3.18)、「実施不可能」（**ビニル重合体事件**　東京高判判昭 59.7.17)、「出願時に公知の複数の測定法のいずれで測定しても数値範囲を満たす場合にのみ侵害」（**マルチトール含蜜結晶事件**　東京地判平 15.6.17)、等と判断され、権利者に極めて不利な結果となる。

⑱パラメータ発明の場合は、特有の注意が払われているか。

・パラメータの技術的意義と作用効果との関連性が記載されているか。

・パラメータの範囲全体にわたって実施できるように記載されているか。

・パラメータを調整（大きく又は小さく）する方法や条件が記載されているか。これらの指標を示すことにより、実施例で具体的に示されていない領域の実施も過度の試行錯誤なしに可能となる（「第２章３パラメータ発明」(38頁）参照)。

・段階的に減縮できるように、パラメータが記載されているか（パラメータ発明は実施可能要件違反、サポート要件違反の拒絶を受けやすく減縮を余儀なくされることが多い)。

⑲一般的な注意事項について配慮されているか。

・曖昧な用語（例えば、多義語）や表現はないか（裁判所は「広辞苑」を重視する傾向）。

・用語は統一して使用されているか。

・技術用語は学術用語が使用されているか。

・業界で使われていない独自の用語を使用する場合、明確に定義されているか（上記の仮想明細書では把持回動性：「筆記作業中において…把持位置を変えること」）。

・他社技術の誹謗中傷はないか（特に、比較例（他社製品）の誇大した記載に注意）。

（１０）産業上の利用可能性

産業上の利用分野は必須ではないが、特に、産業上の利用が明らかでないときは産業上の利用方法、使用方法を記載する。発明の有用性の理解を助けるので記載することが望ましい。

（１１）符号の説明

図の主要部分を表す符号の説明が記載されているか。

2 特許請求の範囲(クレーム)の作成

〔1〕クレームの作成方法

特許請求の範囲（クレーム）の作成については、施行規則 24 条の 3 に下記のとおり記載され、施行規則 24 条の 4 で様式第２９の２により作成すると記載されています。

①請求項ごとに行を改め、一の番号を付して記載する。

②請求項に付す番号は、記載する順序により連続番号とする。

③他の請求項の記載の引用は、その請求項に付した番号により行う。

④他の請求項の記載を引用する請求項は、引用する請求項より前に記載しない（先行する請求項を引用する）。

〔2〕仮想クレームの例

下記の仮想クレームの例は、上記明細書「転動を防止した鉛筆」についてのものです。これも模範例を示すものではありません。

＊　　　＊　　　＊

【書類名】　特許請求の範囲

【請求項１】

芯体と該芯体を包囲する軸体とからなる鉛筆において、前記軸体の断面形状を多角形としたことを特徴とする鉛筆。

【請求項２】

多角形が、３～１０角形であることを特徴とする請求項１記載の鉛筆。

【請求項３】

多角形が、５～８角形であることを特徴とする請求項２記載の鉛筆。

【請求項４】

多角形が、６～７角形であることを特徴とする請求項３記載の鉛筆。

【請求項５】

軸体の素材が、木、紙、樹脂及び発泡樹脂からなる群より選択されることを特徴とする請求項１～４のいずれか１項に記載の鉛筆。

【請求項６】

軸体の素材が、発泡樹脂からなることを特徴とする請求項５記載の鉛筆。

【請求項７】

さらに、多角形のキャップを着脱自在に備えたことを特徴とする請求項１～６のいずれか１項に記載の鉛筆。

【請求項８】

板材の片面に複数の芯体収容溝を有する１対のスラットを作製し、前記スラットの芯体収容溝の面に接着剤を塗布し、一のスラットの各芯体収容溝に芯体を乗せた後、他のスラットを重設して張り合わせ、各スラットの表面を削り且つ切り離して多角形の軸体とすることを特徴とする鉛筆の製造方法。

【請求項９】

発泡性樹脂を押出成形して１対のスラットを作製することを特徴とする請求項８記載の鉛筆の製造方法。

【請求項１０】

軸体を塗装することを特徴とする請求項８又は９記載の鉛筆の製造方法。

（註：請求項３，４は、それぞれ請求項１に従属させることも可能）

＊　　＊　　＊

〔３〕 クレームの表現形式

（１）物のクレーム（product claim）、方法のクレーム（process claim）、使用のクレーム（use claim）

物のクレームは権利範囲が広く、侵害の発見が容易です。製造方法のクレームは侵害の発見が容易でないので、できれば製造方法を実施した結果生じる痕跡を含めてクレームしたり（痕跡により当該製造方法を実施したことが立証できる）、装置や部品のクレームも記載します。使用のクレームは使用方法として取り扱われます。上記の仮想クレームは、物のクレーム（請求項１～７）と製造方法のクレーム（請求項８～１０）の例です。

（２）独立クレーム（independent claim）と従属クレーム（dependent claim）

上記の仮想クレームでは、請求項１、８は独立クレーム（独立請求項）で、請求項２～７、９～１０は従属クレーム（従属請求項）です。

従属クレームは、上記のように、先行するクレームを引用する形で記載したクレームで、①先行するクレームのある要素を限定する場合（**内的付加**：請求項２～６）と、②新たな要素を付加する場合（**外的付加**：請求項７では「キャップ」を付加）とがあります。一般に、拒絶理由に応じて限定できるように、好ましい要素（実施態様）を記載することが多い。

（３）多数項引用クレーム（multiple dependent claim）

先行する２以上のクレームを引用する形式をマルチクレーム（仮想クレームの請求項５，7,１０）、マルチクレームを引用し自らもマルチクレームである形式をマルチマルチクレーム（請求項７）と言われます。マルチマルチクレームはクレームが指数関数的に増加し、審査負担や第三者の監視負担が大きくなるため、米国、中国、韓国、台湾等では認められません。PCT 出願では原則禁止です。我が国でも２０２２年4月１日以降の出願から認められなくなり、施行規則 24 条の 3 に新たに 5 号を設けマルチマルチクレームを禁止しています（マルチマルチの解消例は 293 頁参照）。EP ではマルチマルチクレームが認められます。

（４）機能的クレーム（functional claim）

物を構成（技術的手段））ではなく、その機能や作用により抽象的に表現したクレームで、機械分野等では「固定する部材」、「回転規制手段」等、また化学分野では、化合物や化学式ではなく、「保護基」、「反応に不活性な気体」のように、機能や作用で特定されます。

上記の仮想クレームの請求項１を、例えば、「軸体に転動防止手段を設けた鉛筆。」とすることが考えられ、このような機能的ないし作用的クレームで特許されると、転動防止の機能や作用を持った鉛筆は、文言上はすべて侵害し強力な抑止力を発揮します（完全排除型）。しかし、「範囲が広すぎる（サポート要件違反）」、「明確でない（明確性違反）」、「容易に実施できない（実施可能要件違反）」等の理由で拒絶される可能性があります。また、意図したとおり、「クレームどおりに機能や作用を満足すれば全て技術的範囲に含まれる」と判断されるケースは少なく、下記の裁判例のように、明細書の具体的な記載や実施形態（実施例）に示されている技術思想に基づいて技術的範囲が確定（限定的に）される傾向があります。即ち、クレームを拡大しても開示された発明を超えた保護は得られないということです。このため、具体的例示や実施形態、実施例を可能な限り明細書に記載しておくことが重要です。

地震時ロック方法事件（東京地判平 18.10.11）

特許請求の範囲に記載された発明の構成が機能的、抽象的な表現で記載されており、その記載のみによって発明の技術的範囲を明らかにすることができない場合は、明細書の発明の詳細な説明及び図面の記載を参酌し、そこに開示された具体的な構成に示されている技術思想に基づいて当該発明の技術的範囲を確定すべきである。

（５）数値限定クレーム(numerical limitation claim)

数値限定を含むクレームで、通常は、公知発明に数値限定します。上記の仮想クレームは、公知発明に数値限定した例ではなく、請求項１の「多角形」は新規な発明です(従来は円形)。しかし、多角形はその数が大きくなる程円形に近づき転動防止効果は小さくなるため、「請求項１は発明の効果を奏しないか殆ど期待できない場合を含む」と拒絶される可能性があります。このような拒絶が出された場合には、まず請求項２の、発明の効果を奏する好ましい範囲「３～１０角形」に限定し、これでも拒絶を克服できない場合は、請求項３のより好ましい範囲「５～８角形」に限定し、なおも克服できない場合は、請求項４のさらに好ましい範囲「６～７角形」に限定して特許取得を図ろうと配慮したものです。

（６）マーカッシュ・クレーム（Markush claim,　Markush-type claim）

米国人の Markush により考えだされた形式で、複数の選択肢から選択された要素を択一形式で表現されたクレームであり化学関係の分野で多用されます。英語では　”a member selected from the group consisting of A, B, C, D and E”　(A, B, C, D 及び E からなる群より選択される一員）で表現されます（上記仮想クレームでは請求項５）。

この例において、もしマーカッシュ・クレームが認められないとすれば、A, B, C, D, E について５個のクレーム又は５個の出願が必要となり、出願や審査の効率が悪く、費用も高額となります。なお、選択肢 A, B, C, D, E が互に類似の性質や機能を有していない場合は、発明が明確でないとして拒絶される場合があります（36条６項２号)。

なお、特に米国等では、“consist of ~”は closed claim (閉鎖クレーム)と言われ日本語の「～のみからなる」に相当し、例えば“consist of A and B”は「A と B のみからなる」です。よって、他の構成要素Cを付加すると原則として権利範囲外（非侵害）となります。これに対して、”comprise ~”は open claim (解放クレーム)と言われ「～からなる」に相当し、例えば”comprise A and B”は「A と B からなる」で、他の構成要素Cを付加しても権利範囲内（侵害）とされます。したがって、“consist of ”を使用しなくても特許性を有する場合は、”comprise”を使用すべきです。“contain”や “include”も open claim です。

（７）ジェプソン・クレーム（Jepson claim,　Jepson-type claim）

米国人の Jepson により考えだされた形式で、「～において、・・・を特徴とする」のような表現形式としたクレームです(仮想クレームでは請求項１)。前半の “～において”の前提部分(preamble part)に公知部分を記載し、後半の“～を特徴とする”の特徴部分

(characterizing part)に特許性を有すると考えられる部分を記載するクレームです。

欧州（EP）では”Two-part claim “と呼ばれ、しばしばこのクレームに補正するよう指令が出されます。一方、米国では、前提部分が発明の構成部分でないとして扱われる傾向があるため、あまり使用されず、また補正指令が出されることもありません。

英語では、例えば、” In a resin composition comprising A, B and C, in which D is further contained…”（A, B 及び C からなる樹脂組成物において、さらに D が含有されることを特徴とする）のような表現になりますが、このような表現は少なく、例えば、“A resin composition comprising A, B and C, the improvement wherein D is further contained…”（特に米国）又は”A resin composition comprising A, B and C, characterized in that D is further contained…”（A, B 及び C からなる樹脂組成物であって、さらに D が含有されることを特徴とする)のような表現が用いられます（特に EP)。

ジェプソン・クレームは、クレームの構成要素の軽重（公知部分と特徴部分）に着目するものですが、我が国では、クレームの構成要素に軽重はないとの説や裁判例もあり（**アクリルアミド事件**　東京地判昭 51.5 .26 他多数)、また、「～において」の部分が公知かどうかは、主観的、形式的にではなく従来技術と比較して客観的、実質的に判断されるものです。

（8）除くクレーム（claim with disclaimer)

先行技術に記載された事項を除外するクレームで、審査基準によれば、「請求項に記載した事項の記載表現を残したままで、請求項に係る発明に包含される一部の事項のみをその請求項に記載した事項から除外することを明示した請求項をいう。」と定義されています。通常、「A と B と C とを含有してなる樹脂組成物（ただし、D を含有するものを除く)。」のような表現形式が用いられます。

一般に、除くクレームは、拒絶理由で引用された先行技術である刊行物等又は先願（出願時に未公開）の明細書に偶々記載されている重複部分のみを除外すれば特許性がある場合に使用されます。出願時には、通常、審査官によりどのような先行技術が引用されるのかは分からないので、当然、明細書には引用された先行技術についての記載はありません。しかしながら、従来、除くクレームは、「(先行技術との）重複部分を除外することについては、出願当初の明細書又は図面に記載されていない」として許されませんでした。

下記の裁判例は、この先行技術について当然の不記載の点に理解を示し、新たな技術的事項を導入しない限り訂正（補正）として認められると判示し、除くクレームを認めました。

感光性熱硬化性樹脂組成物（ソルダーレジスト）事件（知財高判大合議平 20.5.30)

特許権者は、特許出願時において先願発明の存在を認識していないから、当該特許出願に係る明細書又は図面には先願発明についての具体的な記載が存在しないのが通常であるが、明細書又は図面に具体的に記載されていない事項を訂正事項とする訂正についても・・・明細書又は図面の記載によって開示された技術的事項に対し、新たな技術的事項を導入しないものであると認められる限り、「明細書又は図面に記載した事項の範囲内において」する訂正であるというべきである。

〔4〕特許請求の範囲（クレーム）作成のチェックポイント

①カテゴリーは適切か。侵害を発見しやすく、権利行使しやすいクレームとなっているか。

②無用な構成要件が加わっていないか。模倣する側（侵害を潜脱・回避する側）からみたとき、省略しても実施できる余分の構成要件は含まれていないか。

・「A＋B＋C」からなる発明の場合、例えばB（又はC）を省略したらどうなるか。

③無用な限定をしていないか。

・限定しないと特許性（新規性、進歩性）がないか。

・侵害を潜脱・回避する側からみたとき、限定を外しても実施できる可能性がないか。

④数値限定した場合、誤差や有効数字等も考慮して、十分な範囲をクレームしているか。

例えば、実施例の下限、上限がそれぞれ「1.1」、「5.0」で製造誤差が「0.1」であれば「1.0～5.1」をクレームし、また実施例の有効数字の桁数が2桁であれば「1.05～5.04」をクレームする。数値限定発明は「数値限定により特許された（数値限定しなかったら特許されていなかった）」、即ち、均等5要件の1つである「本質的部分」と考えられ、また審査過程で数値限定した場合は禁反言により、均等による拡大は原則として認められない（194頁）。よって、侵害訴訟において、数値限定範囲の拡大を均等に頼るのは禁物である。

⑤必要なクレームを忘れていないか。

・物、製法、装置、用途、使用(利用)、組成物

⑥クレーム全体について実施可能か。

・明らかに実施不可能と考えられる部分を含んでいないか。

⑦発明を特定するために必要と認める事項のすべてが記載されているか(出願人の自己責任：36条5項)。

⑧発明の詳細な説明に記載されているか。即ち、発明の詳細な説明の記載により、又は出願時の技術常識に照らして発明の課題を解決できる範囲内のものであるか（サポート要件：36条6項1号)。

⑨不明確な表現はないか（明確性要件：36条6項2号)。

(a)「～以上」、「～以下」（下限、上限が不明)、「高温」、「低温」（何を基準に高温、低温であるのか不明)、「約」、「略（ほぼ)」、「付近」、「程度」、「実質的に」、「好ましくは」、「所望により」、「必要により」等。ただし、当業者が明細書の記載や技術常識から発明の範囲が理解できる場合は不明確とはされず、現実に、これらの不明確な表現を含む特許もかなり多数見られる。また侵害訴訟で一定の幅が認められたケースもある。しかし「不明瞭である」との拒絶に備えて、明細書中に下限や上限、高温や低温の範囲を多段的に記載しておく。「約」等はクレームの範囲が厳格に限定されるのを避け、一定の幅を持たせるために使用さ

れるが、「約」等とした意味を説明しておく。その場合でも「発明が不明瞭」との拒絶を受ける恐れがあり、その際に「約」等を削除すると一転、一定の幅を主張できなくなる。

(b)「０～１０％」等の「０」を含む数値限定（ただし、「０％」は必要でないことを示すので、必須成分であれば不明確とされ、任意成分であれば不明確とはされない。）。

(c)「A成分４０～６０質量％、B成分３０～５０質量％、C成分２０～３０質量％からなる合金。」のように、A成分の最大量６０質量％と残りのB成分の最小量３０質量％、C成分の最小量２０質量％の合計が１００質量％を超える（６０＋３０＋２０＝１１０）場合は、技術的に正しくないとされる。質量部とすると、このような問題は生じない。

⑩クレームごとの記載が簡潔か（簡潔性要件：36条6項3号）。

⑪拒絶、異議申立、無効審判に対して減縮補正が可能なように記載されているか。

・必要なサブクレーム（好ましい範囲、より好ましい範囲等）が記載されているか。

⑫択一的な記載となっているか（上記仮想クレームの請求項５、請求項７、１０）。

⑬不必要にクレーム数が多くないか（審査請求料、審判請求料、特許料が高くなる。）。

⑭数値限定（パラメータを含む）発明の場合は、その測定方法、装置やサンプルの調整・測定条件は、少なくとも明細書中に記載する必要があるが、クレームでの記載を要求される場合もある。数値限定は特定の測定方法、装置、調整・測定条件で測定して得られた数値であるから、これらをクレームに記載しても何ら発明を限定することにはならない。

⑮登録商標は、これを使用しないと当該物を表示できない場合にのみ使用し、登録商標であることを記載しているか（施規24条の4，様式29条の２）。製品には同一の登録商標が付されていてもユーザーの意見や要望等により品質、組成等に変更を加えることが多い。よって、発明が不明確とされる可能性があるので、登録商標で物を特定しないことが望ましい。

⑯末尾の用語「～を特徴とする」については発明者の主観的なもので、客観的には審査を受けた後に決まるものである。また、我が国では、上記のように、クレームの構成要素に軽重はないとの説もあるので、当該用語は省略しても問題はない。

3　図面の作成

図面は、発明の内容を理解し易くするために必要な場合に使用され、一般に、機械や電気に関する発明には必要な場合が多く、化学に関する発明には必要でない場合が多いです。

〔1〕図面の作成方法

図面の作成方法は、施行規則25条で様式第30により記載しなければならないとされています。

用紙、その大きさ、図面の大きさ、余白等が詳細に規定され、原則として製図法にしたがって黒色で描くと記載されています。

２以上の図があるときは、発明の特徴を最もよく表す図を〔図 1〕とし、以下〔図２〕、〔図３〕と連続番号を図の上に付すとされ、符号はアラビア数字を用いると記載されています。図面の各要素は、引き出し線と符号により示されます。

〔２〕仮想図面の例

下記の仮想図面の例は、上記の明細書「転動を防止した鉛筆」についてのものです。

＊　　　＊　　　＊

【書類名】図面

【図１】

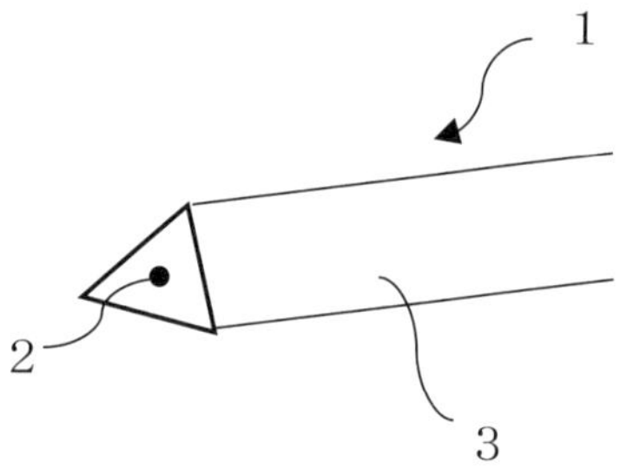

【図２】

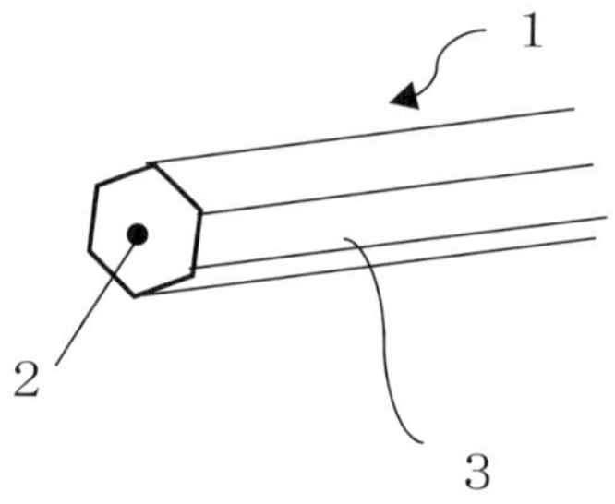

【図３】

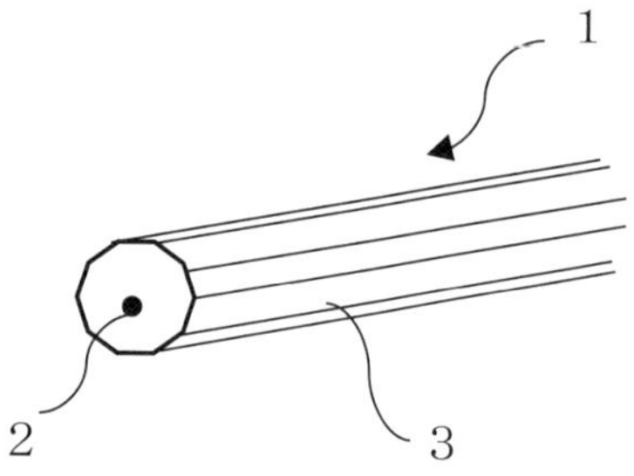

【図４】

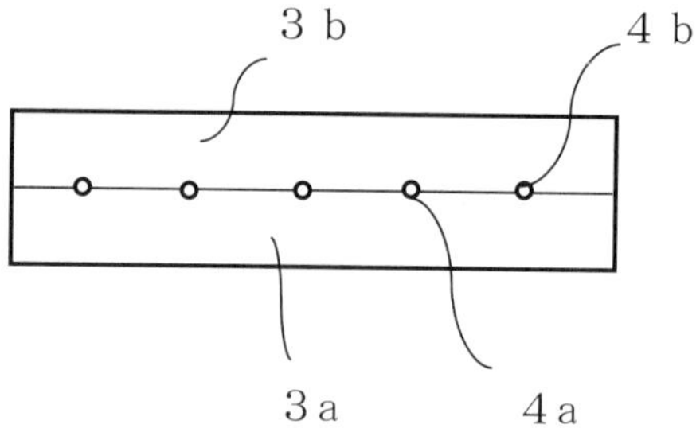

【図５】

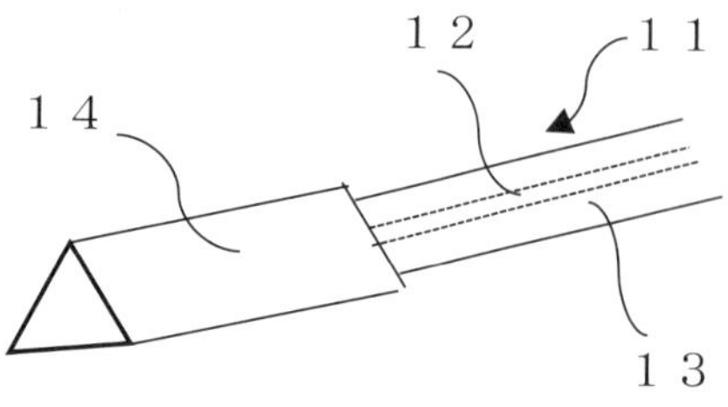

＊　　　＊　　　＊

4　要約書の作成

要約書は、発明の概要を平易かつ簡潔に記載した「要約」と、発明の内容を最も適切に示している「選択図」とにより構成されます（36条7項　施規25条の3)。

これは、特許文献の調査の際に、発明の要点を速やかにかつ的確に理解できるように記載したものであり、もっぱら技術情報として用いることを目的としているため、特許発明の技術的範囲を定めるに際しては考慮してはならないと規定されています(70条3項)。

〔1〕要約書の作成方法

要約書の作成方法は、施行規則25条の3で様式第31により記載しなければならないとされています。

「要約」は、「課題」と「解決手段」とからなり、「課題」には発明が解決しようとする課題、「解決手段」にはその解決手段等を明瞭に記載し、文字数は４００字以内で簡潔に記載するとされています。不備があれば、特許庁のほうで修正されます。

「選択図」は特許公報に掲載するのに最も適当な図で「図１」のように記載し、図面を使用していない場合は、「なし」と記載します。

〔2〕仮想要約書の例

下記の仮想要約書の例は、上記の明細書「転動を防止した鉛筆」についてのものです。

＊　　　＊　　　＊

【書類名】要約書
【要約】
【課題】　筆記作業中に机上で転動したり、机上から転落することが防止され、したがって、作業の中断が避けられるので事務の能率化に大きく貢献する鉛筆を提供する。
【解決手段】　芯体２と該芯体２を包囲する軸体３とからなる鉛筆において、前記軸体３の断面形状を多角形（６角形）とした鉛筆１である。
【選択図】　図２

＊　　　＊　　　＊

5 数値限定発明と実施例・比較例

数値限定発明は、広義には数値限定を含む発明で、下記の２つのパターンがあります。
（い）数値限定により進歩性を有する場合
（ろ）数値限定なしで進歩性を有する可能性がある場合（従属クレームで数値限定）
以下、組成物（樹脂）を例に挙げて説明します。なお、以下に示す実施例、比較例は、これらに限られず文字どおり一例です。

（い）数値限定により進歩性を有する場合

数値限定発明には、①数値限定のない公知発明に数値限定をした発明、②数値限定のある公知発明に別の数値限定をした発明があり、②の場合は数値限定をすることにより進歩性が認められるので顕著な効果が必要です。顕著な効果には、**①異質の効果**と**②同質の効果**とがあり、前者の異質の効果としては、例えば、公知技術の効果が「耐熱性」であるのに対し本件発明の効果が「耐衝撃性」である場合、後者の同質の効果としては、例えば公知技術の効果も本件発明の効果も「耐熱性」であるが、本件発明の「耐熱性」は公知技術に比べて高い（又は**顕著**に高い又は**臨界的な意義**（59頁）を有する）場合です。
公知技術が他人の発明である場合は、本件発明は**選択発明**となり、該他人の発明が特許発明である場合は、原則として**利用関係（利用発明）**となり、実施するには他人の同意（実施権）が必要となります。

（ケース１）

公知技術が「ＡとＢとを含有する樹脂組成物（効果：耐熱性）」である場合に、本例発明が「ＡとＢとを含有してなり、Ａが１００質量部に対して、**Ｂが５０〜１００質量部、好ましくは６５〜８５質量部**である樹脂組成物（効果：耐熱性：Ｂが５０質量部未満ではＢが過少のため耐熱性向上効果が不十分で、一方、Ｂが１００質量部を越えても耐熱性は上がらず、かえってＢが過多のためＡとの分散性が低下して耐熱性が不十分となると仮定）」である場合を考えます。本例発明のクレームは下記のように記載できます。

（１）本例発明のクレーム

『１．ＡとＢとを含有してなり、Ａが１００質量部に対して、Ｂが５０〜１００質量部である樹脂組成物。
２．Ｂが６５〜８５質量部である請求項１記載の樹脂組成物。』

（２）実施例及び比較例

図表８－３　実施例及び比較例

組成物（部）	比較例１	実施例１	実施例２	実施例３	実施例４	実施例５	実施例６	実施例７	比較例２
Ａ	１００	１００	１００	１００	１００	１００	１００	１００	１００
Ｂ	４５	５０	６０	６５	７３	８５	９０	１００	１０５
耐熱性（℃）	９１	９６	９８	１０９	１１２	１１０	９９	９７	９０

①クレーム１のＢの範囲「５０～１００質量部」は実施例１～７でサポートされ、範囲外の比較例１（Ｂ＝４５質量部），比較例２（Ｂ＝１０５質量部）に比べ耐熱性が高くなっている。

②クレーム２のＢの好ましい範囲「６５～８５質量部」は実施例３～５でサポートされ、範囲外の実施例１，２及び実施例６，７に比べ耐熱性がさらに高くなっている。

③したがって、例えば、拒絶理由の引用文献に「Ａが１００質量部、Ｂが６０質量部の樹脂組成物（９８℃）」が記載されていても、クレーム２（Ｂ＝６５～８５質量部）に限定すれば、実施例３～５で示すように耐熱性は１０９～１１２℃で引用文献に比べて約１０％以上も高く、進歩性が認められる可能性が大きい。この場合、範囲外となった実施例１，２及び実施例６，７は、事実上実施例３～５の比較例となる（近年の特許庁のプラクティスでは、比較例に変更する補正は要求されないことが多い。以下同様）。

（ろ）数値限定なしで進歩性を有する場合（従属クレームで数値限定）

上記樹脂組成物において、**Ｂの含有により耐熱性を高めることが新規性及び進歩性を有する（成分Ｂが容易に予測できない）場合は、特にクレーム１にＢの含有量を規定する必要はありません**。しかし、この場合も、Ｂを含有させることは単なる思い付きではなく、**実施可能要件**や**サポート要件**を充足するために**補助的にＢの含有量**を記載することになります。例えば、実施例では具体的に含有量を記載することになり、また、新規性、進歩性がないという拒絶理由に備えて、クレームでＢの含有量を段階的に限定できるように明細書中に記載しておくのが普通です。さらに、上記のような将来の拒絶理由に備え、予め従属クレーム（クレーム２以降）でＢの含有量を規定して出願する場合もあります。

また、一般に、「ＡとＢとを含有してなる樹脂組成物」の場合、ＡとＢがどのような含有割合でも目的とする効果（例えば、耐熱性）が得られることは殆どなく、一定の含有割合でのみ目的とする効果が達成されることは技術常識です。したがって、このような拒絶理由に備えて数値限定をしておくべきです。

（ケース２）

ここでは、「**Ｂの含有量は２０～１３０質量部が適当で（限定というより実施可能性を示す補助的なもの）、好ましくは５０～１００質量部、より好ましくは６５～８５質量部**である樹脂組成物」を考えます。本例発明のクレームは下記のように記載できます。

（１）本例発明のクレーム

『１．ＡとＢとを含有してなる樹脂組成物。

２．Ａが１００質量部に対して、Ｂが２０～１３０質量部である請求項１記載の樹脂組成物。

３．Ｂが５０～１００質量部である請求項２記載の樹脂組成物。

４．Ｂが６５～８５質量部である請求項３記載の樹脂組成物。』

（２－１）実施例及び比較例（その１）

図表８－４　実施例及び比較例

組成物（部）	比較例1	実施例1	実施例2	実施例3	実施例4	実施例5	実施例6	実施例7	実施例8	実施例9	実施例10
A	100	100	100	100	100	100	100	100	100	100	100
B	0	20	50	60	65	73	85	90	100	130	140
耐熱性（℃）	85	91	96	98	109	112	110	99	97	90	８８

①クレーム１のＢを含有する効果は実施例1～10でサポートされ、Ｂを含有しない比較例1（Ｂ＝０）に比べ耐熱性が高くなっている。

②クレーム２のＢの含有量「２０～１３０質量部」は実施例１～９でサポートされ、範囲外の比較例１（Ｂ＝０質量部）、実施例１０（Ｂ＝140質量部）に比べ耐熱性が高くなっている。

③クレーム３のＢの好ましい範囲「５０～１００質量部」は実施例２～８でサポートされ、範囲外の実施例１（Ｂ＝２０質量部）、実施例９（Ｂ＝１３０質量部）に比べ耐熱性が高くなっている。

④クレーム４のＢのより好ましい範囲「６５～８５質量部」は実施例4～6でサポートされ、範囲外の実施例１～３及び実施例７～９に比べ耐熱性がさらに高くなっている。

⑤したがって、例えば、拒絶理由の引用文献に「ＡにＢを配合すること」が記載されていても、クレーム２（Ｂが２０～１３０質量部）に限定すれば、実施例１～９で示すように耐熱性は９０～１１２℃と高く、進歩性が認められる可能性がある。この場合、例えば、「Ｂ＝１５質量部（８７℃）」の樹脂組成物の比較データを実験成績証明書で提出すれば、下限

「Ｂ＝２０質量部（９１℃)」による耐熱性の改善効果がより明らかとなり、進歩性が認められる可能性が大きくなる。なお、引用文献に「Ａが１００質量部、Ｂが１５質量部の樹脂組成物（８７℃)」が記載されている場合も、クレーム２（Ｂが２０～１３０質量部）に限定するが、引用文献に温度が記載されているので比較データは不要である。

⑥また、拒絶理由の引用文献に「Ａが１００質量部、Ｂが２０質量部の樹脂組成物（９１℃)」が記載されていても、クレーム３（Ｂが５０～１００質量部）に限定すれば、実施例 2～8 で示すように耐熱性は９６～１１２℃で引用文献に比べて約５％以上も高くなり、進歩性が認められる可能性が大きい。

⑦また、拒絶理由の引用文献に「Ａが１００質量部、Ｂが６０質量部の樹脂組成物（９８℃)」が記載されていても、クレーム４（Ｂが６５～８５質量部）に限定すれば、実施例４～６で示すように耐熱性は１０９～１１２℃で引用文献に比べて約１０％以上も高くなり、進歩性が認められる可能性が大きい。

⑧したがって、**Ｂを含有さえすれば進歩性を主張できる場合は、比較例は「Ｂを含有しない場合（Ｂ＝０)」とする。**

（２－２）実施例及び比較例（その２）

上記の例（１）において、将来、拒絶理由等により、クレーム２のＢの含有量「２０～１３０質量部」をクレーム１に入れざるを得ない場合に備える場合は、下記のように、上記範囲の下限又は上限を外れた例は比較例ではなく実施例（実施例１，１１）とする。拒絶理由により、クレーム１でＢの含有量を「２０～１３０質量部」に限定する必要が生じた場合は、実施例１（Ｂ＝１５質量部)、実施例１１（Ｂ＝１４０質量部）は、それぞれ比較例となり、Ｂの含有量「２０～１３０質量部」の数値限定の意義を示す役割を果たす。

図表８－５　実施例及び比較例

組成物（部）	比較例1	実施例1	実施例2	実施例3	実施例4	実施例5	実施例6	実施例7	実施例8	実施例9	実施例10	実施例11
A	100	100	100	100	100	100	100	100	100	100	100	100
B	0	15	20	50	60	65	73	85	90	100	130	140
耐熱性（℃）	85	87	91	96	98	109	112	110	99	97	90	８８

（は）数値限定発明のまとめ

次頁の図表８—６に、数値限定と実施例・比較例との関係をまとめました。

図表８―６　数値限定と実施例・比較例

	要件 X の数値限定により進歩性を有する場合	要件Xの数値限定なしで進歩性を有する場合
要件X	公知	新規
クレーム１の数値限定	必要	不要
要求される効果（数値限定の意義）	・顕著な効果 ・臨界的意義	効果（顕著な効果、臨界的意義があればなお望ましい）
明細書中における数値限定の記載	必要：多段階に数値限定（好ましい範囲、より好ましい範囲、さらに好ましい範囲、等）	補助的に必要：多段階に数値限定（好ましい範囲、より好ましい範囲、さらに好ましい範囲、等。必要により、クレームを限定
実施例	各範囲の上限、下限[1]と、その中間の例	各範囲の上限、下限[1]と、その中間の例
比較例	各範囲の上限、下限の外側付近の例[2]を記載	**要件Xなし（X＝０）**の例を記載

註（1）：

上限、下限についての実施例がない特許も多く見られ、クレーム範囲の限界付近での実施例がなくてもサポート要件を認めた裁判例も多い(**液体調味料事件**　知財高判平24.12.24)。しかし、仮に実施例があれば当然記載するであろうから、クレーム範囲の上限、下限は実施データに裏付けられたものではなく推定によるものと考えられる。このようなデータによる根拠のない範囲に属するから侵害するとの判断は問題であり、被告としても承服し難いと思われる。特に、上限、下限の近傍内で属する場合は尚更である（減縮されれば非侵害となりうる)。なお、上限、下限の減縮により、範囲外の実施例は実質的に比較例となる。

註（２）：

上限、下限の各範囲外の比較例のデータは上限、下限の各数値に近接した値である程、数値限定の意義がある（例えば、上限が「１００」の場合、比較例のデータは「１１０」よりも「１０５」、さらに「１０５」よりも「１０３」の方がより意義があり、臨界性がある)。

6　明細書の作成と研究開発

（１）明細書は原則として発明者が作成

発明は「課題をどのように解決したか（課題とその解決方法)」であり、それを文字で表したのが明細書です。明細書は、少なくとも原案は発明に最も通じている発明者自身が作成することが望まれます。発明の内容に関しては、弁理士といえども、毎日研究に携わっている研究開発者にはとても勝てないのです。特に、反応や処理を伴う化学の発明は外部からは分からないため、原材料、反応条件、処理条件等を他人が記載したり、追加して明細書を作成することは殆ど不可能に近く、発明者から情報を得る必要があります。

例えば、メチル基（Ｃ１）が有効である発明の場合、化学常識的には「低級アルキル基」にまで拡大できそうですが、「低級アルキル基は不明瞭」との拒絶を受ける恐れがあります。その場合には、炭素数を具体的に限定する必要がありますが、「低級」とは、例えばブチル基（Ｃ４）までを指すのかヘプチル基（Ｃ７）までを指すのか不明です。即ち、実験により確認し、「炭素数１～４のアルキル基」とか、「メチル、エチル、プロピル、ブチル、ペンチル、ヘキシル及びヘプチルよりなる群から選択されるアルキル基」（マーカッシュ・クレーム）と特定する必要があります。単なる推測だけで拡大すると、発明の効果が得られない場合を含む等、かえって大きな問題（異議申立理由、無効理由）となりかねません。化学が「実験の科学」といわれる所以です。

これに対して、機械や電気の分野の発明や、化学の分野の発明でも成形品等のように図面や試作品がある場合は、経験則や技術常識から上記のような問題はほとんどなく、他人でも比較的容易に、発明者に十分満足してもらえる明細書を書くことが可能です。

なお、弁理士が明細書を作成する場合、弁理士に従来（公知）技術や発明についての「適切かつ十分な情報」を提供することが大切です。適切かつ十分な情報ほど良質の明細書（クレームが広く、特許性が大きく、かつ侵害のリスクが小さい）に繋がるといって過言ではありません。なお、適切かつ十分な情報を提供したり、弁理士が作成した明細書をチェックするためには、少なくとも基礎的な知財知識が必要です。

（２）発明は研究開発の集大成

研究開発は他社の公開公報等の公知技術をウオッチングし、これと重複しないように（特許されるように、かつ侵害しないように）、時には研究開発の軌道修正をしながら進めることになります。この研究開発の集大成（成果）が発明です。このようにして得られた発明は公知技術とは差別化されているため、特許される可能性が大きく、また実施化（事業化）した場合に他人の特許を侵害する恐れも小さくなります。仮に、研究開発の過程で公知技術のウオッチングを怠ると、折角完成した発明も他社の特許と重複したり公知文献を含んだりして、特許される可能性が小さく、また事業化した際に侵害する恐れが大きくなります。

他方、公開公報等のウオッチングにより、デッドロックに乗り上げていた課題を解決するヒントが得られ発明が生まれる効用も絶大です。公開公報等には発明のヒントが満載されており、それゆえ特許制度は発明を公開し更なる発明の奨励を促すことも目的としているのです（発明の利用）。新興国では、日本の公開公報をチェックし、これに僅かな改変を加え出願しているとも言われています。

公開公報のチェックは、研究開発者が基礎研究から応用研究までの間にしばしば遭遇する障壁である“悪魔の川（Devil River）”を乗り越えるためにも有効なのです。

"読点が勝敗を分ける！"
―切り餅特許侵害事件―

切り餅の側面に周方向に沿った切り込み部（スリット）を設ける越後製菓の特許（イ）に対し、側面だけでなく上下面にも切込み部を設けた佐藤食品の製品「サトウの切り餅」（ロ）が侵害するかどうかが争われました。

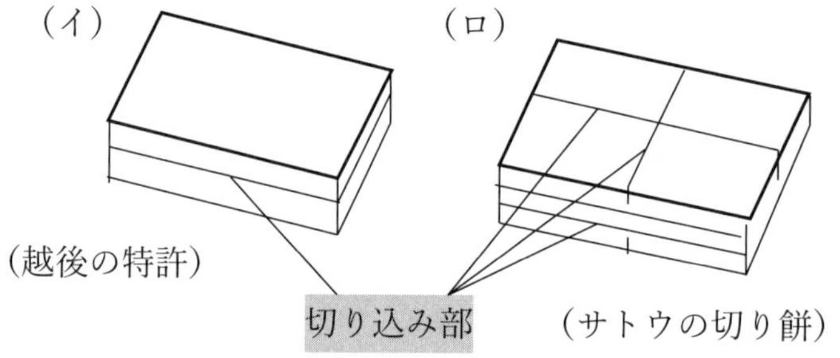

１審の東京地裁（平 22.11.30）：

越後の特許は「上下両面には切込み部を設けない」ことも特徴と判断し、上下面にも切込み部を設けた佐藤の製品は侵害しないと判断しました。

２審の知財高裁(平 23.9.7)：

越後の特許は「側面に切込み部を設けることが特徴で、上下両面には切込み部を設けることを除外するものでない」と判断し、佐藤の製品は侵害するとして、佐藤食品に約８億円の支払いを命じました。

請求項の読点の付け方が、真逆の判断の分かれ目になりました。下記の A は越後特許の「読点なし」、B は仮定の「読点あり」です。その違いを考えてみてください。

A:「・・・切餅の載置底面又は平坦上面ではなくこの小片餅体の上側表面部の立直側面である側周表面に、この立直側面に沿う・・・切り込み部又は溝部を設け」

B:「・・・切餅の載置底面又は平坦上面ではなく、この小片餅体の・・・」

第9章　国内優先権制度

1　国内優先権制度

〔１〕国内優先権制度

基本発明「A」についての出願１（先の出願）と、その後になされた改良発明等の関連発明「A’」とを包括的な発明として一つにまとめて、発明『「A」と「A’」』を新しい出願２(国内優先権出願)として特許出願することにより、技術開発の成果を包括的かつ漏れのない形で特許権として保護される制度です（41 条、42 条)。パリ条約に規定の外国出願についての優先権制度（275 頁）の国内版で、昭和６０年（１９８５年）の改正で導入されました。

出願２は、出願１から１年以内に国内優先権を主張して行うことにより、出願２(A 、A’)のうちの出願１に記載の発明「A」は、出願１の出願時に出願されたのと同じ効果を受け、即ち、出願１の出願時を基準に新規性等の特許要件が判断されます。

この国内優先権制度が導入されるまでは、関連発明「A’」は、基本発明「A」についての特許出願とは無関係に別途特許出願する必要があり、その結果、関連発明「A’」は基本発明「A」と実質的に同一であるとして拒絶される場合がありましたが、国内優先権制度を利用すればこのような不都合は起こりません。

国内優先権制度は利用する頻度が高いので、以下、図表９－１を用いて詳説します。

図表９－１　国内優先権制度

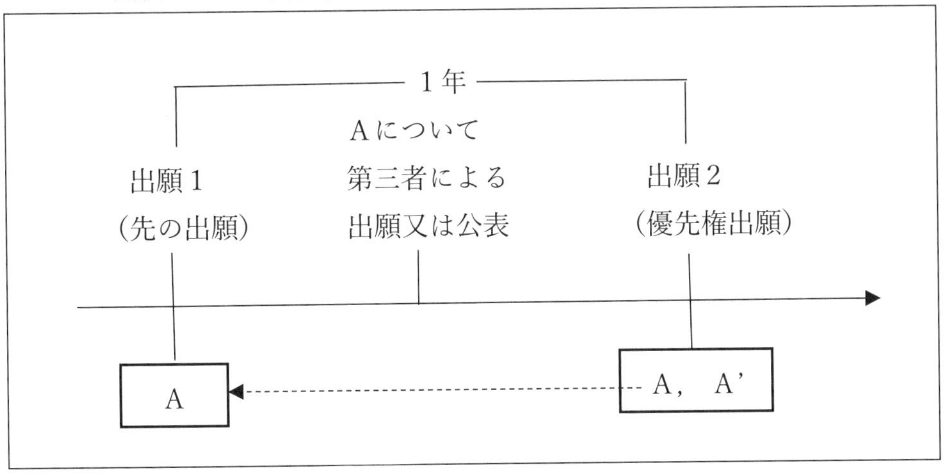

①出願２を、出願１の基本発明Aと改良発明A’とを一つの出願にまとめて国内優先権出願した場合

A　：　出願１の出願時を基準として新規性等が判断。

A'　：　出願２の出願時を基準として新規性等が判断。

②出願１と出願２との間に、A について第三者による出願又は公表があった場合

A　：　出願２中の A は出願１の出願時を基準として新規性等が判断されるので、第三者による出願又は公表 A により影響を受けない。

A':　出願２中の A'は、出願２の出願時を基準として新規性等が判断されるので、第三者による出願又は公表 A より後であるが、A と A'とは異なる（ A≠A'）ので影響を受けない。ただし、A と A'とは同一性の範囲と判断されると、出願２のうちの A'は第三者の出願 A の後願又は第三者の公表 A から新規性なしとして拒絶される。したがって、出願２を早めに（第三者による出願又は公表より先に）出願する必要がある。

なお、A'が先の出願１の出願当初の明細書等に記載した事項の範囲内（即ち、新規事項でない）と認められる場合は、出願１の出願時が基準とされ、新規性等が判断される。

〔２〕国内優先権制度の活用パターン

国内優先権制度の活用パターンには、（１）実施例補充型、（２）上位概念抽出型、（３）併合出願型の３種があります。

なお、以下の図表において、出願枠内の上段は明細書、下段は特許請求の範囲（クレーム）を表します。

（１）実施例補充型（サポート要件の充実）

図表９－２実施例補充型

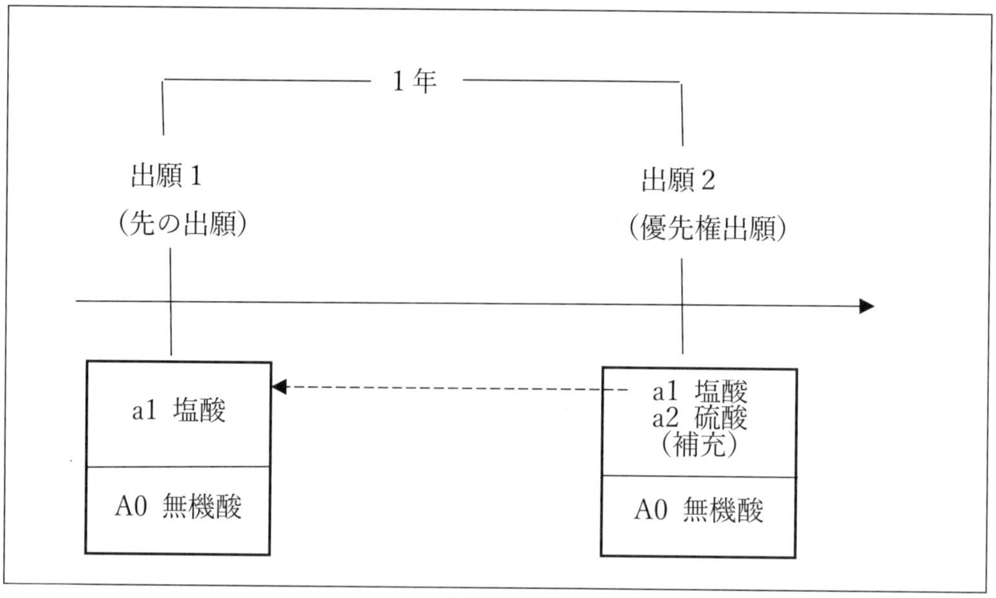

上記図表9－2に示すように、出願1は、塩酸が有効であることを見出し、これを実施例a1（塩酸）として、その上位概念A0（無機酸）をクレームして出願した。その後、引き続き研究した結果、硫酸も有効であることが判明した。

そこで、出願1は実施例がa1（塩酸）だけでは上位概念のA0（無機酸）をサポートできるかどうか懸念があったため、実施例としてa1（塩酸）にa2（硫酸）を加え国内優先権出願（出願2）した。

出願2における新規性等の判断は、a1（塩酸）についての発明部分は先の出願1に記載されているので出願1の出願時が、a2（硫酸）についての発明部分は出願2に新たに追加されたものであるので出願2の出願時が基準とされる。

出願2（国内優先権出願）は、出願1に比べてサポート要件が充実され、拒絶理由を受けにくくなっている（部分優先）。

（2）上位概念抽出型（クレームの拡大）

図表9—3　上位概念抽出型

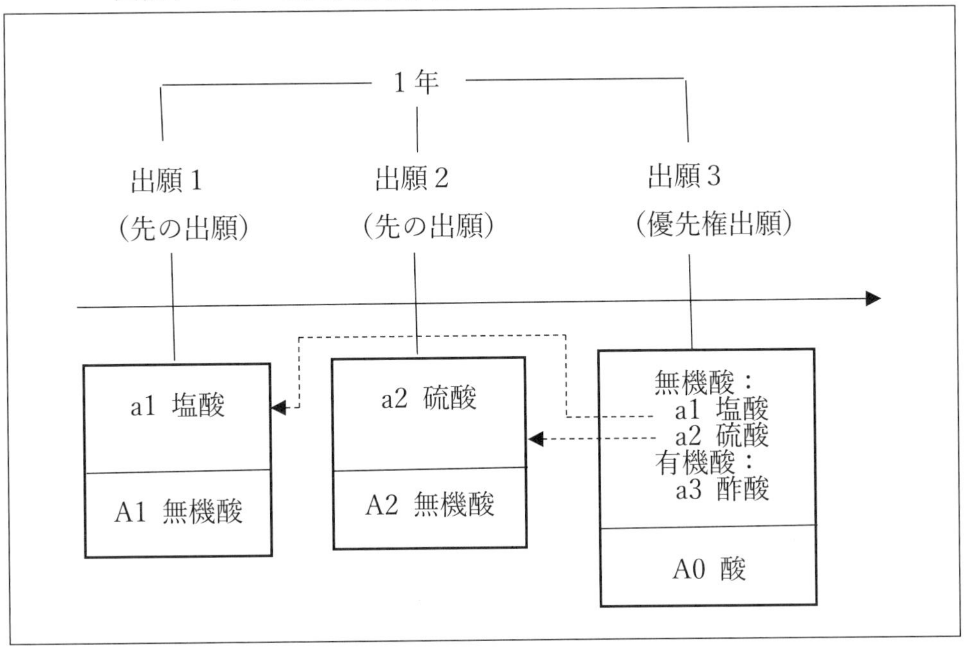

上記図表9－3に示すように、出願1は、塩酸が有効であることを見出し、これを実施例a1（塩酸）として、その上位概念A1（無機酸）をクレームして出願した。その後、引き続き研究した結果、硫酸も有効であることが判明し，これを実施例a2（硫酸）として、その上位概念A2（無機酸）（又は硫酸）をクレームして出願した（出願2）。

その後、有機酸である酢酸も有効であることが判明した。そこで、出願1と出願2の2つの国内優先権を主張して、出願1のA1（無機酸）の実施例a1（塩酸）と出願2のA2（無機酸）の実施例 a2（硫酸）に、有機酸の実施例 a3（酢酸）を加えるとともに、無機酸と有機酸の上位概念である A0（酸）をクレームして国内優先権出願（出願３）をした。

出願３における新規性等の判断は、無機酸 a1（塩酸）についての発明部分は先の出願１に記載されているので出願１の出願時が、無機酸 a2（硫酸）についての発明部分は先の出願２に記載されているので出願２の出願時が、有機酸 a3（酢酸）についての発明部分は出願３に新たに追加されたものであるので出願３の出願時が、それぞれ基準とされる。

出願３（国内優先権出願）により、クレームが出願１、２の「無機酸」から出願３の「酸（無機酸＋有機酸）」に大幅に拡大されている（部分複合優先）。

（３）併合出願型（管理の効率、コスト・ダウン）

図表９－４　併合出願型

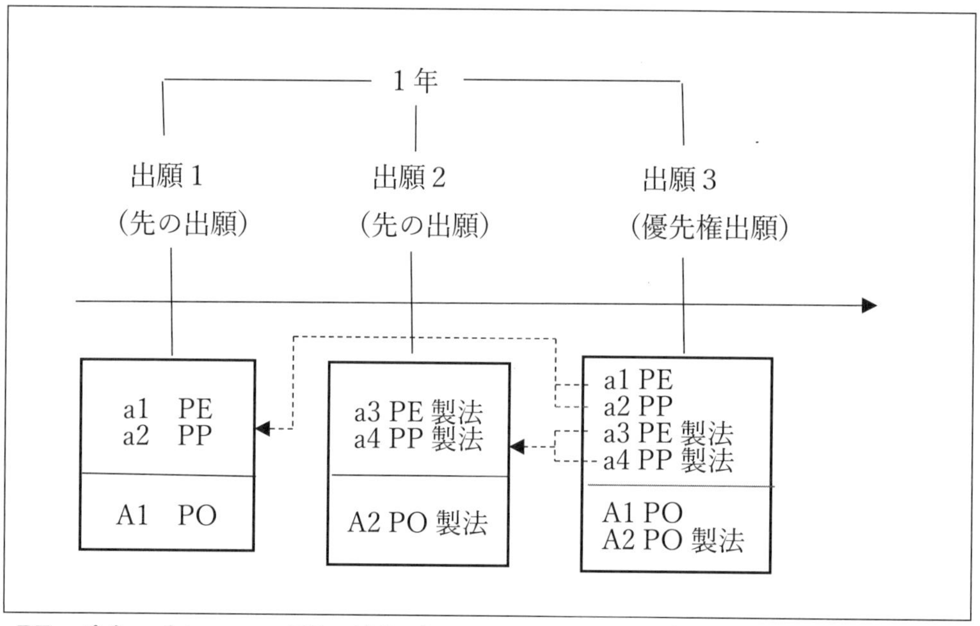

PE: ポリエチレン　　PP: ポリプロピレン　　PO: ポリオレフィン　（PE,PP 等）

上記図表９－４に示すように、出願１は、実施例 a1（ポリエチレン：PE）、実施例 a2（ポリプロピレン：PP）、及びそれらの上位概念 A1（ポリオレフィン樹脂：PO）をクレームして出願した（物の発明）。その後、引き続き研究した結果、ポリオレフィン樹脂の好ましい製造方法を見出し A2（ポリオレフィン樹脂の製造方法）を出願した（製造方法の発明）。

出願３は、出願１の A1（ポリオレフィン樹脂）と出願２の A2（ポリオレフィン樹脂の製造方法）を一つの出願にまとめて国内優先権出願した。

出願３における新規性等の判断については、A1（ポリオレフィン樹脂：PE,PP）は先の出願１に記載されているのでの出願１の出願時が、A2（ポリオレフィン樹脂の製造方法）は先の出願２に記載されているので出願２の出願時が、それぞれ基準となる。

出願3(国内優先権出願)により、出願1の物の発明と出願2の製造方法の発明とが包括的に1つの出願にまとめられ、管理のコストや手間が2件から1件に減るばかりでなく、その後の審査請求料や特許料も割安となる（複合優先）。

〔3〕国内優先権主張の要件、効果等

国内優先権主張の要件、効果等を下記の図表9－5にまとめました。

図表9－5　国内優先権主張の要件、効果等

国内優先権を主張できる者	先の出願（特許又は実用新案）の出願人（又は承継人）	41条1項本文
国内優先権を主張しうる期間	先の出願から1年	41条1項1号
国内優先権主張の基礎となる先の出願	下記の(1)～(5)に該当しない出願であること： (1) 1年以内にされたものでない場合 (2)出願の分割、変更に係る新たな出願（特許又は実用新案）である場合（分割、変更の要件充足を調査する必要があるため） (3)放棄、取下げ又は却下されている場合（権利取得できなくなった出願が復活するため） (4)査定又は審決が確定している場合（特許庁に係属していないため） (5) 実用新案権が設定登録されている場合（1年以内に登録されるため）	41条1項 1号 2号 3号 4号 5号
国内優先権主張の手続	国内優先権主張書面（当該主張と先の出願の表示)を所定の期間内(優先日から1年4月の期間満了日又は優先権主張出願日から4月の期間満了日のいずれか遅い日）に提出 ただし、願書に記載した場合は上記書面の提出を省略	41条4項 特施27条の4の2 特施27条の4第3項
国内優先権主張の効果	先の出願の当初明細書等に記載の発明については、下記の規定の適用においては先の出願時 (1)新規性、進歩性 (2)先願範囲の拡大 (3)新規性喪失の例外 (4)先願 (5)特許権の効力の及ばない範囲 (6)他人の特許発明等との利用又意匠権等との抵触 (7)先使用権 (8)意匠権満了後の通常実施権 (9)生産方法の推定 (10)独立特許要件	41条2項 29条1,2項 29条の2 30条1,2項 39条1～4項 69条の2項2号 72条 79条 81条、82条1項 104条 126条7項

先の出願のみなし取下	先の出願日から１年４月経過した時（競合出願、重複審査、重複公開を回避するため）（後の出願のみが係属）	42 条１項 施規 28 条の４ 第２項
国内優先権主張の取下	先の出願日から１年４月まで（この取下げにより、先の出願と後の出願の両方が係属）	42 条２項 施規 28 条の４ 第２項
先願範囲の拡大(29 条の 2)	先の出願は公開されないので先の出願と後の出願の両方の当初の明細書等に記載された発明について適用（後の出願に先の出願を漏れなく記載する必要あり）	41 条３項

〔４〕国内優先権主張出願の出願公開等

（１）出願公開

国内優先権主張出願は、国内優先権主張の基礎となる先の出願日から１年６月経過後に出願公開されます。

（２）審査請求期間の起算日

国内優先権主張出願の審査請求期間の起算日は、国内優先権主張の基礎となる先の出願日ではなく、後の出願である国内優先権出願の出願日です。

（３）存続期間の起算日

国内優先権主張出願の存続期間の起算日は、国内優先権主張の基礎となる先の出願日ではなく、後の出願である国内優先権出願の出願日です。

〔５〕国内優先権制度のメリット

（１）新規事項の追加

出願後に新規事項を追加する補正は許されませんが、国内優先権出願は新規事項の追加を認める制度です。即ち、新規事項を追加する補正の代用として利用できます。

（２）誤記の訂正

出願後に誤記を訂正することは、明らかに誤記であることを立証（例えば、計算ミス）できる場合を除いて困難です。このような場合に国内優先権出願で訂正することができます。誤記の訂正だけでは勿体ない場合が多いので、この機会を利用して、実施例を追加して実施可能要件やサポート要件を充実させたり、クレームの拡大を図ることもできます。

（３）存続期間の延長

存続期間は後の出願である国内優先権出願の日から起算されるので、実質的に存続期間が最長１年（優先期間）延長されます。重要な発明で実施している場合やライセンス料を得ている場合には、この延長の効果は極めて大です。

第10章　出願公開・出願審査の請求

1　出願公開

特許制度は、発明を公開する制度です。発明の公開は、原則として特許出願の日から 1 年 6 月を経過したときに特許出願の内容を出願公開することにより行われます(64 条 1 項)。出願公開は、特許公報(公開特許公報)に掲載することにより行います(64 条 2 項)。

なお、第 12 章で述べる分割・変更出願は、これらの出願が行われた時点で原出願日から 1 年 6 月経過している場合は、分割・変更出願後に速やかに公開されます。

この制度は、昭和４５年(１９７０年)の改正法で導入されたもので、それまでは、審査を受け特許される蓋然性の高い出願のみが出願公告制度により公表されていました。しかし、審査の遅延によって公表が遅れることによる第三者の重複研究、重複投資、重複出願の弊害が問題となり、審査に関係なく早期に出願内容を公開する出願公開制度が採用されました。

〔1〕出願公開の第三者による利用

（1）他社の研究開発の動向

他社の公開特許公報(以下、公開公報)をチェックすることにより、他社の研究開発の動向を知ることができます。また、他社の研究開発の動向により、自社の重複研究、重複投資、重複出願の弊害や侵害の恐れを回避するとともに、公開公報に記載された他社の発明を自社の発明創成のための技術情報として活用することができます。

（2）情報提供

公開公報に記載された他社の発明が特許されると、自社技術が侵害する恐れがあったり、当面は侵害する恐れはないものの将来邪魔になる恐れがある場合は、情報提供により特許成立を阻止する刊行物等の情報を提供し、審査官が特許査定するのを阻止することができます(施規 13 条の 2)（第１９章「他社の権利化阻止・情報提供制度」を参照)。

〔2〕出願公開による出願人の効果

（1）補償金請求権

発明の公開は、上記のとおり、第三者に利する制度です。発明が公開されると、特許権は未だ確立していないので、第三者に模倣の機会を与えることにもなります。そこで、出願人には第三者の模倣に対し一種の仮保護の権利として、補償金請求権が与えられます。

補償金請求権の概要は、下記のとおりです(65 条)。図表１０－１も参照してください。

①業として出願に係る発明(特許請求の範囲に記載された発明)を実施している者に対し、当該発明の内容を記載した書面を提示して警告する（警告せずとも既に知って実施している場合、警告は不要）（同 1 項)。

即ち、（い）公開公報は審査を経ておらず特許されるかどうかも不明で、（ろ）特許公報に比べると発行量も多いのでこれらを全て読むことを義務づけることは酷であり（103 条の過失の推定規定は適用なし)、そのため悪意の実施（警告により発明を知ったうえでの実施）のみが補償金請求の対象である。

②警告後から特許権の設定登録までの間の実施に対し実施料相当額を補償金として請求できる(同 1 項)。

③補償金請求権は、特許権の設定登録後でなければ行使できない(同 2 項)。出願公開された発明は、審査により特許されるか拒絶されるか不明であり、このような段階での請求権の行使を認めると、その後に拒絶された場合に調整が面倒となる。そのため、特許権の設定登録後に制限している。

④補償金請求権の請求と特許権の設定登録後の権利行使とは何ら関係なく、特許権の設定登録後は差止請求、損害賠償請求等の権利行使が可能である(同 4 項)。例えば、出願に係る発明が TV 受像機である場合、該受像機を使用している喫茶店に対しては、出願公開から特許権の設定登録までの使用に対しては補償金の支払いを請求でき、さらに特許権の設定登録後の使用に対しては差止や損害賠償を請求することができる。したがって、補償金支払いの際に契約書で、補償金を支払った TV 受像機については特許後にその権利が及ばない（パテントフライ：patent frei）とする特約を結ぶ必要がある。

⑤補償金請求権の消滅時効の起算点は、特許権の設定登録の日である(同 6 項)。

これは、民法７２４条の不法行為による損害賠償請求の消滅時効である「損害及び加害者を知った時から 3 年」をそのまま適用すると、特許権の設定登録後までに時間がかかった場合には上記 3 年が経過しており時効により補償金請求権を行使できないような事態が生じることを避けるためである。

⑥なお、出願公開前に実施している者に対しては、早期公開制度を利用して出願日から 1 年 6 月を経過する前に出願公開し、1 年 6 月経過前における第三者の実施に対しても補償金を請求することができる(64 条の 2)。

⑦警告後に特許請求の範囲を拡大又は変更する補正をした場合は、改めて警告する必要がある。なお、特許請求の範囲を減縮補正した場合において、補正の前後を通じて技術的範囲に属する場合は、改めて警告しなくても不意打ちを与えることにはならないので再度の警告は不要とされている（**自動車用アースベルト事件**　最高判昭 63.7.19　）。

図表１０－１　補償金請求制度

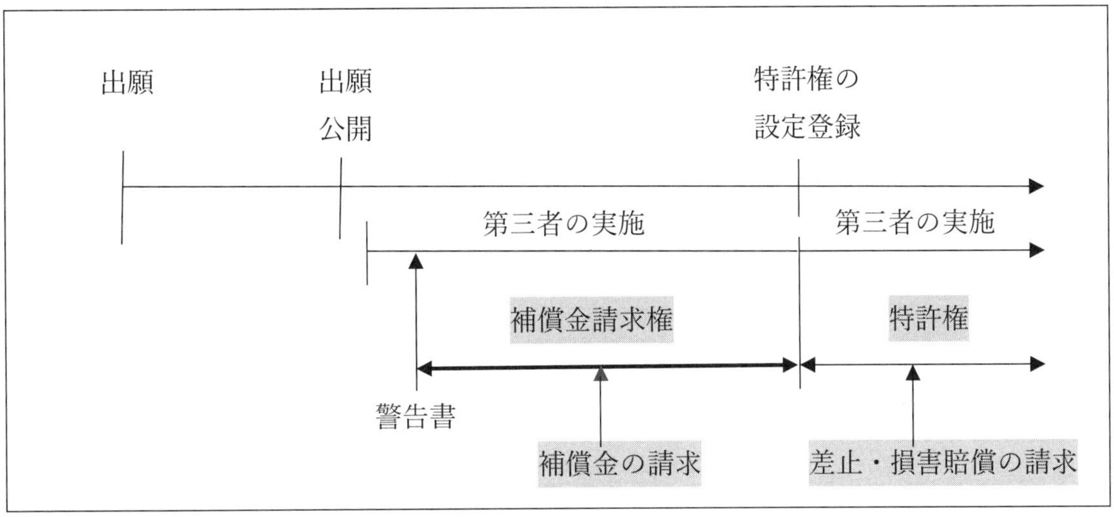

（2）先願範囲の拡大

出願公開された出願には先願範囲の拡大の地位が与えられます。即ち、公開された他人の先願（願書に最初に添付した明細書、特許請求の範囲、図面）に記載されている発明又は考案と同一である発明に係る後願は、特許されません(29 条の 2)（第５章６「先願範囲の拡大」(63 頁）を参照)。

2　出願審査の請求

〔1〕出願審査請求制度

特許出願日から３年以内に、当該特許出願について実体審査（特許要件の審査）を行うことを特許庁長官に請求することで、単に審査請求とも言われます(48 条の 3)。

かつては、すべての出願について実体審査を行っていましたが、防衛出願のように権利化（審査）を必要としない出願の数を減らして審査促進、早期権利化を図るために、昭和４５年(１９７０年)に出願日から７年以内に審査請求すべきものと改正され、さらに平成１１年(１９９９年)に出願日から３年以内に審査請求すべきものと改正されました。

〔2〕出願公開制度、先願範囲の拡大との関係

審査請求しない出願も公開させるために、すべての出願を公開させる出願公開制度が採用されました(64 条 1 項)。また、先願が審査請求されていない段階で、審査請求された後願を審査するために、先願の後願排除の範囲を審査で変更し得る最大の範囲「出願当初の明細書、特許請求の範囲、図面」にする先願範囲の拡大が採用されました(29 条の 2)。

〔3〕審査請求

（1）審査請求の手続

①審査請求は、何人も行うことができます(48 条の 3 第 1 項)。「何人」には出願人及び第三者が含まれます。第三者が審査請求するケースとしては、例えば、第三者が同一又は類似の技術を実施又は実施を予定している場合、できるだけ早く当該出願が特許されるかどうかを知る必要があります。審査請求できる期間は、特許出願日から 3 年以内です。ここ 4 ～ 5 年の審査請求率は７５％前後です（２０２０年は出願件数の低下により約８０%)。

②特許出願の分割、変更、又は実用新案登録に基づく特許出願については、出願日が遡及した結果、元の出願日から 3 年を経過しているときがありますが、経過していている場合でも分割等の日から３０日以内に限り審査請求ができます（48 条の 3 第 2 項)。

③審査請求は取下げることができません（48 条の 3 第 3 項)。審査請求は審査開始の条件であり、審査請求の手続き自体が係属しているわけではなく、また、取下げを認めるとそれまでの審査が無駄になる場合があるからです。

④審査請求期間内に審査請求がなかったときは、この特許出願は取下げたものとみなされます（48 条の 3 第 4 項)。一般に、「みなし取下げ」とか「擬制取下げ」と言われます。なお、特許出願が取下げたものとみなされても、その出願が出願公開されている場合は、29 条の 2 の先願範囲の拡大により後願を拒絶できます。

⑤審査請求は、出願審査請求書を提出することにより行います（48 条の 4)。

（2）審査請求の要否と時期

審査請求は、技術の開発動向、製品開発の状況、事業戦略、市場動向、他社の動向等を総合的に勘案して、審査請求の要否及びその時期を決定します。

（あ）審査請求を早くする場合（早期権利化）

①技術が完成し、製品の仕様も決定し、事業化が決定している場合

早期に権利化を図り、市場での競争優位性の確保のために特許権を有効に活用する。最も早い審査請求の時期は「出願と同時」であるが、審査結果（登録又は拒絶）が出るまでに１０カ月程度（２０１９年で９．５カ月）かかる。後述の早期審査の申請も検討する（124 頁)。

②　他社から同一・類似品の開発情報の入手や市場への投入があった場合

他社の参入阻止を図るため早期に権利化し、補償金請求権や差止請求権の権利行使や、ライセンス（実施許諾）等に特許権を有効に活用する。

③ ライフサイクルが短い製品の場合

早期に権利化を図り、市場での競争優位性の確保のために特許権を有効に活用する。

④ 外国出願している場合

日本で早期に権利化を図り、特許審査ハイウエイ（PPH）を利用して外国での早期権利化を図る（「第18章2特許審査ハイウエイ（PPH）による外国出願」（241頁）参照）。

（い）審査請求を遅くする場合（権利化遅延）

① 技術の開発、製品開発が途上にある場合

新たな技術の開発により、出願に係る技術は使用されない可能性があり、審査請求が無駄になる場合がある。

② 市場状況が思わしくない場合

市場が十分に形成されない場合や、模倣品の出現により事業化を打ち切ることもあり、その場合には審査請求が無駄になる。したがって、市場の動向を見ながら審査請求の時期を検討する。

③ 特許性が十分でない場合

早期に拒絶が確定すると、他社に対する牽制力・抑止力がなくなり他社の参入を許すことになる。このような場合は、審査請求を遅らせ（最も遅い審査請求は出願日から3年）、他社に対する牽制力・抑止力を維持する。

（う）審査請求をしない場合（権利化断念）

① 防衛出願の場合

自らは実施の予定がなく、他社の権利化を阻止するための防衛出願の場合は、権利化は不要である（２９条１項の新規性、２９条の２の先願範囲の拡大で他社の権利化を阻止）。

② 上記（「（い）審査請求を遅くする場合」の①、②，③に該当する場合

審査請求を断念することがある。

3 優先審査

審査請求制度の採用により、審査は審査請求された順に行われます。しかし、出願公開された場合で、その発明を第三者が実施しているときにもこの原則を徹底すると出願人、第三者のいずれの側にも弊害が生じます。

出願人側の弊害としては、出願公開後に当該出願について長期間審査が行われないと、その間の第三者の実施により出願人が予想外の大きな影響を受け、補償金(実施料相当額)では

カバーできなくなることも考えられます。一方、実施している第三者の場合は、出願人から警告を受けたが、その発明は特許性が疑わしいこともあり、早く審査の結果（特許されるのか又は特許されないのか）を得る必要があります。このような場合に、出願人のみならず第三者も優先的に審査し早く結論を得て、混乱を防ぐのが優先審査制度です(48 条の 6)。手続きとしては、優先審査に関する事情説明書を提出します（施行規則 31 条の 3)が、優先審査を行うかどうかは特許庁長官の裁量です。特許庁の手数料は無料です。

4 早期審査・早期審理とスーパー早期審査

〔1〕早期審査・早期審理

上記した優先審査は、第三者の実施という紛争が生じている出願について優先的に審査する特許法上の制度です。

これに対し、早期審査・早期審理制度は、特許法上の制度ではなく、特許庁の運用により優先して審査・審理するもので、①実施関連出願（２年以内の実施予定を含む)、②外国関連出願（外国出願している場合)、③大学・TLO（技術移転機関）等の出願、④中小企業・個人の出願、⑤グリーン関連出願（省エネ、CO_2削減)、⑥震災復興支援関連出願、等に認められます。審査請求されていることが必要です。審査請求と早期審査等の申請が同時でも構いません。審判(拒絶査定不服)の審理についても同様に認められます。上述の優先審査よりも手続きが簡単なため、多用されています。特許庁の手数料は無料です。

２０１８年の実績では２１，１３７件（出所：「知財動向と特許庁施策」（令和元年度）以下同じ）の早期審査の申請がなされ、通常、審査請求から最初の審査結果（通常、拒絶理由又は特許査定）までの平均期間（FA 期間という：FA は First Action の略）は約１０カ月ですが、３カ月以下（２０１８年実績：２．３カ月）に短縮されます。

また、審判で早期審理を申請すると、審決までの平均期間は約１３カ月から４カ月以下に短縮されます。

〔2〕スーパー早期審査

実施関連出願でかつ外国関連出願の場合はスーパー早期審査の対象で、２０１８年の実績では６８５件のスーパー早期審査の申請がなされ、FA 期間は１カ月以下（２０１８年実績：０．７カ月）に短縮されます。特許庁の手数料は無料です。早期審査よりも早期に審査を行うので、オンライン手続とすることが必要です。

〔3〕早期審査等のメリットとデメリット

早期審査は、下記の図表１０－２に示すようにデメリットもありますが、一般的にはメリットのほうが大きいと言えます。その理由は、実施の前又は実施の早期段階において、審査請求料の支払いだけ（早期審査は無料）で専門官庁である特許庁が審査、言い換えると（イ）特許性の調査と（ロ）侵害性の調査（調査会社等による本来の侵害性調査とは異なるが）を同時に行ってくれることです。その結果、下記のような多彩な戦略が可能です。

A）特許査定の場合： ①出願公開前に特許されると他社からの情報提供を回避できる。②早期に権利化されるので、長期に亘って特許権の有効活用（ライバル会社に対する抑止力の発揮、ライセンス許諾、補償金請求権や差止請求権の行使等）が可能である。③外国出願した場合、外国でも特許される可能性が大きい。また、PPH（特許審査ハイウエイ）（241頁）により早期かつ経済的に特許取得が可能である。

B）拒絶（理由・査定）の場合： ①特許性を高めた新たな出願（国内優先権出願）をする。②拒絶の克服が困難な場合は、出願を取り下げ秘匿化（ノウハウ化）する。

C）拒絶の引用文献の中に侵害する出願や特許が含まれている場合： ①侵害しないように設計変更し、特許性があれば新たな出願（国内優先権出願）をする。②当該出願に対して情報提供、当該特許に対して異議申立・無効審判を検討する。

図表１０－２　早期審査等のメリットとデメリット

メリット	デメリット
①早期に審査結果（特許査定又は最初の拒絶理由）を受領できる。 ②出願公開前に拒絶理由を受けた場合は、新たな技術を加え再出願する。 ③出願後１年以内に拒絶理由を受けた場合は、新たな技術を加え国内優先権出願する。 ④出願を取下げ秘匿化（ノウハウ化）する。 ⑤出願公開前に特許されると情報提供を免れることができる。 ⑥早期権利化により長期に亘る権利の有効活用（ライセンス許諾、補償金請求権や差止請求権の行使等）が可能である。 ⑦引用文献中の侵害する出願や特許に対しては設計変更や、情報提供、異議申立・無効審判を検討する。	①発明が早期に公開（特許公報）される。 ②発明の早期公開（公知）により、進歩性のレベルが高くなり、改良発明等によるネットワーク化が困難となる。 ③早期権利化により、補正や国内優先権出願が不可能となる。 ④早期公開（特許公報）され、他社により、研究開発動向が早期に察知される。 ⑤他社により、早期に対策（改良発明、異議申立、無効審判等）が図られる。 ⑥早期に拒絶が確定すると、他社に対する牽制・抑止力がなくなる。

〔4〕面接審査

拒絶理由等について、審査官と直接面談し、発明者（出願人）は自分の発明と引用文献との違い等を説明し、審査官の意見を聞いて、補正を含めて今後の対処方法を効率的に検討することができます。出願人の便益を図るために、下記のような各種の面接審査が実施されています。２０１８年の実績では４，１２８件です（下記の出張面接審査等を含む。）。

（1）出張面接審査

全国各地の面接会場や（独）工業所有権情報・研修館（通称：インピット）(INPIT: National Center for Industrial Property Information and Training）の近畿統括本部（INPIT-KANSAI）に審査官が出張して面接審査が行われます。２０１８年の実績では１，１５８件です。

（2）オンライン面接審査

出願人や代理人のＰＣやモバイル端末等と特許庁のオンライン面接システムとを接続して面接が行われます。具体的には、テレビ面接及びWebアプリケーションを利用した面接が行われています。上記の近畿統括本部（INPIT-KANSAI）や全国の経済産業局等知的財産室でテレビ面接を利用することもできます。２０１８年の実績では１５５件です。

（3）事業戦略対応まとめ審査

企業の事業展開を支援することを目的に、事業に必要な知的財産（特許、意匠、商標）の出願群を分野横断的に必要なタイミングでの権利化を可能とする事業戦略対応まとめ審査が行われています。

具体的には、(a) 事業説明：　出願人が審査官に対して事業の概要、事業戦略（実施予定、国際展開の予定）、事業における出願の位置付け等について説明を行い、（ｂ）面接：　個々の出願についての技術説明、先行技術との対比説明、補正案の検討を行い、（ｃ）審査着手：各案件を担当する審査官との間での協議を踏まえた上で、スケジュールに従って審査官チームの各審査官は担当案件の審査を行います。各分野の審査官が協議を行うので、ばらつきのない審査が実現されます。２０１８年の実績では４５件です。

第11章　特許出願の審査

1　特許出願の審査

特許出願件数は２００１年の約４４万件をピークに減少傾向が続き、ここ数年は３０万件を超える水準で推移してきましたが、２０２０年度は３０万件を切り２８８，４７２件です（特許行政年次報告書２０２１年版）。

出願審査の請求があると、審査官により特許出願の審査が行われます(47 条 1 項)。審査は、書面により行われる書面主義が原則ですが、審査官と直接面談する面接も認められています。審査は特許出願について拒絶をすべき理由があるかどうかについて行われます。

審査官は、拒絶理由を発見しないときは、特許査定をします(51 条)。拒絶理由を発見したときは、出願人に対し拒絶理由を通知し、相当の期間(国内居住者には６０日、在外者には３カ月、延長可)を指定して、意見書を提出する機会を与えなければならないと規定されています(50 条)。審査は、いわば審査官と出願人との協同作業と言えます。

近年の特許査定率は、２０１０年までは５０％台、２０１１年から２０１４年までは６０％台でしたが、２０１５年からは７０％台となり、２０２０年は７４．４％と上昇傾向となっています。下記の回路用接続部材事件により進歩性の判断が緩和されたとも言われ、容易想到性の判断には、発明の特徴点に到達するための示唆等が必要と判示しています。

回路用接続部材事件（知財高判平 21.1.28）

当該発明が容易想到であると判断するためには、先行技術の内容の検討にあたっても、当該発明の特徴点に到達できる試みをしたであろうという推測が成り立つのみでは十分ではなく、当該発明の特徴点に到達するためにしたはずであるという示唆等が存在することが必要というべきであるのは当然である。

2　拒絶理由

拒絶理由は、①特許要件（産業上の利用性、新規性、進歩性、先願範囲の拡大、先願、不特許発明等)、②明細書の記載要件（実施可能要件、サポート要件、明確性、補正等)、③出願人に関する要件（冒認、共同出願等）に大別されます（49 条)。

下記の図表１１－１に、49 条 1 項に記載の拒絶理由をまとめました。なお、113 条 1 項に記載の異議申立理由及び 123 条 1 項に記載の無効理由との対応関係も示しました。

異議理由と無効理由の違いは、異議申立は特許査定の適否を審理する公益的目的を主眼とし、無効審判は当事者間の紛争の解決を主眼とする両者の違いに由来しています（共同出願、冒認出願）。また、拒絶理由のうちで、実体上の瑕疵ではなく軽微な手続上の瑕疵については、異議理由や無効理由とはされていません（シフト補正、特許請求の範囲の記載、発明の単一性、先行技術文献情報）。

図表１１－１　拒絶理由（異議申立理由・無効理由）

拒絶理由 (49条1項)		異議理由 113条1項		無効理由 123条1項	
1号	17条の2第3項(新規事項)	1号	○	1号	○
	17条の2第4項（シフト補正）		×		×
2号	25条（外国人の権利の享有）	2号	○	2号	○
	29条(産業上の利用可能性、新規性、進歩性)		○		○
	29条の2(先願範囲の拡大)		○		○
	32条(不特許発明)		○		○
	38条(共同出願)		×		○
	39条1～4項(先願)		○		○
3号	条約により特許できないもの	3号	○	3号	○
4号	36条4項1号(実施可能性要件)	4号	○	4号	○
	36条6項1号(サポート要件)		○		○
	2号(明確性要件)		○		○
	3号(簡潔性要件)		○		○
	4号(施規24条の3特許請求の範囲の記載)		×		×
	37条(発明の単一性)		×		×
5号	36条4項2号(先行技術文献情報)		×		×
6号	外国語書面に記載されていない事項の追加	5号	○	5号	○
7号	冒認出願		×	6号	○

後発的無効理由(追加)　(123条1項)		
特許付与後の権利享有能力の喪失又は条約違反が生じたとき	7号	○
特許付与後の訂正要件違反の訂正がなされたとき	8号	○

3 最初の拒絶理由

〔1〕最初の拒絶理由通知

審査官は、拒絶理由を発見したときは、出願人に対し拒絶理由を通知し、意見書や、必要に応じ補正書を提出する機会を与えます。出願人の意見書や補正書により、審査官が、拒絶理由が解消したと判断すれば特許査定となり（51 条）、拒絶理由が解消しないと判断すれば拒絶査定となります（49 条）。最初の拒絶理由通知に対する出願人の対応は、下記のとおりです。

〔２〕最初の拒絶理由通知に対する出願人の対応

（１）意見書

出願人は、審査官の判断に対して承服できない場合には、応答期間内に意見書を提出し拒絶理由が存在しないことを主張します。

（２）補正書

クレームを補正（減縮、不明瞭記載や誤記の訂正等）すれば拒絶理由を解消できる場合には、意見書とともに補正書を提出し、拒絶理由が解消したことを主張します。

なお、補正については、詳しくは、「第１２章１補正」を参照してください。

①新規事項の追加の制限(17 条の２第３項)

国際的調和、権利付与の迅速化、第三者の監視負担の軽減等から、出願当初の明細書、特許請求の範囲及び図面に記載した範囲内で行わねばなりません。

②別発明に変更する補正（シフト補正）の制限（17 条の２第４項）

発明Ｘを発明Ｙに変更する補正は認められません。このような補正を認めると、発明Ｘの審査が無駄となるばかりでなく、２つの発明ＸとＹについて審査を受けることになり、また、１つの発明について審査を受ける出願人との間に不平等が生じるからです。

（３）実験成績証明書等の証拠

意見書の主張を裏付けるために、実験データを記載した実験成績証明書や文献等の証拠を提出することもできます。効果については、「第５章４（い）２」（58 頁）を参照してください。しかし、サポート要件については、出願時に満たしている必要があるため、出願後の実験データの提出は認められず、明細書の発明の詳細な説明の記載や示唆、出願時の文献や技術常識から当業者が認識できることを主張することになります。したがって、クレームされた発明は、出願当初から発明の詳細な説明に記載された範囲を超えるものではない(課題の解決手段は当業者が理解できる程度に記載されている)ことを、実験データ（実施例）を含め、十分に記載しておくことが重要です。

（４）出願の分割

下記のような場合には、応答期間内に出願を分割することもできます(44 条１項)。

①単一性違反(37 条)の拒絶理由の場合

②拒絶理由を解消するためにクレームを減縮した場合に、別途、より広いクレームやカテゴリーの異なるクレームについても特許取得を図る場合

③拒絶理由の対象となっていないクレームに減縮した場合に、より広いクレームやカテ

ゴリーの異なるクレームについても特許取得を図る場合。(「第 12 章 2 出願の分割」参照)

4 最後の拒絶理由

〔1〕最後の拒絶理由通知

出願人が、最初の拒絶理由通知に対して補正書を提出し、審査官が補正された発明に対しても拒絶理由があると判断した場合(新規性・進歩性の欠如、新規事項が追加された補正等)には、最後の拒絶理由通知が出されます。

最後の拒絶理由通知以降の補正は、それまでの審査結果を無駄にせず有効活用するため、最初の拒絶理由通知までの補正に比べて厳しい制限が課されます。

なお、最初の拒絶理由通知で補正しなかったクレームについて新たな拒絶理由が発見された場合は、最後の拒絶理由通知とはされず、最初の拒絶理由通知とされます。これは、もともと最初の拒絶理由通知で指摘すべきものであったからです。

〔2〕最後の拒絶理由通知に対する出願人の対応

（1）意見書

最初の拒絶理由通知に対する意見書と同様です。ただし、最初の拒絶理由通知に対する補正が新規事項を含むとの拒絶に対しては、反論可能なら、新規事項を含まないことを説明し、反論不可能なら、新規事項を含まないように補正します。

（2）補正書

最初の拒絶理由通知に対する補正書と同様、①新規事項の追加(17 条の 2 第 3 項)、②別発明に変更する補正（シフト補正）(17 条の 2 第 4 項)は制限されます。

これら①、②に加えて、これまでの審査結果を有効活用するため、新たに先行技術調査を必要としないようにクレームの補正が大幅に制限されます。クレームの限定的減縮を中心とする**③目的外補正の制限（17 条の 2 第 5 項)**です。審査基準では、必要以上に厳格に運用しないようにと記載されています。また限定的減縮の補正後の発明が独立して特許を受けられることが要求されます。**④独立特許要件（17 条の 2 第 6 項)**です。

これらの補正の制限に違反すると、補正は却下され補正前のクレーム(最後の拒絶理由を含むクレーム)に戻るので、通常、補正却下と拒絶査定が行われます。

（3）実験成績証明書等の証拠(上記最初の拒絶理由通知の場合と同じ)

（4）出願の分割(上記最初の拒絶理由通知の場合と同じ)

5 査定後の手続

出願人の意見書や補正書により、審査官が、拒絶理由が解消したと判断されると特許査定となり、拒絶理由が解消しないと判断されると拒絶査定となります。

（1）特許査定後の手続

①特許料の納付

特許査定の謄本の送達があった日から３０日以内に１～３年分の特許料を納付し(108条)、納付しないときは手続が却下(出願が無効)されます(18条)。特許料の納付があると特許権の設定登録が行われ(66条2項)、特許権者の氏名等が特許公報に掲載され(66条3項)、特許証が交付されます(28 条)。特許権の存続期間は、原則として、特許出願日から２０年です（67条)。存続期間は延長される場合があります（166頁)。

②出願の分割

特許査定の謄本の送達があった日から３０日以内に出願の分割が可能です（44条1項2号)。ただし、直前の明細書等に限られます。特許権の設定登録後は分割できないので注意が必要です。(「第12章2出願の分割」（139頁）参照)

（2）拒絶査定後の手続

①拒絶査定不服審判の請求

拒絶査定の謄本の送達があった日から3カ月以内に拒絶査定不服審判を請求できます(121 条)。当該審判を請求しないと、3カ月が経過したときに拒絶査定が確定します(便宜上、「第１３章2審判〔１－１〕（１）」(152頁）で詳述)。

②審査前置制度

拒絶査定不服審判の請求と同時に、明細書、特許請求の範囲又は図面について補正があったときは、拒絶査定をした審査官が審査します(162 条)（便宜上、「第１３章2審判〔１－１〕（２）」（152頁）で詳述)。

③ 出願の分割、出願の変更

拒絶査定不服審判の請求期間内に、出願の分割(44条1項1号、3号)（1号による分割は審判請求と同時にする必要があるが分割の範囲は出願当初の明細書等であるのに対し、3号による分割は審判請求は不要であるが直前の明細書等に限られる)、出願の変更(実用新案登録出願への変更：実10条、意匠登録出願への変更：意13条)が可能です。

実用新案は特許ほど高い進歩性を要求されないので、実用新案に変更すれば登録性が認められる可能性があります。また、デザインに特徴がある場合は意匠登録される可能性があります。(「第12章2出願の分割　3出願の変更」（139頁，142頁）参照)

“「５０/５０」はどちらに軍配？”

審査前置で元の審査官が再度審査し、特許査定をした事件です。

補正内容を調べてみると、「および」、「または」をそれぞれ“及び”、“又は”に補正しただけで、クレーム自体は実質的に何ら変わっていませんでした。

念のため審査官に電話すると、『先の審査時には「特許性なし」と判断したが、審査前置の審査時には「特許性あり」と判断したのでしょう』とのことでした。

「特許性の有無」の判断は、理論的には「５０/５０」のケースもあり得、判断の時期や状況により再考して、先の判断を変更しても特に不思議でないのかもしれません。

「引き分け」や「グレー」の判断が許されない審査官の過酷な仕事の一面を垣間見た気がしました。これは、審判官や裁判官についても同様です。

しかし、同時に、出願人にとっても過酷な瞬間で、特許付与の軍配により、独占的利益を貪る栄光のロードが始まるのか、はたまた、拒絶の軍配により、特許取得のための審判、知財高裁、最高裁と長い苦難のロードが始まるのか、その挙句の果てに拒絶が確定し、第三者の新規参入に悩まされるのか、まさに天国か地獄かが決まるのです。

また、同業者の中には、特許付与の軍配により、安心安全の実施から、いつ侵害の警告がくるかもしれない危うい状態に放り込まれる者が出るかもしれないのです。

第12章　補正・出願の分割・出願の変更

1　補正

補正とは、出願人が出願後に出願書類について補充・訂正することを言います。補正には、方式上の補正と実体上の補正とがあります。

〔1〕方式上の補正

願書や明細書等の出願書類、代理権(委任状)や料金等について、定められた方式(形式)に違反している場合の補正で、出願が特許庁に係属している限り補正可能です(17 条 1 項)。また、特許庁長官により補正指令を受ける場合もあります(17 条 3 項)。

〔2〕実体上の補正

明細書、特許請求の範囲又は図面は、出願当初から完全で、出願後に補正する必要がないことが望まれます。しかし、①同一発明については、早い者勝ちの先願主義のもとでは、出願を急ぐ関係上から完全を期しがたい面があり、また、②審査を受けた結果、特許性を有するようにクレームを補正する等の必要が生じる場合が少なくありません。このような場合においても補正を認めないとすれば、出願人に酷であり、また特許制度の発明保護の趣旨にも反することになります。

一方、補正の効果は出願時まで遡及（さかのぼること）します。したがって、出願後に自由な補正を認めると、補正部分の発明は出願後の発明であるにもかかわらず補正の名のもとに出願時にまで遡らせ、出願時にもともと当該補正部分があったものとされます。これでは先願主義に反し、当該補正の前に出願した第三者の発明は本来先願であるのに後願となり、不利益を被ることになります。そこで、補正については、上記のようなことがないように出願人と第三者の利害のバランスや、それまでの審査が無駄にならないように審査の効率等を考慮して、時間的制限と内容的制限がなされています。内容的には審査が進むにつれて制限が付加され厳しくなります。

〔3〕補正の時期的制限

出願から審査の進行にしたがい、補正できる時期が制限されます。

（1）出願日から最初の拒絶理由通知を受けるまで（17条の2第1項本文）
（2）最初の拒絶理由通知を受けたとき（1号）
（3）最初の拒絶理由通知後48条の7（文献記載義務違反）通知による指定期間内（2号）
（4）最後の拒絶理由通知を受けたとき（3号）
（5）拒絶査定不服審判を請求したとき（4号）

〔4〕補正の内容的制限

（1）新規事項の追加の制限（17条の2第3項）（全ての補正に適用）

補正は、願書に最初に添付した明細書、特許請求の範囲又は図面に記載した事項の範囲内においてしなければならないと規定されています（17条の2第3項）。補正の内容的制限で、通常、「新規事項の追加の制限（又は禁止、以下同じ）」と言われ、補正の時期及び補正の対象（明細書、図面、クレーム）を問わず、出願後のすべての補正に適用されます。即ち、出願時に土俵が決まり、以後、この土俵内で補正をすることになります。

これは平成5年(1993年)に改正され、それまでは、補正の範囲は「要旨の変更」が基準で、発明を本質的に変更しなければ、新規事項の追加、クレームの拡張、変更や実施例の追加も認められましたが、権利付与の迅速化、第三者の監視負担の軽減、国際的調和等の観点から大幅に制限されました。

新規事項の追加の判断は、審査基準によれば、「新たな技術的事項を導入するかどうかにより、その補正が新規事項を追加する補正であるかどうかを判断する」とされ、新規事項の追加にならない例として、下記の3つの類型が挙げられています。

「新規事項の追加に該当しない場合」

①出願当初の明細書等に明示的に記載された事項
②出願当初の明細書等に記載した事項から当業者に自明な事項(出願時の技術常識に照らして明細書等に記載されているのと同然と理解できる事項)
③出願当初の明細書等に記載した事項との関係において、新たな技術的事項を導入しないもの。

（2）別発明に変更する補正（シフト補正）の制限（17条の2第4項）（最初の拒絶理由以降に適用）

特許請求の範囲の補正については、発明の特別な技術的特徴を変更する補正（別発明に変更する補正：シフト補正）は制限されます。即ち、一度審査を受けた発明Xを発明Yに変更する補正を認めると、発明Xの審査が無駄になるばかりでなく、2つの発明XとYについて審査を受けることになり、発明の単一性(37条)の趣旨に反することになります（「第7

章4」(81 頁) を参照)。また、このような補正を認めると、発明の単一性を遵守し1つの発明について審査を受ける出願人との間に不平等が生じるという問題もあります。

この制限は、最初の拒絶理由通知を受けたとき以降の補正に適用されます。

(3) 目的外補正の制限 (17 条の 2 第 5 項) (最後の拒絶理由以降に適用)

これまでの審査結果を有効活用するために、新たな先行技術調査を必要とするような特許請求の範囲の補正は大幅に制限され、下記のような新たな先行技術調査を必要としない補正に限られます (括弧内の先行技術調査不要の理由は筆者が追加)。審査基準では、審査官に対する留意事項として、本来保護されるべき発明についてまで、必要以上に厳格に運用しないようにと記載されています。

①請求項の削除(1 号)　(削除には新たな先行技術調査は不要)

②請求項の限定的減縮(下位概念化) (2 号)　(上位概念の発明については既に先行技術調査をしているので、下位概念については新たな先行技術調査は不要)

③誤記の訂正 (3 号)　(誤記の訂正には新たな先行技術調査は不要)

④不明瞭記載の釈明 (4 号)　(先行技術調査は不要。ただし、無制限に認めると迅速な審査の妨げになるので、拒絶理由に示す事項に限定)。

(4) 独立特許要件 (17 条の 2 第 6 項) (最後の拒絶理由以降で請求項の限定的減縮に適用)

上記 (3) の②の請求項の限定的減縮を目的とする補正がされた発明が、依然として拒絶理由が解消されていない、新たな拒絶理由がある、等の独立特許要件を満たさない場合は却下されます。請求項の限定的減縮が補正の要件を満たしても特許要件を満たさない場合には、補正の意味がないからです。

上記した (3) の目的外補正の制限や (4) の独立特許要件に違反すると、補正は却下され補正前のクレーム(最後の拒絶理由を含む)に戻るので、通常、補正却下と拒絶査定が行われます。

〔5〕補正できる時期、補正内容の制限及び違反した場合の取扱い

(1) 出願日から最初の拒絶理由通知を受けるまで

1)時期：いつでも補正可能 (17 条 1 項、17 条 2 第 1 項)

2)内容：　明細書、特許請求の範囲及び図面(17 条 2 第 1 項)

3)制限：・新規事項の追加の禁止 (17 条の 2 第 3 項)

4)違反した場合：拒絶理由(49 条)、異議申立理由 (113 条)、無効理由(123 条 1 項)

（2）最初の拒絶理由通知を受けたとき

1)時期：指定期間内(国内居住者６０日、在外者３カ月)に補正可能(17条2第1項1号)

2)内容：明細書、特許請求の範囲及び図面(17条2第1項)

3)制限：・新規事項の追加の禁止（17条の2第3項）

・シフト補正（別発明に変更する補正）の禁止(17条2第4項) ←付加

4)違反した場合：

新規事項違反：拒絶理由(49条)、 異議申立理由（113条)、無効理由(123条1項)

シフト補正違反：拒絶理由(49条)(軽微な手続き上の不備のため、異議申立理由(113条)、無効理由(123条1項)ではない)。(128頁図表１１－１参照)

（3）最後の拒絶理由通知を受けたとき

1)時期：指定期間内(国内居住者６０日、在外者３カ月)に補正可能(17条2第1項3号)

2)内容：明細書、特許請求の範囲及び図面(17条2第1項)

3)制限：・新規事項の追加の禁止（17条の2第3項）

・シフト補正（別発明に変更する補正）の禁止(17条2第4項)

・目的外補正の禁止(17条の2第5項) ←付加

①請求項の削除(1号)

②限定的減縮（下位概念化等）(2号)

③誤記の訂正(3号)

④不明瞭記載の釈明(4号)、及び

・独立特許要件(17条の2第6項)。←付加

4)違反した場合：補正の却下(53条1項)＊

＊補正の却下ではなく拒絶理由とすると、再度拒絶理由を通知し、補正がされると審査する必要があり、審査の迅速性が確保できないためです。補正の却下に対しては、拒絶査定不服審判で不服を申し立てることができます。

「既に通知された拒絶理由と同一である旨の通知（50条の2)」

分割出願の濫用防止（分割出願と親出願や他の分割出願とが同じ発明）の目的で、44条2項（分割出願）により同時に出願したとされる他の特許出願の審査で通知済みの拒絶理由を再度通知する場合は、最後の拒絶理由通知がされた場合と同様の補正制限が課されます。例えば、分割出願が親出願と同一のクレームの場合、分割出願に対して親出願で通知済みの拒絶理由を再度通知することになります。無駄な分割出願等を避けるためです。拒絶理由通知には、審査前置や拒絶査定不服審判における拒絶理由通知も含まれます。

このような場合には、**最初の拒絶理由通知**であるにも関わらず、**最後の拒絶理由通知**を受

けたときと同様の取り扱いを受け、補正が厳しく制限されます。したがって、分割出願は親出願や他の分割出願の拒絶理由と同じ拒絶理由を受けないように、親出願や他の分割出願の拒絶理由が解消されていることが必要です。

（４）拒絶査定不服審判を請求したとき

１)時期：拒絶査定の謄本送達日から３月以内で拒絶査定不服審判の請求と同時に補正可能(17 条 2 第 1 項 4 号)

２)内容：上記（３）の最後の拒絶理由通知を受けたときと同じ。

３)制限：上記（３）の最後の拒絶理由通知を受けたときと同じ。

４)違反した場合：上記（３）の最後の拒絶理由通知を受けたときと同じ。

①補正の却下は、審判内で違反が発見された場合（159 条 1 項）に限られます。審査前置で違反が発見された場合は､却下の決定はできず､前置報告し(164 条 2 項、3 項)、審判官の判断に委ねられるからです。

②審判での補正却下（拒絶審決に直結）に対しては補正の機会がないので、下記のような対処法を検討します。

（イ）面談等により、拒絶理由通知を出して補正の機会を与えてもらう、又は

（ロ）拒絶査定不服審判請求の代わりに分割出願、又は拒絶査定不服審判請求とともに分割出願する。

なお、新たな刊行物により進歩性欠如を理由に、拒絶理由通知をすることなく補正を却下することは適正手続違反とした裁判例があります（**逆転洗濯伝動機事件**知財高判平 23.10.4)。拒絶理由通知をして補正の機会を与えることが望まれます。

下記の図表１２－１に補正できる時期及び補正内容の制限を図示し、図表１２－２に補正できる時期、補正内容の制限及び違反した場合の取扱いについて一覧表にしました。

なお、上記の補正の時期的制限のうち、「４８条の７の文献記載義務違反の通知があった場合の補正期間」(134 頁 3 行目の（3)）は極めて稀であり、通常は最初の拒絶理由通知前になされるのがほとんどであるとされている（逐条解説）ので記載を省略しています。

両図表から、審査が進むにつれて、補正内容は制限が付加され厳格になっていくことがわかります。したがって、**補正の制限が緩い段階、即ち、できるだけ早い段階で補正**することが望ましいと言えます。

審判係属中における拒絶理由通知

審判係属中に通知された拒絶が､最初の拒絶理由通知､最後の拒絶理由通知に相当する場合の補正については､審査に係属中の最初の拒絶理由通知､最後の拒絶理由通知の場合と同様です（｢審判制度の概要と運用｣（80 頁）令和元年度　特許庁)。

図表１２－１　補正できる時期及び補正内容の制限

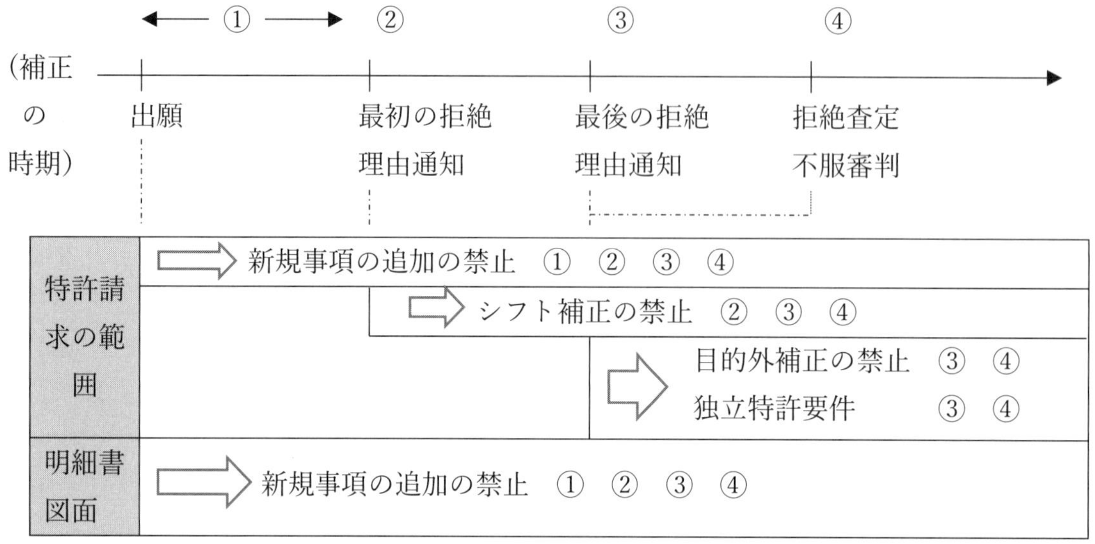

図表１２－2　補正できる時期、補正内容の制限及び違反した場合の取扱い

補正できる時期			補正内容の制限	違反した場合の取り扱い			
				却下	拒絶	異議	無効
①	出願日から最初の拒絶理由通知前	いつでも可能	・新規事項の追加の禁止	×	○	○	○
②	最初の拒絶理由通知	指定期間内（国内居住者60日）	・新規事項の追加の禁止	×	○	○	○
			・シフト補正の禁止	×	○	×	×
③	最後の拒絶理由通知	指定期間内（国内居住者60日）	・新規事項の追加の禁止	○	×	○	○
			・シフト補正の禁止 ・目的外補正の禁止 ①請求項の削除 ②限定的減縮（下位概念化） ③誤記の訂正 ④不明瞭記載の釈明 ・独立特許要件	○	×	×	×
④	拒絶査定不服審判	拒絶査定謄本の送達日から3月以内で審判請求と同時	同上	同上（却下は審判内で違反が発見された場合。審査前置では前置報告）			

却下：補正の却下(53条１項　159条１項)　拒絶：拒絶理由(49条)

異議：異議申立理由(113条)　無効：無効理由(123条１項)

2 出願の分割

出願の分割(分割出願)とは、特許出願中に２以上の発明が含まれている場合に、当該出願の一部を抜き出して新たな別の特許出願とすることです(44 条)。分割出願は、明細書や図面に記載されている発明を必要に応じて権利化するためのもので、下記の２つのパターンに大別されます。

〔1〕分割出願のパターン

（1）分割１（単一性違反の場合）

技術的に密接な関係を有することにより発明の単一性の要件を満たす複数の発明は、一つの願書で出願できます(37 条)。単一性要件の違反は拒絶理由とされているので、違反するクレームを別の出願に移す（分割する）場合です。審査官から単一性違反の拒絶理由を受けた場合が多いのですが、出願人自身が自発的に行う場合もあります。また、別発明への補正（シフト補正）や目的外補正が避けられない場合に分割で対応したり、別発明への補正（シフト補正）や目的外補正を理由に拒絶査定を受けたときに、審判請求せずに分割する場合があります。分割の際には、シフト補正の制限や目的外補正の制限はありません。

（2）分割２(単一性充足の場合)

発明の単一性を充足している場合であっても、クレーム又は明細書（詳細な説明）や図面に記載された発明を分割する場合です。

① クレームの分割１

発明ごとにライセンス許諾をする等の都合で、例えば、物のクレーム、製法のクレーム、装置のクレームを２又は３の発明に分割する場合があります。

② クレームの分割２

クレーム１は拒絶理由があるが、クレーム１（例えば、「酸」)（塩酸のような無機酸＋酢酸のような有機酸）よりも狭い範囲のクレーム２（例えば、「無機酸」）は拒絶理由の対象でない（その時点では特許性あり）場合があります。このような場合、まずクレーム２の「無機酸」に限定して早期の特許取得を図ります。クレーム２の「無機酸」はクレーム１の「酸」よりも狭いものの、クレーム２以降の従属クレームはクレーム１よりも好ましい範囲を記載している場合が多いため、事業化した製品は特許で保護される場合が多いです。

さらに、クレーム１の「酸」に含まれる「有機酸（又は特定の有機酸)」も特許取得の可能性があるときは、「有機酸（又は特定の有機酸)」を分割して、全体として、より広い範囲（無機酸と有機酸の両方＝酸）の特許取得を図る場合があります。

③ 明細書や図面に記載された発明の分割

出願当初は明細書や図面に記載しながら、特許化は不要と考えてクレームしなかった発明を分割して権利化を図る場合があります。例えば、①出願後に自社が実施する可能性が出てきた場合や、②当該発明を他社が実施又は実施の可能性があることを知り、権利化して権利行使やライセンス許諾に備える場合です。

〔2〕分割の時期

（イ）明細書、特許請求の範囲、図面について補正できる時又は期間内(44条1項1号)
（ロ）特許査定謄本の送達日から３０日以内(同2号)
（ハ）最初の拒絶査定謄本の送達日から3月以内(同3号)。

分割出願については、審査請求期間の3年が経過していても、分割出願日から３０日以内であれば審査請求できます(48条の3第2項)。

（１）分割の利用と留意点

①上記（イ）の補正期間内の分割について

従来認められていた分割の時期です。分割もある意味で補正であるので、補正できる時又は期間内であれば分割できます。

（イ）の補正期間内の分割の範囲

補正と同様に、出願当初の明細書及び図面（以下、明細書等と記載）の範囲で分割できます。補正期間内の分割の利用については、上述したとおりです。

②上記（ロ）、（ハ）の査定後の分割について

平成１８年（２００６年）改正法でユーザーフレンドリーを目的として導入されたものです。それぞれの利用と分割の範囲は下記のとおりです。

（ロ）の特許査定後の分割の利用

特許査定されたものの、（い）クレームが狭すぎもう少し広い権利が欲しい場合、（ろ）明細書等に記載されている別の発明を権利化したい場合、等に有用です。ここでの「特許査定」とは「最初の審査段階」での特許査定であり、拒絶査定不服審判を請求した場合の審査前置での特許査定等は含まれません。特許審決後も分割できません。また、特許料を納付し特許権の設定登録がなされた場合には分割はできません（出願の分割であり特許権の分割ではないため)。安全のため、まず分割し、その後に特許料を納付すべきです。なお、誤って先に納付しても設定登録前（特許庁に照会するのが望ましい）であれば分割可能です。

（ハ）の拒絶査定後の分割の利用

拒絶査定された理由が（い）シフト補正や目的外補正で却下された場合、（ろ）拒絶査定されたクレームは諦め、明細書等に記載されている別の発明を権利化したい場合、等に有用です。従来は拒絶査定不服審判を請求し補正期間中に分割出願する必要がありましたが、該審判を請求することなく直接分割出願することが可能です。ここで、「最初の拒絶査定謄本」

と限定されているので、拒絶査定不服審判を請求した場合の差戻し審査における拒絶査定（2回目）は含まれません。

(ロ)、(ハ) の査定後の分割の範囲

(ロ)、(ハ) の分割時期は、(イ) のように補正できる期間ではないので、(ロ)、(ハ) の分割できる範囲は出願当初の明細書等ではなく、**「分割直前の明細書等」**である点に注意が必要です（審査基準)。即ち、クレームの補正内容に整合させるために明細書等の記載を削除してしまうと、この削除した部分については分割できません(補正期間であれば削除した部分を復活させる補正をして分割できるが、補正期間でないため不可)。したがって、クレームの補正内容に整合させるために**明細書や図面について削除する補正は避ける**べきです。

（２）分割の濫用抑止

分割出願は、親出願や他の分割出願における拒絶理由を解消するためになされます。したがって、拒絶理由が解消されていない場合には、親出願や他の分割出願で通知済みの拒絶理由と同じ拒絶理由を通知することになります。即ち、上記したように、分割出願の濫用抑止の目的で、「最初の拒絶理由」であるにも関わらず、目的外補正の禁止等の制限を受ける**「最後の拒絶理由」**がされた場合と同様の補正制限がなされます（５０条の2)。したがって、上申書で上記分割の要件を満たしていることを説明することが望ましいです。

〔3〕分割の要件

（1）形式的要件

①原出願が特許庁に係属していること

②分割の時期であること(上記〔2〕)

③原出願人と分割の出願人とが同一であること。

（2）実体的要件

①原出願が2以上の発明を包含していること

②原出願の発明の一部を分割出願としていること

③原出願の発明の全部を分割出願としていないこと

④分割出願が原出願に記載されていない事項を含まないこと。

〔4〕分割の効果

分割出願は、もとの特許出願(原出願) の時にしたものとみなされます(44条2項)。即ち、分割出願の出願時が原出願の出願時に遡及します。分割の要件に違反した場合は原出願時に遡及しないので、現実に分割出願を行った時に出願されたものとして新規性や進歩性が審査されます。したがって、分割出願が原出願の公開より後にされた場合は、分割出願は原出願により拒絶されます。図表１２－３に、出願の分割をまとめました。

図表１２－３　出願の分割

<table>
<tr><th rowspan="6">補正の時期</th><th colspan="2">分割時期</th><th>分割の範囲</th><th>条文</th></tr>
<tr><td>1</td><td>出願日から最初の拒絶理由通知を受けるまで</td><td rowspan="5">出願当初の明細書等</td><td rowspan="5">44 条 1 項 1 号</td></tr>
<tr><td>2</td><td>最初の拒絶理由通知を受けたときの指定期間内</td></tr>
<tr><td>3</td><td>最後の拒絶理由通知を受けたときの指定期間内</td></tr>
<tr><td>4</td><td>拒絶査定不服審判の請求と同時</td></tr>
<tr><td>5</td><td>拒絶査定不服審判の審理中で拒絶理由通知を受けたときの指定期間内</td></tr>
<tr><td colspan="2">6</td><td>特許査定謄本の送達後３０日以内（特許権の設定登録前）</td><td>分割直前の明細書等</td><td>44 条 1 項 2 号</td></tr>
<tr><td colspan="2">7</td><td>最初の拒絶査定謄本の送達後 3 月以内</td><td>分割直前の明細書等</td><td>44 条 1 項 3 号</td></tr>
</table>

審査請求：原出願日から 3 年経過している場合は分割出願日から３０日以内（48 条の 3 第 2 項）

3　出願の変更

出願の変更(出願変更)とは、出願形式の変更で、実用新案登録出願又は意匠登録出願を特許出願に変更することです(46 条 1 項、2 項)。有形物（物品）に関する知的創作物については、特許で出願するか、実用新案で出願するか、意匠で出願するかは出願人が自由に決定することです。しかし、公表前に慌てて出願した場合や出願後の売れゆき等により、実用新案登録出願又は意匠登録出願を特許出願に変更したい場合があります。逆に、特許出願を実用新案登録出願又は意匠登録出願に変更することについては、それぞれ実用新案法（実 10 条 1 項)、意匠法（意 13 条 1 項）に規定されています。

実用新案登録出願から特許出願への変更は、例えば、①ライフサイクルが短い商品で１０年間保護されればよいと考え実用新案登録出願したが、ヒット商品となりライフサイクルも長くなりそうなため２０年間保護される特許権を取得したい場合、②無審査の実用新案権よりも審査を経た安定性の高い権利である特許権を取得したい場合、等が考えられます。しかし、実用新案登録出願の場合は、出願してから設定登録されるまでの期間が短い(通常２～３カ月)ので、特許出願への変更の機会は著しく制限されます。後述する〔5〕実用新案登録に基づく特許出願への変更制度を利用するのも一策です。

〔1〕出願変更の時期

（1）実用新案登録出願から特許出願への変更

実用新案登録出願日から3年以内(46条1項)

（2）意匠登録出願から特許出願への変更

最初の拒絶査定謄本の送達日から3月以内又は意匠登録出願日から3年以内(46 条2項)。

上記（1）、（2）における3年は特許出願の審査請求期間の3年に対応するものですが、この期間の経過後でも変更出願日から３０日以内であれば審査請求できます(48条の3第2項)。

〔2〕出願変更の要件

①実用新案登録出願又は意匠登録出願（原出願）が特許庁に係属していること
②変更の時期であること(上記〔1〕)
③原出願人と変更の出願人とが同一であること。

〔3〕出願変更の効果

①変更出願は、もとの出願(原出願) の時にしたものとみなされます(46条6項)。即ち、変更出願の出願時が原出願の出願時に遡及します。出願変更の要件に違反した場合は、現実に変更出願を行った時に出願されたものとして登録要件が判断されます。

②原出願は取り下げたものとみなされます（46条4項)。

〔4〕特許出願から実用新案登録出願又は意匠登録出願への変更

（1）特許出願から実用新案登録出願への変更

実用新案法10条1項に規定されています。特許出願が拒絶査定された際に、高度の進歩性が要求されない実用新案登録を受けようとする場合等に利用されます。特許出願について最初の拒絶査定謄本の送達日より3月以内又は特許出願日から9年6月以内に実用新案登録出願へ変更する必要があります。9年6月以内という制限については、これ以降に出願変更を認めても実用新案権の存続期間(出願日から１０年)がすぐに満了し、変更の実益がないためです。

（2）特許出願から意匠登録出願への変更

意匠法 13 条１項に規定されています。特許出願が拒絶査定された際に、特許出願に添付した図面のうちでデザインの面に特徴があり意匠登録を受けようとする場合等に利用されます。特許出願について最初の拒絶査定謄本の送達日より 3 月以内又は出願係属中に意匠登録出願へ変更する必要があります。

〔５〕実用新案登録に基づく特許出願

平成１６年(２００４年)の改正により、登録された実用新案に基づいて特許出願することができます(46 条の 2)。上記した実用新案登録出願から特許出願への変更の場合と同様、長期の存続期間の確保や、安定性の高い権利の取得等を図る場合に利用できます。

上記〔１〕（１）(143 頁）の実用新案登録出願から特許出願への変更は、実用新案登録出願の係属中に行うのに対し、実用新案登録に基づく特許出願は、実用新案登録がなされた後に行う点で異なります。

（１）時期的制限

下記の場合を除いて、実用新案登録に基づく特許出願が可能です。

①実用新案登録出願日から３年経過したとき(46 条の２第１項１号)

②出願人又は権利者から実用新案技術評価の請求があったとき(同２号)

③他人からの実用新案技術評価の請求があった旨の最初の通知を受け取った日から３０日を経過したとき(同３号)

④実用新案登録の無効審判があった場合、最初に指定された期間(答弁書提出)を経過したとき(同４号)。

上記において、①の３年は特許出願の審査請求期間との関係であり、②は実用新案技術評価も実質的に審査であり特許出願の審査との二重審査を防止するためであり、③は他人から実用新案技術評価の請求があると特許出願できないのでは酷であり、④は無効審判の審理と特許出願の審査との二重審査を防止するためです。

（２）特許出願の要件

①実用新案登録が特許庁に係属していること

②特許出願の時期的制限に該当しないこと(上記（１）)

③実用新案登録の権利者（実用新案権者）と特許出願の出願人とが同一であること。

（３）特許出願の効果

①特許出願は、実用新案登録出願の時にしたものとみなされます(46 条の 2 第 2 項)。即

ち、特許出願の出願時が実用新案登録の出願時に遡及します(例外あり：第２項ただし書)。

②実用新案権（実用新案登録）は放棄しなければなりません(46条の２第１項後段)。

なお、特許出願へ変更すると実用新案よりも高度の進歩性が要求されるため、特許権を取得できない場合があります。その結果、実用新案権も特許権も取得できない場合が生じ得ることを考慮しておく必要があります。

下記の図表１２－４に、出願の変更の時期及び実用新案登録に基づく特許出願の時期を一覧表にまとめました。

図表１２－４　出願の変更の時期・実用新案登録に基づく特許出願の時期

出願の変更の種類		出願の変更時期	条文
1	他の出願から特許出願へ＊		
	(1)実用新案出願から	実用新案出願日から３年内	46条１項
	(2)意匠出願から	最初の拒絶査定謄本の送達日から３月以内又は意匠出願日から３年以内	46条２項
2	特許出願から他の出願へ		
	(1)実用新案出願へ	最初の拒絶査定謄本の送達日から３月以内又は特許出願日から９年６月以内	実10条１項
	(2)意匠出願へ	最初の拒絶査定謄本の送達日から３月以内又は出願係属中	意13条１項
3	実用新案登録に基づく特許出願＊	下記の場合は不可： ①実用新案出願日から３年経過したとき ②本人から技術評価請求があったとき ③他人からの技術評価請求があった旨の最初の通知の受領日から３０日を経過したとき ④実用新案登録の無効審判があった場合、最初に指定された期間(答弁書提出)を経過したとき	46条の２第１項 １号 ２号 ３号 ４号

＊審査請求：原出願日から３年経過している場合は変更出願日から３０日以内
(48条の３第２項)

“１日の差で軍門に降る”

会社に在職中でのこと。ある事業部門の営業マンが特許部（現在は知財部）に血相変えてかけこんできました。

何事かと話しを聞くと、昨日ライバル会社の営業マンとの懇談中に、未出願の発明を、うっかり出願済みと勘違いして洩らしてしまったというのです。

慌てて明細書、図面の作成に取りかかり、和文タイプ部の知り合いの女性に頼み込んで至急明細書をタイプしてもらい１週間後には出願を完了しました。

彼の名誉回復をかけて祈るような気持ちで１年半後の公開公報を見ると、残念ながらライバル会社の方が１日先に出願していることが分かりました。

件（くだん）の営業マンからは何とかならないかと泣きつかれましたが、漏洩との因果関係は明らかではなく、元々洩らした方に非があり、また熾烈な競争のさ中にある時には、１日や２日の差で他社よりも先願又は後願になることは決して珍しくないことを諄々と説いて、一応納得してもらいました。

肩を落とし悄然として帰っていく彼の姿が今も目に焼き付いています。

第13章　特許異議申立・審判・審決取消訴訟

1　特許異議申立

特許異議申立（異議申立と記す場合あり）とは、何人も、特許掲載公報の発行の日から６月以内に、特許付与に対して異議を申し立てる制度です(113 条)。即ち、審査の誤りを是正し特許に対する信頼性を高める公益的目的を主眼とする制度ですが、実際には、自社の企業活動にとって、現在又は将来において、何らかの支障・邪魔になる他人の特許権を取り消す（特許権がなかった状態にする）制度です。

異議申立制度には特許付与前と特許付与後とがあり、かつては、審査の誤りのない安定した権利を付与するために特許付与前の異議申立制度を採用していました。しかし、特許付与（審査）に時間がかかりすぎるという問題があり、迅速な権利付与と国際的調和の観点から、平成６年(１９９４年)に特許付与後の異議申立制度に改正されました。

しかしながら、同じく特許付与後に特許権を無効にする（特許権がなかった状態にする）制度である特許無効審判との重複が指摘され、紛争の一回的解決、当事者の負担の軽減を目的として、平成１５年（２００３年）の改正で、従前の異議申立制度(旧制度)は廃止され、無効審判制度に統合・一本化されました。しかし、無効審判制度は口頭審理を原則とするため手続き負担が大きいこともあってか、無効審判の件数はあまり増加せず、異議申立制度が無効審判制度に吸収されたとは言い難い結果となり、平成２６年(２０１４年)の改正により、再度、異議申立制度が旧制度より使い勝手をよくした形で導入されました。

特許行政年次報告書２０１８年版によれば、２０１７年の異議申立件数は１、２５１件、その取消決定の割合は１１％、無効審判件数は１６１件、その無効審決の割合は２１％です。取消決定の割合は１１％と低いものの、維持決定のうちの５２％は特許請求の範囲が補正（大半は減縮）されているので、６３％は権利範囲に変動があり、その結果、侵害の恐れ等の懸念が解消したケースも多く、異議申立制度の役割を果たしているものと考えられます。上記報告書の２０２１年版によれば、２０２０年の異議申立件数は１，０２９件、取消決定の割合は１３％、無効審判件数は１２１件、無効審決の割合は２３％となっています。

［1］特許異議申立制度と特許無効審判制度

異議申立制度は、書面審理で手続き負担が小さく、誰でも自社の企業活動に支障・邪魔になる他人の特許権を取り消すことのできる制度であるのに対し、無効審判制度は、口頭審理で手続き負担が大きく、主として特許侵害に関連して特許の無効化を図る制度です。

したがって、異議申立制度は無効審判制度より利用頻度や利用価値が大きいと言えます。

下記の図表１３－１に、異議申立制度と無効審判制度とを比較しました。

図表１３－１：異議申立制度と無効審判制度との比較

	項目	異議申立制度	無効審判制度
①	制度の趣旨	審査の誤りの是正と特許の信頼性の確保	特許の有効性に関する紛争の解決
②	異議申立・審判請求の期間	特許掲載公報の発行日から６月以内	権利の設定登録後はいつでも（権利消滅後も可能）
③	異議申立人・審判請求人	誰でも（ダミーも可能）	利害関係人のみ
④	異議申立理由・審判請求理由	公益的事由（特許要件、明細書の記載要件等）	①公益的事由（特許要件、明細書の記載要件等） ②権利帰属事由（冒認、共同出願違反） ③後発的事由（権利享有違反、条約違反）
⑤	手続き	査定系（特許庁と権利者との間で進行（原則））	当事者系（審判請求人と特許権者との間で進行）
⑥	審理方式	・書面審理 ・審判官の合議体	・口頭審理（原則） ・審判官の合議体
⑦	訂正請求の時期	取消理由通知に対する意見書の提出期間内	副本送達に伴う答弁書の提出期間内等
⑧	異議申立・審判請求及びその取下げ	・請求項ごとに可能 ・取消理由通知後の取下げは不可	・請求項ごとに可能 ・答弁書提出後の取下げは相手方の承諾が必要
⑨	決定・審決	特許の取消又は維持	請求の成立（無効審決）又は不成立（有効審決）
⑩	不服申立	・取消に対して： 　特許権者は東京高裁（知財高裁）に出訴 ・維持に対して： 　申立人は不服申立不可（必要なら、無効審判を請求）	請求人も特許権者も東京高裁（知財高裁）に出訴
⑪	取消決定・無効審決の確定の効果	初めから存在しなかったものとみなす	初めから存在しなかったものとみなす

（参考文献：審判便覧（第 19 版）６７－００　特許異議の申立）

［2］特許異議申立制度の概要

（1）異議申立人

異議申立は「何人も」、即ち、誰でもすることができます（113 条柱書）。広く一般公衆から情報を集め、審査の誤りによる不適切な特許を取り消すため、ダミー（知人名等）も可能ですが、匿名は不可です(115 条 1 項 1 号)。

しかし現実には、手続きの手間や費用が掛かるので、上記のように、異議申立人は、その他人の特許の存在が、自社の企業活動にとって何らかの支障・邪魔になる関係にあるという意味で利害関係人である場合が多いと言えます。したがって、特許権者に利害関係人であることを知られないように、ダミーで異議申立する場合が少なくありません。

（2）異議申立期間

特許掲載公報（特許公報）発行日から 6 月以内に限られます（113 条柱書）。

（3）異議申立理由

異議申立理由は、113 条に規定された公益的理由に限られます。

出願の拒絶理由と概ね同様(前出の「第１１章２の図表１１－１拒絶理由（異議申立理由・無効理由）」（128 頁）を参照)ですが、①シフト補正違反(17 条の 2 第 4 項)、②特許請求の範囲の記載違反(36 条 6 項 4 号)、③発明の単一性違反(37 条)、④先行技術文献記載違反(36 条 4 項 2 号)については、拒絶理由ですが異議申立理由ではありません。これらは、発明自体の実体上の瑕疵ではなく、手続き上の瑕疵にすぎないからです。

また、共同出願違反（38 条）や冒認出願は、公益的理由ではなく当事者間の権利についての紛争の解決であるので、異議申立理由ではなく無効理由とされています（上記「図表１１－１」参照)。

1 号：新規事項の追加違反（17 条の 2 第 3 項）
2 号：外国人の権利享有違反（25 条）
　　特許要件違反：産業上の利用性、新規性、進歩性（29 条）
　　先願範囲の拡大（29 条の 2）
　　不特許発明違反（32 条）
　　先願違反（39 条 1 項～4 項）
3 号：条約違反
4 号：記載要件違反（36 条 4 項 1 号又は 6 項 1～3 号（4 号を除く））
5 号：外国語書面に記載されていない事項の追加

（4）異議申立手続

異議申立書を提出します。異議申立書には、異議申立人、特許の表示、異議申立理由及び必要な証拠の表示を記載します（115 条、施規 45 条の 2、様式 61 の 2)。手続きは査定系で、原則として特許庁と特許権者との間で進行します。

（5）審理方式と審理範囲

審理は、3人又は5人の審判官の合議体により(114 条 1 項)、書面審理により行われます（118 条 1 項)。審理の対象は、異議申立された請求項に限られます（120 条の 2 第 2 項)が、異議申立されていない理由についても審理できます(職権審理)（120 条の 2 第 1 項)。

審理は相手当事者がいない査定系、即ち、基本的には特許庁と特許権者との間で行われ、異議申立人の関与は、特許権者による訂正請求があったときの意見書の提出等に限られます(120 条の 5 第 5 項)。申立人の関与の寡少と取消率とは関係があるように思われます。

（6）取消理由通知と訂正請求

特許を取り消すべきと判断したときは、特許権者に取消理由を通知し、特許権者は指定期間内に意見書を提出でき(120 条の 5 第 1 項)、また、この指定期間内に、取消理由を解消するために、願書に添付した明細書、特許請求の範囲又は図面の訂正請求をすることができます（120 条の 5 第 2 項)。特許権者による訂正請求があったときは、異議申立人は意見書を提出する機会が与えられます(120 条の 5 第 5 項)。

なお、特許権者は、異議申立手続の中で訂正請求が認められているため、異議申立の決定が確定するまでは、訂正審判を請求することはできません（126 条 2 項)。

（7）訂正要件

願書に添付した明細書、特許請求の範囲又は図面の訂正は、特許付与前の補正とは異なり、特許付与後の権利書の訂正であるので下記のものに限られます。

(i) 訂正の目的(120 条の 5 第 2 項)

①特許請求の範囲の減縮　　　②誤記又は誤訳の訂正

③明瞭でない記載の釈明　　　④請求項間の引用関係の解消

(ii)新規事項追加の禁止（120 条の 5 第 9 項で準用する 126 条 5 項)

(iii)特許請求の範囲の実質拡張・変更の禁止（120 条の 5 第 9 項で準用する 126 条 6 項)

（上記(i)①の特許請求の範囲の減縮的変更は、特許請求の範囲の実質変更から除外。)

(iv)独立特許要件（異議申立がされていない請求項についての上記 (i) の①と②に限る)

（120 条の 5 第 9 項で準用する 126 条 7 項)。

（8）取消決定と不服申立

合議体は、異議申立された請求項について、請求項ごとに特許を取り消すか、維持するかを決定します(114 条 2 項、4 項)。取消決定に対しては、特許権者は東京高等裁判所(知的財産高等裁判所）に出訴できます（178 条 1 項)。出訴期間は、決定の謄本の送達日から３０日以内です（178 条 3 項)。

（9）取消決定の確定とその効果

取消決定が確定したときは、その特許権は初めから存在しなかったものとみなされます

(114 条 3 項)。取消決定は、特許権者により出訴期間内に訴えが提起されず、又は提起されても取消決定が支持され、不服申立の手段が尽きた場合に確定します。

一方、維持決定が確定したときは、その特許権の効力は維持されます。

2 審判

特許出願に対して審査官によりなされた特許査定及び拒絶査定に瑕疵がある場合に、瑕疵ある査定の取消、無効もしくは訂正を目的として審判制度が設けられ、拒絶査定不服審判(121 条)、特許無効審判(123 条)、延長登録無効審判(125 条の 2、125 条の 3)、訂正審判(126 条)があります。拒絶査定不服審判は、特許出願の拒絶査定に対するものと、延長登録出願の拒絶査定に対するものとがあります。

拒絶査定不服審判と訂正審判は、対立する当事者が存在しない、審判請求人と特許庁との間で審理が進行する査定系審判であり、特許無効審判と延長登録無効審判は、無効を主張する請求人と特許権者との当事者が対立した構造で審理が進行する当事者系審判です。

特許行政年次報告書２０２１年版によれば、２０２０年の拒絶査定不服審判の請求件数は１６，８９９件、審査前置における特許査定件数は８，７１９件、審判での請求成立は５，３２２件、特許無効審判の請求件数は１２１件、請求成立は２８件、訂正審判の請求件数は１２０件、請求成立は８４件です。図表１３－２に、審判の種類と概要をまとめました。

図表１３－２　審判の種類と概要

審判の種類		概要
査定系（審判請求人と特許庁との間で審理）	拒絶査定不服審判(121 条) ・特許出願の拒絶査定 ・延長登録出願の拒絶査定	審査官の拒絶査定に対し出願人が不服を申し立てる
	訂正審判(126 条)	明細書、特許請求の範囲又は図面の訂正を求める
当事者系（審判請求人と特許権者との間での当事者対立構造で審理）	特許無効審判(123 条)	特許の無効を求める
	延長登録無効審判(125 条の 2) 延長登録無効審判(125 条の３)	特許権の存続期間の延長登録の無効を求める

〔1〕拒絶査定不服審判

拒絶査定不服審判は、〔1－1〕特許出願の審査の結果、拒絶査定(49 条)を受けた出願人が不服を申し立てる審判、又は、〔1－２〕存続期間の延長登録出願の審査の結果、拒絶査定(67 条の 3 第 1 項、67 条の 7 第 1 項)を受けた出願人が不服を申し立てる審判です。

審査における手続きは、拒絶査定不服審判においても効力を有し（158 条)、即ち、審査の続審としての性格を有しています（続審性)。

〔1－1〕拒絶査定不服審判

（1）拒絶査定不服審判の請求

特許出願の審査で拒絶査定(49 条)を受けた者(出願人)は、拒絶査定謄本の送達日から 3 月以内に請求できます(121 条)。共同出願の場合は共同出願人が全員で請求する必要があります(132 条 3 項)。

（2）審査前置と前置報告

拒絶査定不服審判の請求人は、審判請求と同時に明細書等の補正をすることができます(17 条の 2 第 1 項 4 号)。この補正は、拒絶査定の理由を解消するためのもので、補正の内容については、「第１２章１〔５〕（４)」（137 頁）を参照してください。

この補正により拒絶査定の理由が解消している可能性があるので、拒絶査定をした審査官が審査します(162 条)。これは、**審査前置（**又は**前置審査）**と言われ、審判官が新たに審査するよりも出願内容や先行技術に通じている元の審査官が審査したほうが効率的であるためです。審査官は、審査の結果、特許査定をするときは、拒絶査定を取り消します(164 条第 1 項)。この特許査定により拒絶査定不服審判は終了します。なお、この場合、審査官は補正却下の決定をすることはできません（164 条 2 項)。補正却下の決定は、出願の拒絶と結びつくものだからです。上記年次報告書２０２１年版によれば、５３％が審査前置で特許査定されています。

一方、審査官は、特許査定をしない場合、即ち、（イ）補正によっても拒絶査定の理由が解消していないとき、又は（ロ）補正によって拒絶査定の理由が解消したが新たな拒絶理由があるときは、拒絶査定をすることなく、審査結果を特許庁長官に報告します(164条3項)。これは**前置報告**と言われ、特許査定できない理由を簡潔に示したものです。出願人は閲覧請求等で前置報告書の内容を知ることができ、上申書を提出し意見を述べることができます。なお、上記（ロ）の場合、審査官より最後の拒絶理由通知書が出される場合があり、前もって補正内容について審査官と合意形成した後、補正書、意見書を提出する場合もあります。

（3）審理方式

審理は、３人又は５人の審判官の合議体により(１３６条 1 項)、原則として書面審理(145 条 2 項)によって行われます。拒絶査定の理由と異なる理由を発見したときは、審判請求人(出願人)に通知し、意見書や補正書の提出の機会を与えます(163 条 2 項)。

（4）審理終結の通知

審理の結果、結論を出せる状態に達したときは、審理の終結を当事者等に通知します（156 条 1 項)。特許審決、拒絶審決のいずれが出るかは不明なので、当事者等は必要により（拒絶審決が予測される場合等）審理の再開を申し立てることができ、また、職権でも審理の再開がされることがあります（同 3 項)。

（5）審決と不服申立

審判請求に理由がある(拒絶査定が不当である)と判断したときは、（イ）特許審決(拒絶査定を取り消し、特許すべきものとする)(159 条 3 項、51 条)、又は（ロ）差戻し審決(拒絶査定を取り消し、さらに審査に付すべきものとする)(160 条 1 項)がなされます。（ロ）の差戻し審決は審査官を拘束し、審判で取り消された理由と同じ理由で再度拒絶査定することはできません(160 条 2 項)。再度拒絶査定されると、上級審としての審判で審理した意義がなくなるからです。しかし、差戻し審決は殆ど行われていません。

審判請求に理由がない(拒絶査定が正当である)と判断したときは、拒絶審決(審判請求は成り立たない、即ち、拒絶査定を維持）がなされます。

拒絶審決に不服である審判請求人（出願人）は、審決の謄本送達日から３０日以内に知的財産高等裁判所において審決取消訴訟を提起することができます(178 条)。

〔1－2〕拒絶査定不服審判（存続期間の延長登録出願の拒絶査定に対する）

特許権の存続期間延長登録出願(67 条の 2：審査遅延による延長、67 条の 5：政令処分による延長)の審査における拒絶査定(67 条の 3 第 1 項、67 条の 7 第 1 項)に対して、拒絶査定不服審判を請求することができます(121 条)。この審判では、補正があり得ない（権利付与後であるので訂正のみ）ので、審査前置に係属することはありません。

〔2〕特許無効審判

特許無効審判は、特許を無効にする審判です(123 条 1 項)。

拒絶されるべき発明が審査の過誤により特許されると、第三者は本来自由に実施できる技術であるにもかかわらず実施が制限されるなどの不利益を受け、一方、特許権者は不当に独占的利益を受けることになり、両者のバランスを図る特許制度の趣旨に反します。

審査の過誤による特許に対しては、特許異議申立制度がありますが、異議申立期間中に当該特許の存在に気付かなかったり、異議申立をしたものの申立期限内に十分な証拠を提出できなかったため、瑕疵のある特許を取り消すことができないことがあります。なお、特許無効審判と特許異議申立制度との違いについては、前記の「図表１３－１」(148 頁）を参照してください。

（1）特許無効審判の請求

①無効審判の請求人

利害関係人のみです（123条2項）。これは、広く公衆から情報を求める特許異議申立とは異なり、特許無効審判は当事者間(被疑侵害者等の利害関係人と特許権者の間)の紛争解決を目的としているためです。

利害関係人かどうかは権利内容や請求人の事業内容等との関係において個別具体的に判断され（審判便覧）、裁判例では「実際に特許権侵害で訴えられている者」、「類似の特許を有する者」、「特許発明と同種の製品を製造する者」等が利害関係人と認められているようです。また、権利の帰属を争う共同出願違反や冒認出願の場合は、真に特許を受ける権利を有する者が利害関係人です。

しかしながら、下記の理由により、利害関係人を厳格に判断すべきではありません。

①過誤による特許により、本来自由に実施できる特許制度の大原則が損なわれること、②異議申立期間の経過後は、過誤による特許を消滅させる手段は無効審判しかないこと、③異議申立での特許の維持決定に対しては、異議申立人は不服申立ができず無効審判しかないこと、④特許権者から侵害の主張(警告や訴訟)を受けそうな場合は先制攻撃として、また実際に警告を受けた場合は防御手段として、無効審判を請求し当該特許を無効化する必要性があること、等。なお、審判便覧では、上記ケースも含む7つの類型が示されています。

②被請求人(無効審判を請求される者)

無効化したい特許の特許権者です。

③請求できる期間

特許権の設定登録後はいつでも可能で、特許権の消滅後も可能です（123条3項)。特許権の存続期間満了後や放棄による特許権の消滅後に、存続期間中の侵害行為に対する損害賠償の請求がなされた場合、被疑侵害者がその特許について無効審判を請求しその請求が容認されれば当該特許権は初めから存在しなかったことになるので、損害を賠償する必要がなくなります。

④2以上の請求項に係る発明

請求項ごとに請求できます（123条1項)。

（2）無効理由

無効理由は、123条に規定された理由に限られます。

出願の拒絶理由と概ね同様(「第１１章の図表１１－１」（128　頁）を参照)ですが、①シフト補正違反(17条の2第4項)、②特許請求の範囲の記載違反(36条6項4号)、③発明の単一性違反(37条)、④先行技術文献記載違反(36条4項2号)については、拒絶理由ですが無効理由ではありません。これらは、発明自体の実体上の瑕疵ではなく、手続き上の瑕疵にすぎないからです。

無効理由は、（イ）公益的理由、（ロ）権利帰属理由、及び特許付与後に生じた（ハ）後発的理由に大別されます。

（イ）公益的理由

1 号：新規事項の追加違反（17 条の 2 第 3 項）

2 号：外国人の権利享有違反（25 条）

特許要件違反：産業上の利用性、新規性、進歩性（29 条）

先願範囲の拡大（29 条の 2）

不特許発明違反（32 条）

先願違反（39 条 1 項～4 項）

3 号：条約違反

4 号：記載要件違反（36 条 4 項 1 号又は 6 項 1～3 号（4 号を除く））

5 号：外国語書面に記載されていない事項の追加

（ロ）権利帰属理由

2 号：共同出願違反（38 条）

6 号：冒認出願

（ハ）後発的理由

7 号：特許付与後の権利享有能力の喪失又は条約違反

8 号：特許付与後の訂正要件違反

（3）審理方式

審理は、無効審判を請求した請求人と特許権者である被請求人とが対峙した当事者対立構造で進行します。審理は、3 人又は 5 人の審判官の合議体により(136 条 1 項)、原則として口頭審理(145 条 1 項)によって行われます。口頭審理は特許庁で行われますが、審判官が出張する巡回審判も行われています。令和 3 年（２０２１年）の改正により、ウエブ会議システムが導入されました（145 条 6 項、7 項)。

請求人、被請求人の利害を超え公益性を有するため、当事者が出頭しないときでも職権で審理され(152 条)、当事者が申し立てない理由についても審理されます(153 条 1 項)。また、証拠調や証拠保全についても職権でも行われます(150 条 1 項、2 項)。

（4）審決の予告と審理終結の通知

審理の結果、結論を出せる状態に達し、審判請求に理由（無効理由）があると認めるときは、審決の予告を当事者又は参加人に通知し（164 条の 2 第 1 項)、明細書等の訂正請求のための相当の期間を指定します（同 2 項)。

審決の予告をしない場合や、審決の予告をしたが被請求人が訂正請求や 17 条の 5 第 2 項の補正をしない場合は、審理終結の通知をします（156 条 2 項)。

（5）特許権者（被請求人）の防御方法

特許権者の防御方法としては、答弁書の提出と訂正の請求があります。

(i) 答弁書

特許権者は、指定期間内に答弁書を提出することができます(134 条 1 項)。答弁書は、無効審判の請求理由に対する反論を記載し無効審判の請求が成り立たないことを主張します。

(ii) 訂正請求

特許権者は、下記の指定期間内に、無効理由を解消するために、願書に添付した明細書、特許請求の範囲又は図面の訂正請求をすることができます(134 条の 2 第 1 項)。

なお、特許権者は、無効審判手続の中で訂正請求が認められているため、無効審判の審決が確定するまでは、訂正審判を請求することはできません（126 条 2 項)。

（ア）訂正請求の時期

①審判請求書の副本送達に伴う答弁書提出期間(134 条 1 項)

②請求理由の要旨を変更する補正に係る副本送達に伴う答弁書提出期間(134 条 2 項)

③審決取消判決に伴う審理開始(差戻し）における指定期間(134 条の 3)

④職権審理結果に対する意見書提出期間（153 条 2 項)

⑤審決（無効審決）の予告に伴う指定期間（項 164 条の 2 第 2 項)。

（イ）訂正要件

願書に添付した明細書、特許請求の範囲又は図面の訂正は、特許付与前の補正とは異なり、特許付与後の権利書の訂正であるので下記のものに限られます。

(i) 訂正の目的(134 条の 2 第 1 項ただし書)

①特許請求の範囲の減縮　　②誤記又は誤訳の訂正

③明瞭でない記載の釈明　　④請求項間の引用関係の解消

(ii)新規事項追加の禁止（134 条の 2 第 9 項で準用する 126 条 5 項)

(iii)特許請求の範囲の実質拡張・変更の禁止（134 条の 2 第 9 項で準用する 126 条 6 項)

（上記（i）①の特許請求の範囲の減縮的変更は、特許請求の範囲の実質変更から除外。)

(iv)独立特許要件（無効審判請求がされていない請求項についての上記（i）の①と②に限る）(134 条の 2 第 9 項で準用する 126 条 7 項)。

（6）審判請求人の攻撃方法

審判請求人の攻撃方法としては、弁駁書の提出と審判請求書の補正書の提出があります。

(i) 弁駁書

審判長は、必要があると認めるときは、審判請求人に対し、相当の期間を示して弁駁書の提出を求めることができます(施規47条の3)。審判請求人は この指定期間内に、弁駁書を提出して、無効理由は解消されていない旨を反論することができます。

(ii) 審判請求書の補正書

審判請求人は、審判長の裁量により、特許権者の答弁書や訂正請求に対して、審判請求書の請求理由を補正書により補正（例外的に要旨を変更する補正を含む）し反論することができます(131条の2)。別途の審判請求を不要とし、一回的解決を図るためです。

（7）審決の予告と不服申立

審理の結果、審判長は無効審判の請求に理由(無効理由)があると認めるときは、審決の予告をし、特許権者に訂正請求をするための期間を指定します(164条の2第2項)。これは、無効審決に対する審決取消訴訟提起後に訂正審判の請求ができないので、無効審決前に訂正の機会を与えるものです。

審決は、無効審決（無効の請求を認める認容審決)又は有効審決（無効の請求を認めない棄却審決)です。審決に対して不服を有する当事者（請求人又は特許権者）は、その取消を求めて東京高等裁判所（知財高等裁判所）に審決取消訴訟を提起することができます（178条1項)。出訴期間は、決定の謄本の送達日から３０日以内です（178条3項)。被告は、無効審判の相手方当事者です。

（8）審決の確定とその効力

無効審決が確定すると、特許権は初めから存在しなかったものとみなされます(遡及効)。ただし、後発的無効理由による無効の場合は、無効理由が生じたときから存在しなかったものとみなされます(125条)。有効審決が確定すると、特許権は有効に存続します。

訂正請求に基づく訂正は、訂正された明細書等により出願され、出願公開され、特許査定又は特許審決され、特許権の設定登録がされたものとみなされます(128条)。

「一事不再理の原則」

無効審判が成り立たないとした審決(有効審決)が確定すると、一事不再理の原則により、当事者及び参加人は、もはや同一の事実及び同一の証拠に基づいて、その無効審判を請求できません(167条)。紛争の蒸し返しを防止するためです。一方、事実又は証拠が異なれば、同じ当事者であっても無効審判を請求できます。審決は、出訴期間内に審決取消訴訟が提起されず、又は提起されても審決が支持され、不服申立の手段が尽きた場合に確定します。

（9）無効審決の効力をめぐる問題点

①特許実施料の返還

無効審決が確定すると、特許権は初めから存在しなかったものとみなされるので、ライセンサー(特許権者)は、無効となる前にライセンシー（実施権者）から受け取った特許実施料を返還すべきかどうかの問題です。

特許実施契約では、特許が無効になっても受領した特許実施料を返還しないこと（実施料不返還条項)を規定することが一般的ですが、このような規定がある場合は返還を要しないとした裁判例（**即席食品容器事件**　東京地判昭 57.11.29)、和解成立後に無効が確定しても和解で支払われた金員の返還を要しないとした裁判例があります(**戸車用レール事件**大阪地判昭 52.1.28)。実施料不返還条項がない場合は、不当利得（民法 703 条：法律上の原因がないのに、即ち、特許権が遡及的に消滅したのに実施料を得た）として返還すべきとの説もありますが、特許が無効とされるまでは実施権により事実上の保護や利益を受けていたのであるから返還する必要はないとの説が有力です。

②差止請求権の行使と損害賠償

無効審決が確定すると、差止請求権の行使により被った損害について損害賠償を請求できるかどうかの問題です。これについては、差止請求権の行使は特許権の適法な権利行使であるので、原則として故意又は過失の問題は生じず、損害賠償の請求は認められません。ただし、特許権者が無効の蓋然性が高いことを認識していたような場合には、故意又は過失があるとされ、損害賠償の請求が認められる場合があります(民 709 条)。

〔3〕延長登録無効審判

延長登録無効審判は、存続期間延長登録(67 条3第 2 項：審査遅延による延長、67 条7第 3 項：政令処分による延長)を無効にするための審判です（125 条の 2，125 条の 3)。

特許そのものを無効とするものではなく、延長登録を無効にするもので、特許無効審判と同様、利害関係人だけが請求できます(125 条の 2 第 2 項)。政令処分による延長登録無効審判（125 条の 3）は、権利行使(警告や訴訟)を受けた被疑侵害者や後発医薬品メーカーが、特許権者に対して請求することが多い審判です。特許権の消滅後も請求でき(同 3 項)、審判官の合議体により(136 条)、当事者対立構造で、原則として口頭審理で行われます(145 条 1項)。延長登録無効審判では、明細書等の訂正がないため、該訂正のための審決の予告はありません。

「一事不再理の原則」

延長登録無効審決が確定すると、原則として、存続期間の延長は初めからなかったものと認められ(125 条の 2 第 4 項本文)、当事者及び参加人は、一事不再理の原則により、同一の事実及び同一の証拠に基づいて再度延長登録無効審判を請求することはできません(167条)。審判の蒸し返しを防止するためです。

審決に不服の当事者は、その取消を求めて東京高等裁判所（知財高等裁判所）に審決取消訴訟を提起することができます（178 条 1 項）。出訴期間は、決定の謄本の送達日から３０日内です（178 条 3 項）。被告は、無効審判の相手方当事者です。

〔4〕訂正審判

訂正審判は、特許付与後に、願書に添付した明細書、特許請求の範囲又は図面の訂正を請求する審判です(126 条)。特許無効の攻撃を受けることが予想される場合や、権利行使(警告や訴訟)に先だって、特許権者が無効理由を取り除くことを目的として利用することが多い審判です。

（1）訂正審判の請求人

特許権者です(126 条 1 項)。特許権が共有の場合は、共有者全員が共同して請求します(132 条 3 項)。

（2）請求できる期間

特許権の設定登録後は原則としていつでも可能で、特許権の消滅後も可能です（126 条 8 項)。特許権の存続期間満了後や放棄による特許権の消滅後に、存続期間中の侵害行為に対する損害賠償の請求をする場合、被疑侵害者から特許無効の主張を受ける場合があります。これに対抗するためには、特許権の消滅後であっても、特許権者は、その特許についての無効理由を訂正審判で取り除く必要があるためです。

しかし、特許異議申立や特許無効審判の係属中は、訂正審判を請求できません(126 条 2 項)。特許異議申立や特許無効審判の手続きにおいて、訂正の請求による訂正の機会が与えられているからです(120 条の 5 第 2 項、134 条の 2)。

（3）訂正要件

願書に添付した明細書、特許請求の範囲又は図面の訂正は、特許付与前の補正とは異なり、特許付与後の権利書の訂正であるので下記の訂正要件を満たすものに限られます。

(i) 訂正の目的（126 条 1 項ただし書）

①特許請求の範囲の減縮　　　②誤記又は誤訳の訂正

③明瞭でない記載の釈明　　　④請求項間の引用関係の解消

(ii)新規事項追加の禁止（126 条 5 項）

(iii)特許請求の範囲の実質拡張・変更の禁止（126 条 6 項）

（上記 (i) ①の特許請求の範囲の減縮的変更は、特許請求の範囲の実質変更から除外。）

(iv)独立特許要件（126 条 7 項)。

「誤記の訂正についての判決例」

上記（3）の訂正要件の中で、特に、(iii)の「特許請求の範囲の実質拡張・変更の禁止」が問題です。

例えば、明細書には2つの発明「A」と「B」を記載し、発明者は「AとB」をクレームすべきところを思い違いにより「B」のみをクレームした場合に、誤記を理由にクレームを「B」から「AとB」へ訂正することが認められるかという問題です。この場合、「クレームの記載」を基準にすれば、クレームは「B」から「AとB」に拡張又は変更されているのに対し、「明細書の記載」を基準にすれば、明細書には「AとB」が記載されているのでクレーム「AとB」は拡張又は変更されていないことになります。

しかしながら、下記の判例にも見られるように、裁判所は「クレームの記載」を基準とし、誤記を冒した「発明者保護」よりも誤記の公開（公示）を信頼した「第三者保護」に立脚しています。即ち、特許制度は発明を公開する制度であり、発明者は公開した発明（上記例では「A」と「B」）の中でどの発明（「A」又は「B」又は「AとB」）を特許請求するかは全く自由（36条5項）であるから、一旦特許公報で自分が特許請求した発明は「B」であると公開（公示）した以上、たとえそれが誤記やうっかりミスであったとしても、その責任は自らが負うべきであり第三者に転嫁すべきでないとの考えに立っているものと思われます。

①**あられ菓子事件**（東京高判昭41.3.29　最高判昭47.12.14）

特許請求の範囲の「3乃至5°F」を「3乃至5℃」に訂正しようとした事件です。

裁判所は、①「3乃至5°F」は「−16.1乃至−15.1℃」に相当し「3乃至5℃」とは著しい差があること、②明細書の全文（発明の詳細な説明、特許請求の範囲）を通じて一貫して「3乃至5°F」と記載されていること、③実質上特許請求の範囲の拡張又は変更は特許請求の範囲を基準とすべきこと、を挙げ、上記訂正は特許請求の範囲の表示を信頼する一般第三者の利益を害し、実質上特許請求の範囲を変更するものであり許されない、と判示。

②**フェノチアジン誘導体事件**（東京高判昭40.8.31　最高判昭47.12.14）

特許請求の範囲の「分枝を有するアルキレン基」を、52個の実施例中の46例が「分枝を有しないアルキレン基」であることに基づいて、両者を含むように「分枝を有することあるアルキレン基」に訂正しようとした事件です。

裁判所は、①「分枝を有するアルキレン基」はそれ自体極めて明瞭であること、②上告人（特許権者）には誤記であることが明らかであるとしても一般第三者には同一に論じられないこと、③明細書に記載された「分枝を有するアルキレン基」と「分枝を有しないアルキレン基」との両者のうち前者のものを記載したのが特許請求の範囲に他ならないこと、を挙げ、訂正を認めると、訂正前の「分枝を有するアルキレン基」の他に「分枝を有しないアルキレン基」をも含むことになり、実質上特許請求の範囲の拡張するものであり許されない、と判示。

（4）訂正審判における特則（意見書の提出）

訂正内容が上記の訂正要件を満たさない場合は、その旨が審判請求人に通知され意見書提出の機会が与えられます（165 条)。

（5）専用実施権者等の承諾

訂正審判を請求するには、専用実施権者、質権者がいる場合は、承諾を得る必要があります。彼らはその特許について利害関係を有し、訂正の内容によっては、不測の損害を受けることがあるからです(127 条)。

令和３年（２０２１年）の改正法により、通常実施権者の承諾は不要となりました。これは、製品によっては利用する他社の特許が数十件から数万件にも及ぶことがあり、一つの特許権当たりの通常実施権者の数も増加しています。そのため、特許権者が各通常実施権者から訂正の承諾を得ることが困難であり、また、通常実施権者が承諾しないことにより特許権者の防御手段である訂正の機会が失われる恐れがあるためです。異議申立や無効審判における訂正請求の場合も承諾は不要です（120 条の 5 第 9 項、134 条の 2 第 9 項)。(施行日：２０２２年 4 月 1 日）

（6）審理方式

審理は、3 人又は 5 人の審判官の合議体により(136 条 1 項)、原則として書面審理(145 条 2 項)によって行われます。

（7）審理終結の通知

審理の結果、結論を出せる状態に達したときは、審理の終結を当事者（特許権者）又は参加人に通知します（156 条 1 項)。請求成立(訂正を認める審決)又は請求不成立(訂正を認めない審決)のいずれが出るかは不明なので、当事者又は参加人は必要により（請求不成立が予測される場合等）審理の再開を申し立てることができ、また、職権でも審理の再開がされることがあります（同 3 項)。

（8）審決と不服申立

審決は、請求成立(訂正を認める審決)又は請求不成立(訂正を認めない審決)です。訂正を認めない審決に対しては、特許権者はその取消を求めて東京高等裁判所（知財高等裁判所）に審決取消訴訟を提起することができます（ 178 条 1 項)。出訴期間は、審決の謄本の送達日から３０日以内です（178 条 3 項)。

（9）審決の確定とその効力

訂正を認める審決が確定すると、訂正請求に基づく訂正は、その訂正された明細書等により出願され、出願公開され、特許査定又は特許審決され、特許権の設定登録がされたものとみなされます(128条)。審決は、上記の出訴期間内に審決取消訴訟が提起されず、又は提起されても審決が支持され、不服申立の手段が尽きた場合に確定します。

3 審決取消訴訟

審決取消訴訟は、特許庁における特許異議申立の取消決定や各種審判の審決を取り消すことを目的とする訴訟です。

特許異議申立における特許の維持決定、査定系の拒絶査定不服審判における特許審決や訂正審判における訂正認容審決に対しては、出願人や特許権者は本来の目的が達成されているので不服申立する必要はなく、したがって、審決取消訴訟を提起することはできません。一方、異議申立人は、特許の維持決定に対して不服であれば、特許無効審判を請求する方法があるので、審決取消訴訟を提起することはできません。

特許行政年次報告書２０２１年版によれば、２０２０年の出訴件数は、査定系（拒絶査定不服審判等）２６件、当事者系（無効審判等）６３件、異議申立８件となっています。

（1）管轄

東京高等裁判所（知的財産高等裁判所）が専属管轄を有し、他の裁判所では取り扱えません（178条1項)。判決に対する不服申立は最高裁判所に上告でき、第二審で終審です。その理由は、審判は裁判類似の準司法的手続により行われるため、第一審裁判所（地方裁判所）に相当するとの考えからで、実質的には三審制です。

（2）当事者（原告、被告）

審決取消訴訟を提起できる原告は、特許異議申立の取消決定を受けた特許権者、審判で不利な審決を受けた当事者であり、一方、被告は、査定系では特許庁長官、当事者系ではその相手方です。図表１３－３に、原告と被告をまとめました。

図表１３－３　審決取消訴訟の原告と被告

	原告＊	被告
特許異議申立 査定系審判 ・拒絶査定不服審判 ・訂正審判	取消決定を受けた特許権者 請求不成立（拒絶維持）審決を受けた請求人（出願人） 訂正棄却審決を受けた特許権者	特許庁長官
当事者系審判 ・特許無効審判 ・延長登録無効審判	不利な審決を受けた当事者(請求人又は被請求人)	その相手方の当事者＊＊

＊　出願が共同出願の場合は、共有者全員について合一に確定する必要があるから、共有者の全員が共同で請求しなければならないとする判決（**磁器治療器事件**　最高判平 7.3.7）と、共有者の一人による訴えの提起も保存行為（財産の価値の現状を維持する行為：民 252 条）であるから適法であるとの判決（**ETNIES 商標事件**　最高判平 14.2.22：**パチンコ装置事件**　最高判平 14.3.25）がある。

＊＊　査定系審判と同じく特許庁の処分についての紛争であるにも関わらず、被告を特許庁長官ではなく有利な判断を得た側の当事者としたのは当事者対立構造を採用しているためである。

（3）出訴期間

審決又は決定（以下、代表して審決と言う場合あり）の謄本送達日から３０日以内に提起する必要があります(178 条 3 項)。この期間は、行政処分の早期確定のため短期間ですが不変期間であり、期間の伸縮は許されません(同 4 項)。ただし遠隔又は交通不便の地にある者のため、附加期間を定めることができます（同 5 項)。

（4）審理対象と審理範囲

審理対象は、特許庁の行った取消決定や審決の違法性で、審理の結果、違法である、即ち、訴訟での請求を理由があると認めるときは、当該取消決定や審決を取り消します(181 条)。

裁判所は、特許性の有無や訂正の適否等についての積極的な判断はできず、例えば、無効審判における有効審決に対する訴訟で審決の誤りが発見されたとしても、裁判所は特許を無効にすべきことを特許庁に命ずる判決はできず、審決を取り消し、事件を特許庁に差し戻すにとどまります。

この審決取消訴訟においては、「特許無効の・・・審決に対する取消の訴においてその判断の違法が争われる場合には、専ら当該審判手続において現実に争われ、かつ、審理判断された特定の無効原因に関するもののみが審理の対象とされるべき」との判例があります(**メリヤス編機事件**　最高判昭 51.3.10)。ただし、出願当時の当業者の技術常識については、「審判の手続にはあらわれていなかった資料に基づいて認定し、これによって無効原因の存否を認定してもよい」とした判例もあります(**食品包装容器事件**　最高判昭 55.1.24)。

審理は、原則として 3 人の裁判官の合議体で行われますが、多数の裁判官の知識経験を要し慎重な判断を期する必要がある場合には 5 人の裁判官の合議体で行われます(182 条の 2)。

（5）特許庁長官の意見

査定系の拒絶査定不服審判や訂正審判の審決取消訴訟では、特許庁長官が被告となるので特許庁の意見や考えを審理に反映することができます。しかし、当事者系の特許無効審判や延長登録無効審判では、特許庁が審理に関与することがないため、特許庁の意見や考えを審理に反映することができません。そこで、当事者系の審判において、特許庁における法律の適用や運用基準等の必要な事項については、裁判所が特許庁長官に意見を求め、又は、特許庁長官が裁判所の許可を得て意見を述べることができます（180 条の 2）。

（6）取消判決と拘束力

請求に理由があると認められるとき、即ち、原告勝訴のときは、取消の判決をします(181 条 1 項)。被告が上告しなければ取消判決が確定し、事件は特許庁に差し戻され特許庁の審判は終了しないことになり、審判を再開しさらに審理をして審決をすることになります(181 条 2 項)。この際、特許庁は判決に拘束され裁判所の判断に反する措置をとることは許されませんが、例えば、拒絶審決の場合、審決の理由と異なる新たな理由により再度拒絶審決をすることは可能です。

（7）棄却判決

請求に理由があると認められないとき、即ち、被告勝訴のときは、請求を棄却する判決をします。原告が上告しなければ棄却判決が確定し、特許庁の審決も確定します。

（8）上告

判決に対して不服のある当事者は、最高裁判所に上告することができます。上告の提起は、判決の送達日から 2 週間以内(民訴 313 条、285 条)に、最高裁判所宛の上告状・上告受理申立書を原裁判所である東京高等裁判所に提出します(民訴 314 条)。

上告の理由は、①判決に憲法の解釈の誤り、又は、その他憲法の違反があること、②判決に影響を及ぼすことが明らかな法令の違反があることです(民訴 312 条)。

（知的財産高等裁判所から、「審決取消訴訟（特許・実用新案）の進行について」、「知財高裁における審決取消訴訟（特許・実用新案）手続の流れ」が公表されています。）

第14章 特許権

1 特許権の発生と存続期間

〔1〕特許権の発生

（1）設定特許料

特許権は、特許原簿に設定の登録をすることにより発生します(66 条 1 項)、設定の登録は、少なくとも第 1 年から第 3 年までの 3 年分の特許料（設定特許料）の一括納付（又はその納付の免除もしくは猶予)があったときになされ、特許番号が定められ、特許登録原簿に権利の設定登録がなされます(同 2 項)。

設定の登録を受ける前提として、特許出願し、審査を経て特許すべき旨の査定、又は審判を経て特許すべき旨の審決を受ける必要があり、その謄本の送達日から３０日以内に一時に納付することが必要です（108 条)。この設定特許料の納付については、期間延長規定（108 条 3 項)、救済規定（108 条 4 項）があります。

特許権として設定登録されると特許公報が発行され、その内容が公示されます（66 条 3 項)。また、特許権者に特許証が交付されます（２８条)。

上記の納付期間内に特許料が納付されないと、特許出願は却下され特許権は発生しません（１８条 1 項)。特許出願が却下されると、39 条の先願の地位は認められませんが、出願公開がされている場合は 29 条の 2 の先願範囲の拡大により後願を排除します。

（2）維持特許料（年金）

特許権の設定登録後において、その特許権を維持するには 4 年以降の各年分の特許料（維持特許料：年金）は、前年以前に納付する必要があります（108 条 2 項)。この維持特許料の納付には、追納規定（6 月以内に特許料及び割増特許料を追納）（112 条）があります。平成２１年１月１日から、権利者の申し出により、維持特許料（４年以降）を引き落とす自動納付制度が導入されています。

（3）特許料の累進性

特許料は、存続期間の初期には低く終期になるほど階段状に高くなる累進性が採用されています（107 条 1 項)。これは、長期間維持する特許は経済的価値を生み出しているから維持されているのであり（そうでなければ放棄しているはず)、高額の特許料の支払いに耐えられるとの推定に基づくものです。また、権利を整理する目的もあります。

（4）特許表示

特許権者は、特許に係る物又はその包装に特許表示を付するように努めなければならないと規定されています（187 条)。

特許表示は、下記のように記載すると規定されています（施規 68 条)。

図表１４－１　特許表示

物の特許発明	特許の文字と特許番号：「特許第○○○号」
物を生産する方法の特許発明	方法特許の文字と特許番号：「方法特許第○○○号」

特許表示は付さなくても効力に影響がなく罰則のない訓示規定ですが、特許表示の効果としては、下記のものが挙げられます。

①該製品が特許権で保護されていることを明示し、他社による権利侵害を未然に防止することができる、

②該製品が優れた技術に係り独創的且つ高品質であること（お墨付き）を取引業者や消費者に印象付け、他社の製品と差別化することができる、

③他社の権利を侵害する恐れが小さいことを示し、安心して取引してもらえる。

特に、③は、侵害事件に巻き込まれるのを警戒する取引業者からは、取引の条件として特許取得を求められることも多いようです。特許表示には上記のような効果があるところから、特許に係る物以外の物やその包装に、特許表示やこれと紛らわしい表示を付する行為は虚偽表示として禁止され（188 条）、違反した者は 3 年以下の懲役又は 300 万円以下の罰金に処されます（198 条）。したがって、存続期間が満了した場合や、特許権を放棄したり、無効にされた場合は、特許表示の削除が必要です。

なお、権利化されるまでの表示は特許法に規定されていませんが、「特許出願中」、「Patent Pending」、「Pat. Pending」等の表示が用いられます。

〔２〕特許権の存続期間

特許権の存続期間は、特許出願の日から２０年をもって終了します(67 条 1 項)。特許権は、上記のように、設定の登録があったときに発生するので、この存続期間２０年は特許権の終期を定めたものです。存続期間は、下記の場合には延長されます。

〔３〕存続期間の延長登録

存続期間の延長登録は、（１）特許庁の責に帰す審査遅延のために特許期間が短くなった場合（以下、審査遅延）や、（２）医薬品等の安全性の確保等のための政令処分を受けるために特許期間が侵食され短くなった場合（以下、政令処分）には、その短くなった特許期間を回復させるために、特許出願日から２０年の特許権の存続期間の満了後も、例外的に特許権を存続させる制度です。

図表１４－２は、存続期間の延長登録についてまとめたものです。

図表１４－２　存続期間の延長登録

	審査遅延（６７条２項）	政令処分（６７条４項）
延長登録出願	６７条の２	６７条の５
拒絶査定	６７条の３第１項	６７条の７第１項
特許権の効力		６８条の２
延長期間	６７条３項	６７条４項
延長登録無効審判（158 頁）	１２５条の２	１２５条の３

（1）審査遅延

特許権の設定登録が、特許出願日から５年を経過した日又は審査請求の日から３年を経過した日のいずれか遅い日(基準日)以降にされたときは、特許庁の責に帰す審査で遅延した期間（延長可能期間）を超えない範囲で、延長登録出願により延長することができます(67 条 2 項)。延長可能期間は、「(基準日から特許権の設定登録日までの期間）―（出願人の責に帰す期間、審判や裁判に要する期間(67 条 3 項各号の期間を合算して期間))」です。延長登録出願は、67 条の 3 第 1 項各号のいずれかに該当するときは拒絶されます。

米国では１９９９年から特許期間の調整(Patent Term Adjustment：PTA)として実施され、特許庁の方で計算して特許証に延長期間が記載されます。我が国でも、面倒な延長登録出願ではなく、特許庁の方で処理する簡易な制度が望まれます。

この規定は TPP(環太平洋パートナーシップ協定：２０１８年１２月３０日発効)により追加されたもので、２０２０年3月１０日以降の特許出願に適用されます。

（2）政令処分

医薬や農薬等の発明で有効性や安全性の確保等のための政令処分（施令２条）により存続期間が侵食され、特許発明の実施ができない期間があったときは、5 年を限度として延長登録出願により延長することができます(67 条4 項)。この延長は後発医薬品の参入を遅らせ、新薬開発へのインセンティブを高める役割を果たしていると言われています。

延長登録出願は、67 条の 7 第 1 項各号のいずれかに該当するときは拒絶されます。これらのうち、1 号に規定されている「その特許発明の実施に第 67 条第 4 項の政令で定める処分を受けることが必要であったとは認められないとき」がしばしば問題になります。

即ち、有効成分と用途が同一の医薬品について、先行医薬品について先行処分（薬事法 14 条 1 項による製造販売の承認）を受けている場合に、用法や用量が異なる後行医薬品についても後行処分を受ける必要があったかどうかの問題です。もし後行処分が必要でなかったと判断されると該処分による侵食期間もなかったとされ、延長登録出願は拒絶されます。

パシーフカプセル事件（最高判平 23.4.28）

先行医薬品が延長登録出願に係る特許発明の技術的範囲に「属しない」場合は、先行医薬品について先行処分がされている場合であっても、該特許発明の実施に後行処分を受ける必要がなかったとは言えない、即ち、後行処分は必要で、それにより侵食された期間の延長登録を受けることができ延長登録出願を拒絶できないと判示。

アバスチン（ベバシズマブ）事件（最高判平 27.11.17）

先行処分の対象となった先行医薬品の製造販売が、後行処分の対象となった後行医薬品の製造販売を「包含する」場合は、別途後行処分を受ける必要性は認められないが、用法用量が異なるため「包含するとは認められない」場合は、別途後行処分を受ける必要性が認められ、侵食された期間の延長登録を受けることができると判示。

（3）延長された場合の特許権の効力

政令処分に基づき存続期間が延長された場合の特許権の効力については、68 条の 2 に規定されています。存続期間が延長された場合の特許権の効力の及ぶ範囲は、「政令処分で特定された物及びその実質同一物」とする趣旨の裁判例があります（**オキサリプラチン事件**知財高判平 29.1.20）。

2 特許権の効力

発明を公開し第三者の利用に供するのは、その代償として特許権を取得しその保護による利益を受けるためです。特許権による保護が十分でないと、発明を公開した者は公開し損、利用され損となり、次からは発明を公開しなくなり、特許制度は機能しなくなります。したがって、特許権による保護は、発明を行い、その発明を公開するためのインセンティブとなるものです。

特許法は、68 条で特許権の効力として、「特許権者は、業として特許発明の実施をする権利を専有する。」と規定しています。

即ち、特許権を取得すれば、その発明を独占排他的に実施できます。この独占的実施面での効力は、特許権の積極的効力（独占的効力）と言われます。一方、他人の無断の実施を排除する排他面の効力は、特許権の消極的効力(排他的効力)と言われます。

ところで、68 条の規定からは、特許権は独占的に実施できる専有権と解され、常識的にも叶っています。しかし、その特許権が他人の先願に係る特許権や意匠権等と利用・抵触する場合は、他人から実施許諾を得なければ実施できず、無断で実施すれば侵害です(72 条)。したがって、特許権の本質は専用権ではなく排他権であるとする説が有力です。

特許権の効力を図表１４－３にまとめました。

図表１４－３　特許権の効力

特許権の効力	条文	故意過失	消滅時効
積極的効力（独占的効力）			
業として特許発明を独占的に実施	68条		
・業として：「事業として」の意で、家庭的、個人的な実施は含まれない			
・特許発明：特許を受けている発明	2条2号		
・実施：物の生産、使用、譲渡等	2条3項各号		
消極的効力（排他的効力）			
(i) 民事上の救済			
（イ）差止請求権	100条		
・現在又は将来の侵害の停止又は予防を請求	1項		
・付帯的に侵害物の廃棄・侵害設備の除却を請求	2項		
（ロ）損害賠償請求権	民709条	要件	3年（民724条）
① 過失の推定	103条		
② 損害額の推定等	102条		
(a) 逸失利益	1項		
(b) 侵害者の利益から推定	2項		
(c) 実施料相当額	3項		
（ハ）不当利得返還請求権	民703条		5年（民166条）＊
・損害賠償請求権の消滅時効後に有効			
（ニ）信用回復の措置の請求	106条	要件	
・謝罪広告等			
(ii) 刑事上の救済			
（イ）特許権侵害罪	196条	故意	
（ロ）両罰規定	201条	故意	

＊令和２年（２０２０年）４月１日に改正民法が施行され、消滅時効が権利行使できることを知った時から５年（権利行使できる時から１０年）に短縮（民166条）

〔１〕積極的効力（独占的効力）

積極的効力は、業として特許発明を独占的に実施できることです（68条）。

「業として」とは「事業として」の意で、必ずしも営利を目的とする場合に限らないとされ、また家庭的、個人的目的で製造し又は使用することは、「業として」の実施ではないとされています。「特許発明」は特許を受けている発明(2 条 2 項)で、「実施」は 2 条 3 項の各号に定義されています（「第 2 章 2 発明の種類（カテゴリー）と発明の実施」(33 頁) 参照)。

ただし、専用実施権を設定したときは、「専用」の文字通り、その設定範囲においては専用実施権者だけが実施でき、特許権者といえども排除され実施できなくなります。特許権者は、専用実施権者に実施させ実施料を得ることになります。

なお、68 条には「特許権者は、業として特許発明の実施をする権利を専有する。」と規定され、他人から何らの制約なしに実施できるように解されますが、既に「第 4 章 2 裁定制度」の 4 8 頁で述べたように。他人の先願に係る権利と利用又は抵触する場合は、当該他人から実施許諾を受けないと実施できない（侵害する）点に注意が必要です（72 条、92 条)。

〔2〕消極的効力(排他的効力)

特許権者が独占的に実施することができる積極的効力は、他人による無断の実施を排除する排他的効力によって確保されるという関係にあります。そして、他人の無断の実施とは、他人が、業として、実施権等の正当な権限なしに特許発明を実施することであり、いわゆる特許権の侵害となります。このような特許権の侵害に対しては、特許権者は、(i) 民事上の救済及び（ii)）刑事上の救済を受けることができます。

（1）民事上の救済

（イ）差止請求権（100 条）

①侵害の停止又は予防の請求（同 1 項）

特許権者は、特許権を侵害する者又は侵害するおそれがある者に対し、侵害の停止又は予防を請求することができます。また、専用実施権を侵害する者又は侵害するおそれがある者に対しては、専用実施権者は同様の請求をすることができます。侵害者の故意又は過失は必要ではありません。

②侵害品の廃棄・侵害設備の除却の請求（同 2 項）

差止請求権を行使するに際し、上記①の請求とともに、侵害品の廃棄, 侵害のために使用した設備の除却、等の侵害の予防に必要な行為（廃棄・除却請求権）を請求することができます。この②の請求は①の請求を前提とするものの、②の請求をするかどうかは自由です。

（ロ）損害賠償請求権（民 709 条）

特許権者が特許権侵害により損害を被った場合には、民 709 条の不法行為により損害賠償を請求することができます。民 709 条では、故意又は過失や損害額の立証責任は請求する権利者側にありますが、特に特許権侵害の場合においては、これらの立証は容易ではありません。そこで、特許法では、下記のように、過失の推定及び損害額の算定について特別規定を設けています。なお、損害賠償請求権の消滅時効は、損害及び加害者を知った時から３年（民 724 条１号）（不法行為の時から 20 年（同２号））と短いので注意が必要です。

① 過失の推定（103 条）

特許発明の内容は特許公報、特許登録原簿（特許を受けた明細書、特許請求の範囲及び図面は特許登録原簿の一部とみなされる：特許登録令９条２項）等で公示されているので、侵害者には侵害行為について過失があった（実施しようとする製品や方法が侵害しないかどうかを特許公報等で調べる注意義務を怠った）ものと推定されます（本来は特許権者がすべき過失の立証責任を侵害者に転換）。侵害者は過失がなかったことを立証すればこの推定を打ち破る（覆滅）ことができ損害賠償の責任を免れることができますが、この過失の推定の覆滅は容易ではありません。

② 損害額の推定等（102 条）

令和元年（２０１９年）の特許法の改正法により、損害賠償算定方法の見直しがなされました。施行日は２０２０年４月１日です。改正のポイントは下記の２点です。

１）特許権者の実施能力（「実施相応数量」）を超える部分や、侵害者の広告等の販売努力、競合製品の存在等により販売できない事情に相当する部分（「特定数量」）は売上高減少による逸失利益ではないが、ライセンス機会の喪失による逸失利益として認定（１項２号）

２）ライセンス料相当額の増額（４項）

特許権者の実施相応数量を超える数量や特定数量については、もともと特許権者が実施・販売できなかった分であるので「売上減少による逸失利益」ではありません。しかし、特許権者自身が実施・販売できないとしても、被疑侵害者を含め他人にライセンスして利益を得ることができたはずであり、この場合には、従来は同条３項の実施料相当額分の賠償を認めるのが判例・通説でした。ところが、特許権者の販売できないとされた分については、「本来請求し得る逸失利益の範囲を超えて、損害の填補を受けることを容認することになるが、・・・填補を認める合理的な理由は見出し難い。」として賠償を否定する裁判例：**椅子式マッサージ機事件**（知財高判平 18.9.25）以降、賠償を否定する趨勢となっていました。

そこで、改正法により、「売上高減少による逸失利益」（102 条１項１号）のみならず、権利者の実施能力超過分や販売不可分についても「ライセンス機会喪失による逸失利益」として、損害賠償を請求できることになりました（102 条１項２号）。

(a) 逸失利益(102 条１項)

１号：　売上高減少による逸失利益

特許権者の生産能力等の範囲内において、販売数量減少による逸失利益です。逸失利益とは、侵害の事実がなければ得たであろうと思われる利益で、「得べかりし利益」とも言われます。侵害者が譲渡（販売）した侵害品の数量のうち特許権者の実施能力に応じた数量（実施相応数量）に特許権者の製品の単位数量（1 個）当たりの利益額(売上高から変動費を控除した限界利益とする説が有力)を乗じた額です。ただし、侵害者の販売努力や競合製品の存在等の特許権者が販売できない事情があるときは、当該事情に相当する数量（特定数量）は上記数量から控除されます。要は、「特許権者が販売できたとされる数量」が対象です。

2 号：ライセンス機会の喪失による逸失利益

特許権者の生産能力等を超える部分（実施相応数量を超える数量）や特定数量がある場合は、これらの数量に応じた実施料相当額を請求できます。ただし、ライセンスできなかった事情（専用実施権の設定等）があるときは請求できません。要は、「特許権者が販売できないとされた数量」が対象です。実施料は侵害を前提とした実施料（102 条 4 項）を参照。

特許権者は、下記の（イ）＋（ロ）の合計額を損害額として請求することができます。

（イ）(「実施相応数量を超えない範囲内での侵害者の譲渡（販売）数量」－「特定数量」)
　×「特許権者の単位（1 個）当たりの利益額」　(1 号)

（ロ）「実施相応数量を超える数量又は特定数量」×「実施料率」　(2 号)

(b) 侵害者の利益から推定(102 条 2 項)

侵害者の利益の額を権利者の損害の額（侵害者の利益の額＝権利者の損害の額）と推定するものです。即ち、権利者が侵害者の利益の額「(侵害者の譲渡数量）×（侵害者の単位数量（1 個）当たりの利益の額)」を立証し、その後、侵害者が、権利者の損害額が侵害者の利益の額より小額であることを立証しない限り、侵害者の利益の額が権利者の損害の額と推定されます。従来は権利者の実施が必要とされ、不実施の場合は実施料相当額（102 条 3 項）とされてきましたが(**二連銃玩具事件**　東京地判昭 37.9.22)、**ごみ貯蔵機器事件**（知財高判平 25.2.1）では不実施の場合でも 102 条 2 項の適用を認めました。

(c) 実施料相当額(102 条 3 項)

実施料相当額を最低限の損害額とするものです。平成１０年(１９９８年)の改正前では、『「通常」受けるべき金銭の額に相当する額の金額』と規定され、「通常」の文言の存在により、権利者と侵害者との間の特別の事情や侵害者が得た利益等が考慮されず、業界の相場等により決定され、概して低い金額に抑えられるとの問題があったため、平成１０年の改正法で「通常」の文言が削除されました。

(d)実施料相当額の増額(102 条 4 項)

改正法で新設されたもので、現に特許侵害した場合の実施料は、特許侵害を前提としない通常のライセンスの場合の実施料よりも増額できるというものです。

即ち、通常のライセンス契約の場合の実施料は、特許権者は実施許諾するかどうかの判断する機会を有し、許諾する場合も、特許の有効性や侵害の有無等をそれほど深く考慮することなく事前に決定され、過去の実施許諾例や業界相場等により比較的低額となる傾向にあります。これに対し、特許侵害の場合の実施料は、特許権者は実施許諾するかどうかの判断機会なしに許諾せざるを得ず、現に侵害者は特許権者の許諾なしに特許権を実施（侵害）しているという事情下での事後の実施料であり、上記事前の実施料に比べ実施料相当額（1 項 2 号、3 項の）の増額要因として考慮されるべきというものです。要は、現実に侵害された場合の**事後の実施料**は、侵害を前提としない業界相場等により決定される**事前の実施料**よりも高くなるというわけです。

(e)実施料相当額以上の請求・軽減（102 条 5 項）

上記のとおり、102 条 3 項の実施料相当額は最低限の損害額を示すものですが、特許権者はそれ以上の損害額の賠償を請求できるというものです。一方、侵害者に故意又は重大な過失（注意義務違反が甚だしいこと）がなかったときはこれを考慮して軽減できます。

図表１４－４に 102 条の令和元年（２０１９年）改正前と改正後とを対比しました。

図表１４－４　102 条の改正前と改正後との対比

改正前	改正後
1 項　逸失利益 特許権者が販売できたとされる数量	1 項　逸失利益 1 号：特許権者が販売できたとされる数量 2 号：特許権者が販売できなかったとされる数量 「実施料相当額」
2 項　侵害者の利益	2 項　侵害者の利益
3 項　実施料相当額	3 項　実施料相当額
4 項　実施料相当額以上の請求・軽減	4 項　実施料相当額の増額
	5 項　実施料相当額以上の請求・軽減

(ハ) 不当利得返還請求権（民 703 条）

不当利得返還請求権とは、法律上の原因（先使用権やライセンス等）なく他人の財産又は労務によって利益を受け、そのために他人に損失を及ぼした者は、その受けた利益を返還する義務を負うことを言います。

特許法には規定されていませんが、他人の特許を無断で使用し、特許権者に損失（売上の減少等）を与え、自分は利益を得ているときは、特許権者には実施料相当額等の返還請求権が認められます。

不当利得返還請求権は、損害賠償請求権とは異なり、故意又は過失は要件ではありません。また、不当利得返還請求権の消滅時効は、令和２年（２０２０年）４月１日に改正民法が施行され、改正前の「権利を行使できる時から１０年」が改正後は「権利を行使できることを知った時から５年（又は権利を行使できる時から１０年、の早い方）」に短縮されたので注意が必要です（改正民 166 条）。

損害賠償請求権が３年の消滅時効のために損害賠償を請求できない場合に、不当利得返還を請求する実益があります。即ち、過去３年間の侵害については損害賠償を請求し、残りの２年間の侵害については不当利得返還を請求することができます。

（ニ）信用回復の措置の請求（106 条）

特許権侵害により特許権者の業務上の信用が害されたときは、損害賠償に代え、又は損害賠償とともに、信用回復の措置を請求できます。侵害品が特許品より粗悪品であるような場合、需要者が特許品も粗悪品と信じ特許権者の信用が害されることがあります。このような場合には、新聞紙上等に謝罪広告を掲載する等の措置を請求できます。ただし、故意又は過失による侵害行為が対象で、善意無過失（侵害することを知らないで、かつ知らないことに落ち度がない）で行われたときは適用されません。

（２）刑事上の救済

（イ）特許権侵害罪（196 条）

特許権を侵害（直接侵害）した者には、１０年以下の懲役又は１０００万円以下の罰金に処され、又は併科されます。専用実施権を侵害した者も同じです。

101 条の侵害とみなす行為（間接侵害）を行った者には、５年以下の懲役又は５００万円以下の罰金に処され、又は併科されます（196 条の 2）。専用実施権についても同じです。

平成１８年（２００６年）の改正前は、直接侵害した者も間接侵害を行った者も同じ罰則でしたが、平成１８年の懲役刑、罰金刑の引き上げ及び併科の導入に伴い、間接侵害は直接侵害行為の予備的・幇助的行為であるため、懲役刑、罰金刑の上限は、５年、５００万円とされました。これらは、故意犯（警告書を受けた後の侵害行為等）に限られ（刑法 38 条）、過失は該当しません。

以前は親告罪（被害者が犯人の処罰を求める告訴が必要）でしたが、平成１０年（１９９８年）の改正で非親告罪（告訴は不要）となっています。特許権や実用新案権の侵害罪についての裁判例は極めて少なく、その理由としては、科学的専門技術が必要である、権利が無効とされる可能性がある、等が指摘されています。

（ロ）両罰規定（201 条）

現実の行為者を罰するほか、法人又は人（事業主等）も罰する両罰規定を採用し、特許権侵害罪（196 条）の場合は、3 億円以下の罰金刑が科されます。特許権の侵害は、法人企業の業務の一環として行われ、侵害によりもたらされる利益も個人による場合に比べて大きくなるので、犯罪行為の防止を目的とするものです。

3 間接侵害(みなし侵害)

特許権者は、業として特許発明の実施をする権利を専有します(68 条)。したがって、第三者が権原（実施権等の実施行為を正当とする法律上の原因）なく特許発明を実施すれば特許権を侵害することになります。特許発明の実施とは、特許発明の技術的範囲の構成全部の実施（直接侵害）を言い、一部の実施は侵害とはなりません（権利一体の原則（191 頁））

しかし、一部の実施であるため直接侵害とは言えない行為であっても直接侵害を惹起・誘発する蓋然性の高い予備的又は幇助的行為（手助けする行為）を放置することは、特許権の効力の実効性を失わせることになります。そこで、このような直接侵害を惹起・誘発する蓋然性の高い予備的又は幇助的行為を侵害行為とみなし排除するのが間接侵害（みなし侵害、擬制侵害とも呼ばれる）で、101 条（侵害とみなす行為）に規定されています。

〔1〕間接侵害の 3 類型

（1）専用品「のみ品」の生産、譲渡等（101 条 1 号、4 号）

1 号は、物の発明の場合に、「その物の生産にのみ用いる物」の生産、譲渡等の行為を侵害とみなすものです。例えば、テレビ受像機の完成品に特許されている場合に、テレビ受像機の生産にのみ用いる部品セットを製造販売する行為は、該部品セットはテレビ受像機の組み立て以外の他の用途は考えられず直接侵害の蓋然性が高いため、その前の部品セットの製造販売の行為を間接侵害として禁止するものです。

「他の用途」があれば「のみ品」に該当せず間接侵害は成立しませんが、「他の用途」とは試験的又は一時的な使用の可能性では足りず、社会通念上、商業的、経済的にも実用性のある用途であるとされています（**装飾化粧板事件**　大阪地判昭 54.2.16）。

4 号は、方法の発明の場合についての規定で、「その方法の使用にのみ用いる物」の生産、譲渡等の行為を侵害とみなすものです。

（2）主観的要件「知りながら」生産、譲渡等（101 条 2 号、5 号）

平成１４年（２００２年）の改正で新たに追加されたもので、「のみ品」（専用品）に限らず、①「その物の生産に用いる物」（2 号）、「その方法の使用に用いる物」（5 号）のうち、②「その発明による課題の解決に不可欠なもの」を、③「その発明が特許発明であること及びその発明の実施に用いられることを知りながら」（即ち、故意、悪意で）、生産、譲渡等をする行為を間接侵害として禁止するものです。

（3）譲渡又は輸出のための所持（101条3号、6号）

平成１８年（２００６年）の改正で新たに追加されたものです。物の発明の場合、及び物を生産する方法の発明の場合は、「譲渡等、輸出」は２条３項で実施と規定され侵害行為ですが、譲渡又は輸出のために「所持」するだけでは侵害行為となりません。しかし、「譲渡等、輸出」がなされると侵害品が拡散し侵害防止措置が困難となるため、予備的行為である「所持」する行為を間接侵害として禁止するものです。

〔2〕間接侵害の成立には直接侵害が必要か

間接侵害は特許発明の一部の実施で侵害とみなすものですが、残部の直接侵害の実行が必要かどうかについては、①**従属説**（直接侵害を必要とする説）、②**独立説**（直接侵害を必要としないとする説）、③**折衷説**（直接侵害の規模等により間接侵害の成否を決めるとする説）があり、学説、判例とも分かれています

直接侵害を必要とする従属説では、例えば、直接侵害行為者が業としての実施でない「庭的、個人的使用」の場合や、後述する69条に規定の特許権の効力の及ばない「試験又は研究のための実施」の場合は、間接侵害は成立せず、独立説では成立することになります。また、直接侵害を必要としない独立説では、例えば、各部品を製造し、特許権のない国に輸出して組み立てるノックダウン（属地主義から権利は外国にまで拡張されないので直接侵害はない）の場合も侵害し、従属説では侵害しないことになります。特許権の保護に完全を期すために「直接侵害を惹起・誘発する蓋然性の高い一定の行為」を規制の対象とし、「侵害するものとみなす。」との条文の記載から独立説が妥当と考えられます。

4　特許権の効力の制限

特許権者は、業として特許発明の実施をする権利を専有します。しかし、特許制度の目的（技術の進歩、産業の発達）及び公益上の見地から、特許権には多くの制限があります。

〔1〕特許権の効力が及ばない範囲(69条)

（1）試験又は研究のためにする特許発明の実施(69条1項)

試験や研究は、他人の特許発明の目的・効果を確認したり、さらに技術を改良し新たな発明創造を促進したり、これらは技術を進歩・発展させるために不可欠です。特許権者にとっても、目的・効果を確認して特許発明の価値を認めてもらうことによりライセンスに繋がることもあります。しかし、試験の結果、得られた生産物を業として販売したり、業として試験・研究をする場合は特許権の侵害となります。

試験・研究が本条に該当するには、技術進歩を目的とすることが必要とする①**技術進歩必要説**と、必要としないとする②**技術進歩不要説**とがあります。

後発医薬品の製造承認申請のための各種試験とそれに供する製剤の製造について、特許品との生物学的同等性の試験は技術の進歩をもたらすものではないとして特許権侵害を肯定する裁判例もありますが、最高裁判所は、後発医薬品メーカーが先発医薬品メーカーの特許権存続期間中に製造承認申請のための各種試験とそれに供する製剤の製造について、試験又は研究に該当するとして特許権侵害を否定しました。

膵臓疾患治療剤事件（最高判平 11.4.16）。

製造承認申請のための試験が特許権存続期間中に行えないとすると、特許権の存続期間が終了した後も、相当の期間（製造承認が得られるまで：筆者注）第三者が当該発明を自由に利用し得ない結果となり、これは特許権の存続期間が終了した後は何人も自由にその発明を利用することができる特許制度の根幹に反する、と判示。

即ち、後発医薬品メーカーが、先発医薬品メーカーの特許権の存続期間中において製造承認を得るために行った試験が特許侵害とされると、試験を特許権の存続期間が終了した後に行わざるを得ず、仮に製造承認を得るために３年かかったとすると、その３年間は存続期間が終了した特許権者の医薬品だけが製造販売されることになり、事実上特許権の効力が存続期間の終了後も３年間継続（３年間存続期間を延長）することになります。

（２）単に日本国内を通過するに過ぎない船舶等（69 条２項１号）

単に日本国内を通過するに過ぎない船舶等、航空機又はこれらに使用する機械、器具、装置その他の物は、国際交通の便宜を考えたもので、パリ条約５条の３にも規定されています。

（３）特許出願の時から日本国内にある物（69 条２項２号）

特許発明の多くは、特許出願前から存在する物によって公知で無効とされ、仮に無効とされなくても先使用権による実施権を有する場合が多いと考えられます。しかし、先使用権の立証が困難なような場合には、本号の適用が考えられます。

（４）医薬の混合方法（調剤行為）（69 条３項）

処方せんにより調剤する度に特許権の侵害を判断したり、実施許諾を求めることは困難であり、また調剤行為は国民の健康を回復させる社会的任務に係ることを考慮したものです。

〔2〕**他人の特許発明等による制限**

他人の先願に係る特許発明等の利用、又は他人の先願に係る意匠権等との抵触 (72 条)：

他人の先願に係る特許発明等を利用したり、他人の先願に係る意匠権等と抵触するときは、その他人から実施許諾（ライセンス）を受けなければ特許発明を実施できません。

〔3〕**法定・裁定実施権による実施**

法定実施権(35 条、48 条の 3 第 8 項、79～82 条、176 条)、裁定実施権(83 条、92 条、93 条)（詳細は「第 15 章実施権　図表１５－１，１５－２」(181 頁）を参照)：

実施権は、特許権者から妨げられることなく特許発明を実施する権利ですので、第三者が実施権を有する場合は、特許権を行使することはできません。

〔4〕**回復した特許権の効力の制限**

特許料の追納による回復(112 条の 3)、再審による回復（175 条)：

特許権の消滅後の実施(本来は自由に実施)に対して、回復した特許権の効力を遡及的に及ぼすことは妥当ではないので、特許権の効力が制限されます。

〔5〕**存続期間延長による特許権の効力の制限**

政令処分により存続期間が延長された場合の特許権の効力（68 条の 2)：

「政令処分で特定された物及びその実質同一物」に制限されます。

したがって、相手方の対象製品に僅かな差異又は全体的にみて形式的な差異にすぎないときは、対象製品は医薬品として政令処分の対象となった実質同一なものに含まれ、存続期間が延長された特許権の効力の及ぶ範囲に属することになります（**オキサリプラチン事件**知財高判平 29.1.20)。

第15章　実施権

1　実施権

発明の実施は、特許制度の根幹をなすものです。発明は実施することにより、国民生活を豊かにし、産業の発達に寄与することができます。

特許発明を業として実施する権利を専有するのは特許権者です（68条）。しかしながら、特許権者自らは実施せず、又は自らも実施するとともに、他人に実施させることができます。実施権は、①特許権者が自分の意思での許諾（ライセンス）による場合と、②自分の意思とは関係なく公益上発生する場合とがあります。①の許諾による実施権には、専用実施権と通常実施権、②の公益上の実施権には、法定実施権と裁定実施権があります。

なお、実施権は、特許発明を実施するために、特許権者に対し権利行使をしない（特許権侵害の主張をしない）ことを求める権利（不作為請求権と言われる）です。

特許権者が上記①の許諾（ライセンス）により他人に実施させる場合、特許権者（実施許諾者：ライセンサー）は実施権者（ライセンシー）との間で特許実施契約（ライセンス契約）を締結し、特許権者（実施許諾者）は実施権者から対価（実施料、ライセンス料、ロイヤルティー：royalty）を得ることになります。特許実施契約については、「第２１章３特許実施契約」（260頁）を参照してください。

2　専用実施権（exclusive license）

専用実施権は、特許権者と専用実施権の設定を受ける者との間の契約（実施契約）により設定される物権的な権利（物を支配する権利）で、排他性を有し、一定の範囲内で、業としてその特許発明を独占的に実施できる権利です（77条2項）。専用実施権の設定は、特許庁の原簿に登録しなければ効力を生じません(98条1項2号)。専用実施権は、文字通り、その範囲内では特許権者であっても実施することができず、実施すれば専用実施権の侵害となります。

専用実施権者は、特許権者と同等の地位を有し、差止請求権、損害賠償請求権を行使できます。一方、特許権者は、特許権は専用実施権の設定により空虚な権利となるとの空権説もありますが、最高裁判所は差止請求権を認めました(**生体高分子事件**　最高裁判平17.6.17)。その理由として、①専用実施権の売り上げに基づいて実施料を定める場合、特許権者には実施料収入の確保の観点から、特許権の侵害を除去すべき現実的な利益がある、②専用実施権が何らかの理由により消滅し、特許権者が自ら実施しようとする際に不利益を被る可能性があることを考えると、特許権者にも差止請求権の行使を認める必要がある、としています。

専用実施権の範囲は、時間的（3年、5年等)、地域的（九州、北海道等)、内容的（製造、販売等）な面で制限することができます。専用実施権者は、特許権者の承諾を得た場合は、その専用実施権について通常実施権を許諾することができます（77条4項)。

3　通常実施権（non-exclusive license)

通常実施権は一定の範囲内で、業としてその特許発明を実施できる権利です(78条2項)。通常実施権は当事者間の契約だけで効力を生じます。通常実施権は債権的な権利（特定の人に一定の行為を請求する権利）で、物権的な権利(何人にも及ぶ物を支配する権利)である専用実施権とは異なり、排他的な権利ではありません。したがって、同一の範囲において複数の者に通常実施権を許諾することができます。通常実施権の範囲は専用実施権と同様、時間的、地域的、内容的な面で制限できます。

通常実施権者は、特許権者に対して権利行使をしない（特許権侵害の主張をしない）ことを求める権利を有するにすぎないため、排他性がなく、専用実施権者のように差止請求権、損害賠償請求権を行使することはできず、特許権者に行使してもらうことになります。通常実施権は、特許庁の原簿に登録しなくても効力が生じ、第三者に対抗(すでに成立した権利関係を他人に対して主張)できます（当然対抗制度）(99条)。例えば、特許権者がその特許をAに譲渡した場合、新しい特許権者のAに対し通常実施権者であることを主張でき、引き続いて特許発明の実施を継続することができます。

通常実施権の種類には、（1）許諾通常実施権、（2）法定通常実施権、（3）裁定通常実施権があります。

（1）許諾通常実施権

約定通常実施権とも言われ、特許権者の実施許諾による通常実施権で、実施（許諾）契約（ライセンス契約）を締結することにより行われます（78条)。

（2）法定通常実施権

公益上の必要から、特許権者の意思とは無関係に法律上発生する通常実施権で、図表15−1に示すものがあります。

図表１５－１　法定通常実施権

法定通常実施権	条文	通常実施権の範囲	対価
①職務発明についての使用者の通常実施権	35 条 1 項	特許権の全範囲	無償
②審査請求期間徒過後の一定期間中の実施による通常実施権	48 条の 3 第 8 項	実施又は準備をしている発明及び事業の目的の範囲内	無償
③先使用による通常実施権	79 条	実施又は準備をしている発明及び事業の目的の範囲内	無償
④共同出願違反又は冒認の移転登録前の実施による通常実施権	79 条の 2 第 1 項	実施又は準備をしている発明及び事業の目的の範囲内	有償
⑤無効審判の請求登録前の実施による通常実施権（中用権＊）	80 条 1 項	実施又は準備をしている発明及び事業の目的の範囲内	有償
⑥意匠権の存続期間満了後の通常実施権	81 条、82 条	原意匠権の範囲内 原権利（実施権）の範囲内	無償 有償
⑦再審請求の登録前の実施による通常実施権	176 条	実施又は準備をしている発明及び事業の目的の範囲内	無償

上記において、「無償」の場合の通常実施権は特許権者と通常実施権者との間の公平という観念から対価の支払いは不要で、また、「有償」の場合の通常実施権は公平という観念はなく事業設備の保護・維持の観点からのため、対価を支払う必要がある。

＊出願前に生じる権利である先用権（先使用権）に対して、出願後に生じる権利であるので中用権と言われる。

（３）裁定通常実施権

公益上の必要から、行政庁の裁定により認められる通常実施権で、強制実施権とも言われ、図表１５－２に示すものがあります（「第 4 章 2 裁定制度」（47 頁）参照）。

図表１５－２　裁定通常実施権

裁定通常実施権	条文	通常実施権の範囲	対価
①不実施の場合の通常実施権	83 条 2 項	裁定で定められた範囲	裁定で定められた額
②自己の特許発明の実施のための（利用・抵触の場合の）通常実施権	92 条 3 項又は 4 項	裁定で定められた範囲	裁定で定められた額
③公共の利益のための通常実施権	93 条 2 項	裁定で定められた範囲	裁定で定められた額

4　独占的通常実施権

通常実施権は専用実施権とは異なり複数の者に許諾できますが、第三者には通常実施権を与えないという特約付きの通常実施権を独占的通常実施権と言い、また、特許権者も実施できず通常実施権者だけが実施できる独占的通常実施権を完全独占的通常実施権と言います。独占的通常実施権者が差止請求権や損害賠償請求権を有するかどうかについて裁判例は分かれますが、独占的通常実施権は専用実施権に類似の取り扱いを受け、特許権者に代位して差止請求権を行使できるとした裁判例(**カム装置事件**　東京地判昭 40.8.31)、差止請求権は否定するが損害賠償請求権を肯定した裁判例（**ヘアーブラシ意匠事件**　大阪地判昭 59.12.20)があります。図表１５－３に、これらの実施権を比較しました。

図表１５－３　専用実施権と通常実施権・独占的通常実施権の比較

項目	専用実施権	通常実施権	独占的通常実施権
実施権の内容	物権的権利(排他性あり)(７７条２項)	債権的権利(排他性なし)（78 条）	債権的権利(規定はなし)
実施権の重複の可否	同一範囲で２以上の専用実施権は不可	同一範囲で２以上の通常実施権は可	同一範囲で２以上の通常実施権は不可
実施権の発生 実施権の効力	当事者間の契約で 原簿への登録が効力発生要件（98 条１項２項）	当事者間の契約で 登録なしで第三者に対抗（99 条）	当事者間の契約で 登録なしで第三者に対抗)（99 条）
特許権者自身の実施の可否	実施不可(７７条２項)	実施可	実施可（完全独占的通常実施権では不可）
通常実施権の許諾	特許権者の承諾要（77 条４項）	特許権者の承諾要(規定はなし)	
差止請求権の有無	有	無	有（特許権者に代位＊）又は無（裁判例は分かれる）
損害賠償請求権の有無	有	無	有又は無(裁判例は分かれる)

＊特許権者の地位に代わって独占的通常実施権者がつくこと。

5　再実施権（サブライセンス：sublicense）

再実施権は、特許法に明記はありませんが、実施許諾者（ライセンサー：licenser）から実施権を得た実施権者(ライセンシー：licensee)が、その実施権の範囲内で、さらに第三者に許諾する実施権を言います。

図表１５－４に示すように、例えば、下記のようなケースで利用されます。

①特許権者等の実施許諾者（ライセンサー：licenser）A から、企業体や組織体である実施権者（ライセンシー：licensee）B が再実施権付きの実施権を得て、当該企業体や組織体の構成員 C（再実施権者：サブライセンシー：sublicensee）に再実施権を与える場合、

②用途特許を有する実施許諾者 A（ライセンサー）から、その特許に使用される物質のメーカーB（ライセンシー）が再実施権付きの実施権を得て、該物質を該用途に使用するユーザーC（サブライセンシー）に再実施権を与える場合。

実施権者 B が再実施権者 C に再実施権を与える範囲は、実施権者 B が有する実施権の範囲内に限られます。また、A - B 間の主たるライセンス契約が終了すると B - C 間のサブライセンス契約も終了します。再実施権者 C が対価(実施料)を実施許諾者 A 又は実施権者 B のいずれに支払うかについては、契約の内容によります。なお、上記 C が下請けの場合は、実施権者 B は「指揮監督」等の要件を満たせば、実施許諾者 A の承諾がなくても下請け C に実施させることができます（第１７章「下請け製造」（224 頁）参照）。

図表１５－４　実施権及び再実施権

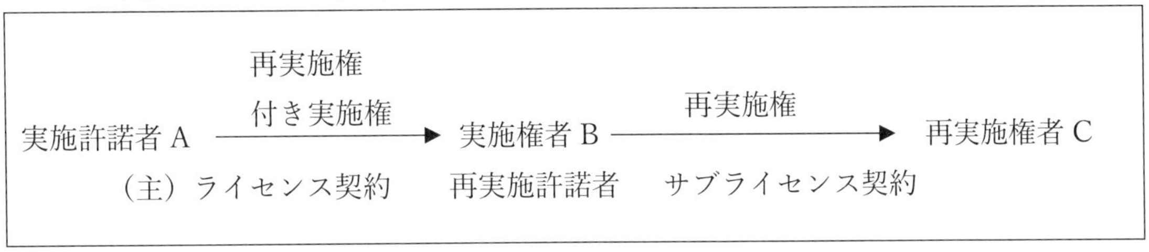

6　仮専用実施権及び仮通常実施権

仮専用実施権及び仮通常実施権は、図表１５－５に示すように、特許出願段階における専用実施権及び通常実施権で、対象特許権が設定登録されたときには、専用実施権が設定されたものとみなされ（34 条の 2 第 2 項）、又は通常実施権が許諾されたものとみなされるもの

です（34条の3第2項)。平成２０年(２００８年)の改正で創設されました。

これらの権利は、特許を受ける権利に基づいて取得すべき特許権について設定又は許諾される権利で、特許権成立後も特許権者から権利行使を受けることなく発明の実施を可能とするものです。

図表15−5　仮専用実施権及び仮通常実施権

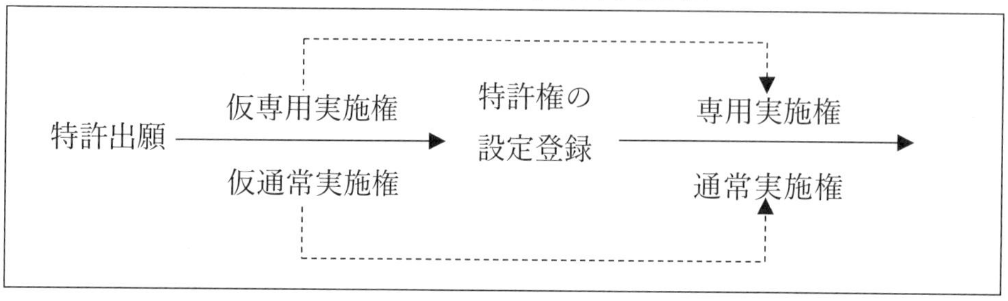

7　先使用による通常実施権（先使用権）

先使用権とは、甲の特許発明Xと同一内容を、発明Xの内容を知らないでその特許出願前から善意で現に日本国内で特許発明Xの事業化又は事業化の準備をしている者（先使用者）乙に与えられる無償の通常実施権です（79条)。

図表15−６　先使用権

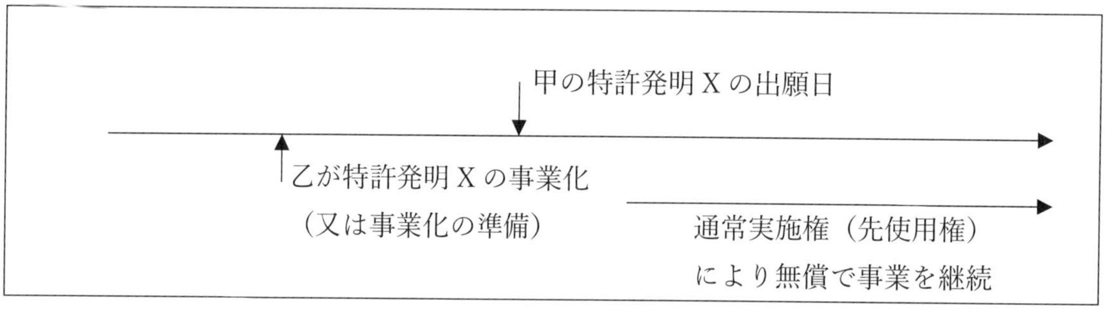

特許制度は特許出願により技術を公開した者を保護し、たとえ同一技術を先に発明し実施していたとしても、特許出願により技術を公開しなかった者は保護されず、先願者の権利が及びます。しかし、特許法は先願主義を前提とする特許権の効力の制限として、特許出願に係るルートとは別個独立のルートで同一技術を発明し事業化又は事業化の準備をしていた者は、一定の範囲で先願者の特許権を無償で実施でき事業を継続できるとしています。

（1）法的根拠

先使用権の法的根拠としては、①公平説と② 経済説があります。

①　公平説

先願主義の法制下において、特許権者と、その出願前に同一発明を事業化（又は準備）をしていた先使用者との間の利益の公平を図り、先使用者に事業を継続する権利を認めることにあるというものです。先願主義の不合理を先発明主義で調整したとも言われます。

②　経済説

現に善意で発明を事業化し又は事業化の準備をしている先使用者の既存の事業・設備を廃絶することは国民経済上得策でないところから、先使用者に実施権を付与し特許権者の権利と先使用者の権利との調整を図ることにあるというものです。

（2）先使用権の活用

（イ）クローズ戦略の安全策

製品の分析やリバース・エンジニアリング（分解）によっても知り得ないような発明は、たとえ特許権を取得しても、他社が侵害しているかどうかの判断や立証が困難です。このような場合には、特許出願せずにノウハウとして秘匿化した方が望ましい場合があります。所謂クローズ戦略です。

特に、他社が容易に追随できないような技術の場合は、その技術が陳腐化するまで独占的に実施し利益を得ることが可能となります。もし特許出願した場合は、1年6月で公開され、これを見て他社が改良発明を行い、この改良発明（を事業化した改良品）により市場を席捲されると退場を余儀なくされる恐れがあり、首尾よく特許権を取得したとしても、20年の存続期間満了後は、他社に自由に使用されます。

反面、ノウハウとして秘匿化した場合は、いつまで秘匿化を維持できるか、他社がいつ追随するかもしれないという脅威に曝されることになり、仮に他社が追随すれば途端に独占的地位は崩壊し、さらに他社が特許取得した場合には、いつ権利行使されるか戦々恐々とした状態となります。したがって、発明をノウハウとして秘匿化する場合は、他社が特許取得する場合に備えて先使用権で対抗できるように準備しておくことが望まれます。

（ロ）特許権侵害に対する防御方法

発明をしても特許性（新規性、進歩性）が無いと考え特許出願をせずに製造販売していたところ、ある日突然他社から出願され特許されたとか、特許権侵害の警告書がきたというようなことが起こり得ます。慌てて公知文献を探し異議申立や無効審判を検討しますが、特許権を取り消したり、無効にできる公知文献が見つからないときは、一転して窮地に立たされることになります。このような場合に、先使用権を主張できると強力な防御方法となり、侵害訴訟の場合は被告の抗弁権（原告の特許権侵害の主張を排斥するために被告が先使用権を主張）となります。

（3）先使用権の要件

①　発明の知得経路

「特許出願に係る発明の内容を知らないで自らその発明をし、又は特許出願に係る発明の内容を知らないでその発明をした者から知得して、」

発明の知得経路が特許出願に係るルートとは別ルート（善意）であることを規定したもので、特許出願に係る発明の発明者（A）とは別個に発明した発明者（B）、又は別個に発明した発明者（B）からの承継人（C）に先使用権が認められます。発明者（B）が発明者（A）より先に発明した場合は明らかに「発明の内容を知らないで」に該当し、また発明者（B）が発明者（A）より後に発明した場合であっても、発明者（A）とは別個に発明した場合は該当します。

②　事業の準備

「特許出願の際現に日本国内においてその発明の実施である事業をしている者又はその事業の準備をしている者」

「特許出願の際」は、理論的には特許出願日の時刻も問題になりますが、実際には問題になることは稀です。事業又は事業の準備が特許出願の際にされていればよく、その後に中断されていてもよいと解されています。

事業の準備の程度については、最高裁判所は、「即時実施の意図を有しており、かつ、その即時実施の意図が客観的に認識される態様、程度において表明されていることを意味する」と判示しています(**ウオーキングビーム式加熱炉事件**　最高判昭 61.10.3)。

（4）先使用権の範囲

「その実施又は準備をしている発明及び事業の目的の範囲内において、その特許出願に係る特許権について通常実施権を有する。」

先使用権の範囲は、『実施又は準備をしている発明及び事業の目的の範囲内』です。上記最高裁の判例によれば、「特許出願の際に先使用権者が現に実施又は準備をしていた実施形式だけでなく、これに具現された発明と同一性を失わない範囲内おいて変更した実施形式にも及ぶ」と判示しています。一般に、事業の目的の範囲内であれば、実施規模の拡大は認められるとされ、一方、販売から製造への変更や、製造から販売への変更は認められないとされています。

先使用権は、特許権者と先使用者との公平を図る観点から、特許権者に対価を払う必要はありません。

（5）先使用権の立証

以上のように、先使用権は特許権者からの権利行使に対して強力な防御となります。しかし、例えば、特許権者からの権利行使が出願から１０年も経った後になされることも珍しくなく、その場合は、１０年前の事実を立証する必要があります。特許権者からの権利行使が自社のどの製品についてなされるかは全く予測できませんが、少なくとも、出願せずにノウハウとして秘匿化する発明については、①発明の着手から完成、及び、②発明の事業化着手から実施についての一連の過程を立証する必要があります。先使用権は、「その発明の実施である事業をしている者又はその事業の準備をしている者」を要件とし、即ち、自分の製品や方法が相手の特許権の「技術的範囲に属する（侵害する）」ことを前提としているので、立証に失敗すれば侵害の自白となる危険を孕んでいます。

①発明の着手から完成を立証するための文書等

材料や機械器具の購入、請求書や領収書、研究ノートや研究日誌、研究報告書、試験・性能評価書等、ノウハウの場合は明細書と同様の書類。

②発明の事業化着手から実施又は実施の準備を立証するための文書等

事業計画書、設計図、仕様書、原材料や製造設備の発注書や納品書、金型の発注書や納品書、製造日誌、運転日誌、ラインの映像（DVD 等）、製品サンプルの送り状、請求書や領収書、製品カタログ、製品等。

これらの証拠資料については、公証人役場で**確定日付**（その当日現在その文書が存在していたことを証明するための日付印）を得たり、**タイムスタンプ**（ある時刻にその電子データが存在していたこと、及びそれ以降に変更や改竄がないことを証明する電子署名）を得て、いつでも立証できるように準備しておきます。

タイムスタンプは民間事業者が行っているため、利用者の立証負担軽減のために公的機関である（独）工業所有権情報・研修館（INPIT: National Center for Industrial Property Information and Training：インピット）が保管し、利用者の要請に応じて預け入れ証明書を発行するサービスを実施しています。

また、**事実実験公正証書**は、公証人が製造現場で原材料、製造設備や製造工程等を直接見聞し、その結果を記載した公正証書で、２０年間公証人役場で保存されるので改竄や紛失の恐れがありません。

（６）先使用権と６９条（特許権の効力が及ばない範囲）との関係

先使用権の立証が困難な場合は、69 条（特許権の効力が及ばない範囲）の 2 項 2 号の「特許出願の時から日本国内にある物」の立証が容易なことがあり、この規定の利用が考えられます。

“カラオケの発明者は？”

カラオケの発明者は井上大佑氏とされ、巷説によれば、もし同氏が特許を取得していれば、何百億円もの特許収入を得たのではないかと言われています。

しかしながら、同氏が８トラックプレーヤーの店舗レンタルを開始した数年前に、歌手の西郷輝彦氏がブラジル公演で、費用の関係から、生バンドの代わりに録音テープで歌を歌った事実があり、したがって、カラオケの発明者は井上大佑氏ではないというのが真相のようです。

それでも井上大佑氏は、課金システム、エコー、頭出し等のカラオケのビジネスモデルを発明するとともに、その普及・発展に大きく貢献し、TIME誌（TIME　AUGUST 23- AUGUST 30, 1999 Vol. 154 NO.7/8）の２０世紀にアジアで最も影響力のあった２０人の中に、同氏の名前が毛沢東、ガンジー、昭和天皇、黒沢明、盛田昭夫氏らとともに挙げられています。

また、井上大佑氏は、特許取得には消極的だった代表例として取り上げられますが、１件だけ実用新案を出願されています（実開昭51－80218「歌集帳」）。

（出所:「特許ニュース」平成20年11月19日　NO.12389, 平成20年12月16日　NO.12407）

第16章　特許権の侵害と侵害紛争の解決

1　特許権の侵害

特許権の侵害訴訟の件数はここ数年では年間１５０件前後で推移し、２０１７年は１５８件で同年の我が国に存続している特許権の件数は２０１万件（出所：WIPO Statistics Database）ですので、侵害訴訟の割合は僅か０．００８％です。これは特許権が尊重されている（侵害が少ない）ことの証かもしれません。しかしながら、一旦侵害事件が起きると、原告（権利者）、被告（被疑侵害者）のいずれの側に立っても膨大な労力、時間及び費用が必要であり、話し合いで解決できず訴訟となり敗訴でもするなら莫大な損害賠償を請求されることもあり、会社が存亡の危機に瀕することも少なくありません。

ところで、第三者の判断や実施についてはこちらでは全くコントロールできないので、第三者により自社の特許権が侵害されることを予防・回避することは殆ど不可能ですが、自社による第三者の特許権の侵害については、侵害しないように注意を払うことにより、かなりの程度予防・回避することが可能です。

そのためには、どういう場合に特許権の侵害となるのかについての知識が不可欠で、研究開発のシードの探索段階や研究開発の過程で、又は製品の製造販売前又は製造販売中において、侵害する恐れのある他社の公開公報や特許公報を発見した場合には、出願については情報提供による特許化の阻止や、特許については異議申立による取消や無効審判による無効化を図り、これらが困難又は不可能な場合には、研究開発の中止や侵害回避のための変更、又は製品の製造販売の停止や侵害回避のための設計変更が必要となります。一度侵害事件を起こすと他社の権利を尊重しないと見られ、会社の名誉や信用が大きく毀損します。

以上のように、侵害についての知識は、自社の特許権侵害で他社を排除するためというよりは、むしろ自社が他社の特許権を侵害しないで安全・安心して製造販売でき、ユーザーに迷惑をかけないように、トラブルを事前に予防するために重要です。一度侵害訴訟をしかけられると、たとえ勝てる見込みがあったとしても、いつ製品の出荷を止められるか、いつユーザーに迷惑をかけるか等が気がかりで、不本意な和解（通常、一定の和解金の支払いを伴う）に応じざるをえないことになりかねません。近年、オープン・イノベーションが標榜される中で、旧来の専守防衛的な考えが批判・揶揄される傾向にありますが、他人の権利を尊重し紛争を未然に防止することは、オープン・イノベーション下においても些かも色あせることのない経営の要諦です。

〔1〕特許権の侵害

特許権者は、業として特許発明の実施をする権利を専有します（68条）。

したがって、特許権の侵害とは、第三者が法的根拠（実施権等）なく業として特許発明を実施する行為を言います。「業として」とは、「事業として」であり必ずしも営業的なものに限る意味ではなく、個人的実施や家庭的実施を除く趣旨です。具体的には、被疑侵害対象の物又は方法（慣行的にイ号物、イ号方法と呼ばれる）が、70条に規定されている「特許発明の技術的範囲」に属するかどうかが判断され、「属する」場合は侵害し、「属しない」場合は侵害しないことになります。

〔2〕技術的範囲

技術的範囲とは特許権の効力が及ぶ範囲で、70条に記載されている用語です。よく似た用語として、権利範囲と保護範囲があり、これらは技術的範囲とは一致しないとする説と、一致するとする説があります。しかし、いずれの用語も後述するように、文言上の侵害と拡張解釈による侵害（均等や迂回等）の両方を含む点で一致するので、講学上はともかく、実務上は同一と考えて差し支えないと思われます。

〔3〕技術的範囲を定める原則・基準

技術的範囲を定めるにあたり、法定されている原則と、公正、公平、法的安定性及び裁判例等から導かれる基準があります。

（1）請求範囲基準の原則

特許発明の技術的範囲は、願書に添付した特許請求の範囲の記載に基づいて定めなければならない、と規定されています（請求範囲基準の原則）（70条1項）。したがって、明細書（発明の詳細な説明）には記載されているが、特許請求の範囲には記載されていない発明は、特許発明の技術的範囲には包含されません。

（2）明細書参酌の原則

特許請求の範囲に記載された用語の意義を解釈するために、明細書の記載及び図面を考慮することができます（明細書参酌の原則）（70条2項）。

即ち、特許発明の技術的範囲は、特許請求の範囲の基準を原則として定め、用語の意義の解釈には明細書及び図面を考慮してもよいとされています。実際には、「用語の意義の解釈」に限らず、明細書、図面を考慮することなく技術的範囲を定めることは不可能です。後述する作用効果重視説や作用効果不奏功等も、明細書参酌の原則の問題であると考えられます。

要約書は専ら技術情報としての使用を目的としているため、特許発明の技術的範囲を定めるに際しては考慮してはならないとされています（70条3項)。

（3）実施行為独立の原則

実施については2条3項に、物の発明、方法の発明、物を生産する方法の発明について規定されています。例えば、物の発明については、通常、「生産（製造)」し、「販売」し、販売はさらに「卸売」、「小売」、「使用」のプロセスを経ますが、これらが業としてなされている場合は、いずれの行為も侵害となります。したがって、特許権者は、生産者、卸売業者、小売業者、使用者のいずれか又は全てに対し、権利行使（製造、販売、使用の差止請求、損害賠償請求等）することができます。

（4）消尽説（用尽説）(exhaustion)

特許製品が一旦適法に販売された後は、その製品に関しては特許権は用い尽くされ、以降の販売、使用に対しては特許権の侵害を主張できないとする考えです。上記の（3）実施行為独立の原則の例外です。

これは常識的に当然ですが、法律的論拠としては、①黙示の実施権許諾説、②販売（購入）する都度特許権者の許諾が必要とすると、製品の円滑な流通が妨げられ、かえって特許権者の利益を害するとの説、③特許権者は特許製品の最初の販売により販売代金（発明公開の対価、研究開発に要した費用の回収を含めて）を取得できたのであるから、以降の販売により二重の利益を得ることを認める必要はないとの説、等があり、③が有力とされています。

なお、半導体集積回路の回路配置に関する法律の12条3項には回路配置利用権の効力の消尽が規定され、また種苗法の21条4項には育成者権の効力の消尽が規定されています。

（5）権利一体の原則（オール・エレメント・ルール：all elements rule)

特許請求の範囲に記載された構成要件は、一体となって有機的に結合し全体として保護を受け、その各要件が独立して保護されるものではないとする原則です。

例えば、特許発明が「A+B+C」で構成されている場合に、AとBとCの全ての要件を実施したときに侵害が成立し、いずれかの要件を欠く発明、例えば、「A+B」、「B+C」、「A+C」を実施しても原則として侵害とはなりません。

（6）出願経過の参酌・禁反言(エストッペル：estoppel)

禁反言は、出願人の示した言動・表示（意見書や補正書）を信頼した第三者を保護するという英米法上の原則です。特許権者は、出願中の拒絶理由に対しては、発明の先行技術との違いや優位性を強調し、必要によりクレームを減縮補正して先行技術との違いを際立たせて特許を取得しておきながら、権利行使の段階になるや一転して技術的範囲を広げて侵害を主張する傾向があります。禁反言は、このような出願段階と権利行使の段階における相矛盾する日和見的主張は許されないとする原則で、包袋禁反言（ファイル・ラッパー・エストッペル：file wrapper estoppel　又はプロセキューション・ヒストリー・エストッペル：prosecution history estoppel））と言われます。また、禁反言は、信義誠実の原則（互いに相手の信頼を裏切らないように誠意をもって行動すべきという法原則で、信義則ともいう：民1条2項）の現れであるとか、法の世界におけるフェア・プレイ精神の現れと言われます。

禁反言は、特許性（新規性、進歩性）のための補正だけに適用されるのか、又は記載不備（明確性、簡潔性）のための補正にも適用されるのかが問題です。かつては、特許性（新規性、進歩性）のための補正だけに適用されるという説が有力でしたが、最近では、特許請求の範囲を限定したことが出願経過から外形的に明らかである以上、出願人の主観的意図にかかわらず、特許権者が後にこれと反する主張をすることは、禁反言の法理に照らして許されないとする裁判例があります（**発泡樹脂成形品の取出方法事件**　東京地判平22.4.23）。

禁反言は、出願経過のみならず、特許異議申立、無効審判、審決取消訴訟等における権利者の補正や主張に対しても適用されます。また、米国、ブラジルでの対応外国出願での意見書の主張を参酌した例（**オキサリプラチン事件**　東京地判平28.10.28）、ドイツでの意見書の主張を参酌した例（**チャック事件**　大阪地判昭52.3.11）もあります。なお、国際禁反言を過度に認めることは、特許独立の原則（275頁）からは疑問があります。

（7）公知事実の参酌・公知事実除外論

特許は、出願時の技術水準（公知技術）を超えている（新規性、進歩性を有する）部分に付与されるので、技術的範囲を定める際には公知事実の参酌は不可欠であるとし、公知技術が特許発明の技術的範囲に属しないように解すべきであるとの考えです。しかし、一般に発明は公知技術に新規な技術を加えて成立し、公知の要件も新規な要件も有機的に結合した技術的思想として特許が付与されたのであるから、これを人為的に破壊し公知の部分を除外すべきでないとの反対論もあります。

（8）意識的除外論・意識的限定論

明細書等の記載において、出願人が特許請求の範囲から意識的に除外した事項は技術的範囲に属しないとするのが意識的除外論で、出願人が特許請求の範囲を特定の事項に限定し他を排除している場合は、限定事項のみが技術的範囲に属するとするのが意識的限定論です。

（9）認識限度論

特許の保護は、発明者が創作し認識した技術思想の範囲を限度とすべきであり、それ以上の発明者が発明していない事項については保護すべきでないとの見解です。

（１０）作用効果不奏功（の抗弁）

特許請求の範囲に記載された発明の構成要件を充足していても、発明の詳細な説明に記載された作用効果を奏しない場合には、技術的範囲に属さない（侵害しない）とする考えです（**エアロゾル製剤事件**　大阪地判平 13.10.30）。特許権者の侵害の主張を排斥するために被告により主張されるので、作用効果不奏功の抗弁と言われます。

しかし、発明は自然法則を利用した技術的思想であるので、特許発明の構成要件を充足すれば当然に発明の詳細な説明に記載された作用効果を奏するはずであり、特許制度はこの反復可能性の上に成り立つものです。

そこで控訴審では、作用効果を生じないことは、特許発明の構成要件の一部又は全部を構成として有していないことを意味し、作用効果を生じないことを主張するだけでは不十分で、当該作用効果と結び付けられた特許発明の特定の構成要件の一部又は全部を備えないことを主張する必要がある、と判示しています(**エアロゾル製剤事件**　大阪高判平 14.11.22)。控訴審では、権利一体の原則の一態様に帰結し、論理的には妥当と思われます。なお、結論としては、作用効果を奏すると認定され、権利者の差止請求が認められています。

上記した技術的範囲を定める原則・基準を図表１６－１にまとめました。

図表１６－１　技術的範囲を定める原則・基準

1	請求範囲基準の原則	技術的範囲は特許請求の範囲に基づいて定める。(70 条 1 項)
2	明細書参酌の原則	特許請求の範囲の用語の意義の解釈には明細書、図面を考慮してもよい。(70 条 2 項)
3	実施行為独立の原則	生産（製造)、販売（卸売、小売)、使用等のいずれも侵害する。
4	消尽説（用尽説）	特許製品が適法に販売されると、その製品については、特許権は目的を達し消尽する（侵害を主張できない)。
5	権利一体の原則（オールエレメントルール)	特許請求の範囲の構成要件は全体として保護を受け、いずれかの要件を欠くと侵害しない。
6	出願経過の参酌・禁反言	出願中の意見書や補正書の内容と反する主張をして権利行使（侵害を主張）することは許されない。
7	公知事実の参酌	公知事実は、特許請求の範囲に含まれないように解釈される。
8	意識的除外論・意識的限定論	出願人が意識的に除外した事項は特許請求の範囲に含まれず、また意識的に限定した場合は限定事項のみに限られる。
9	認識限度論	特許の保護は、発明者が創作し認識した技術思想の範囲を限度とすべきである。
10	作用効果不奏功（の抗弁)	構成要件を充足していても、作用効果を奏しない場合には、技術的範囲に属さない。

〔4〕文言（上の）侵害

被疑侵害対象の物又は方法（イ号物品、イ号方法）が、特許請求の範囲に記載された構成要件の全てを充足する場合を文言上の侵害又は文言侵害（literal infringement）と言います。構成要件の１つでも充足しなければ、文言侵害は成立しません（権利一体の原則）。

〔5〕拡張解釈

技術的思想である発明を完全かつ網羅的に文字で表現することは事実上不可能に近く、余りクレームの文言に拘泥しすぎると特許権は容易に回避され、特許制度の目的である発明の保護（特許権者の保護）が不十分となります。そこで、文言上はクレームを充足しない場合でも、技術的範囲に属すると判断したほうが適切な場合があります。このような拡張的な判断は、一般に、発明を創出する努力や困難性に比べて、ある特許の要件の一部を他のものに置き換えたり、省略したり、付加して、侵害を回避する方が極めて容易であることからも首肯できます。

（1）均等（equivalents）

文言上はクレームを充足しない場合であっても、法的に同一とみなし得る均等（同一性）の範囲にまで技術的範囲を拡張して技術的範囲に属すると判断する理論で、均等論（doctrine of equivalents）と言われます。“equivalent”は、「等価（等しい価値）」を意味するところから等価論ともいわれます。なお、拡張とは、下図ではクレームの外側に出っ張っていますが、あくまでクレームの同一性（均等・等価）の範囲内かどうかの判断です。

例えば、特許請求の範囲の要件「酸」に対しイ号物が「酢酸」であれば、「酢酸」は「酸」に属するので技術的範囲に属し、文言上の侵害となります。しかしながら、イ号物が「酢酸ナトリウム」であれば、「酢酸ナトリウム」は「酸」に属しないので文言侵害にはならないものの、一定の条件下では「酢酸ナトリウム」は「酸」と均等（等価）であると判断され均等侵害となる場合があります。図表１６－２に、文言侵害と均等の関係を示しました。

図表１６－２　文言侵害と均等の関係

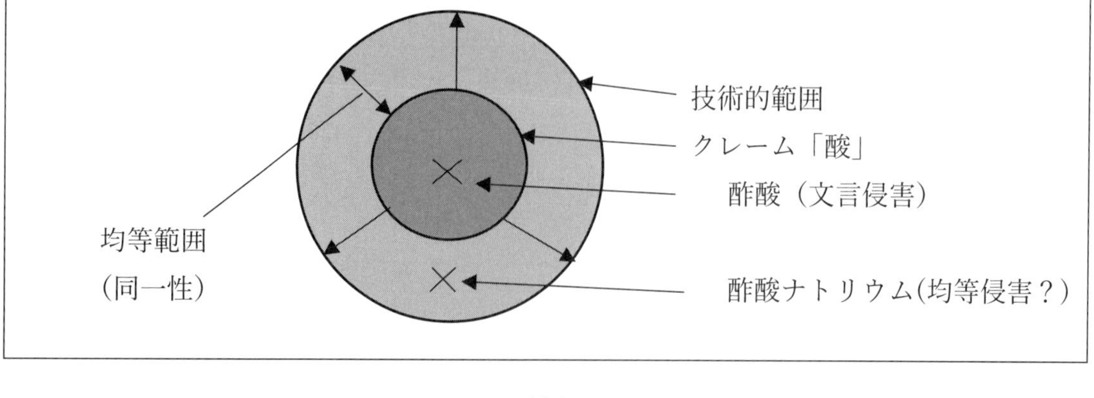

①**グレーバー・タンク事件**（Graver Tank & Mfg. Co. vs. The Linde Air Products）
（「アルカリ土類金属のケイ酸塩」対「マンガンのケイ酸塩」：均等を肯定）

米国における均等論に関するリーディンケースとして、グレーバー・タンク事件（連邦最高裁判 1950. 5. 29）が有名です。この事件では、「アルカリ土類金属のケイ酸塩」を構成要件とする特許を、被告製品の「マンガンのケイ酸塩（マンガンはアルカリ土類金属ではない）」が侵害するかどうかが争われましたが、「実質的に同一の方法（substantially the same way）で、実質的に同一の機能（substantially the same function）を遂行し、実質的に同一の結果（substantially the same result）」が得られる場合には、均等論を適用できるとし、均等を認めました。

②**発泡性ポリスチロール事件**（大阪地判昭 36.5.4）（「ペンタン」対「プロパン」：均等を否定）

特許に係る発泡剤である易揮発性有機液体のペンタンと被告使用の発泡剤であるプロパンとが均等かどうかが争われました。裁判所は、均等を「均等物、均等方法とは、先行の特許発明の技術思想からみて、ある物質または方法が特許発明の技術的要素と機能を同じくし、これを取り換えてみても同一の作用効果を生じ、いわゆる置換可能性があることと、そのことが特許出願当時における平均水準の技術家にとって、容易に推考し得る場合を条件として特許発明との同一性を認める概念である」と定義しています。

そして、ペンタンとプロパンとが均等かどうかについては、

（イ）作用効果は同一であっても自然力利用の方法が異なる（ペンタンは液体の気化による体積膨張を利用、プロパンは気体自体の膨張を利用）、

（ロ）（明細書中に公知の発泡剤として、ガス、固体、液体を指摘しながら、特定の液体をクレームしていることから）気体は意識して除外されたもので、これに均等を認め技術的範囲を拡大するのは許されない（明細書参酌の原則）、

として均等を否定しています。

③**発泡剤事件**（東京地判昭 48.4.20）（「ペンタン」対「ブタン」：均等を否定）

上記と類似の発泡剤事件では、同じく、特許に係る易揮発性有機液体のペンタンと被告使用のブタンとが均等かどうかが争われました。裁判所は、

（イ）本件特許は一定の易揮発性有機液体を用いることを必須要件とし、これを気体と明確に区別し、液体を用いる技術思想として創作されたもので、気体たるブタンは本件特許の発泡剤には含まれない（明細書参酌の原則）、

（ロ）特許は発明者ないし出願人が創作し、認識した技術思想の範囲内において請求した限度につき付与されるから、ブタンとの均等を論ずるまでもない（認識限度論）、

と判断して均等を排除しました。

私事で恐縮ですが、この事件は、筆者が会社在職中に関連会社が被告となった事件で、上記②の発泡性ポリスチロール事件でプロパン（Ｃ３）がペンタン（Ｃ５）の均等物ではないという一応有利な裁判例があったものの、これは炭素数が２個異なるケースでの判断です。これに対して、③の発泡剤事件では、炭素数が隣りあうブタン（Ｃ４）とペンタン（Ｃ５）のケースで、より化学的、物理的性質が近く、均等物と判断される恐れがあるのではないかと随分と肝を冷やされたものです。

④**ボールスプライン軸受け事件**（最高判平 10.2.24）（「ボール保持器の一体構造」対「３枚のプレート状部材」：均等を否定（高裁では肯定））

均等論については、ボールスプライン軸受け事件で最高裁判所は初めて均等を積極的に認め、均等の５要件を示しました。均等の５要件は、図表１６－３に示すとおりです。

図表１６－３　均等の５要件

	クレーム構成要件中に対象製品と異なる部分が存在しても、その異なる部分が	
積極的要件（原告：権利者が立証）	（１）特許発明の本質的部分でなく	非本質的部分
	（２）置換しても特許発明の目的を達成でき、同一の作用効果を奏し	置換可能性
	（３）置換は当業者が対象製品の製造時点(侵害時点)で容易に想到でき	製造時(侵害時)での想到容易性
消極的要件（被告が立証）	（４）対象製品が出願時の公知技術と同一又は当業者が容易に想到できたものでなく	非公知・非容易想到性
	（５）対象製品が出願手続においてクレームから意識的に除外された等の特段の事情がない	非意識的除外

即ち、対象製品の異なる部分が、（１）特許発明の本質的部分である場合は、対象製品は特許発明とは別の発明（均等の余地のない発明、以下同じ）であり、（２）置換すると特許発明の目的を達成できず、同一の作用効果を奏しないときは置換可能性がなく、したがって別の発明であり、（３）置換は当業者が対象製品の製造時点(侵害時点)で容易に想到できないときは想到容易性がなく、別の発明であり、（４）対象製品が出願時の公知技術と同一又は当業者が容易に想到できた場合は、何人も特許を受けられなかったはずのものであるので特許の効力は及ばず、（５）対象製品が出願手続においてクレームから意識的に除外された事項にあたる等の特段の事情のあるときは、これに反する権利行使は禁反言され均等の主張は許されない、と判示しています。

なお、要件（３）の想到容易性の判断基準時を、従来の特許発明の「出願時」（例えば、上記②発泡性ポリスチロール事件）から対象製品の製造時、即ち、「侵害時」として均等論適用の拡大を図っています。この想到容易性は、29条2項の発明の想到容易性（進歩性）よりも低いと言われており、**負荷装置システム事件**（東京地判平10.10.7）では、「当業者であれば誰もが特許請求の範囲に明記されているのと同じように認識できる程度の容易さと解すべき」としています。

ボールスプライン軸受け事件は、特許発明に係るボール保持器の「一体構造」と被告製品の「3枚のプレート状部材」とが均等かどうかが争われ、原審の東京高等裁判所は均等侵害を認めましたが、最高裁判所は、均等の要件（4）が十分審議されずに均等と判断し特許法の解釈適用の誤りがあるとして、原判決を破棄し東京高等裁判所に差し戻しました。

⑤**マキサカルシトール事件**（最高判平29.3.24）（「シス体」対「トランス体」：均等）

製薬分野で初めて均等侵害が認められた事案です。角化症治療薬の有効成分であるマキサカルシトールを含む化合物の製造方法特許権の共有者である被上告人（原告）が、上告人ら（被告）の輸入販売等に係る医薬品の製造方法は均等であるとして当該医薬品の輸入販売等の差し止め及び廃棄を求めた事件で、本件特許に係るシス体のビタミンDを出発物質とする方法と、上告人らのトランス体のビタミンDを出発物質とする方法とが均等かどうかが争われました（シス体とトランス体は、分子式が同じで構造式が異なる幾何異性体）。

最高裁は、第一審、第二審と同様、均等侵害を認めました。争点は、上記ボールスプライン軸受け事件で最高裁が示した均等侵害の第5要件（意識的除外）、即ち、上告人（被告）らのトランス体のビタミンDを出発物質とする方法が、特許発明の特許出願手続において特許請求の範囲から意識的に除外されたものに当たり禁反言により均等侵害の主張が禁じられるかどうかの点で、最高裁は意識的除外に当らないと判断しました。

（1）意識的除外に当たる場合

出願人が、特許出願時に、特許請求の範囲に記載された構成中の対象製品等と異なる部分につき、対象製品等に係る構成を容易に想到することができたにもかかわらず、これを特許請求の範囲に記載しなかった場合において、客観的、外形的にみて、対象製品等に係る構成が特許請求の範囲に記載された構成を代替すると認識しながらあえて特許請求の範囲に記載しなかった旨を表示していたといえるときは、対象製品等が特許発明の特許出願手続において特許請求の範囲から意識的に除外されたものに当たるなどの特段の事情が存する。

（2）本件は意識的除外に当るか否か

本件特許の特許出願の願書に添付した明細書（以下「本件明細書」という。）には、トランス体をシス体に転換する工程の記載など、出発物質等をトランス体のビタミンD構造のものとする発明が開示されているとみることができる記載はなく、本件明細書中に、上記発明の開示はされていなかった・・・

前記事実関係等に照らすと、被上告人（原告：筆者注）が、本件特許の特許出願時に、本件特許請求の範囲に記載された構成中の上告人（被告：筆者注）らの製造方法と異なる部分につき、客観的、外形的にみて、上告人らの製造方法に係る構成が本件特許請求の範囲に記載された構成を代替すると認識しながらあえて本件特許請求の範囲に記載しなかった旨を表示していたという事情があるとはうかがわれない（意識的除外には当らない：筆者注）。

（２）迂回方法

出発物質から反応手段を施して最終（目的）物質を得る化学の方法特許において、途中の化学手段において回り道をする方法です。回り道ではなく侵害しないと判断されました。

クロルプロマジン事件（大阪地判昭 33.9.11）（出所：百選１４）（迂回方法を否定）

図表１６－４に示すように、仮処分の債権者（特許権者）の特許発明は、出発物質 A に反応手段 X を施して最終物質 B（クロルプロマジン）を製造する方法であるのに対し、債務者の方法は、出発物質 A を酸化して第 1 中間体 A’（オプロマジンの中間体）を得（第 1 工程）、次いで、第 1 中間体 A’に反応手段 X を施して第 2 中間体 B’（オプロマジン）を得（第 2 工程）、さらに第 2 中間体 B’（オプロマジン）を還元して最終物質 B（クロルプロマジン）を製造する（第 3 工程）方法で、これが特許発明を侵害するかどうかです。

特許権者は、第 1・第 3 工程が酸化還元の無用の相殺工程である（迂回方法であり侵害する）と主張しましたが、裁判所は、次のように判断し特許権者の主張を退けました。

（イ）第 2 工程で得られる第 2 中間体 B’（オプロマジン）は新規な有用医薬品であり、

（ロ）第 1 工程は第 2 中間体 B’（オプロマジン）の中間体である第 1 中間体 A’の製造方法として価値があり、

（ハ）第 3 工程は第 2 中間体 B’（オプロマジン）を原料として最終物質 B（クロルプロマジン）を製造する方法であり、・・・そのいずれもが独立した意味と価値を有する。

図表１６－４　迂回方法（クロルプロマジン事件）

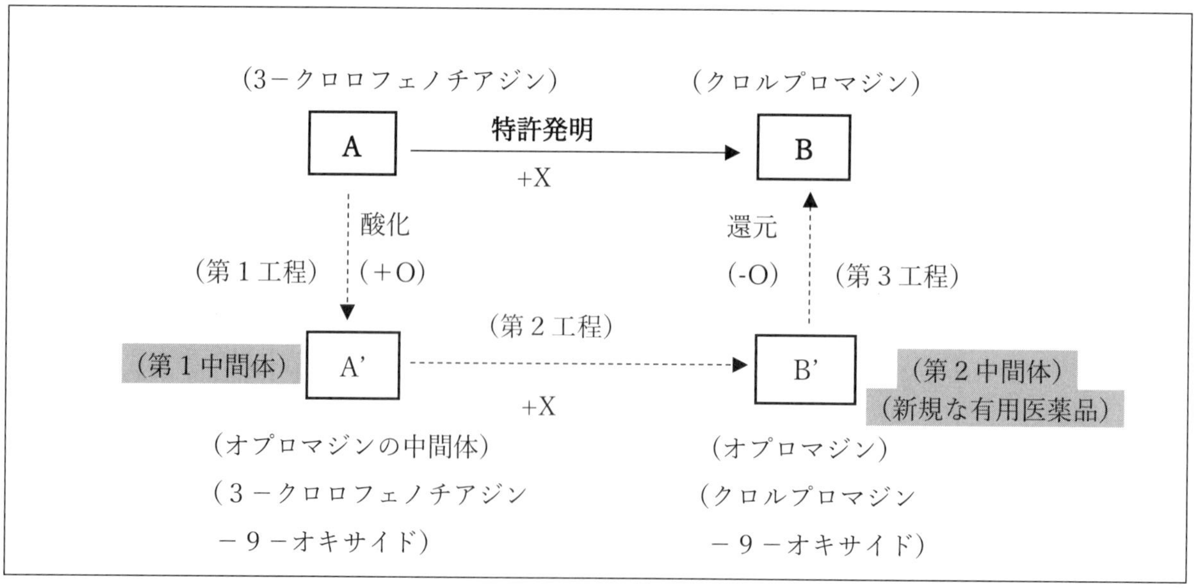

「そっくり説」の定義

なお、この事件では利用関係についても否定していますが、所謂「**そっくり説**」のリーディングケースとして有名で、下記のように判断しています。

「利用発明とは、先行発明の特許要旨に新たな技術的要素を加えたものをいうのであるから、利用発明は先行発明の特許要旨全部を含み、これをそっくり利用したものでなければならない。」

（３）不完全利用（改悪実施）（侵害）

ブロック玩具事件（大阪地判昭 43.5.17）

登録実用新案に係るブロック玩具において、中間片を省略した（その結果、省略しない場合に比べてブロックの結合力が低下）以外はクレームの全ての要件を備えたブロック玩具について、裁判所は、第三者が実用新案の考案の作用効果を低下させる以外には他になんら優れた作用効果を伴わないのに、専ら権利侵害の責任を免れるために、比較的重要性の少ない事項を省略した技術を用いて登録実用新案の実施品に類似したものを製造するときは、考案構成要件にむしろ有害的事項を付加してその技術思想を用いるに他ならず、考案の保護範囲を侵害するものと解する、と判示しています。

これは権利一体の原則、即ち、特許請求の範囲に記載された構成要件のいずれかの要件を欠く発明を実施しても侵害とはならないとする原則の例外です。改悪実施とも言われます。

なお、不完全利用は、「わが国において定着しているとはいえないから、発明・考案の基本的な構成部分を欠く発明・考案は、その作用効果が同一である場合はもちろん、それより劣るものであっても、前記発明・考案とは別個の発明・考案を構成する」と権利一体の原則に立つもの（**ハンドドライヤー事件**　東京地判昭 48.5.30）、「特許発明の構成要件の一部を欠く場合、文言上は全ての構成要件を充足しないことになるが、当該一部が特許発明の本質的部分ではなく、かつ均等の他の要件を充足するときは均等侵害が成立し得る」とし、均等論の一種とする考えもあります（**ソフトビニル製大型可動人形事件**　知財高判平 24.10.11）。

（４）付加と利用関係

化学反応系の発明において、第３成分の添加と利用関係の成否について、大阪地裁と京都地裁とで判断が分かれ物議を醸した事件です。

①　**ポリエステル事件**（大阪地判昭 42.10.24）（利用関係を否定：非侵害）

特許発明はエチレングリコールとテレフタール酸を反応させポリエチレンテレフタレート（ポリエステル）を製造する方法であるのに対し、第三成分としてイソフタール酸を加える方法について利用関係が成立するかどうかについて、裁判所は、化学方法の特許では、出発物、操作（処理）手段、目的物の有機的な一体性が発明思想であって、出発物に第三成分を付加することにより、目的物の本質的性格が変化したり、有用性効能が著しく増大し、つまり作用効果が著しく異なるときは、付加前の目的物が生成されずにこれとは異質の目的物が生成され、このことは付加前の構成要件の一体関係が破られ、付加に起因して新たな一体関係が生じているとみるべきであり、そこには付加前の発明思想がそのまま含まれているわけでないから利用関係は成立しない、と判示しています。

② **ポリエステル事件**（京都地判昭 43.3.27）（利用関係を肯定：侵害）

特許発明は、上記と同じエチレングリコールとテレフタール酸を反応させポリエチレンテレフタレート（ポリエステル）を製造する方法であるのに対し、第三成分としてパラオキシ安息香酸を加える方法について利用関係が成立するかどうかについて、裁判所は、第三成分が先行発明の作用効果の実現に併せて他の有益な作用効果を付加的に達成するといった付加的作用を果たすに止まるときは、後行発明は先行発明を利用するものと解するのが相当である、と判示しています。

即ち、第三成分を付加することにより、（イ）作用効果が著しく異なるときは、付加前の発明思想がそのまま含まれているわけでないから利用関係は成立しない、（ロ）有益な作用効果が付加的作用に止まるときは利用関係が成立する、としています。

〔6〕利用発明

利用発明は、他人の先願特許発明をそっくり利用する関係にある発明ですが、そっくり利用する関係にあることが疎明されていないと判断されたケースです。

ポリプロピレン事件（大阪地判昭 39.12.26）（出所：百選７０）（利用関係を否定）

イタリアのモンテカチーニ社により開発され、日本の化学会社２０数社が技術導入のために日参して「モンテ参り」と言われた、ポリプロピレンの製造方法に関する製造、販売等禁止の仮処分申請事件です。

特許権を有するＸ社法と製造販売していたＹ社法（米国のアビサン社から技術導入したアビサン法）とは、出発物質と目的物質は同一で触媒を構成する物質において差異がある事件で、Ｙ社法はＸ社法を利用するかどうかについて、裁判所は下記のように判示しました。

「Ｙ社法がＸ社法を利用しているといいうるためには、Ｙ社法触媒の中にＸ社法触媒、即ち、『X+（イ）+（ロ）』(Xは（イ）（ロ）二元錯化合物、（イ）、（ロ）は未反応成分)がそのまま（その同一性、独立性を破壊されずに）共存していなければならない筋合である。・・・申請人（Ｘ社）の全立証によっても、いまだ疎明されないというべきであるから、結局、Ｙ社法はＸ社法を利用する関係にあるとはいえない。」

リーディングケースであるクロルプロマジン事件の「そっくり説」が継承され、利用するかどうかは特許権者が挙証責任を負うとしています。疎明とは証明より低くてよく、一応確からしいと判断する程度の立証でよいとされています。しかし、そもそも反応に作用する触媒の場合において、『X＋（イ）＋（ロ)』がそのまま共存していることを示すことは疎明といえども容易ではなく、そのハードルは極めて高いと言えます。

〔７〕縮小解釈

文言上はクレームを充足する場合であっても、技術的範囲に含まれる公知事項、進歩性欠如の事項や、出願中に意識的に除外された事項については、これらを含まないように技術的範囲を縮小解釈し、多くの場合、技術的範囲に属さないと判断されます。

（１）公知事項除外・禁止権の制限

①**石油バーナー事件**(最高判昭 39.8.4)（公知事項除外）

公知公用の部分を含む実用新案権の効力の及ぶ範囲について、裁判所は、公知、公用に係る考案を含む実用新案の権利範囲を確定するにあたっては、右公知、公用の部分を除外して新規な考案の趣意を明らかにすべきであると判示し、請求範囲には記載されておらず明細書に記載されている特定の要素に限定すべきであるとしています。

②**金属編籠事件**（大阪地判昭 45.4.17)（公知公用の技術：禁止権の制限)

公知公用の技術そのものを内容とする実用新案権の効力の及ぶ範囲について、裁判所は、いったん登録された実用新案は、たとえ無効事由の存在を推測せしむる場合でもこれを無効とする旨の確定審決があるまでは一応有効な権利として取り扱うほかない、としながら、公知公用であった技術は万人共有の財産であるから、公知公用の技術を用いたに過ぎない商品を他人が製造販売する行為について実用新案権者が禁止権を行使することは許されず、実用新案権を侵害するものではないとし、差止請求権の行使を否定しています。

この事件は、全部公知の場合であり、ドイツにおける「自由な技術水準の抗弁」（公知の技術水準は自由に実施できるとする抗弁）を採用したと言われています。

③**金属製棚の受杆係脱装置事件**（松山地判昭 49.2.25)（進歩性欠如権利：限定的解釈)

新規性だけでなく、進歩性も欠如している実用新案権について、本件構成要件は、すべて公知であって新規性がなく、かつ進歩性も認められないのであるから、・・・本件実用新案の技術的範囲は、本件実用新案公報の実用新案登録請求の範囲に記載されている字義どおりの内容をもつものとして、これを最も狭く限定的に解するのが相当であると判示しています。

（2）明細書の参酌・出願経過の参酌（禁反言：エストッペル）

明細書中での記載や、審査段階での意見書、補正書の内容等と矛盾する主張を侵害訴訟等の権利行使の段階ですることは禁じられます。

①**泥土の除去装置事件**（東京地判昭 58.3.28）（明細書記載の参酌）

特許権者が特定の効果を有するものとして特定の構成を明細書に記載して特許を受けた以上は、右の構成が右の効果を有しないことを前提とすることは許されないとして、非権利者の装置の構成は特許発明の構成と同一の作用効果を有しないと判示。

②**造型機事件**（大阪地判昭 55.2.29）（出願書類（包袋）禁反言：file wrapper estoppel）

原告が出願過程において前記のような意思見解を述べたことは何人もその記録（包袋）を見ることによって客観的に確知できることであるのに、そのような見解のもとで取得した特許について、原告がその権利行使の段階ではこれに反する主張をすることは第三者にとって著しく信義に反することになる。

〔8〕権利濫用

キルビー事件(最高判平 12.4.11)（権利濫用）

裁判所は特許の無効については判断できないとする従来の判例を変更して、特許に無効理由が存在することが明らかである場合(明白性)は、特許権に基づく差止、損害賠償等の請求は、特段の事情(訂正審判等：筆者注)がない限り、権利の濫用（乱用）に当たり許されないとして、権利濫用の抗弁を認めました。その理由としては、下記の3つを挙げています。

（イ）このような特許権に差止、損害賠償等の請求を容認することは、特許権者に不当な利益を与え、右発明を実施する者に不当な不利益を与えるもので、衡平の理念に反する、

（ロ）侵害訴訟において、まず特許庁における無効審決が確定しなければ、無効理由の存在をもって特許権の行使に対する防御方法とすることが許されないとすることは、特許の対世的な無効までも求める意思のない当事者にも無効審判の手続を強いることになり、また、訴訟経済にも反する、

（ハ）168 条 2 項(無効審判が係属しているときは、有効か無効かの審決が確定するまで侵害訴訟の審理を中止することができる：筆者注)の規定は、特許に無効理由が存在することが明らかで無効とされることが確実に予見される場合にまで訴訟手続を中止すべき旨を規定したものと解することはできない。

「キルビー事件の影響」

①特許無効審判との関係

これまで、権限分配の原則から、特許の有効・無効の対世的(当事者のみならず第三者にも効力が及ぶ)な判断は行政庁である特許庁の専権事項であり特許無効審判のみにより判断されるとされ、無効審決が確定するまでは特許は有効として取り扱われ、裁判所も侵害訴訟の場面ではその有効性を対世的に否定することはできないものとされてきました。

キルビー判決は、これまでの基本原則を前提としつつ、衡平の理念、紛争解決の実効性・訴訟経済の観点から、無効の蓋然性が高いときは当該訴訟の当事者のみに効力が及ぶ相対的無効の主張を初めて認めた画期的な判決です。なお、対世的に無効(当事者以外の第三者に対しても無効)にするには、これまでどおり無効審判を請求する必要があります。

②104条の3（特許権者等の権利行使の制限）

侵害訴訟において、特許無効審判により無効にされるべきものと認められるときは、特許権者（又は専用実施権者）は、相手方に対しその権利を行使することができない（1項）と規定されています。

キルビー事件の判決を受けて、平成１６年（２００４年）の改正で新設されたもので、キルビー事件の判決文中の無効理由の「明白性」要件と「特段の事情」要件がなく、本条の適用範囲を拡大したものと考えられます。なお、平成２３年（２０１１年）の改正で、存続期間の延長登録の有効性が問題になった場合（延長登録無効審判）にも適用されます。

特許侵害訴訟において、被告から特許無効の抗弁として主張されますが、無効審判を請求していなくても主張でき、また、この抗弁を主張した後に無効審判を請求することも可能です。しかし、下記の裁判例のように、無効審判を請求し有効審決が確定すると別の無効理由により、この抗弁を主張する必要があります。したがって、無効審判を請求しても無効審決が得られる蓋然性が高くない場合は、無効審判を請求するかどうか十分に検討する必要がありそうです。

美肌ローラ事件（知財高判平30.12.18）では、裁判所は、侵害訴訟の被控訴人（被告）が請求した無効審判において無効不成立の審決（有効審決）に対して審決取消訴訟を提起せず無効不成立の審決を確定させた場合には、被控訴人が侵害訴訟において無効審判と同じ理由により104条の3第1項による特許無効の抗弁を主張することは、訴訟上の信義則に反するものであり、民事訴訟法2条の趣旨に照らし許されない、と判断しました。

〔9〕消尽と権利侵害

（1）消尽とリサイクル（再利用）

前述したように、特許製品が一旦適法に販売されると、その製品に関しては特許権は目的を達成したものものとして消尽し、当該特許製品の以降の販売や使用に対しては特許権の効力が及びません（消尽説、用尽説（191頁））。

しかし、特許製品を購入後に、特許権者の許可なく、業として、当該特許製品の性能を維持又は回復させるために、部品の交換を伴う又は伴わずに、修理・改造やリサイクル（再利用）できるかどうかの問題があります。裁判所は、消尽の成立は、特許製品がその効用を果たし同一性を有していることを前提としており、効用を果たせなくなり加工等を施し加工前の特許製品との同一性を欠く新たな特許製品が生産されたと認められるときは、特許製品の新たな需要の機会を奪い、特許権者を害することになるため、もはや消尽が成立せず、特許権者は、その特許製品について特許権を行使することが許されると判断しています。

①**使い捨てカメラ事件**(東京地判平 12.8.31)(侵害)

使い捨てカメラ「写ルンです」に関し、使用済みの筐体に新しいフィルムを充填しリサイクルカメラとして販売する行為が特許権侵害に該当するかどうかが争われた事件です。裁判所は、消尽が成立しないとして侵害を認めました。

（イ）(消尽は)譲受人の使用ないし再譲渡等は、特許製品がその効用を果たしていることを前提とするものであり・・・その効用を果たせなくなった場合にまで譲受人が当該製品を使用ないし再譲渡することを想定しているものではない、

（ロ）特許製品がその効用を終えた後においては、特許権者は、当該特許製品について特許権を行使することが許されると解するのが相当である・・・効用を終えた特許製品に特許権の効力が及ぶと解しても、特許権者が二重に利得を得ることにはならず、他方、効用を終えた特許製品に加工等を施したものが使用ないし再譲渡されるときには、特許製品の新たな需要の機会を奪い、特許権者を害することになる、

（ハ）当該特許製品において特許発明の本質的部分を構成する主要部材を取り除き、これを新たな部材に交換した場合にも、特許権者は、当該特許製品について特許権を行使することが許されると解するのが相当である、

（ニ）原告製品は、これを購入した消費者が内蔵されたフィルムの撮影を終えて、現像取次店を経由して現像所に送り、現像所において撮影済みのフィルムが取り出された時点で、社会通念上、その効用を終えたというべきである。

②**インクカートリッジ事件**(最高判平 19.11.8)（侵害）

使用済みのインクタンクを回収し、インクタンクにインク注入用の穴をあける等の加工を施し、インクを再充填したリサイクル製品を海外から輸入し販売する行為が特許権侵害に該当するかどうかが争われた事件です。

一審の東京地裁（平 16.12.8）は、インクタンクにインクを再充填する行為は新たな生産に当たらず単なる修理であるとして消尽により侵害しないと判断しました。

控訴審である知財高裁（平 18.1.31）は一審判決を覆し、下記の(i)(ii)の場合には権利行使が許されるとし、本件は(ii)の第２類型に該当し侵害すると判断しました。

(i)当該特許製品が製品としての本来の耐用期間を経過してその効用を終えた後に再使用又は再生利用がされた場合（第１類型）

(ii)当該特許製品につき第三者により特許製品中の特許発明の本質的部分を構成する部材の全部又は一部につき加工又は交換がされた場合（第２類型）。

最高裁は知財高裁の判決を支持し、特許製品につき加工や部材の交換がされ、それにより当該特許製品と同一性を欠く特許製品が新たに製造されたものと認められるときは、特許権者は、その特許製品について特許権を行使することが許される、と判断しました。-

（２）並行輸入と国際消尽

外国で適法に販売された特許製品を権利者が認めていない非正規ルートで輸入販売（並行輸入：parallel import）された場合に、日本の特許権を侵害するかどうかの問題です。

BBS（ベーベーエス）アルミホイール並行輸入事件（最高判平 9.7.1）（非侵害：黙示の許諾・権利行使の留保）

ドイツと日本で特許権を持っていたドイツの会社 BBS は、アルミホイールを日本の総代理店を通じて日本で販売していた（正規ルート）ところ、同社とは無関係の日本の輸入業者がドイツで BBS の特許製品を購入し、日本に輸入し販売した並行輸入（非正規ルート）行為が日本の特許権を侵害するとして差止請求が認められるかどうかが争われた事件です。

図表１６－５に国内消尽と国際消尽との関係を示しましたが、国内消尽と同様に、国際消尽が認められ侵害しないと判断するべきかどうかです。

図表１６－５から明らかなように、本件の場合は、特許製品の流通経路に国境が介在しています。国境の介在により、下記の特許の２大原則との関係が問題となります。

（イ）属地主義

領土内にあるものはその領土の法律に従うとの原則です。したがって、各国で特許を取得したい場合は各国に出願して特許権を得る必要があります。また、日本の特許法に従って取得した特許権は日本の主権の及ぶ範囲でのみ効力が認められ、他の国において当該特許権の効力が及ぶことはありません。

（ロ）特許独立の原則

同一発明について、各国に出願して取得した特許はそれぞれ独立しているとの原則です。したがって、各国特許のクレームに違いがあっても、また、ある国では特許され、他の国では拒絶されても何ら関係や影響を有しないことを意味しています。

即ち、これらと本件との関係は、ドイツにおける販売行為を日本の特許権の侵害判断に影響させることは、属地主義・特許独立の原則に反するのではないかという問題です。

図表１６－５：国内消尽と国際消尽

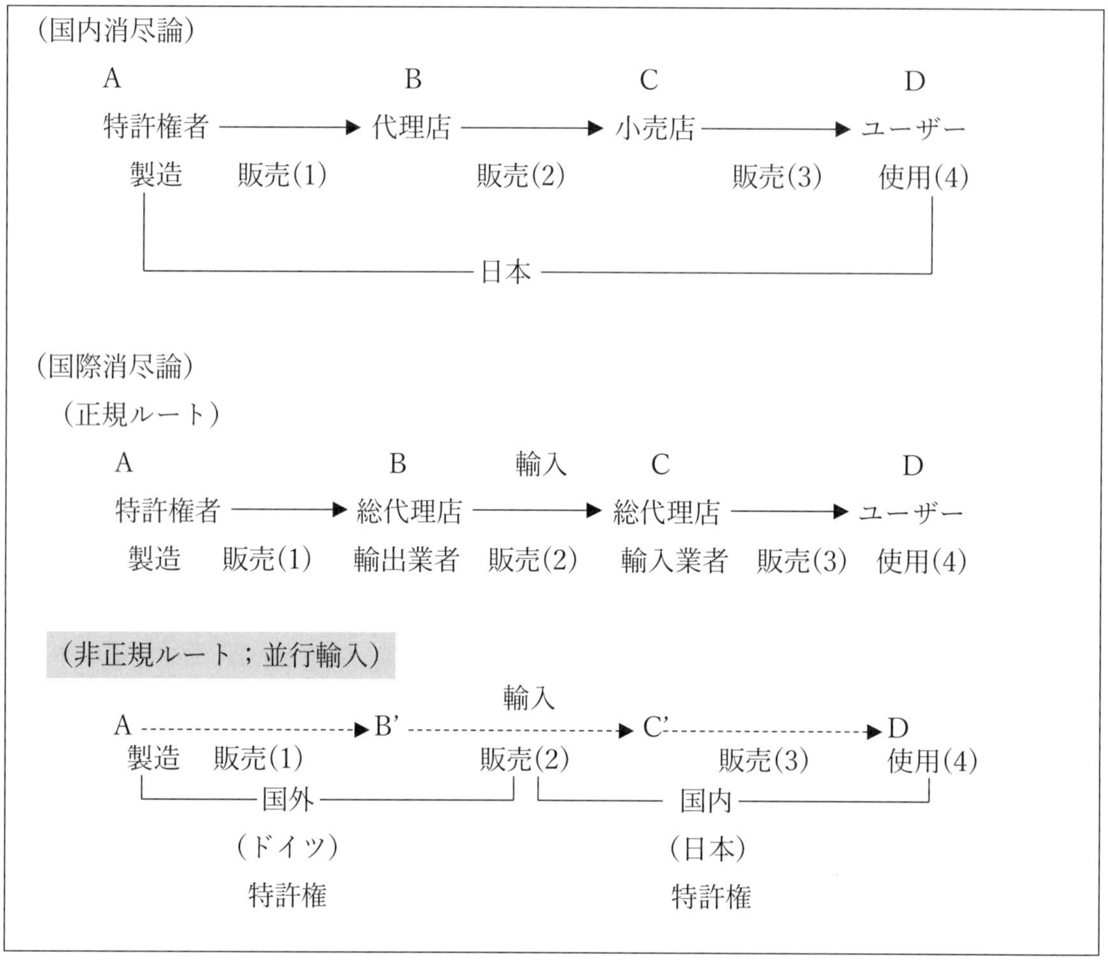

先例である**中古ボーリング事件**（大阪地判昭 44.6.9）は、原告は日本とオーストラリアに特許を有し、原告からライセンスを受けた者がオーストラリアで製造販売した中古特許製品を香港の会社を経由して日本に並行輸入した事件で、大阪地裁は、各国の特許権は独立しているから、特許権消耗の理論が適用されるのは、その特許権の付与された国の領域内に限られるべきであるとし、また、二重利益については、甲国で取得した実施料は甲国の技術の進歩及び産業の発展に貢献した代償であり、乙国で取得すべき実施料は乙国の技術の進歩及び産業の発展に貢献した代償であり不合理なものではない、と国際消尽を否定しました。

これに対して、BBS 事件では、一審の東京地裁（平 6.7.22）及び控訴審である東京高裁（平 7.3.23）は、属地主義や特許独立の原則は関係がなく、我が国の特許法の解釈、産業政策の問題であるとしながら、一審は国際消尽を否定し侵害すると判断し、控訴審は一審判決を覆して国際消尽を肯定し侵害しないと判断し、一審と控訴審の結論は分かれました。

最高裁は控訴審の東京高裁判決を結論において支持しましたが、属地主義や特許独立の原則をも考慮して、控訴審が肯定した国際消尽を否定し、我が国では特許製品の支配権を黙示的に授与したと解すべきであり、したがって、我が国で権利行使するには「特許製品の販売先ないし使用地域から我が国を除外する旨を合意し、製品にこれを明確に表示」することにより、権利行使を留保（残留・保持）する必要がある旨判示しました。

①並行輸入の問題は我が国の特許法の解釈の問題

特許独立の原則は、各国の特許権が、その発生、変動、消滅に関して相互に独立であり、他国の特許権の無効、消滅等により影響を受けないことを定めるものであり、また、属地主義の原則は、各国の特許権が、その成立、移転、効力等につき当該国の法律によって定められ、特許権の効力が当該国の領域内においてのみ認められることを意味する。国外において譲渡されたという事情を我が国の国内での権利行使の可否の判断でどのように考慮するかは、専ら我が国の特許法の解釈の問題であり、属地主義や特許独立の原則とは無関係である。

②国内消尽

特許権者が我が国の国内で特許製品を譲渡した場合には、当該特許製品については特許権はその目的を達成したものとして消尽し、もはや特許権の効力は、当該特許製品を使用し、譲渡し又は貸渡す行為等には及ばないというべきである。けだし、（イ）発明の保護は社会公共の利益との調和の下で実現されるべきこと、（ロ）商品の自由・円滑な流通が妨げられると、特許権者自身の利益を害し、特許法の目的にも反すること、（ハ）特許権者は、特許製品の譲渡に当たり、特許発明公開の対価を含めた譲渡代金を取得するから、特許発明公開の代償を確保する機会は保証されており、流通過程において二重に利得を得ることを認める必要性はない。

③国内消尽と並行輸入（国際消尽を否定）

しかしながら、我が国の特許権者が国外において特許製品を譲渡した場合は、直ちに同列には論じられない。即ち、各国の特許権が同一の発明についての対応特許権とは限らないし、対応特許権であっても別個の特許権であることに照らせば、我が国において権利行使しても直ちに二重の利得を得たということはできない。

④特許製品支配権の黙示的授与（黙示の許諾）と特許権行使の留保

そこで、国際取引における商品の流通と特許権者の権利との調整について考慮するに、特許権者が国外において特許製品を譲渡した場合においても、譲受人または譲受人から特許製品を譲り受けた第三者が、業としてこれをわが国に輸入し、販売等することは当然に予想され、当該第三者には当該製品を支配する権利を黙示的に授与したものと解すべきである。他方、特許権者が譲渡の際に譲受人との間で、特許製品の販売先ないし使用地域から我が国を除外する旨を合意し、製品にこれを明確に表示した場合を除いて、特許権の行使は許されない。

この判決によれば、黙示の許諾を除外する表示「製品に日本への輸出を禁止する旨の表示」をすれば、権利行使できる（製品を差止できる）ということになります。

2 侵害紛争の解決

〔１〕侵害紛争の解決方法

侵害紛争の解決方法としては、図表１６－６に示すように、裁判所が関与する裁判上の解決方法と、裁判所が関与しない裁判外の解決方法とがあります。

裁判外の解決方法は、ADR(エー・デイー・アール：Alternative Dispute Resolution：裁判外の紛争解決)と呼ばれ、民間人である第三者（調停人、仲裁人）により紛争解決を図る調停と仲裁が代表的です。裁判に比べ、①簡易な手続き、②柔軟性、③迅速性、④低コスト、⑤専門性、⑥非公開性等のメリットがあり、特に、非公開で行われるため、公開を望まないノウハウや営業秘密、職務発明に関する紛争の解決等に適しています。

図表１６－６　侵害紛争の解決方法

種類	概要	条文
侵害訴訟	特許権者（原告)が東京又は大阪地方裁判所に提訴し被疑侵害者(被告)に対し差止請求や損害賠償請求等を求める。	100条 民709条等
判定	特許庁（３名の審判官）が技術的範囲に属するかどうかを判断する。鑑定的性質を有するにとどまり（最高判昭43.4.18)、法的拘束力はないが、安価かつ短期間で得られ、公的鑑定書として訴訟においても証拠として用いられる。「技術的範囲に属する（侵害する)」又は「技術的範囲に属しない（侵害しない)」のいずれの請求も可能。	71条
調停	第三者である調停人の仲介により、当事者が譲歩して紛争解決の合意をした調書は確定判決と同一の効力を生じ、合意しない場合、調停は終了する。秘密での処理が可能。	民事調停法16条
仲裁	仲裁契約（仲裁により紛争を解決する当事者の合意）に基づき第三者である仲裁人が仲裁判断を下し、確定判決と同一の効力を生じる。秘密での処理が可能。	仲裁法45条
輸入差止	特許権等を侵害すると認める貨物が輸入されようとする場合、税関長に対し該貨物の輸入の差止、認定手続(侵害する貨物であることの認定)をとるよう申立てる。	関税法69条の13
刑事罰	１０年以下の懲役又は１０００万円以下の罰金、又はこれらの併科。	196条
和解 （212頁 (5)参照)	裁判外の和解（私法上の和解) 裁判上の和解：　訴え提起前の和解 　　　　　　　　訴訟上の和解	民695、696条 民訴275、267条 民訴89、267条

＊２０１９年１０月から、東京、大阪の地方裁判所で「知財調停」の新制度を開始。テレ

ビ会議も導入し、裁判官などを交え非公開で最短３カ月程度での決着を図る。

〔2〕特許権侵害訴訟

特許権侵害訴訟は、ここ数年は年間１５０件前後で推移しています。「和を以て貴しとなす」争いごとを好まない国民性のせいか、権利を尊重し侵害が少ないのか、話し合いで解決するのか分かりませんが、米国の約５，０００件、中国の約１２，０００件（いずれも２０１６年）に比べると決して多いとは言えません。原告の勝訴率はかなり低く、約２０％です。和解での終結も４０％近くに上り、２０２１年８月、任天堂とコロプラが特許侵害訴訟で和解し、コロプラがライセンス料を含め和解金３３億円を支払うという情報が飛び込んできました（出所：知財タイムズ他）。和解には一般に被告の製造販売の禁止や制限、和解金が含まれ、この勝訴的和解を合わせても原告の勝訴率は５０％に届かないのが実情です。

特許権侵害訴訟は、いきなり訴訟を提起することは少なく、通常、特許権者（原告)が被疑侵害者(被告)に対し侵害について警告するところから始まり、話し合い、ライセンス交渉等に入り、うまくまとまれば実施（許諾）契約（ライセンス契約）を締結します。交渉が不調に終わると、東京地方裁判所又は大阪地方裁判所に提訴します。

審理は、侵害論と損害論の２段階でされますが、大抵は被告から特許無効の主張がされるので、侵害論・無効論と損害論で審理されます。

侵害論で侵害が否定されると請求棄却の判決がなされ、侵害が認められると損害論に移行し、原告の損害額についての審理がなされ、審理が終結すると判決がなされます。判決によらず、和解による終結が高いのも特許権侵害訴訟の特徴です。

以下、特許権者（原告)の側から特許権侵害訴訟の流れを概観します。他社から権利行使を受けた側については、「第２０章他社からの権利行使への対策」を参照してください。

（1）事前準備

特許を侵害する可能性のある他人の製品（被疑侵害品）が市場に出回っていることが明らかになると、通常、警告することになりますが、警告をする前に、少なくとも下記の事項について確認する必要があります。

①権利の存在と有効性の確認

原簿謄本を取り寄せ、特許権の存在を確認します。まれに、特許維持料（年金）の納付を忘れ権利が消滅している場合があります。その場合、追納の条件を満たすときは追納します（112条)。

また、特許権の有効性（特許性）を確認します。必要に応じて特許調査をし、できるだけ専門家である弁理士や弁護士の鑑定書や特許庁の判定を求めます。侵害の警告をすることは特許権者の正当な権利行使の範囲内ですが、後に特許権の無効が判明した場合に、特許権の有効性について故意（悪意）（無効の蓋然性を認識していた等）や過失（注意義務違反、落ち度）があると判断されると損害賠償を請求される場合があります。

②侵害の確認

被疑侵害品、技術説明書、カタログ等やインターネット製品情報等を入手し、特許の技術的範囲に属するかどうかを検討し、できるだけ弁理士や弁護士の鑑定書や特許庁の判定を求めます。後に特許権を侵害しないことが判明した場合に、侵害性の判断について故意（悪意）や過失があると判断されると損害賠償を請求される場合があります。

③被疑侵害者の確認

被疑侵害者が、製造者か、販売者か、使用者か、輸入業者か等を調査し、いずれに警告すれば効果的かを判断します。電動車のモーターに使われる電磁鋼鈑に関する特許権侵害で、日本製鉄が中国の鉄鋼メーカー宝山鋼鉄だけでなく大口ユーザーであるトヨタ自動車も提訴したことが報じられています（２０２１年１０月１５日付日本経済新聞)。

（2）警告

事前準備が終わると、警告書を相手（被疑侵害者）に送付します。特に、警告することは、本来の特許権取得の目的である独占的実施の実現のみならず、実施許諾（ライセンス）の売り込みという側面もあり、特許ビジネスにも繋がります。

警告書の内容は、相手に対し侵害の中止を求め、それでも侵害行為を継続するときは法的措置をとる用意がある旨を伝え、期限を切って回答を求めるのが一般的です。更に、製造販売数量を求めたり、ライセンスの用意があることを記載する場合もあります。警告書は警告の事実を明確にするため、内容証明や配達証明により相手方に郵送するのが普通です。相手方が取引先等の場合は、取引関係にヒビが入らないように口頭で告知することもあります。

警告書を上記被疑侵害者のうちの誰に送付するかも重要で、例えば、単純に多い方が効果的と考え被疑侵害者全員に送付したりすると、被疑侵害者が大同団結し、費用も分担すれば軽くなるので高額費用の掛かる海外の特許調査も厭わずに行い、予想外の強力な無効資料を見つけ出すこともあります。後に、侵害訴訟を提起する場合において、被告を誰にするかについても同様の問題を含んでいます。

①警告の効果

（イ）警告後の実施は「権利侵害となることを知らなかった」、即ち、「故意・過失はなかった」（ただし、過失は 103 条で推定）とは言えなくなり、損害賠償額の増大に繋がる場合があります。

（ロ）話し合い・交渉にはいり、実施契約を締結する等、訴訟の回避に繋がります。

②警告と不正競争（信用毀損行為）

特許権侵害の警告をした後、特許権の無効や非侵害が判明すると不正競争防止法 2 条 1 項 21 号の「虚偽の事実を告知し又は流布する行為」(信用毀損行為：競業関係にある他人（競業者）の営業上の信用を害する虚偽の事実を告知し又は流布する行為）とされ損害賠償を命じられる場合があります。よって、特許の有効性と侵害性には細心の注意が必要です。

（あ）競業者に対する警告

特許権者が、無断で自己の特許発明を実施する競業者に対し侵害の告知をすることは、特許権者の正当な権利行使の範囲内ですが、あくまで権利行使の範囲を逸脱する違法性や故意過失がないことが必要です。

雄ねじ部品事件(知財高判平 23.2.24)によれば、（イ）警告時に無効理由の存在が明確であったか、（ロ）警告の内容や態様が社会通念上相当であったか、（ハ）特許権者の権利行使を不必要に委縮させるおそれの有無、（ニ）信用を害される競業者の利益、を総合的に考慮した上で、違法性や故意過失の有無を判断すべきものとし、無効理由の検討においても注意義務違反はなく、内容ないし態様においても社会通念上著しく不相当であるとはいえず、権利行使の範囲を逸脱するものとまではいえない、と判示しています。

（い）競業者の取引先に対する警告

特許権者が、競業者(製造者)の取引先(販売業者)に警告することは、取引先の競業者に対する評価を低下させるばかりでなく、取引先に競業者との取引を躊躇又は中止させ、大きな損害を被らせる場合があり、また、取引先に取引を競業者から特許権者に変更させる意図が含まれている場合もあります。後に特許権の無効や非侵害が判明した場合には、虚偽事実の告知を行ったとされ信用毀損行為に当たると判断される恐れがあり、注意が必要です。

（３）裁判管轄

平成１５年（２００３年）民事訴訟法の改正により、第一審の管轄は、技術系の「特許権等に関する訴えの管轄」即ち、特許権、実用新案権、回路配置利用権又はプログラムの著作物についての著作者の権利に関する訴えについては、東京地方裁判所又は大阪地方裁判所の専属管轄とされています（民訴６条１項)。専門的体制の整った両裁判所に集中させるためです。第一審の判決に対する控訴は東京高等裁判所(知的財産高等裁判所)、控訴審の判決に対する上告は最高裁判所です。

なお、「意匠権等に関する訴えの管轄」即ち、意匠権、商標権、著作者の権利（プログラムの著作物についての著作者の権利を除く)、出版権、著作隣接権もしくは育成者権に関する訴え、又は不正競争防止法による営業上の利益の侵害に係る訴えについては、全国各地の地方裁判所と、東京地方裁判所又は大阪地方裁判所のいずれかを選択することができます(民訴６条の 2)。

（４）侵害訴訟の流れ

①警告書が無視されたり、話し合いが不調に終わると、勝訴の可能性、放置した場合の損害の程度、損害賠償額と訴訟費用、労力等とのパフォーマンス等の利害得失を考えます。その結果、訴訟すべしと判断した場合には、原告が訴状を裁判所に提出して、特許権侵害に基づき差止請求や損害賠償請求、不当利得返還請求、信用回復措置の請求等(第１４章２の「図表１４－３　２特許権の効力 (i) 民事上の救済」(169 頁)) を求める訴えを提起します。

②被告の対象製品 (イ号物品又はイ号方法) が特許発明の技術的範囲に属するかどうかについて、口頭弁論、準備手続 (口頭弁論の準備として、争点や証拠の整理等をする手続) で、原告及び被告が主張反論を行います (侵害論)。技術内容が難解な場合や複雑な場合は、技術説明会が行われる場合もあります。

③大抵の場合、被告から特許権は無効であるとの特許無効の抗弁(104 条の 3) が出され、このような抗弁が認められるかどうかについても審理されます (無効論)。別途、被告から特許無効審判を請求されることもあります。

④審理の結果、文言侵害や均等侵害等により特許権の侵害が認められると裁判所が判断したときは、損害の発生及び損害額の審理に移ります (損害論)。この段階で和解の勧告もあります。侵害が認められない場合は、審理を終結し、原告の請求は棄却されます。

⑤審理が全て終結すると判決が言い渡され、特許権の侵害が認められると差止命令や支払命令等が記載されます。判決に不服のある当事者は、知的財産高等裁判所に控訴でき、さらに最高裁判所に上告することができます。なお、裁判所から審理モデルが公開されています (「特許権侵害訴訟の審理モデル (侵害論) 同 (損害論)」東京地方裁判所)。

(5) 和解

侵害訴訟の約４０％は和解により終了しています。和解が多い理由としては、特許権の有効・無効の判断や技術的範囲に属するかどうかの判断が極めて困難である、損害額計算のための帳簿等をライバル会社である原告 (特許権者) に見せたくない、等が指摘されています。なお、裁判所から「知的財産権訴訟における和解条項例集」が公表されています。

和解は当事者双方が互に譲歩し争いを止める合意をすることで、①裁判外の和解と、②裁判上の和解があります。

①裁判外の和解

私法上の和解とも言われ、裁判所が関与せず、当事者双方が互に譲歩をして争いを止めることを約するものです (民 695 条)。和解により法律関係が確定し、和解後に反対の確証が現れても、和解の内容に反する主張ができなくなります (民 696 条)。これは紛争の蒸し返し防止のためであり、「和解の確定効」と言います。

②裁判上の和解

裁判所が関与する和解で、和解調書に記載され確定判決と同一の効果があります（民訴267条)。この裁判上の和解には、(イ) 訴え提起前の和解（起訴前の和解：即決和解）と（ロ）訴訟上の和解があります。

（イ）訴え提起前の和解（起訴前の和解：即決和解）

当事者双方が訴え提起前に簡易裁判所に出頭してする和解です（民訴275条)。

（ロ）訟訟上の和解

当事者双方が訴訟係属中に期日に出頭して合意を陳述してする和解です（民訴 89 条)。裁判所は訴訟のいかなる段階においても和解を試みることができます。

和解について、図表１６－７にまとめました。

図表１６－７　　和解

<table>
<tr><td>①</td><td>裁判外の和解
（私法上の和解）</td><td colspan="2">（裁判所が関与しない和解）
当事者双方が契約により和解（示談）（民695条）
和解により法律関係が確定（和解の確定効）（民696条）</td></tr>
<tr><td rowspan="3">②</td><td rowspan="3">裁判上の和解</td><td colspan="2">（裁判所が関与する和解）
和解調書に記載され確定判決と同一の効果（民訴267条）</td></tr>
<tr><td>（イ）訴え提起前の和解</td><td>当事者双方が訴え提起前に簡易裁判所に出頭してする和解（民訴275条）</td></tr>
<tr><td>（ロ）訴訟上の和解</td><td>訴訟係属中に当事者双方が訴訟期日に出頭して合意を陳述してする和解（民訴89条）</td></tr>
</table>

(6) 仮処分

①侵害行為の差止については、訴訟(仮処分に対して、本案訴訟又は本訴と言われる)前又は本案訴訟と同時に、仮処分を申し立てることもできます。仮処分には、

（１）被保全権利があること(特許権が侵害されていること)、

（２）緊急性があること（侵害を放置すれば著しい損害が生じる）

が必要です。

②本案訴訟では判決を得るのに時間がかかり、仮に勝訴判決を得ても被告が控訴や上告すれば判決は確定せず、侵害行為を停止（差止め）できないという問題があります。これに対し、仮処分は緊急性と暫定性から、立証も比較的簡単な疎明(一応確からしいとの心証を与える程度)でよく、仮処分で差止めが認められると直ちに効力を生じ、侵害行為を早期に

停止できます。相手方は製造販売を止められるとユーザーに迷惑がかかるので、早期に和解に応じる傾向があります。仮処分命令を得るには、担保(保証金)が必要です。なお、仮処分で損害賠償請求はできません。

③仮処分は印紙代が安価ですが、差止めが認められてもその後の本案訴訟で負けると損害賠償の支払い義務が生じます。したがって、仮処分申請の適否やタイミングが難しく、本案訴訟で勝てる見込みを確認した段階で仮処分を申し立てることもあります。

図表１６－８に本案訴訟と仮処分のメリットとデメリットをまとめました。

図表１６－８　本案訴訟と仮処分のメリットとデメリット

	本案訴訟	仮処分
メリット	①侵害行為（製造、販売）の差止めを請求できる。さらに ②仮処分では不可能な損害賠償を請求できる。	①侵害行為（製造、販売）の早期差止めが可能である（執行停止が困難)。 ②費用が安価である。 ③短期間に終結する。 ④相手は早期差止を恐れ、和解に応じやすい。
デメリット	①侵害行為（製造、販売）の早期差止めが困難である（執行停止が容易)。 ②費用が高価である。 ③終結に長期間を要する。	①損害賠償の請求ができない。 ②担保が必要である。 ③差止め後に本案訴訟で敗訴すると、過失があったと推定され、差止めによる損害を賠償する義務がある。

（参考文献：「特許権を侵害された場合の対処法」「４－２本案訴訟と仮処分のメリット・デメリット」（インターネット）BUSINESS LAWYERS)

(7) 侵害訴訟手続における特別規定

特許権の侵害訴訟は、侵害論と損害論の２段階（実質的に侵害論、無効論、損害論の３段階）で審議されますが、その特殊性のため、図表１６－９、図表１６－１０、図表１６－１１、図表１６－１２に主要な規定を示すように、それぞれの段階で訴訟を円滑に進めるために多くの特則が設けられています。

査証制度（１０５条の２～１０５条の２の１０）

侵害の立証を容易にするために、被疑侵害者の工場等に立ち入り侵害立証に必要な調査を行い、裁判所に報告書を提出する制度で、令和元年（２０１９年）の 改正法によりが導入されました。施行日は令和２年（２０２０年）１０月１日です。査証制度の背景と概要は下記のとおりです。

（ア）査証制度の背景

特許侵害訴訟では、権利者が被疑侵害者の侵害を立証する必要があります。しかし、侵害に係る証拠は被疑侵害者の側に存在し、特に、製造方法等の方法の発明、物の発明でもプログラム関連のソフトウエアの特許等については、侵害の立証は容易ではありません。そこで、被疑侵害者から保有する証拠を提出させ又は入手するために、文書提出命令（１０５条、民訴２２０条)、具体的態様の明示義務（１０４条の２)、証拠保全（民訴 234 条）等が定められていますが、営業秘密の権利者側への漏洩に対する危惧や裁判所の消極的姿勢から、必ずしも十分な効果を挙げていないと言われています。

このため、権利者による円滑な証拠収集を可能とするために、ドイツの査察制度を参考にして査証制度が新設されました。しかし、下記のようにハードルは相当高く、査証制度の実効性は裁判所の差配如何に掛かっていると言えそうです。

（イ）査証制度の概要

１）査証命令の発令要件（１０５条の２第１項）

裁判所は下記の要件を満たす場合に、査証人に対し査証命令を発令することができる。

①侵害訴訟において当事者（権利者）が書面（２項）で申し立てること（訴訟提起後)、

②相手方（侵害被疑者）が所持・管理する書類等であること（相手方が所持・管理）

③証拠の収集が必要であること（必要性)、

④侵害を疑うに足りる相当な理由があること（侵害の蓋然性)、

⑤他の手段では証拠収集が見込まれないこと（補充性)、

⑥収集に要する時間や相手方の負担が相当でないと認められないこと（相当性)。

２）査証人及び執行官（１０５条の２の２）

査証は裁判所が指定した査証人（係争特許について専門的知見を有する弁護士、弁理士、研究者等）が行う（1 項、2 項)。当事者は裁判所の執行官に査証人の援助を申し立てることができる（3 項)。

３）査証報告書の作成及び査証人の権限（１０５条の２の４）

査証人は査証報告書を作成し裁判所に提出する（１項)。

当事者（侵害被疑者）の工場等に立ち入り質問、書類等の提示、装置の作動、その他裁判所の許可を受けた措置をとることができる（２項)。執行官は査証人を補助する（３項)。

４）査証を拒む場合の効果（真実擬制）（１０５条の２の５）

査証を受ける当事者（侵害被疑者）が正当な理由なく査証に応じないは場合、相手方（権利者）の主張を真実と認めることができる。

図表１６－９　侵害論（立証の軽減）

１０３条	過失の推定 （立証責任の転換）	侵害者（被告）の過失を推定。特許権者（原告）の果たすべき故意・過失の立証責任を被告に転換。被告は反証により覆滅（推定を破ること）できる。(実用新案には規定なし*)
１０４条	生産方法の推定 （立証責任の転換）	生産される物が新規であれば、その物と同一の物はその方法により生産したものと推定。被告は自己の生産方法を開示し侵害しないことを立証すれ覆滅できる。物質特許導入以前は有用であったが、導入後は物質自体に特許されるので重要性は後退。
１０４条の２	具体的態様の明示義務 （積極否認）	原告の主張する物又は方法を否認する場合、被告は自己の具体的態様を明らかかする必要がある。(営業秘密等が含まれる場合は別)
１０５条１項	書類の提出等	侵害行為立証または侵害行為による損害の計算のための書類提出を申立てることができる。
２項	インカメラ手続	正当理由があれば、裁判所のみが閲覧できる。
１０５条の２ １項	査証人に対する査証の命令	査証人に対する査証命令の要件： ①侵害訴訟において当事者（権利者）が書面（２項）で申し立てること（訴訟提起後） ②相手方（侵害被疑者）が所持・管理する書類等であること（相手方が所持・管理） ③証拠の収集が必要であること（必要性） ④侵害を疑うに足りる相当な理由があること（侵害の蓋然性） ⑤他の手段では証拠収集が見込まれないこと（補充性） ⑥収集に要する時間や相手方の負担が相当でないと認められないこと（相当性）
１０５条の２の２	査証人の指定等	
１項、２項	査証の実施	査証は裁判所が指定した査証人（弁護士、弁理士、研究者等）が行う。
３項	執行官	裁判所の執行官に査証人の援助を申し立てることができる。

１０５条の２の４	査証	
１項	査証報告書	査証人は査証報告書を作成し裁判所に提出する。
２項	査証人の権限	工場等に立ち入り質問、書類等の提示、装置の作動、その他裁判所の許可を受けた措置をとることができる。
１０５条の２の５	査証を拒む場合の効果（真実擬制）	査証を受ける当事者（侵害被疑者）が正当な理由なく査証に応じないは場合、相手方（権利者）の主張を真実と認めることができる。

＊実用新案の場合は、実体的要件(新規性、進歩性)について無審査のため、有効性を含めて注意義務を負わせるのは妥当でないため。

図表１６－１０　無効論（被告の抗弁）

１０４条の３		
１項	特許権者等の権利行使の制限	特許が無効審判で無効にされるべきものと認められるときは、原告は権利を行使できない。
２項		審理の不当な遅延を目的とすると認められるときは却下される。 （特許無効審判の請求前でも抗弁可で、抗弁後に特許無効審判の請求も可。）

図表１６－１１　損害論

１０２条	損害額の推定	
１項１号	逸失利益 （売上減少による）	侵害がなければ得たであろう利益（ただし、権利者の実施能力超過分・販売できない事情分を控除） （権利者が不実施の場合は実施料相当額）
１項２号	逸失利益 （ライセンス機会の喪失による）	権利者の実施能力超過分・販売できない事情分については、ライセンス機会の喪失による実施料相当額
２項	侵害者の利益の額	侵害者の利益の額を権利者の損害額と推定 （権利者が不実施の場合は実施料相当額）

3項	実施料相当額	最低限の損害として実施料相当額
4項	実施料相当額の増額	侵害を前提とした実施料相当額（1項2号、3項の）の増額
5項	実施料相当額以上の請求・軽減	実施料相当額（3項の）以上の請求、非故意・軽過失の場合の軽減
105条1項	書類の提出等	損害の計算のための書類提出を申し立てることができる。
2項	インカメラ手続	正当理由があれば、裁判所のみが閲覧できる。
105条の2の12	損害計算のための鑑定	申立により鑑定を命じたときは鑑定人に必要事項を説明する。
105条の3	相当な損害額の認定	102条によっても損害額の立証のための事実の立証が困難なときは、裁判所が相当な損害額を認定する。

図表16－12　訴訟手続

105条の4	秘密保持命令	申立により営業秘密を訴訟追行の目的以外の使用や利害関係人以外の者への開示の禁止を命じることができる。
105条の5	秘密保持命令の取消	秘密保持命令の申立をした者又は秘密保持命令を受けた者は、秘密保持命令の取消を申立てることができる。
105条の7	当事者尋問等の公開停止	営業秘密が問題となる場合は、尋問を公開しないで行うことができる。
104条の4	再審での主張の制限（紛争の蒸し返しの防止）	侵害（損害賠償、不当利得）、出願公開等の補償金に係る訴訟の判決確定後に特許の取消決定、無効審決又は延長登録無効審決が確定した場合、判決に対する再審の訴えはできない。当事者は104条の3により特許権の有効性に関し十分な攻撃防御の機会を有するため。特許権者は、損害賠償金等を受領した後に特許の取消や無効が確定しても返還する必要はない。
105条の2の11	第三者の意見	特許侵害訴訟において、当事者の申し立てにより裁判所が必要と認めるときは、法律の適用等について意見を記載した書面の提出を求めることができる。(2022年4月1日施行)

第17章　オープン&クローズ戦略と特許出願

1　オープン&クローズ戦略

AI、IoT、ビッグデータ等の登場による第４次産業革命下でのイノベーションは、自社内での技術開発を中心とした旧来の自前主義のクローズド・イノベーションから脱却し、企業や業種を超えて連携し技術やビジネスモデルを開発するオープン・イノベーションを推進していくことが不可欠と言われています。そして、オープン・イノベーションを推進するためには、オープン&クローズ戦略が必要です。

しかしながら、半導体やリチウム電池のように、新興国に対して目先の僅かな利益で技術をオープンした結果キャッチアップされ、世界を席捲していた分野から追い落とされたり、オープンした先の企業の軍門に降ったり、覇権争いの脅威となるまでに成長させるという愚行は避けるべきです。

オープン&クローズ戦略とは、自社の技術を他社に利用させ自社技術の早期普及と市場の育成拡大を図るオープン戦略と、自社の技術を他社に利用させず市場での自社の優位性（シェア）を拡大するクローズ戦略とを組み合わせる戦略です。オープン戦略だけでは自社技術の早期普及と市場の育成拡大を図れても他社の参入を許すことにより市場での自社の優位性は拡大できないため高収益化は期待できず、一方、クローズ戦略だけでは市場での自社の優位性を拡大できても自社技術の普及や市場の育成拡大が不十分なため高収益化は期待できません。オープン&クローズ戦略は、「and」の代用であるアンパーサンド「&」から明らかなように、「オープン」と「クローズ」の両方を組み合わせる戦略です。

〔１〕オープン化とクローズ化

以上のように、技術のオープン化と技術のクローズ化とは、いずれも自社の高収益化を図る点で共通し、技術のどの部分をオープン化し、技術のどの部分をクローズ化するかが重要です。具体的には、コア技術の関連技術はオープン化し、コア技術自体はクローズ化することになります。例えば、アップル社はスマートフォン端末の製造技術はオープン化し、タッチパネル技術は特許権で、デザインは意匠権（デザイン特許）でクローズ化しています。

オープン化の方法としては、特許等知財の無償又は低額での開放（ライセンス）、標準化（標準必須特許）等であり、クローズ化の方法としては、ノウハウとしての秘匿化、特許侵害等の権利行使、特許明細書のブラックボックス化、ライセンスの拒否等です。

〔２〕権利化（出願：オープン化）か秘匿化（ノウハウ：クローズ化）か

発明を特許出願して権利化（オープン化）するか、ノウハウとして秘匿化（クローズ化）するかの問題で、図表１７－１に示すように、それぞれのメリット、デメリットを考慮して判断する必要があります。

図表１７－１　権利化と秘匿化のメリットとデメリット

	権利化（オープン化）	秘匿化（クローズ化）
メリット	①独占的権利の活用（独占的利益） ②ライセンスによるロイヤリティ収入 ③標準化によるロイヤリティ収入	①保護期間の制限なし ②長期の技術秘匿、製品の差別化が可能 ③特許になじまない技術情報も保護可能 ④自社の開発動向の秘匿が可能
デメリット	①他社の模倣品発生の可能性 ②他社による技術のキャッチアップ（改良技術） ③保護期間終了後は自由使用可能 ④自社の開発動向の露見	①他社の独自開発、リバースエンジニアリング、特許取得等により技術独占が不可能になる可能性 ②法的保護のために適切な管理が必要（秘密管理性、有用性、非公知性＊）

＊　秘密管理性：　秘密として管理されていること
　　有用性：　　　有用な営業上又は技術上の情報であること
　　非公知性：　　公然と知られていないこと。

〔３〕権利化すべきものと秘匿化すべきもの

次に、何を権利化し、何を秘匿化するかが問題となります。基本的には、「技術内容が容易に分かるかどうか」がメルクマールとなり、容易に分かるものは権利化し、容易に分からないものは秘匿化することになります。図表１７－２にまとめました。

図表１７－２　権利化すべきものと秘匿化すべきもの

権利化すべきもの	秘匿化すべきもの
①第三者による侵害が容易に発見できるもの（物の発明） ②製品から技術内容が探れるもの（リバースエンジニアリングや分析等により） ③競合他社が同じ研究開発しているもの（早期出願が必要） ④特許性を有するもの	①第三者による侵害が容易に発見できないもの（方法の発明） ②製品から技術内容が探れないもの（リバースエンジニアリングや分析等により） ③同じ研究開発している競合他社がいない（他社による出願可能性が小さい） ④権利化が困難なもの（特許性が乏しい）

〔4〕秘匿化技術（ノウハウ）の防衛

①先使用権の準備

秘匿化のデメリットで示したように、秘匿化した技術（ノウハウ）は、他社による独自開発、リバースエンジニアリング（分解）、特許取得等により技術独占が不可能となる恐れがあり、いつ当該他社から特許侵害の警告が送られてくるかもしれません。侵害の警告がくるや、先に発明したにもかかわらず、その優位性は途端に消え去り、攻守所を変え被疑侵害者として防御せざるを得ない苦しい立場に突き落とされます。

このような場合の対抗策が、先使用権です。先使用権は、他人の特許出願の際に発明を実施又は実施の準備をしていたことを立証することが必要ですが、警告は特許出願から１０年以上も経ってからくることも珍しくなく、警告がきてから準備をしても資料が散逸し立証が不可能か困難です。そこで、秘匿化を決めた時点で、立証資料一式を公証人役場に持参し確定日付を得たり、タイムスタンプを得ておくのが望ましいです（詳しくは、第１５章7（5）「先使用権の立証」（186 頁）を参照）。

②社内体制の整備

（イ）秘匿化技術に対する補償金

秘匿化技術が職務発明であるときは、補償金（相当の利益：35 条 4 項）請求権が生じます。会社の都合で出願するか出願しない（ノウハウとする）かを決め、出願する場合は補償金を出し、出願しない場合は補償金を出さないのでは、不公平であるばかりでなく、技術者の開発意欲にも影響します。ノウハウは出願された発明以上の利益を生むこともあります。よって、出願しない場合にも出願する場合と同等又はこれに準ずる補償が必要です。また、承継する必要がない（実施予定がない）場合は、発明者に返還することも検討すべきです。

（ロ）退職者(転職者)の取り扱い

技術情報は、退職者や転職者を通じて漏洩・流出することが少なくありません。独立行政法人情報処理推進機構「企業における営業秘密管理に関する実態調査」（２０２１年３月）によれば、営業秘密の漏洩は、中途退職者（役員・正規社員）による漏洩が３６．３％であり、現職従業員等の誤操作・誤認等よる漏洩が２１．２％となっています。

したがって、退職（転職）に際し、一般に、下記のような取り決めがなされます。しかし、過度の禁止は職業選択の自由の点から無効とされることがあります。

①誓約書や秘密保持契約書により、退職（転職）前に知得した秘匿技術情報の利用や開示を禁止する、

③ 競業避止契約書により同業他社への再就職を禁止する。

また、退職（転職）後の転職先における特許等の出願、論文発表等及びそれらの内容や、転職先から発売される製品にも注意することが望ましいです。

（ハ）企業内管理の徹底

発明を出願せずノウハウとして秘匿化したことを社内の関係者、特に営業関係者等に周知徹底させる必要があります。秘匿化した技術を製品化した場合は、ユーザーに対して「どこまで話してよいか」を営業関係者等に伝えておくことが重要です。ユーザーから製品の詳細な情報を求められたときは、ノウハウであることを説明し理解を求めます。

〔5〕共同出願

今後、急速に進展すると予測される、外部の経営資源を活用して技術革新を起こすオープン・イノベーションの下で、同業他社、異業種企業、ベンチャー企業、大学、国の研究機関等との共同出願が増加するものと思われます。共同出願は2人以上で共同して出願することであり、特許権が付与されると、当該特許権を2人以上で共同して所有することになります。共同出願は、単独出願のように自由勝手に決めることはできず、後述するように、出願から権利行使、さらに権利の利用から処分に至るまで多くの制約があります。また、成果を実施化するに際して利害が衝突し、調整に難航する場合もあります。したがって、可能なら、相手方から特許を受ける権利の譲渡（相手方の持ち分の買い取り）を受けてでも単独出願とすることも検討すべきです。

（1）共同出願のケース

共同出願となる典型的なケースは、下記のとおりです。

①発明が共同でなされ、共同発明者が出願する場合

②共同発明者がそれぞれ別の使用者（会社等）に所属し、複数の使用者が出願する場合

③発明者又は発明者の属する使用者とスポンサー（資金提供者）とが出願する場合。

（2）共同出願の利点

①費用負担の軽減

出願から権利維持までにかかる費用は、通常、権利の持ち分に応じて負担します（通常、持分50/50で折半が多い）。したがって、自分の持ち分相当分を負担すればよいので、費用負担が小さくなります。また、発明に全く関与していない者や会社が出願人として加わることを希望する場合があり、この場合は加わる出願人が、特許を受ける権利（持ち分）の譲渡対価として、費用の一部又は全部を負担する場合も多いです。更に、共同出願契約の締結を待っていては時間がかかり出願が遅れ他人が先に出願する恐れがあるので、まず単独出願して先願権を確保した後、契約締結後に共同出願人が加わる場合もあります。

②特許管理のバックアップ

審査請求、権利化後の特許料納付等の期限管理を共有者がそれぞれ行うことにより、管理ミスを防止することができます。

（3）共同出願の問題点

①手続面での制約

拒絶査定不服審判や訂正審判は、共同で行う必要があります（132条3項）。審決取消訴訟についても同様です（163頁＊参照）。また、出願人に不利益になる恐れのある手続、例えば、出願の取下や放棄、出願の分割や変更等も共同で行う必要があります。

②　共有に係る特許権の制限

共有に係る特許権については 73 条に規定されています。図表１７－３にまとめました。

図表１７－３　共有に係る特許権（73条等）

	概要	理由
共有者の実施 （73条2項）	**原則として、他の共有者の同意を得ないで自由に実施可能**（例外：契約で別段の定めをした場合は制限可能）	民法249条(各共有者は共有物の全部について、その持分に応じた使用をすることができる。)
共有者の１人がなした改良発明の実施	同上	同上
持分の譲渡、質権の設定 （73条1項）	他の共有者の同意が必要	新しい共有者の資本や技術により、他の共有者の持分の経済的価値が変動するため
（持分の放棄	他の共有者に帰属	民255条）
実施権（専用・通常）の設定・許諾　（73条3項）	他の共有者の同意が必要	実施権者の資本や技術いかんでは共有者の権利が有名無実となるため
権利行使	単独で可能	共有者は持分に応じて損害賠償請求・差止請求可能 （中山580－581頁）

（イ）原則として自由実施

各共有者は、契約で別段の定めをした場合を除き、特許発明を自由に実施できます。共有者の１人がなした改良発明も自由に実施できます。

自由実施とは一見聞こえがよいのですが、いろいろな問題を孕んでいます。

例えば、原料（素材）（例：充填材）M のメーカーA と当該原料 M を使用し製品を製造するユーザーB（例：樹脂メーカー）とが、樹脂 R に適した原料 M について共同開発し、その成果である「原料 M 及びこれを含有する樹脂組成物 RC」の発明を共同出願して共有特許を取得し、当該特許を実施する場合について以下に述べます。

(a) 通常の取引（販売先、購入先は相手方）

原料 M のメーカーA とユーザーB とによる共同開発の成果物であるので、特に契約で別段の定めをしなくても当該成果物は共有（利益を分配）するのが普通です。

したがって、通常は、下記の図表１７－４に示すように、メーカーA は原料 M をユーザーB に販売（納入）し、また、ユーザーB も原料 M をメーカーA から購入することになります。これにより、お互いの信頼関係が保たれ、共同開発の成果物からの利益分配の公平性が確保され win-win の関係となり、共同開発の目的が達成されます。

１７－４　通常の取引（販売先・購入先：相手方）

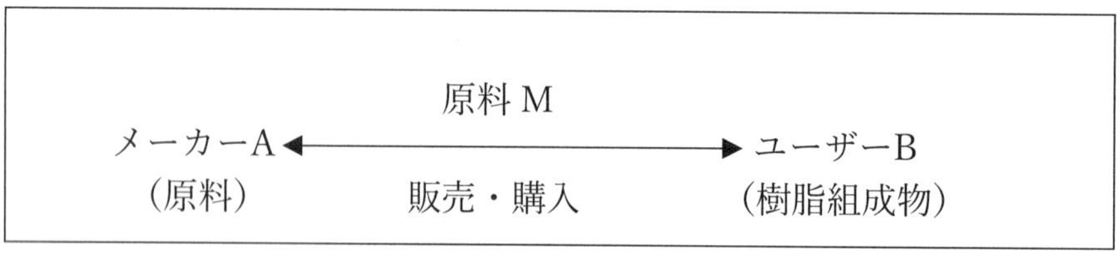

(b) ユーザーB による原料 M の内製又は下請け C からの購入（下請け製造）

下記の図表１７－５に示すように、ユーザーB が、コストや販売条件等により原料 M をメーカーA から購入せず、自ら内製又は下請け C からの購入に切り替えた場合は問題です。

図表１７－５　ユーザーB による原料 M の内製又は下請け C からの購入

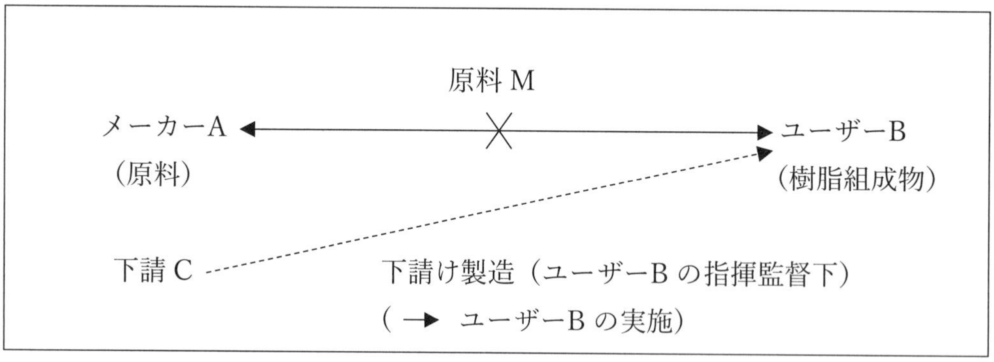

「下請け製造」

ユーザーB による原料 M の内製は勿論ユーザーB の実施です。また、ユーザーB が原料 M を下請け C から購入することについては、下請け C がユーザーB の指揮監督下にあり、ユーザーB の一機関（手足）に過ぎない場合にはユーザーB の実施とみなされ、メーカーA

の同意を必要としません（下請け製造）（**模様メリヤス事件**　大審判昭 13.12.22）。

この判決によれば、下請けＣの実施が共有者Ｂの実施とみなされるために次の３つの要件を挙げています。①共有者Ｂが下請けＣに工賃を払って製作させる契約が存在していること（工賃の支払い）、②原料の購入、製品の販売、品質等について、下請けＣが共有者Ｂの指揮監督下にあること（指揮監督）、③下請けＣが製品の全部を共有者Ｂに引き渡し、他の者に売り渡していないこと（全量引き渡し）。

「優越的地位の乱用」

一般に、メーカーA よりもユーザーB の規模が大きい場合が多く、この場合には、ユーザーB が優越した地位を乱用してメーカーA から強引に原料Ｍの製造ノウハウ等を入手し内製化や下請け化を図ることがあり、しばしば問題となります。優越した地位の乱用とは、独占禁止法第２条９項５号のイ、ロ、ハのいずれかに該当する行為をいい、同法第 19 条に規定の不公正な取引方法として禁止されています。２０１９年6月１５日付日本経済新聞によれば、製造業の企業間取引で知的財産権の無償譲渡やノウハウ開示を強要される問題の事例が７２６件あり、独禁法で禁じる優越的地位の乱用にあたる事例も含まれ、取引先が不当に製造業者の知的財産を得ている実態が明らかになった、と報じています。

中小企業庁は、令和３年 3 月３１日、大企業と中小企業間の知的財産に関わる取引の適正化を推進するためのガイドライン及び契約書のひな形を公表しています。

なお、優越的地位の乱用行為に対しては公正取引委員会に相談・申告し、不公正な取引方法に該当すると判断されると、排除措置命令や課徴金納付命令が発令されます。

（ロ）別段の定め

(a) 自己実施（内製又は下請け）の禁止

自由実施に従えば、上記１７－５のように、ユーザーB による原料Ｍの内製又は指揮監督下での下請けによる自己実施が可能となり、メーカーA は共同開発の成果物からの利益が得られず共同開発の目的が達成されません。したがって、契約により、①図表１７－４に示すように、お互いに販売先・購入先を制限する、②ユーザーB の内製や指揮監督下での下請けによる自己実施を禁止する、③ユーザーB の自己実施は予めメーカーA の同意を得ることとし、ユーザーB が自己実施した場合にはメーカーA に対し持ち分に応じて実施料を支払う、④一定期間（例えば３年）経過後にユーザーB の自己実施又は第三者への実施許諾を認める、等の別段の定めが必要です。なお、上記①の場合、これらの制限は共同開発の成果物からの利益分配の公平性の確保のために必要な限度内の制限として、独禁法違反の恐れは小さいと思われます。

(b) 第三者への販売・第三者からの購入

原料の製造販売から得られるメーカーA の利益は、製品の製造販売から得られるユーザーBの利益よりも小さい傾向があります。そこで、下記の図表１７－６に示すように、メーカーAは、ユーザーB以外のユーザーXにも原料Mを販売したいと考えます。しかし、ユーザーXが原料Mを用い樹脂組成物RCを製造販売するとユーザーBの樹脂組成物RCについての共有特許を侵害することになるので、メーカーAはユーザーBから樹脂組成物RC特許の再実施権付き実施権を得ることが必要です。一方、ユーザーBがメーカーAの生産能力の不足等でメーカーYから原料Mを購入する場合もメーカーAから実施権を得る必要があります。いずれの場合も相手方の持分に応じて実施料を支払う必要があります。

なお、メーカーAがユーザーX（第三者）にも原料Mを自由に（無償で）販売するためには、ユーザーBに下記の①～③のいずれかを認めてもらうことが必要です。

①ユーザーXの実施について、ユーザーBは樹脂組成物RC特許の無償の再実施権付き実施権をメーカーAに与えること、

②ユーザーXの実施はメーカーAの実施とみなすこと、

③ユーザーXの実施に対してはユーザーBは権利行使をしないこと。

図表１７－６　第三者への販売・第三者からの購入

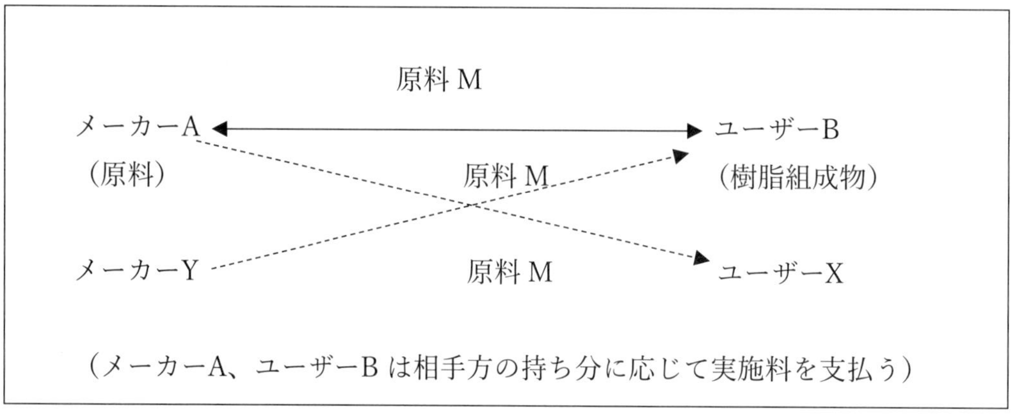

上記のような問題は異業種の企業間での利害が衝突する垂直型（上流・下流型）で起きやすく、上記の原料メーカーと製品メーカーの他に、部品メーカーと当該部品を用いる完成品メーカー、機械メーカーと当該機械を用いる製品メーカー等で生じます。したがって、利害が相反しやすい成果物の帰属や成果の利用・実施等については、共同出願契約書で明確に規定しておくことが重要です。

更に、民間企業と国の研究機関や大学との共有特許の実施については、一般に、民間企業は自由に実施できるのに対し、国の研究機関や大学は実施可能性がないか又は小さいので、国の研究機関や大学が、企業に対して不実施補償料の支払いを求める場合が多いです。不実施補償料は、通常、第三者にライセンスする場合に採用される実施料に不実施者の持ち分割合（例えば1/2）を乗じた金額です。

2　特許出願

前述した権利化（オープン化）と秘匿化（クローズ化）の利害得失を検討した上で、発明を権利化することが決まると、明細書及び必要な図面の作成にかかりますが、発明をどの程度ブラックボックス化するかについて熟慮しながら作成します。

（1）ブラックボックス化を意識した明細書及び図面

明細書や図面についてのブラックボックス化（これもクローズ化）は、第三者が発明を実施（追試）できないように記載することではありません。法定の実施可能要件や明確性要件を満たすように記載することは当然です。

最近、明細書に記載されているとおり追試しても実施できないとか、明細書に記載された効果が確認できないといった声を耳にすることが多くなりました。このような発明は、本来、明細書記載要件（実施可能要件）違反で拒絶されるべきですが、特許庁は実施できるかどうかの検証・確認手段を持たないため、見逃されて特許される可能性は否定できません。一方、当業者は検証・確認手段を持っているとしても、発明の追試は、記載されていない条件（撹拌速度、温度等）の選択等により影響をうけるため、実施可能性や効果の検証はけっして容易ではありません。このように発明者は実施できるが第三者は実施困難な発明に特許が付与されると、発明者は不当に利益（開示を超えた保護）を受け、第三者は不当に不利益を受けることになり、両者のバランスは崩れ特許制度の終焉を意味します。

上記現象がオープン&クローズ戦略に舵を切ったことの副作用の現れであるとするならば由々しき事態であり、何らかの対策が必要で、今後、注視すべき課題であると思われます。

（2）オープン化との組み合わせ

コア技術をクローズ化（秘匿化と明細書のブラックボックス化の両方を含む）しつつ関連技術等をオープン化し、標準化、無償実施、低額ライセンス等により当該関連技術を他社に利用させることにより広く普及させ、市場の拡大と利益の拡大を図ることを検討します。

第三者に使用を許諾する技術の標準化と独占排他性を有する特許とは相容れないと考えられがちですが、自社の技術が標準化技術（標準必須特許：Standard Essential Patent: SEP）になれば他社は利用せざるを得ないので発明の価値は大きくなり、FRAND 宣言（fair, reasonable and non-discriminatory terms and conditions：公正、合理的かつ非差別的な条件）（＝RAND）条件でのライセンス料を得ることができます。

標準化と知財とを組み合わせたオープン&クローズ戦略の例としては、Blu-ray Disc（ソニー、パナソニック等）〔ブルーレイディスク（製品）を標準化し、標準必須特許についてはライセンス〕；QR コード（デンソー）〔QR コードの仕様を標準化し、QR コードの読み取り技術はブラックボックス化（ノウハウ化）、読み取り機やソフトウエアを有償で販売〕；水晶デバイス（日本水晶デバイス工業会）〔品質評価基準を標準化し、製造方法はブラックボックス化（ノウハウ化）し、競争力を維持〕等が有名です。

“コカ・コーラのレシピ”

コカ・コーラは、１８８６年にジョージア州アトランタで誕生し、爾来１３５年以上もそのレシピは社長と副社長の２人に引き継がれ、２人は同じ飛行機に乗ることはないと言われています。

アメリカ以外の原液工場は滋賀県守山市にありますが、社員も工程の一部分しか担当しないのでレシピそのものは知らないのだそうです。

コカ・コーラはレシピの秘匿化（ノウハウ）の成功例として、しばしば取り上げられますが、対抗商品のペプシコーラは８年後の１８９４年に登場したと言われています。

ところで、ペプシコ社が１９７５年に米国で、１９８０年代に日本でペプシコーラとコカ・コーラの飲み比べを実施した結果、目隠しテストではペプシコーラに軍配が上がり、目隠しを外してブランド名を明かしたテストではコカ・コーラに軍配が上がったとのことです。

このテスト結果は、ブランドイメージが客観的な味の好き嫌いを超えて消費者を引き寄せることを示しています。コカ・コーラの盤石性は、このブランディングによる傑出した信用力、顧客吸引力にも注目する必要がありそうです。

ちなみに、コカ・コーラのボトルは立体商標登録されています（商標登録第 5225619 号）。

（参考文献：引き継ぐ経営　勝ち抜くヒント　「ツギノジダイ」他）

第18章　外国出願

1　外国出願

我が国における国内特許出願は、２００１年の約４４万件をピークに概ね減少傾向にあり、ここ数年は約３２～２８万件で推移しています。これに対して、国際特許出願は増加傾向にあり、２０２０年度では５０、５２７件で、中国の６８，７０７件、米国の５８，８８１件に次いで３位です（特許行政年次報告書２０２１年版）。

〔1〕外国出願の必要性

日本の特許法に従って成立した特許権は、日本の主権の及ぶ範囲でのみ効力が認められ、他の国においては当該特許権の効力は認められません（属地主義）。

したがって、例えば、米国や中国でも特許権を取得したい場合は、米国や中国に特許出願し、米国特許、中国特許をそれぞれ取得する必要があります。また、この場合、例えば、米国では特許されたが中国では拒絶され特許されなかったということもあり、また、両国で特許されたものの、審査過程で拒絶理由を受けて補正をしたことによりクレームは同一でないという場合もあります。しかし、各国の特許はお互いに独立しており何ら関係がなく、影響を及ぼすことはありません（特許独立の原則）。

〔2〕出願国の決定

出願国の選択基準は、①自社製品の輸出国、製造国、販売国や使用国、②競合相手製品の製造国、販売国や使用国、③競合相手へのライセンス又は④競合相手の特許とのクロスライセンスの可能性のある企業が存在する国、⑤模倣されやすい国、等です。

かつて、中国は特許制度の歴史が浅く未成熟で、また体制の違い等から権利行使が困難との理由で、韓国は市場が小さいとの理由で出願国から外すことが多かったのですが、今や両国は五大特許大国（IP５）の一員です。因みに模倣の盛んな国は、財務省の令和３年（２０２１年）の「仕出国（地域）別輸入差止実績（件数）」によれば、中国、ベトナム、フィリピン、韓国、シンガポール、香港、タイ、台湾、オランダ、カンボジア、その他の国の順です。中国は平成２９年（２０１７年）（それ以前は調べず）から桁違いの１位です。

〔3〕外国出願のルート

外国出願のルートには、（1）パリ条約に基づいて各国に直接出願するルート（パリルート）と、（2）ＰＣＴ条約に基づく国際出願を経由して各国に出願するルート（ＰＣＴルート）とがあります。

（1）パリ条約に基づく優先権

パリ条約とは、１８８３年にパリにおいて調印された国際条約で、優先権は 4 条に規定されています。これによれば、優先権は、同盟国（２００８年１２月で１７１カ国）の第一国にされた先の出願（正式に受理され出願の日付が付与されたものであればよく、その後の無効、取下げ、拒絶査定等の結果を問わない）を基礎とし、優先期間（１２カ月）内に第二国にされた後の出願に対しては、両出願の間に生じた行為によって不利益を受けないように取り扱われる権利です。

即ち、第二国にされた後の出願については、第一国にされた先の出願時に出願したものとして新規性や進歩性が判断されるので、両出願の間に行われた当該発明の公表や実施、他人の出願、公表や実施等により拒絶されたり無効にされたりすることがありません。

既述の国内優先権制度は、このパリ条約に基づく優先権制度の国内版であり、したがって、国内優先権制度の活用パターン、（1）実施例補充型(部分優先)、（2）上位概念抽出型(部分複合優先)、（3）併合出願型(複合優先)は、パリ条約に基づく優先権主張出願においても活用パターンです。

（2）パリルートとＰＣＴルート

パリルートとＰＣＴルートを比較すれば、図表１８－１に示すとおりです。

ＰＣＴにおいては、官庁、機関、書類名の記号や略号が用いられますが、これらの概要は下記のとおりです。日本語の名称よりも簡潔な記号や略号が用いられることが多いので、代表的な記号や略号は記憶しておくと便利です。また、索引としても利用してください。

以下の説明においても、可能な限り日本語と英語を併記します。

「ＰＣＴにおける官庁、機関、書類名の記号・略号」

・WIPO 世界知的所有権機関（World Intellectual Property Organization：通称ワイポ）：
　世界の知的所有権の保護及び改善を目的とする国連の専門機関

・IB: 国際事務局　(International Bureau)：
　世界知的所有権機関の事務局。ＰＣＴ全体の管理運営を行うと同時に受理官庁

・RO:　受理官庁（Receiving Office)：
　国際出願を受理する官庁（日本特許庁等）

・DO:　指定官庁（Designated Office)：

特許を取得したい指定国の官庁（ただし、現在では、出願時のすべてのＰＣＴ締約国の官庁が指定官庁）

・EO:　選択官庁（Elected Office）：
国際予備審査の結果を利用してもらいたい指定国の官庁（ただし、現在ではすべての指定国の官庁が選択官庁）

・ISA:　国際調査機関（International Searching Authority）：
国際調査を行う官庁

・ISR:　国際調査報告（International Search Report）：
国際調査機関により行われた国際調査の結果、及び先行技術又は関連技術が記載された報告

・WO/ISA: 国際調査機関の見解書（ Written Opinion of the International Searching Authority）：
国際調査の結果に基づいて作成された新規性、進歩性、産業上の利用可能性についての国際調査機関の見解書。否定的見解に対しては、出願人は非公式コメントの提出と１回だけクレームの補正（１９条補正）が可能

・IPEA:　国際予備審査機関（International Preliminary Examining Authority）：
国際予備審査を行う官庁

・IPER:　国際予備審査報告（International Preliminary Examination Report）：
出願人の答弁書や補正書を考慮して作成された新規性、進歩性、産業上の利用可能性についての国際予備審査機関の報告

・WO/IPEA:　国際予備審査機関の見解書（Written Opinion of the International Preliminary Examining Authority ）：
新規性、進歩性、産業上の利用可能性等の要件を満たしていない場合に少なくとも１回通知される国際予備審査機関の見解書。国際予備審査が請求されると、国際調査機関の見解書（WO/ISA）が第１回目のWO/IPEAとなり、出願人は答弁書、クレーム、明細書、図面についての補正書（34条補正）の提出が可能

・IPRP（第Ｉ章）:特許性に関する国際予備報告（特許協力条約第一章）（International Preliminary Report on Patentability) (Chapter I of the Patent Cooperation Treaty)：
国際予備審査が請求されない場合に、国際調査機関の見解書（WO/ISA）に付される表題

・IPRP（第II章）:特許性に関する国際予備報告（特許協力条約第二章）（International Preliminary Report on Patentability) (Chapter II of the Patent Cooperation Treaty)：
出願人の答弁書や補正書を考慮して作成された新規性、進歩性、産業上の利用可能性についての国際予備審査機関の報告

図表１８－１　パリルートとＰＣＴルートの比較

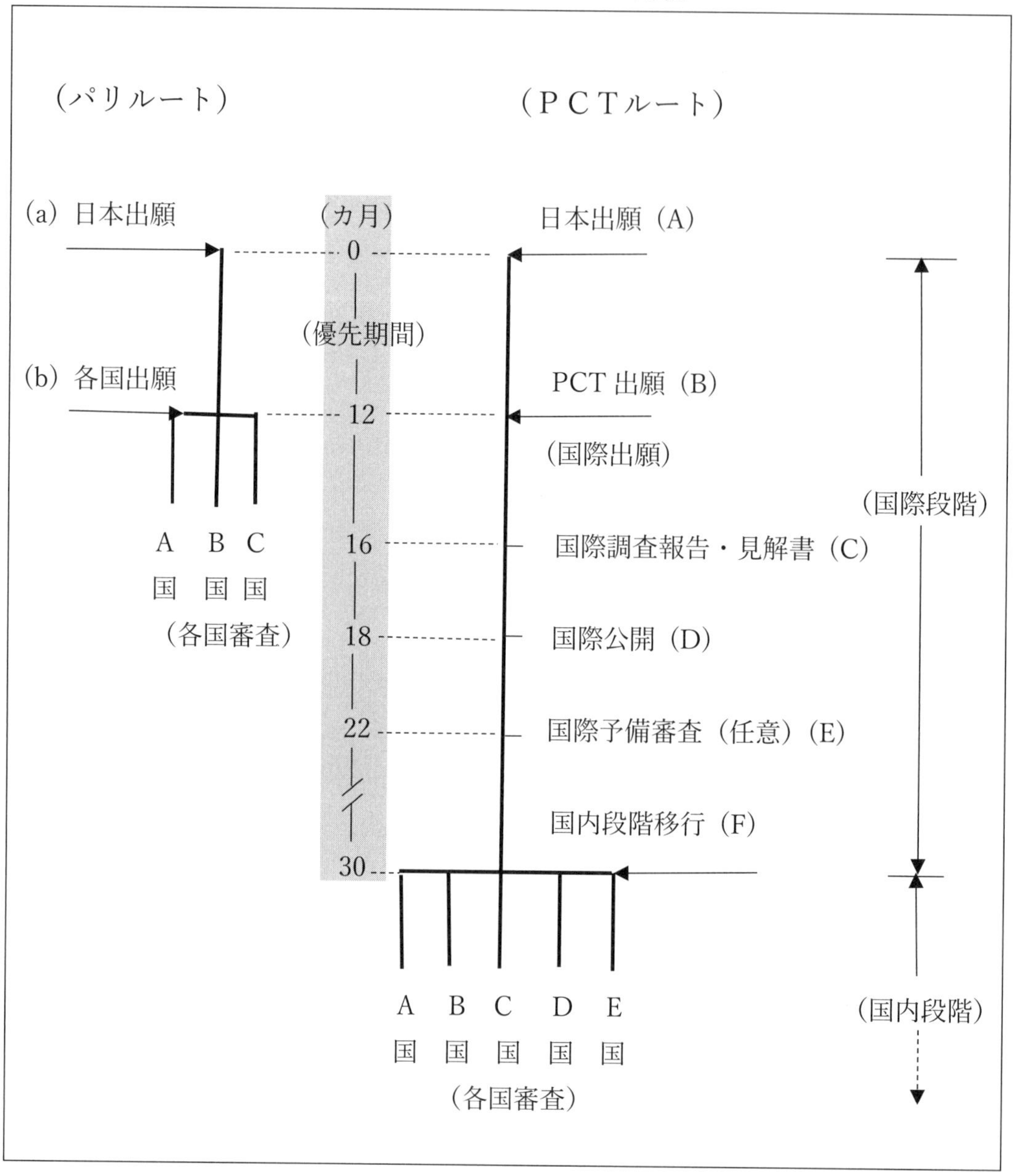

（３）パリルート

パリルートの手続の流れは、上記図表18－1の左側に示されています。

日本出願(特許出願又は実用新案登録出願）(a）に基づいて１２カ月以内に優先権を主張してA国、B国、C国等の各国に出願(b)を行います。各国の言語に翻訳し各国ごとに異なる出願書類を作成する必要がありますが、１２カ月の猶予期間があるので十分に作成可能です。優先権制度を利用しない場合は、各国出願(b)は翻訳等に時間がかかるために日本出願（a）から大きく遅れることになり、その間における他人の出願や、実施や公表により、各国への出願が無駄になるリスクも大きくなります。

上述のように、国内優先権制度と同じ活用パターンで利用でき、例えば、２以上の複数の日本出願（a1）（a2）（a3）・・・を併合(複合優先)して出願することも可能で、この場合の優先期間は最先の出願（a1）の出願日から１２カ月です。

（4）ＰＣＴルート

ＰＣＴルートの手続の流れは、上記図表１８－１の右側に示されています。

日本出願（A）に基づいて１２カ月以内に優先権を主張して、ＰＣＴ国際出願(以下、ＰＣＴ出願)(B)を行います。パリルートにおける各国出願(b)を束にして１個のＰＣＴ出願（B）に置き換えた形です。

ＰＣＴは１９７８年に発効した特許協力条約（Patent Cooperation Treaty）(加盟国(締約国)：２０２１年１２月現在で１５４カ国)のことで、複数の国で特許を取得する場合に出願人の労力を軽減するとともに、各国特許庁の重複作業を軽減することを目的として設けられたものです。

即ち、日本出願（A）から国内段階移行（F）の前までの国際段階では方式を統一して「出願の束」としてＰＣＴ条約の下で手続が進行し、国内段階移行（F）以降は「出願の束」が枝分かれして各国の国内法令下で国内出願として各国特許庁に委ねられ、特許性(新規性、進歩性)等の実体的要件は各国特許庁で審査され特許が付与されます。

①ＰＣＴ国際出願の特徴

ＰＣＴルートの特徴は、母国語で作成した出願書類を自国の特許庁に１通だけ提出するだけで、すべてのＰＣＴ加盟国における国内出願としての効果が生じることです。即ち、ＰＣＴの国際出願日がすべてのＰＣＴ加盟国における国内出願日となります。翻訳や各国ごとの出願書類を作成する必要がないので時間がなくても出願可能で、「last minutes filing」と言います。「last minutes」とは少々オーバーですが、通常、１週間もあれば十分です。

②みなし全指定

ＰＣＴ出願(B)では、願書で発明の保護を求める加盟国を指定する必要がありますが、２００４年からは国際出願日におけるすべてのＰＣＴ締約国を自動的に指定したものとみなされます。

③自己指定と国内優先権

先の出願であるＪ国（日本）の出願（A）を基礎出願とし優先権主張してＰＣＴ出願(B)をし、指定国にＪ国（日本）を含めることを自己指定（優先権主張国を指定）と言います。ＰＣＴ出願するとみなし全指定とされるため、先の出願をしたＪ国（日本）においては自己指定となります。日本では、自己指定となると特許法41条の「国内優先権主張」が適用され、先の日本出願（A）はその出願日から１６カ月を経過したときに取下げられたものとみなされ（**みなし取下げ**）先の日本出願（A）については特許取得の可能性がなくなります。先の日本出願（A）のみなし取下げを避ける方法としては、下記の３つの方法があります。

④みなし取下げを避ける方法

（イ）出願時に願書で日本の指定を除外（日本では、先の日本出願（A）で特許取得）：

ＰＣＴ出願(B)は当初から日本を指定しない出願となるので日本への国内移行はできず、先の日本出願（A）だけが国内で係属し特許取得を図ることになります。

（ロ）先の日本出願（A）の出願日から１６カ月以内に日本の指定を取下げ（日本では、先の日本出願（A）で特許取得）：

上記（イ）と同様、ＰＣＴ出願(B)は当初から日本を指定しない出願となり日本への国内移行はできず、先の日本出願(A)だけが国内手続に係属し特許取得を図ることになります。

（ハ）先の日本出願（A）の出願日から１６カ月以内に国内優先権の主張を取り下げ（日本では、先の日本出願（A）と国内移行したＰＣＴ出願(B)との両方で特許取得可能）：

先の日本出願（A）と国内移行したＰＣＴ出願(B)（日本出願（A）の後願となる）の２つの出願が、ともに優先権に関係なしに国内手続に係属することになり、いずれか又は両方で特許取得が可能となります。ＰＣＴ出願(B)を国内移行しない場合は、先の日本出願（A）だけで特許取得を図ることになります。なお、日本以外の指定国では、優先権主張の効果は有効です。

上記の（イ）（ロ）の方法は、先の日本出願（A）とＰＣＴ出願(B)の発明が実質的に同一の場合に用いられます（ＰＣＴ出願(B)で特許取得を図る場合は余分な日本への国内移行の手続きと費用がかかるため、先の日本出願(A)で特許取得を図ることになる)。また、上記（ハ）の方法は、先の日本出願（A）とＰＣＴ出願(B)の発明が異なり、いずれか又は両方について特許取得を図る場合に用いられます。

（５）ＰＣＴルートの手続

(A) 日本出願

通常は、第１国出願である日本出願(特許出願又は実用新案登録出願)（A）に基づいて、優先期間である１２カ月以内に優先権を主張して、日本語で作成された出願書類を日本の特許庁(受理官庁 RO：Receiving Office)に提出することによりＰＣＴ出願（B）をします。第１国出願は、日本出願（A）の代わりに、米国、中国等の外国出願や、ヨーロッパ(EP)特許出願等の広域特許出願（２以上の国に効力を有する特許を付与する特許出願）や、先に出願した ＰＣＴ出願でもよく、また、出願書類を英語で作成し、日本の特許庁又は世界知的所有権機関（WIPO：World Intellectual Property Organization）の国際事務局（IB: International Bureau）に提出することも可能です。

なお、広域特許出願としては、ヨーロッパ特許条約（ＥＰＣ：European Patent Convention：２０１６年１２月で締約国は主要国を含む３８カ国）に基づく出願が最も利用され、ＰＣＴ出願するとＥＰＣの締約国のすべてを指定したものとみなされます。その他の広域特許としては、ユーラシア特許（EA）、OAPI（アフリカ知的財産機構）特許（OA）、ARIPO（アフリカ広域知的財産機構）特許（AP）があります。

「ＥＰＣの締約国で国内特許ルートを閉じている国」

ＥＰＣの締約国の多くの国では、ＰＣＴ出願すると、①国内特許と②広域特許（ヨーロッパ特許）との両方のために指定したものとみなされます。

例えば、ドイツ（DE）で特許を取得する場合は、①直接ドイツ（DE）へ国内移行してドイツ特許を取得する、又は、②広域特許（ヨーロッパ特許）へ移行して広域特許（ヨーロッパ特許）許可（特許査定）を得てドイツに移行（有効化：validation: 特許取得）する２つの方法が可能です。

これに対し、フランス（FR）、ベルギー（BE）、オランダ（NL）、ギリシャ（GR）、アイアルランド（IE）、キプロス（CY）では、①の国内特許のルートを閉じており、②の広域特許（ヨーロッパ特許）でのみ特許を取得できる点に注意が必要です。

したがって、例えば、フランス（FR）で特許を取得する場合は、①の直接フランスへ国内移行してフランス特許を取得することはできず、②の広域特許（ヨーロッパ特許）へ移行して広域特許（ヨーロッパ特許）の許可（特許査定）を得てフランスに移行（有効化：validation: 特許取得）することになります。もっとも上記したパリルートで直接フランス特許を取得することも可能です。

(B) ＰＣＴ出願

上記のように、加盟国がみなし全指定とされ、ＰＣＴ出願日がすべての加盟国における国内出願日となります。

(C) 国際調査報告（ISR）・見解書（WO/ISA）

（１）ＰＣＴ出願の各クレームについて国際調査機関（ISA：International Searching Authority）により先行技術について国際調査され、国際調査報告（ISR :International Search Report）が作成されます。同時に、その発明の新規性、進歩性及び産業上の利用可能性について、国際調査機関の見解書（WO/ISA: Written Opinion of the International Searching Authority）が作成されます。国際調査報告（ISR）及び国際調査機関の見解書（WO/ISA）は、優先日から概ね１６カ月までに国際事務局及び出願人に送付されます。

（２）国際調査機関の見解書（WO/ISA）に示された特許性についての見解は、あくまで出願人がその後の手続、特に国内段階に移行するかどうかの参考情報であり、最終的な特許性(新規性、進歩性)等の判断は国内段階移行後の各国の指定官庁（DO: Designated Office）に委ねられます。

（３）後述する国際予備審査の請求をしない場合は、国際調査機関の見解書（WO/ISA）は「特許性に関する国際予備報告(特許協力条約第一章)」(International Preliminary Report on Patentability (Chapter I of the Patent Cooperation Treaty)(略称：IPRP(第Ｉ章))と題され、後述の非公式コメントが提出されている場合は、当該コメントとともに、優先日から３０カ月経過後に請求のあった指定官庁に送達されます。

（４）なお、国際調査の対象は、第一国の出願日（優先日）前ではなく**国際出願日前**の公知文献です。これは、指定官庁（DO）で優先権主張が無効とされた場合（この場合は新規性等判断の基準日は国際出願日）であっても国際調査報告（ISR）の利用価値が低下しないようにとの配慮からです。

「国際調査報告（ISR）・見解書（WO/ISA）に対する出願人の対応」

（イ）特許取得の可能性がある場合

国際調査報告(ISR)・国際調査機関の見解書(WO/ISA)を検討し、特許取得が可能であると判断した場合は、国内段階移行（F）に向けて準備を進めることになります。

（ロ）特許取得の可能性がない場合

国際調査報告(ISR)・国際調査機関の見解書(WO/ISA)を検討し、明らかに新規性がない等の理由で特許取得の可能性がないと判断した場合は、下記の選択肢が考えられます。

①以降の手続を断念

国内段階移行の費用等を節約することができます。

②ＰＣＴ出願の取り下げ

この時点ではＰＣＴ出願は国際公開されていないので、当該出願を取り下げて公開を避けることができます（秘匿化）。

（ハ）特許取得の可能性が小さい場合

新規性はあるが進歩性に問題があるような場合は、下記の選択肢が考えられます。

①国際調査機関の見解書（WO/ISA）に対する非公式コメントの提出

（１）この場合の見解書は否定的な見解であるので、非公式コメント（Informal Comment(s))（ＰＣＴ条文や規則に記載がないので、このように呼ばれる）を国際事務局（IB）に提出することにより、国内段階に移行した場合の審査において効果的です。見解書は出願人に意見を述べる機会を与えずに作成されるため、国際公開はされず、国際公開日以降に PATENTSCOPE（WIPO が提供する特許データベース検索サービス）に掲載されます。非公式コメントは国際出願の言語で作成しますが、各国の審査官に読んでもらうには英語で作成するのが望ましいです。

（２）なお、国際予備審査を請求する場合は、下記③で述べるように、上記否定的な見解に対して答弁書を提出できるので非公式コメントの提出は不要です。

（３）非公式コメントの提出期限は特に規定されていませんが、国際出願が優先日から３０カ月以内に国内段階に移行した後に指定官庁に送付され実体審査（新規性、進歩性等）に間に合うように、優先日から２８カ月以内に提出するのが望ましいです。

②１９条補正（クレームの補正）

クレームの補正を１回だけ国際事務局（IB）に行うことができます。19 条補正は国際出願の言語で作成し、国際公開され、すべての指定国において有効です。19 条補正の提出期限は、国際公開（優先日から１８カ月後）に間に合わせるため、国際調査報告送付の日から２カ月以内、又は優先日から１６カ月のいずれか遅く満了する期間内です。非公式コメントも提出できます。

③国際予備審査の請求と３４条補正

（１）国際調査機関の見解書（WO/ISA）よりも詳細な特許性についての情報を得たい場合には、国際予備審査を国際予備審査機関（IPEA: International Preliminary Examining Authority）に請求します。国際調査が日本特許庁で行われた場合は、日本特許庁が国際予備審査機関となります。国際予備審査の請求期間は、国際調査報告（又は同報告を作成しない旨の宣言）及び見解書（WO/ISA）の送付の日から３カ月、又は優先日から２２カ月のいずれか遅く満了する期間内です。

（２）国際予備審査を請求することにより、34 条補正が可能で、クレームだけでなく、明細書、図面の補正ができ、また補正の回数も制限されません。更に、前記国際調査機関の見解書（WO/ISA）に対する答弁書を提出することもできます。補正できる期間は、国際予備審査時から国際予備審査報告が作成されるまでです（下記の（３）参照）。

（３）国際予備審査の請求をすると国際予備審査機関により国際予備審査が行われ、新規性、進歩性及び産業上の利用可能性についての詳細な見解を記載した国際予備審査報告（IPER: International Preliminary Examination Report）が作成されます。国際予備審査報告には、「特許性に関する国際予備報告(特許協力条約第二章)」〔International Preliminary Report on Patentability (Chapter II of the Patent Cooperation Treaty)(略称：IPRP(第 II 章)〕と題され国際事務局と出願人に送付されます。国際事務局は、IPRP(第 II 章)を優先日から３０カ月経過後に請求のあった選択官庁（＝指定官庁）に送達します。

国際予備審査報告の作成のための期間は、次の①～③の期間のうちの最も遅く満了する期間内です：①優先日から２８カ月、②国際予備審査の開始から６カ月、③国際出願の翻訳文を国際予備審査機関が受領した日から６カ月。

（４）上記の国際調査報告(ISR)・国際調査機関の見解書(WO/ISA)で特許性が判断できる

ので、国際予備審査の重要性は低下し、国際予備審査の請求率も低下しています。

④国内段階移行（F）に向けての準備

（１）国際調査機関が作成した国際調査報告(ISR)・国際調査機関の見解書(WO/ISA)又はこれらと国際予備審査機関が作成した国際予備報告 IPRP(第 II 章)を検討した結果、特許取得が可能であると判断した場合は、技術動向や市場の変化等も総合勘案して、国内段階移行（F）に向けて準備を進めることになります。

（２）また、特許取得の可能性が小さい場合であっても、発明の重要性等により国内段階移行（F）に向けて準備を進めることもあります。これら国際調査報告(ISR)・国際調査機関の見解書(WO/ISA)や国際予備報告（IPRP 第 II 章）等は出願人が国内段階に移行するかどうかを判断するための参考情報にすぎず、最終的な特許性の判断は国内段階移行後の各指定官庁（DO）に委ねられるからです。特許性のレベルは各指定官庁により区々であり、実際、国際段階では「特許性なし」の判断であっても、国内段階に移行し各指定官庁において審査された結果、特許される場合が少なくありません。

筆者の経験では、国際段階で「特許性なし」の見解書を受けた出願を、１９条補正や３４条補正等の対応をすることなく何件も国内段階移行をしましたが、補正あり又は補正なしで最終的には各指定官庁において特許されています。

（３）以上のように、１９条補正や、３４条補正と答弁書により「特許性あり」の報告を得たとしても直ちに国内段階移行後の各指定官庁（DO）で特許されるとは限らず、最終的には各指定官庁（DO）での審査に委ねられます。したがって、国際調査機関の見解書(WO/ISA)への対応も国際予備審査の請求もせず、国内段階移行後の各指定官庁（DO）において拒絶理由に対応することも可能です。

ただし、発展途上国等では国際段階での「特許性あり」の報告を重要視して特許査定することもあり、また、後述する特許審査ハイウエイの PCT-PPH により早期権利化と手間や費用の軽減が期待できる可能性があります。

（D）国際公開

（１）ＰＣＴ出願は、優先日から１８カ月経過後に国際公開されます。国際調査報告(ISR)も公開され、19 条補正がされたときは、この補正も公開されます。これにより、第三者は他人のＰＣＴ出願の内容と先行技術を知ることができ、また特許性の有無を知ることができるので、必要な対策を採ることが可能です。

（２）早期公開、即ち、優先日から１８カ月経過前に国際公開を国際事務局（IB）に請求することも可能です。

（３）各指定国においては、その国が未審査の出願を国内公開したときと同等の法的効果が生じます。日本語ＰＣＴ出願が国際公開されると、日本国内では特許法 184 条の 10（国際公開及び国内公表の効果等）が適用され、同 65 条の補償金請求権に基づき補償金の支払を請求することができます。

（再公表公報）

日本語ＰＣＴ出願は当然に日本語で国際公開されますが、ジュネーブで行われ閲覧が容易でないため、我が国特許庁は、出願日（優先権主張の場合は優先日）から２年６カ月後に国際公開と同じ内容を日本語で再公表特許公報を発行してきました。しかし、２０２２年１月１２日より廃止されました。

（公表公報）

外国語ＰＣＴ出願の場合は、我が国の国民に不利にならないようにするためと補償金請求権との関係から、国際公開を補うために、出願日（優先権主張の場合は優先日）から２年６カ月後に日本語による翻訳文（国内段階移行時に提出されたもの）を国内公表（公表特許公報）します（特184条の9)。この場合の補償金請求は、国際公開後ではなく国内公表後に可能となります（特184条の10)。

（E）国際予備審査

上述のとおり、国際調査報告(ISR)や国際調査機関の見解書（WO/ISA）より詳細な特許性についての情報を得たい場合に利用されます。しかし、国際調査報告(ISR)・国際調査機関の見解書(WO/ISA)で特許性が判断できるので、国際予備審査の請求率は低下しています。

（F）国内段階移行

下記（イ)、(ロ）を総合勘案して、指定国（すべての加盟国）のうち実際に特許を取得したい指定国に対して、優先日から３０カ月（３１カ月等の指定国もあり）以内に国内段階移行の手続をする必要があります。移行手続は、各国ごとに代理人を選任し、指定官庁(DO)が認める言語への翻訳文の提出と手数料の支払いをすることになります。日本語PCT出願の場合は、国内書面を日本国特許庁に提出します。なお、非公式コメントが英語の場合は、翻訳文を提出します。

（イ）国際調査機関が作成した国際調査報告(ISR)・国際調査機関の見解書(WO/ISA)、又は国際予備審査の請求をした場合は、これらと国際予備審査機関が作成した特許性に関する国際予備報告（IPRP第II章)による特許取得の可能性、
（ロ)３０カ月の猶予期間（パリルートの１２カ月に比べ１８カ月長い）で得られた技術動向、市場動向、海外営業戦略、標準化のための活動、ライセンス交渉等。

ＰＣＴ出願が国内に移行した後は、当該指定国の国内出願と同等の取り扱いを受け、当該指定国の国内法令に従って手続を行います。審査請求期間の起算日や存続期間の起算日は、PCT出願日（国際出願日）です。

国内段階移行の手続を行わない場合は、ＰＣＴ出願は国内移行のない指定国においてＰＣＴ出願の効果を失い当該指定国の国内出願を取り下げたのと同様の結果となります。

（６）ＰＣＴルートのメリットとデメリット

ＰＣＴルートのメリットとデメリットを示すと、図表１８－２のとおりです。

ＰＣＴルートはデメリットもあるものの、冒頭で述べたとおり、右肩上がりの増加を示しています。特に、中小企業等にとっては、下記の（８）で記載のように、各種費用について軽減・交付金制度等の支援措置があります。

図表１８－２　ＰＣＴルートのメリットとデメリット

メリット
①１つの出願で PCT 加盟国へ同時出願 日本語で日本の特許庁に出願できる（出願時点では翻訳等が不要で短期間で出願可能）。（パリルートでは翻訳等が必要で短期間での出願は困難）
②出願後に発明を十分に評価して国内移行 国内移行まで３０カ月の猶予期間があり、技術動向、市場動向、海外営業戦略等を十分に検討し特許を取得したい出願国を適切に決定できる。（パリルートでは各国出願までの猶予期間が１２カ月と短いので、技術動向、市場動向、海外営業戦略等を十分に検討できず、必要な出願国が漏れていたり、不要な国に出願していたということがあり得る。）
③業務や費用の繰り延べ 国内移行の時期をずらせることにより、業務や費用の発生を繰り延べ（分割化）できる。
④事前に特許取得の可能性 国際調査報告(ISR)・国際調査機関の見解書(WO/ISA)又はこれらと特許性に関する国際予備報告（IPRP(第 II 章)）により特許取得の可能性を判断できる。特許取得の可能性がない場合は以降の手続を断念することにより費用を大幅に節約できる（ただし、特許性の判断は国内移行後の各国に委ねられ、特許性のレベルは各国により区々であるので、特許される可能性もあり）。（パリルートでは出願後に特許性がないことが判明すると、出願費用が無駄になる。）
⑤特許審査ハイウエイの利用 国際調査機関の見解書(WO/ISA)で「特許性あり」の場合は、特許審査ハイウエイ（ＰＣＴ－ＰＰＨ）*を利用し、審査期間の短縮や費用の節減が可能である。
⑥国内手数料の減額 国内移行した指定国(選択国)によっては、国内手数料が減額される。日本では、日本国特許庁が国際調査報告を作成した場合、審査請求料が約４０％減額される。

＊海外で早期権利化と質の向上を図る枠組(次掲２を参照)。

デメリット
①手続が煩雑 　手続が煩雑で、ミスをするとリスクが大きい(全滅のおそれも)。 ②費用が付加 　国際段階の費用が付加されるので、費用の面からは一般に3カ国以上に適しており、2カ国以下の場合はパリルートが適している。 ③未加入国への対応 　未加入の国(例えば、台湾)については、忘れないようにパリルートで出願する必要がある。

（7）優先期間の経過後の外国出願

優先期間の経過後は優先権を主張した外国出願はできませんが、優先権を主張しない外国出願は先の出願が出願公開されるまで（1年6カ月より少し遅れる場合あり）は出願可能です。1年6カ月経過直後の場合は、実際に出願公開されていないことを特許庁に確認してから出願するのが無難です。さらに、出願公開後であっても、一部の国（アメリカ、カナダ、マレーシア等）には出願可能です。

この場合は、優先権を主張していないので当然優先権主張の効果を受けられず、新規性、進歩性等の実体的要件の審査は現実に各国に出願した日となります。したがって、可能な限り早く出願する必要があります。

（8）国際出願における支援措置

中小企業、小規模企業、ベンチャー企業、大学等のPCT国際出願（2019年4月1日以降のものが対象）に関して、特許庁に支払う手数料については、軽減制度及び交付金制度を利用することにより1/2又は1/3に減額されます。

また、外国出願に要する費用（内外の代理人の費用、翻訳費用等）については、中小企業等外国出願支援事業により1/2に軽減されます。この支援事業はPCT国際出願の国内段階移行の費用にも適用されます。補助事業者として、独立行政法人日本貿易振興機構（ジェトロ）と各都道府県等の中小企業支援センター等が窓口となっています。公募期間や申請方法については、補助事業者に問い合わせてください。

2　特許審査ハイウエイ（PPH)による外国出願

特許審査ハイウエイ(PPH: Patent Prosecution Highway)（以下、PPH)、とは、ハイウエイ（高速）の文字が示すとおり、海外での早期権利化を容易にするとともに、第1庁（例えば、日本）の先行技術調査と審査結果を第2庁（例えば、米国）で有効利用することにより、第２庁の審査の負担を軽減し、質の向上を図ることを目的としています。

同じ特許出願を各国で調査し、各国で審査することは、手間がかかり効率が悪いため、各国特許庁と出願人の手間や労力を軽減することを目的として、２００６年７月に日米間で試行プログラムを開始したのが始まりです。２０２１年1月 １ 日現在で、我が国は４５の国、地域、機関との間でPPHを利用でき、今後も拡大の傾向にあります。

２０１０年にはPCT-PPH、２０１１年にはPPH MOTTAINAIがスタートしました。PPHを更に向上させるため、２０１４年には、利用できるPPHの種類を共通化した多数国間の枠組であるグローバルPPH、五大特許庁の枠組であるIP5 PPHも立ち上げられました。２０１７年には、海外で日本特許と同じ内容の特許を取得できるPPH Plusもスタートしています。

〔１〕PPH

（１）PPHの概要

PPHは、下記の図表１８－３に示すように、最初に出願した第１庁（先行庁：例えば、日本）で特許可能と判断された場合、出願人の申請により、次に出願した第２庁（後続庁：例えば、米国）において簡単な手続で早期に審査を受けることができる枠組みです。第２庁でも審査するので、第１庁で特許許可された同じクレームで、特許されるとは限りません。なお、優先権主張をしない場合にも適用されます。

図表１８－３　PPH

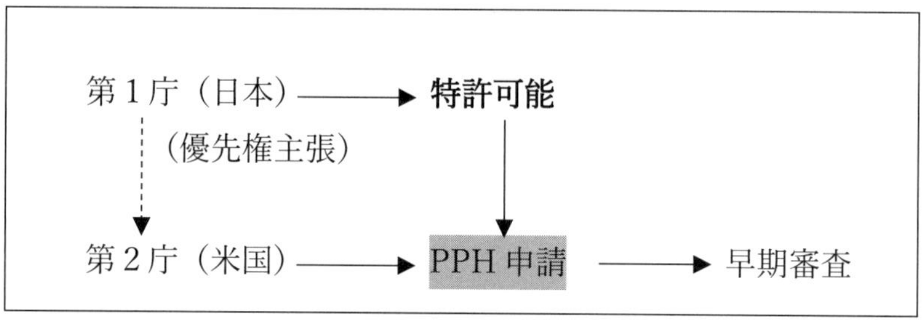

（２）PPHの基本的要件と手続

（ｉ）基本的要件

①第２庁出願が、第１庁出願に基づいて優先権主張をしている等、第１庁出願と特定の関係にあること

②第１庁出願が、特許可能と判断された１又は複数のクレームを有すること

③第２庁出願の全てのクレームが、第１庁出願の特許可能と判断されたクレームのいずれかと十分に対応していること

④第２庁において、審査が開始されていないこと。

（ⅱ）手続

下記の①～④の書類が必要ですが、多くの国において審査経過情報が提供されているので④のクレーム対応表のみでよく、さらに多くの場合は、申請書に必要事項を記載するだけでよく、実際の書類の提出は不要とされています。

①第1庁の全てのオフィスアクション（拒絶理由通知）の写しとその翻訳文

②第1庁で特許可能と判断されたクレームの写しとその翻訳文

③引用文献

④クレーム対応表。

〔2〕PCT-PPH

下記の図表18－4に示すように、国際出願（PCT）における国際段階の成果物である「国際調査機関の見解書（WO/ISA）」、「国際予備審査機関の見解書（WO/IPEA）」や「国際予備審査報告（IPER）で「特許性あり」と認められると、国内移行後の各特許庁（図ではC 庁）に対し、 PPHを申請できます。

（なお、図中において、 A庁での特許可能との判断に基づきB 庁にPPHを申請した例も示していますが、これは通常のPPHです。）

図表18－4　PCT-PPH

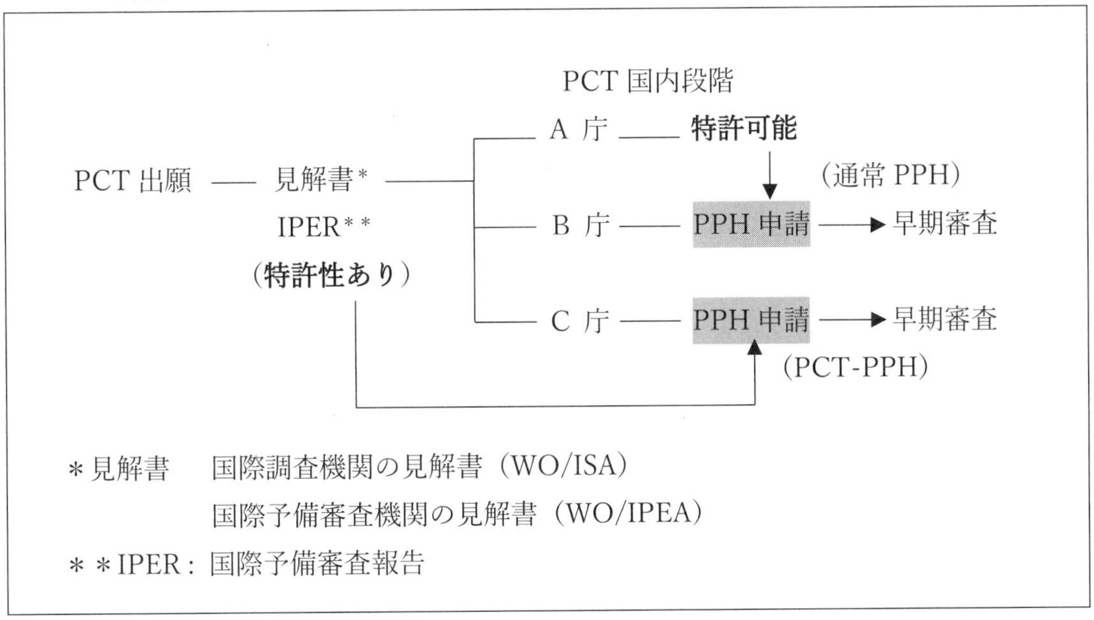

〔3〕PPH MOTTAINAI

PPHは、第1庁（先行庁：例えば、日本）で特許可能と判断された場合に、第2庁（後続庁：例えば、米国）でPPHを申請できるのに対し、PPH MOTTAINAIは、下記の図表18－5に示すように、第2庁（後続庁：例えば、米国）で特許可能と判断された場合に、第1庁（先行庁：例えば、日本）でPPHを申請できるようになっています。

図表１８－５　PPH MOTTAINAI

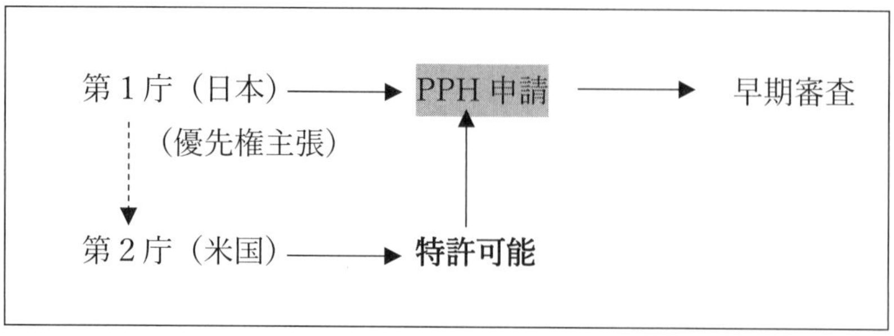

〔４〕グローバル PPH 、IP5 PPH

グローバル PPH 、IP5 PPH は、いずれも利用できる PPH の種類を共通化した多数国間の枠組みです。この枠組みに参加した知財庁の間では、PPH、PPH MOTTAINAI、PCT-PPH いずれも利用可能となるので、参加庁により、どの PPH が利用可能か区別する必要がなくなります。日本に PPH を申請する際には、PPH、PPH MOTTAINAI、PCT-PPH、グローバル PPH 、IP5 PPH のいずれを利用するかを明記する必要はありません。

２０１４年７月時点で、グローバル PPH には、日本、米国、韓国、英国、欧州、ロシア等 17 カ国が参加し、IP5 PPH には日本、米国、韓国、欧州、中国が参加しています。

〔５〕PPH Plus

日本特許庁と所定知財庁との合意に基づき、日本で特許付与された出願の出願人が 所定知財庁に申請することにより、同出願人の所定国における同内容の特許出願について、日本の審査結果を踏まえ、日本出願と同内容の権利を迅速に取得可能とする枠組みです

これは、所定知財庁において日本の審査結果の活用を促進するもので、出願人が海外でも日本特許と同様の特許を早期に取得できるようになります。２０１８年８月、ブルネイ知財庁との間で合意しています。

〔６〕PPH のメリットとデメリット

PPH には、下記に示すように、メリットとデメリットがありますが、一般的には、簡易かつ早期に特許権を取得できるメリットがあります。

「メリット」

①早期審査の簡素化

多くの国の特許庁において、PPH は制度としての早期審査の申請より手続きが簡単である。早期審査制度を有しない国においても PPH による早期審査を受けることができる。

②オフィスアクション(拒絶理由通知)の回数の減少による審査期間の短縮

第１庁(先行庁)で特許可能とされたクレームを審査対象とするため、第２庁（後続庁）の

審査ではオフィスアクションの回数が減る傾向にあり、早期に権利取得が期待される。

③オフィスアクション(拒絶理由通知)の回数の減少による応答コストの軽減

第1庁(先行庁)で特許可能とされたクレームを審査対象とするため、第2庁（後続庁）の審査ではオフィスアクションの回数が減る傾向にあり、応答コストの軽減が期待される。

④特許率の向上

第1庁(先行庁)で特許可能とされたクレームを審査対象とするため、第2庁（後続庁）の審査では特許率の向上が期待される。

「デメリット」

①第2庁で本来許可されるクレームより狭くなる可能性

第1庁(先行庁)で特許可能とされたクレームを第2庁（後続庁）で審査するが、各国の法制や審査レベルが異なるため、PPH を申請しない場合に本来第2庁で許可されるクレームより狭くなる場合がある(特に、第1庁の審査レベルが第2庁よりも高い場合)。

②第1庁で特許可能とされたクレームより狭くなる可能性

第1庁(先行庁)で特許可能とされたクレームを第2庁（後続庁）で審査するが、各国の法制や審査レベルが異なるため、第2庁では、第1庁で特許可能とされたクレームより狭いクレームとなる場合がある(特に、第2庁の審査レベルが第1庁よりも高い場合)。

③第2庁で特許許可されない可能性

第1庁(先行庁)で特許可能とされたクレームを第2庁（後続庁）で審査するが、各国の法制や審査レベルが異なるため、第2庁では特許許可されるとは限らない(特に、第2庁の法制や審査レベルが第1庁よりも厳格な場合)。

“意見書中に Hogwash！”

米国での話です。

どこの国においても個性的な審査官や審判官がいます。進歩性は当業者が容易に発明できるかどうか（米国では非自明性：unobviousness:当業者に自明かどうか）の極めて抽象的な判断であるため、個人的な哲学や信念にも影響される傾向があり、その中には非常に厳格な人もいます。

この事件も特許許可されてよいと思われるケースでしたが、同様の拒絶理由と同様の意見書が繰り返され、現地代理人はなかなか主張が通らず、出願人は費用が嵩み、イライラが募っていました。

代理人から送られてきた提出済みの意見書について、前回と同様の内容だろうと目を通していると、見慣れない単語“Hogwash”が目に飛び込んできました。“Hogwash”とは「くだらない」、「ナンセンス」の意味。現地代理人が、この言葉により審査官に言わんとした真意は必ずしも不明ですが。

この“Hogwash”の一語が審査官の判断に影響したと思いたくはありませんが、案の定（？）、特許許可を得るという最終目的は叶いませんでした。

第19章　他社の権利化阻止・情報提供制度

1　情報提供制度

情報提供制度は、出願公開された他人の特許出願に係る発明が特許性（新規性、進歩性等）を有していないことを示す刊行物等の情報を特許庁に提出して、審査官による特許査定を阻止する(他社の権利化の阻止)ための制度です（施規 13 条の 2)。

また、情報提供は特許付与後も可能です（施規 13 条の 3)。特許付与後の情報提供には、下記のような効果が期待されます。

①特許権者に権利行使を躊躇させることにより、紛争が事前に抑制される、

②将来無効審判請求がされたときに審理に利用される可能性がある、

③特許権者に無効事由の存在を知らしめることにより、特許権者が訂正審判を請求してクレームを減縮し、その結果侵害しなくなり紛争が事前に防止される。

特許行政年次報告書２０１８年版によれば、２０１７年の情報提供の件数は、５,２４３件となっています。

2　特許異議申立制度と情報提供制度

〔１〕特許異議申立制度と情報提供制度

異議申立制度や無効審判制度は、権利付与後に権利を取り消すか又は無効にする制度であるのに対し、権利付与前の情報提供制度は審査段階において特許査定（権利付与）を阻止する制度です。

権利付与前の情報提供制度は以前の権利付与前の異議申立制度と、また、特許付与後の情報提供制度は現在の特許付与後の異議申立制度とそれぞれ似た面を有するので、図表１９－１で情報提供制度を異議申立制度と比較しました。

なお、異議申立制度と無効審判制度の比較については、「第１３章１〔１〕「図表１３－１特許異議申立制度と特許無効審判制度との比較」（148 頁）を参照してください。

図表１９－１　異議申立制度と情報提供制度との比較

	項目	異議申立制度 （特許付与後）	情報提供制度	
			（特許付与前）	（特許付与後）
①	制度の趣旨	審査の誤りの是正と特許の信頼性の確保	審査段階で特許査定を阻止	・権利行使を抑制 ・無効審判で審理
②	異議申立・情報提供の期間	特許掲載公報の発行日から６月以内	審査の終了まで	権利設定後
③	異議申立人・提供者	誰でも（ダミーも可能、無記名は不可）	誰でも（無記名も可能）	同左
④	異議申立理由・情報提供理由	公益的事由（特許要件、明細書の記載要件等）	公益的事由（特許要件、明細書の記載要件等）	同左
⑤	手続き	査定系（特許庁と権利者との間で進行（原則）	査定系（特許庁と出願人との間で進行）	―
⑥	審理・審査方式	・書面審理 ・審判官の合議体	・書面審査 ・審査官	無効審判の審理に利用される可能性
⑦	職権審理	申立てない事項についても審理可能	拒絶の引用例に採用される可能性	―
⑧	権利者・出願人の反論	取消理由通知に対し意見書、訂正請求書の提出	拒絶理由通知に対し意見書等の提出	―
⑨	決定・査定	特許の取消又は維持	特許査定又は拒絶査定	―
⑩	不服申立	・取消に対して： 特許権者は東京高裁（知財高裁）に出訴 ・維持に対して： 申立人は不服申立不可（必要なら、無効審判を請求）	・特許査定に対して： 提供者は、必要なら、異議申立又は無効審判請求 ・拒絶査定に対して： 出願人は拒絶査定不服審判請求	―
⑪	料金	必要	不要	不要

〔２〕情報提供の手続

刊行物等提出書（施規の様式２０）を提出します。オンラインも可能で、書面で提出しても電子化手数料は必要ありません。

情報提供のタイミング：審査請求の前か後か？

審査請求前では、審査未請求から請求への切り替えを誘発する可能性がある反面、審査請求についてのウオッチングの負担がなく、一方、審査請求後では、いつ審査請求されるかのウオッチングの負担が大きく審査請求を見逃す恐れもあり、特に早期審査を請求されると約３カ月で審査が終了するので、刊行物の調査やその提出が時間的にタイトとなります。

〔3〕情報提供のメリットとデメリット

情報提供には、図表19－2に示すようにメリットとデメリットがありますが、一般的には、メリットのほうが大きいと思われます。

図表19－2　情報提供のメリットとデメリット

メリット	デメリット
（権利付与前） ①低コスト(特許庁の料金は不要)、簡易な手続で、他人の権利化を阻止できる。 ②無記名で提供することにより、提供者（利害関係人）の名前を秘匿できる。 ③提供者（記名要）の希望により、提出された情報が審査に利用されたかどうかフィードバックされるので、ウオッチングの手間が不要である。 ④事前の交渉により無償又は低額の実施権が得られる場合がある。 ⑤仮に権利化阻止ができない場合でも、更にどのような資料や主張が必要か明らかとなるので、その後の異議申立や無効審判が有利に進められる。 **（権利付与後）** ①権利者の権利行使を抑制し、紛争を事前に防止できる場合がある。 ②提出された情報が無効審判での審理に利用される可能性がある。 ③権利者の訂正審判によりクレームが減縮され、紛争を事前に防止できる場合がある。 ④事前の交渉により無償又は低額の実施権が得られる場合がある。	利害関係人の存在を、出願人（権利者）に知られてしまう。 **（権利付与前）** ①上記の結果、出願人は審査未請求の方針を請求に切り替える可能性がある（寝た子を起こす）。 ②出願人に、出願の分割等により、より強大な特許取得等を図る機会を与える。 **（権利付与後）** 権利者に、有効性について検討し、訂正審判等により防御するための十分な機会を与える。

〔4〕情報提供した出願の特許査定・拒絶査定への対応策

情報提供者は、情報提供が奏功しなかった結果、審査官により出された特許査定に対しては直接不服申立の手段はありませんが、別途、特許異議申立又は特許無効審判請求をすることができます。この場合、情報提供が奏功しなかった理由を分析することにより、どのような資料（証拠）や主張が欠けていたかが明かとなり、その資料や主張を補充することにより後の異議申立や無効審判を有利に進めることができます。

一方、出願人は、拒絶査定に対して、拒絶査定不服審判を請求できます。

〔5〕実施権についての交渉

自社にとって支障となる他社の特許出願については、報提供制度でその権利化を阻止できれば事業上の支障がなくなり、特許権侵害を気にすることなく安心して実施できることになり万々歳と言えます。しかしながら、必ずしも得策ではない場合があります。

即ち、特許権が存在しないということは、新規参入したい者は誰でも参入できることを意味します。そして、新規参入があると競争が激しくなり、価格は値崩れし利益が小さくなります。勿論、相手、即ち、出願人も特許が成立（存在）しないことを望むはずはありません。そこに、情報提供を差し控える代わりに無償又は低額の実施権を求める交渉をする意義があります。

この交渉が成立すれば、特許権の存在により第三者の新規参入は阻止され、自社は無償又は低額の実施権を取得でき、一方、他社は特許権を取得でき、その結果、両社だけが特許権を実施できるという互いに“win-win”の結果となります。

もっとも実施権の交渉は無記名ではできません。したがって、将来実施の予定があるがまだ実施していない場合はよいのですが、現実に実施をしており特許が成立すれば侵害する恐れがある場合には、よほど特許成立を阻止できる自信がある場合でないとお勧めできません。交渉が不調に終わり、他社が特許権を取得すれば、わざわざ相手方に侵害又は侵害の可能性を告知することにもなりかねないからです。

なお、上記のような実施権の交渉は、異議申立で特許を取消す場合、又は、無効審判で特許を無効にする（ともに特許が存在しなかったものとみなされる）場合にも行なわれる場合があります。

第20章　他社からの権利行使への対策

1　警告を受けた場合

他社からの権利行使（公開後の補償金請求権の行使、特許権に基づく差止請求権や損害賠償請求権の行使）は、こちら（当社と記す）から他社へ権利行使する場合（「第 16 章2〔2〕（２）警告」（210 頁）参照）とは全く逆の関係にあり、当社が他社（特許権者）から警告を受けるところから始まります。その対応は、警告書の内容を調査・検討することからスタートします。回答期限は通常２週間程度と短いので、大抵は期限の延長を求めます。

〔１〕権利の存在と権利の有効性

特許原簿等で、①相手が特許権者（又は専用実施権者）であること、②特許権が存在していること、③特許権が有効であることを確認します。警告書には特許公報が同封されていることは少ないので(内容証明便には添付できない)、警告書に記載されている特許番号から特許公報を入手し、包袋書類(審査経過書類)も入手します。包袋書類をチェックすることにより、出願人と特許庁とのやりとりから当該特許発明の特徴（ポイント）が鮮明となり、以後の対応がしやすくなります。また、禁反言の抗弁（審査段階での言動に反する権利行使は許されないとの反論）が主張できるかどうかもわかります。

更に、対応する外国出願が存在する場合は、経過を調べ拒絶又は無効にされた国があるときは、その拒絶理由や無効理由に引用された資料が当該特許に対する異議申立や無効審判請求に利用できる場合があります。ただし、特許独立の原則から、外国で拒絶や無効にされていたとしても、我が国でも特許を取り消したり、無効にできるとは限りません。

外国への対応特許出願（パテントファミリー）の手続や審査に関する情報は、特許情報プラットフォーム（J-PlatPat : Japan Platform for Patent Information）　のワン・ポータル・ドシェ（OPD: One Portal Dossier）（Portal は門、入り口、Dossier は一件書類を意味し、手続や審査情報を一括参照できるとの意味）の照会画面から一括参照できます。

〔２〕侵害又は非侵害の確認

警告書で指摘された当社の製品が相手の特許権の技術的範囲に属する(侵害する)かどうかを確認します（「第 16 章１特許権の侵害」（189 頁）参照）。必要に応じ、弁理士や弁護士の鑑定、特許庁の判定を求めます。その結果、（１）侵害しない場合、（２）侵害する場合、それぞれ下記のような措置を採ります。

（1）侵害しない場合

（イ）技術的範囲に属しない(侵害しない)

（ロ）先使用権（79 条）、職務発明（35 条）等による通常実施権の存在等の正当な事由があるため侵害には当たらない

（ハ）禁反言により権利行使（侵害の主張）ができない（禁反言の抗弁）

（ニ）無効の蓋然性により権利行使できない（104 条の 3）（無効の抗弁）

上記（イ）（ロ）（ハ）（ニ）について相手が納得しない場合は、下記の対応を検討します。

（ホ）審尋の上申書（相手から仮処分の申請があったときは、当方にも主張の機会を与えてほしい旨の）を裁判所に提出する

（ヘ）相手が訴訟を提起することもなく紛争解決の目途が立たない場合には、当社から差止請求権等不存在確認の訴え（相手には差止請求権が存在しないことの確認）や、先使用権が主張できるときは先使用による通常実施権存在確認の訴えを提起する

（ト）相手による侵害の広告等で当社の営業が妨害される場合は、営業妨害禁止の訴え（又は仮処分の申請）を提起する。

（2）侵害する場合

（イ）技術的範囲に属しない(侵害しない)ように設計変更する

（ロ）無効審判を請求する（無効が確定すれば侵害も無くなる）

（ハ）禁反言の抗弁や無効の抗弁が主張できる場合は、その旨回答する

（ニ）上記（ロ）（ハ）から、無償又は低額のライセンス（実施許諾）やクロスライセンス（相互実施許諾）交渉を進める

（ホ）ライセンス（実施許諾）を受ける

（ヘ）特許権の譲渡を受ける

（ト）侵害行為（製造、販売、使用等）を停止する

（チ）過去の侵害について賠償金を支払う。

2 侵害訴訟を提起された場合

当社が侵害していないと判断しているにもかかわらず、相手が納得せず訴えを提起した場合は、一般には、たとえ不本意であっても受けて立つことになります。侵害訴訟の流れについては、「第１６章２〔２〕（４）侵害訴訟の流れ」（212 頁）を参照してください。

被告としては、上記「（1）侵害しない場合」の（イ）～（ニ）を主張することになります。また、侵害論と無効論の審理からの訴訟の見通しに基づき、裁判所の勧告又は当事者の申立により和解を検討するのも一案です。裁判上の和解は確定判決と同一の効力を有します（民訴 267 条）（「第１６章１〔２〕（５）和解」（212 頁）参照）。

3 紛争の予防

一度紛争に巻き込まれると、精神的にも物質的にも大変な負担となります。「侵害しない」との鑑定書を恰も非侵害の保証書のように考えている場合も見かけます。しかしながら、「侵害するかどうか」の判断は、裁判所でさえ「正確な判断は困難なことが多い」と認め（大阪地判昭 53.12.19）、また「複数の見解があるのが通例」であるとし（**混合容器事件**　大阪地判平 12.6.29）、鑑定書が特許庁や裁判所の見解と異なることがあることを認めています。

したがって、こちらは「侵害しない」と判断しても、相手は「侵害する」と判断して警告をしてくることは十分にあり、一旦警告書を受け取ると、いつ製造や販売が差し止められユーザー等に迷惑をかけるか心配で、本来は支払う必要のない実施料の支払いを含む不利な条件での和解に追いこまれることも少なくありません。このように相手の弱みや混乱に付け込む目的で、警告する場合もあります。以下、紛争の予防や回避について検討します。

（１）侵害性の鑑定書

侵害の警告書を受けると、通常、専門家である弁理士や弁護士に相談したり鑑定書を求めます。鑑定書は、弁理士、弁護士、大学教授等の専門家により、中立の立場で、専門的知識と経験に基づいて意見を記載した書面です。しかし、鑑定書はあくまで参考的見解で、専門官庁である特許庁の公式見解である判定書でさえ、「特許庁の単なる意見の表明であり、所詮、鑑定的性質を有するにとどまる」と断じています（最高判昭 43.4.18）.

侵害の有無の判断は、上記裁判例で裁判所も認めているように「**複数の見解**」が存在し、地裁、高裁（知財高裁）、最高裁とで判断が二転三転することも決して珍しくないのです。

それでは、鑑定書は一体何のために作成するのかとの疑問が聞こえてきそうです。

鑑定書の役割の第一は、**経営判断のための参考的意見の提供**です。鑑定書の結論が「侵害」であれば、上記「〔３〕侵害する場合」に列挙した、侵害回避のための設計変更等を検討します。一方、結論が「非侵害」であれば事業の継続でよいのですが、相手（権利者）は「侵害」と判断し、訴訟になれば裁判所も「侵害」と判断するかもしれません。そこで余程「非侵害」が明らかでない限り、次項（２）で述べる権利の無効化等を検討します。

鑑定書の役割の第二は、専門家の意見も聞き鑑定書の「非侵害」の結論も参考にし、侵害しないように十分に注意義務を果たしたので**故意侵害や（重）過失侵害がないこと**を示すことで、損害賠償額の軽減につながります（102 条 5 項）。しかし、単に専門家の意見を聞いただけでは過失なしとは認められない、とする裁判例もあります。肝心の「過失なしと認められるのはどういう場合か」について、具体的に言及した裁判例は見当たりませんが、①複数鑑定人の鑑定書を得る、②次頁で述べる特許無効の鑑定書を得る、等が考えられます。

鑑定書の結論が「侵害」の場合に、何の手を打つことなく事業を継続すると、故意侵害と判断される恐れがあります。

（2）権利化の阻止又は権利の取消・無効化

鑑定書が非侵害の免罪符になり得ないとすれば、設計変更、ライセンス等のように相手の軍門に降ることなく最良且つ完全な防御方法は、①権利化の阻止、又は、②特許権の取消・無効化を図ることです。

① 権利化の阻止

他社の公開公報をチェックし、情報提供により権利化を阻止（公開後から審査の終了まで）することです（「第19章」を参照）。仮に、情報提供したにもかかわらず特許権が付与された場合であっても、どのような資料（証拠）や主張が欠けていたかが明かとなり、その資料や主張を補充することにより、後の異議申立や無効審判を有利に進めることができます。

②権利の取消・無効化

他社の特許公報をチェックし、特許権を異議申立で取消（特許公報の発行日から６月内）、又は、無効審判で無効化（特許権の設定登録後はいつでも）を図ります。異議申立で特許権の取消が叶わなかった場合でも、どのような資料（証拠）や主張が欠けていたかが明かとなり、その資料や主張を補充して後の無効審判を有利に進めることができます。異議申立での特許権の取消、又は、無効審判での特許権の無効が確定すると、**その特許権は初めから存在しなかったもの**とみなされ（114条３項）、権利行使の根拠が無くなり、その結果、侵害も無くなります。即ち、**紛争の元を断つ**ことができるのです。

（3）特許性の鑑定書

特許性（特許の有効性）の鑑定書についても上記侵害の場合と同様です。特許性については、まず特許庁における、①審査官による審査、②審判官による審理、ついで裁判所における、③高裁(知財高裁)での審決取消訴訟の審理、④最高裁での審理がありますが、その判断が二転三転することも珍しくありません。それゆえ、仮に相手の特許について「無効（特許性なし)」の鑑定書を得たとしても、ゆめゆめ「侵害しない」と安心するのではなく、紛争の元である権利の消滅に尽力すべきです。

以上のように、紛争の完全なる予防や除去は、鑑定書（非侵害や無効）によってではなく、話し合いによる解決を除けば、相手の**権利の消滅**によって初めて達成されるのです。

（4）権利行使後に特許権が無効になった場合の特許権者の責任

無効審判での特許権の無効が確定すると、侵害の事実も無くなります。したがって、製造販売を差止められた者は、差止めにより被った損害を当然に請求できるように思うかもしれませんが、差止請求権の行使は特許権の**適法な権利行使**とされ、原則として損害賠償は請求できません。もっとも、特許権者が無効の蓋然性が高いことを知っていたような場合は、故意過失が認められ損害賠償の請求が認められることもあります。（「第13章２〔2〕（９）無効審決の効力をめぐる問題点」（157頁）参照）。

第21章　特許と独占禁止法

1　特許制度と独占禁止法との関係

特許制度は法的独占を認める制度であり、独占禁止法（以下、独禁法）に風穴を開ける制度です。しかし、特許制度は独占禁止法（独禁法）と矛盾するものではなく、むしろ補完しあい健全な競争を促進することを目的としていることは既に述べたとおりです。独禁法 21 条で、特許法による「権利の行使」と認められる行為には独禁法を適用しないことを規定していますが、ここでいう「権利の行使」とは「正当な権利の行使」であり、「正当でない権利の行使」、即ち、「特許制度の趣旨を逸脱し又は同制度の目的に反する行為」により技術や製品についての競争に悪影響を及ぼす場合には独禁法が適用されます。

特許と独禁法との問題は、特に、特許権者がその優越した地位を利用して、他人の事業活動について不当な取引制限や不公正な取引方法を行う場合であり、他人に特許の使用を許諾するライセンス契約における制限条項がしばしば問題となります。具体的には、公正取引委員会から「知的財産の利用に関する独占禁止法上の指針」（平成１９年9月２８日制定、平成２２年1月１日改正、平成２８年1月２１日改正）が公表されています。

特許権の「正当な権利の行使」の範囲内かどうかについては、制限条項が「特許権本来の権利行使」かどうか、又は、制限条項に「正当な理由又は合理的な理由」があるかどうかによって判断されます。多くの場合、基準が曖昧であるためケースバイケースにより「灰色」の判断となる傾向があります。したがって、契約の交渉過程等において、制限条項が不利益となる当事者は、当該制限条項が「特許権本来の権利行使ではない」又は制限条項に「正当な理由又は合理的な理由がない」ことを説明し相手に制限条項の削除や緩和修正を求め、一方、制限条項が利益となる当事者は、「特許権本来の権利行使である」又は「正当な理由又は合理的な理由がある」ことを説明し相手の理解を求めます。

2　ライセンス契約における制限条項と独禁法

ライセンス契約は、契約自由の原則により、①契約を締結するかしないか、②相手に誰を選択するか、③どのような内容の契約を、④どのような方式で結ぶか自由です（民 521 条）。方式は制限されないので、口頭での口約束も可能ですが、後に「言った」「言わない」の争いを防止する証拠を残すために、通常、書面で契約書を作成し取り交わします。

内容も制限されないので、実施権について様々な取り決めが可能ですが、内容を制限する制限条項については「特許制度の趣旨・目的」に叶うかどうかについて独禁法の制約を受けます。上記の公正取引委員会の「指針」が「不当な取引制限や不公正な取引方法に該当する」又は「該当しない」とされる制限条項について、図表２１－１にまとめました。

図表２１－１　ライセンス契約における制限条項と独禁法との関係

	制限条項	正当・合理的理由
1	製造、販売、使用等の区分許諾	権利行使
2	期間の制限	権利行使
3	地域の制限	権利行使
4	販売価格の制限(指定)	違反。許諾者（特許権者）の利益確保の限度内では権利行使
5	製造数量・使用回数の制限	他の技術を排除しない限度内では権利行使
6	原材料、部品の購入先の制限	機能・効用の保証、安全性の確保、秘密漏洩の防止の限度内では権利行使
7	改良技術のグラントバック(grant back)	非独占的ライセンスは権利行使（専用実施権や譲渡は違反）
8	競争品の取り扱いの制限	技術の漏洩、流用の防止の限度内では権利行使。実施権者が既に行っている製造・販売等を制限しない限度内では権利行使
9	研究開発活動の制限	ノウハウの漏洩・流出を防止する限度内において権利行使
１０	一括（パッケージ）ライセンス(package license)	技術の効用を保護する限度内では権利行使
１１	マルチプルライセンス（multiple license)	事業活動の相互拘束し、競争を制限する場合は違反
１２	パテントプール(patent pool)	ライセンス条件、製品価格等の共同取り決め、新規参入者の拒絶は違反
１３	契約終了後の秘密保持義務	ノウハウ等の重要性により有期限又は無期限(公知になるまで)は権利行使（ただし無期限は公序良俗違反で無効も）
１４	不争義務(non-contest clause, incon-testability)	権利行使。特許権に瑕疵（無効等）がある場合は違反。実施権者が有効性を争った場合は、契約を解除できる条項で違反を回避
１５	非係争条項(NAP clause)	クロスライセンスに該当する場合は権利行使
１６	輸出の制限	権利行使。(同一特許の存在しない輸出国への制限は違反のおそれ)
１７	特許権満了（消滅）後の使用制限又は実施料支払義務	技術の自由な利用を阻害するので違反
１８	ノウハウ公知後の使用制限又は実施料支払義務	技術の自由な利用を阻害するので違反

1．製造、販売、使用等の区分許諾

ライセンサー（実施許諾者、特許権者）がライセンシー（被実施許諾者、実施権者）に対し、当該技術を利用できる事業活動を、特許法２条３項に規定の発明の実施である生産（製造）、使用、譲渡、輸出のいずれかに限定する行為は不公正な取引方法に該当せず、権利行使と認められます。

2．期間の制限

ライセンス技術を利用できる期間を限定することは、原則として不公正な取引方法に該当せず、権利行使と認められます。

3．地域の制限

ライセンス技術を利用できる地域を限定することは、原則として不公正な取引方法に該当せず、権利行使と認められます。

4．販売価格の制限（指定）

ライセンス技術を用いた製品に関し、販売価格又は再販売価格を制限（指定）する行為は、ライセンシーの事業活動の競争手段に制約を加え、競争を減殺するため、原則として不公正な取引方法に該当し認められません。ライセンシーの製品がライセンサーの製品よりも低価格の場合は、ライセンサーはライセンシーの価格まで下げると収益に影響するので、ライセンサーが最低の実施料収入を確保する限度において認められるとする説もあります。

5．製造数量・技術の使用回数の制限

ライセンス技術を用い製造する製品の最低製造数量又は技術の最低使用回数を制限することは、他の技術の利用を排除しない限り、原則として不公正な取引方法に該当せず、権利行使と認められます。ライセンサーが最低の実施料収入を確保する限度において権利行使として認められるとする説もあります。

6．原材料、部品の購入先の制限

ライセンス技術の機能・効用の保証、安全性の確保、秘密漏洩の防止の観点から必要である限度内において認められます。単なる抱き合わせ販売（tie-in）は不公正な取引方法に該当し認められません。

7．改良技術のグラントバック（grant back）

ライセンシーが開発した改良技術について、ライセンサーに独占的ライセンス（ライセンシーが実施できない専用実施権又は独占的通常実施権）を課す行為は、ライセンサーの地位

を強化し、ライセンシーの開発意欲を損なうので原則として認められません。改良技術をライセンサーに譲渡することを義務付ける行為も同様と考えられます。非独占的ライセンスを課す行為は、ライセンシーが改良技術を自由に利用できるので、原則として認められます。

改良発明のグラントバックは、当事者の一方のみが義務を負担する片務的ではなく双方が義務を負担する双務的で、また内容においてもバランスしていることも必要です。

8．競争品の取り扱いの制限

ライセンサーの競争品の製造販売を制限する行為は、ライセンシーによる技術の効率的利用を妨げ、競争者の取引の機会を排除するので、原則として不公正な取引方法に該当し、認められません。しかし、ライセンス技術がノウハウに係るもので、技術の漏洩又は流用を防止し秘密性を保持するために必要な範囲では認められます。このことは、契約終了後の制限であっても短期間であれば同様とされます。

9．研究開発活動の制限

ライセンス技術に関し、ライセンシーが第三者と共同して研究開発することを制限する行為は、将来の技術市場又は製品市場における競争を制限するおそれがあり、原則として認められません。しかし、ライセンス技術がノウハウとして保護・管理される場合、ノウハウの漏洩又は流用を防止し秘密性を保持するために必要な範囲では認められます。

１０．一括（パッケージ）ライセンス（package license）

一括ライセンスとは、ライセンシーが求める技術以外の技術についても一括してライセンスすること。この義務を課す行為は、ライセンシーが求める技術の効用を保護するために必要である等、一定の合理性がある範囲では認められます。複数の特許権等について一括してライセンスを受ける義務を課す場合であっても、使用された特許権等についてのみ対価を支払う場合は、ここでいう一括ライセンスには該当しません。

１１．マルチプルライセンス（multiple license）

マルチプルライセンスとは、ある技術を複数の事業者にライセンスすること。ライセンサー及び複数のライセンシーが共通の制限を受けるとの認識の下に、当該技術の利用範囲、製品の販売価格、販売数量等を制限する行為は、これら事業者の事業活動の相互拘束に当たり、競争を実質的に制限する場合は認められません。

１２．パテントプール（patent pool）

パテントプールとは、特許権を有する複数の者が企業体や組織体に特許権を集中し、その構成員等がライセンスを受けること。パテントプールは事業活動に必要な技術の効率的利用に資するものであり、それ自体は不当な取引制限に該当しません。

しかしながら、ライセンス条件や供給する製品の対価、数量、供給先等を共同して取り決める行為、新規参入者や特定の既存事業者に対するライセンスを合理的理由なく拒絶する行為は不当な取引制限に該当します。

医薬品パテントプール（MPP: Medicines Patent Pool）は、途上国における新薬（ジェネリック薬品）の安価な流通を目的とし2010年に設立されました。現在はエイズ、結核、ウイルス性肝炎が対象ですが、新型コロナウイルス感染症（COVID-19）の新規技術も対象とすることが報じられています（発表日：2021年11月01日　日本経済新聞　電子版）。

１３．契約終了後の秘密保持義務

ライセンス技術がノウハウに係るもので、技術の漏洩又は流用を防止し秘密性を保持するために必要な範囲では認められます。

しかし、無期限の秘密保持義務は、履行可能性の問題や過度の負担等の点から公序良俗違反で無効（民90条）とされるおそれがあるので、ノウハウの内容に見合った期限を定めるか、「当事者がその失効（ノウハウの公知化等）について確認するまで」と規定することも多いです。

１４．不争義務

不争条項（non-contest clause, incontestability）と言われ、ライセンサーがライセンシーに対して、ライセンス技術の有効性について争わない（無効審判等で）義務を課す行為で、円滑な技術取引を通じ競争の促進に資する面があると認められます。しかし、無効にされるべき権利が存続し、当該権利に係る技術の利用が制限されることは、公正な競争を阻害し不公正な取引方法に該当する場合もあります。なお、ライセンシーが権利の有効性を争った場合には、ライセンス契約を解除する旨の取り決めは、不公正な取引方法に該当しないので、この規定を用いることが多いです。

不争義務については、当該特許の有効性を前提としてライセンス契約を締結し利益を得ている以上、当該特許の有効性を争うことは信義則に反するので、たとえ規定がなくてもライセンシー禁反言（ライセンシー・エストッペル）が働き、有効性を争えないとする考えもあります。なお、米国最高裁は原審のライセンシー禁反言を否定し、ライセンシーの特許無効の主張を認めました（Lear, Inc. v. Adkins）。

１５．非係争条項（NAP条項）

NAP（Non-Assertion of Patents Clause）条項と言われ、ライセンサーがライセンシーに対して、ライセンシーの特許権（ライセンス技術の改良特許等）をライセンサーに対して行使しない義務を課す行為です。ライセンシーからライセンサーに対して非独占的な実施権を許諾するというクロスライセンス契約に該当する場合は認められます。しかし、ライセンサーの地位の強化に繋がり公正な競争を阻害する場合や、ライセンシーの研究開発意欲を損なう場合は不公正な取引方法に該当する場合もあります。

１６．輸出の制限

ライセンス技術を用いた製品の輸出の禁止、輸出地域、輸出数量、輸出価格等の制限は、原則として不公正な取引方法に該当しません。しかし、特許権は国内においてのみ有効であるので、当該輸出国においても同一の特許がある場合を除いて不公正な取引方法に該当するとの考えもあります。

１７．特許権満了（消滅）後の使用制限又は実施料支払義務

ライセンス技術に係る権利が消滅した後も当該技術の利用を制限する行為、又はライセンス料の支払い義務を課す行為は、技術の自由な利用を阻害するものであり、不公正な取引方法に該当します。

１８．ノウハウ公知後の使用制限又は実施料支払義務

ノウハウに係るライセンス技術が公知になった後も当該技術の利用を制限する行為、又はライセンス料の支払い義務を課す行為は、技術の自由な利用を阻害するものであり、不公正な取引方法に該当します。

（なお、優越的な地位の乱用と契約書については、「第17章１〔５〕（３）優越的位の乱用」（225頁）を参照。）

3 特許実施契約

〔1〕特許実施契約書の例

典型的な特許実施契約書（特許実施許諾契約書ともいう）の例を、以下に示します。

*　　　*　　　*

特許実施契約書

〇〇株式会社（以下甲という）と〇〇株式会社（以下乙という）とは、甲の所有に係る特許第〇〇〇〇〇号、発明の名称「〇〇〇〇〇」（以下本件特許という）を乙に実施許諾するにあたり、以下のとおり契約を締結する。

（実施権の許諾）

第１条　甲は、本件特許の通常実施権を乙に許諾する。

（実施料）

第２条　乙は、本件特許を実施した製品（以下本件製品という）の販売価格の３％に相当する金額を実施料として甲に支払う。消費税は乙が負担する。

（実施報告と実施料の支払）

第３条　乙は甲に対し、毎年３月３１日及び９月３０日をもって終了する６カ月間の本件製品の販売数量、販売価格及び実施料額を記載した実施報告書を、その翌月２０日までに甲に送付するものとする。

２．乙は、前項の実施報告書の提出期限の経過後３０日以内に実施報告書に記載された実施料を現金にて甲に支払う。

３．乙は、前項に規定する支払期限までに実施料を支払わなかった場合は、その実施料が支払われるまでの期間について年利５分の延滞金を甲に支払う。

（実施料の不返還）

第４条　甲は、乙から甲に支払われた実施料については、本件特許権の無効、本契約の解約、その他のいかなる事由による場合でも、乙に返還することを要しない。

（帳簿の閲覧）

第５条　乙は、甲から要請があったときは、第２条の実施料に関する帳簿、伝票その他の記録を甲の閲覧に供するものとする。

（改良技術）

第６条　甲及び乙は、本件製品に関し改良技術を開発したときは、遅滞なくその内容を相手方に通知し、改良技術の実施許諾について協議する。

（保証）

第７条　甲は、本件製品の製造・販売から生じる乙のいかなる損害についても一切責任を負わない。

（侵害の回避及び排除）

第８条　甲は、乙が製造・販売した本件製品が第三者の特許権等を侵害した場合は、当該侵害の回避について乙に協力する。

２．乙は、第三者が本件特許を侵害し又は侵害しようとしていることを知ったときは、直ちに甲に通知し、侵害の排除又は予防について甲に協力する。

（不争義務）

第９条　甲は、本件特許の有効性について、直接的にも間接的にも争ってはならない。甲は、乙が本件特許の有効性について争ったときは本契約を解約することができる。

（特許表示）

第１０条　乙は、本件製品又はその包装、カタログ等に、特許表示をするように努めなければならない。

（解約）

第１１条　甲は、乙が正当な理由なく本件特許の実施をしなかったとき、又は本契約に基づく条項を遵守しなかったときは、その履行を書面にて催告し、催告後６０日以内に乙が是正しないときは、本契約を解約することができ、かつ損害賠償を請求することができる。

（有効期間）

第１２条　本契約の有効期間は、本契約締結の日から３年間とする。ただし、期間満了の３カ月前までに甲乙いずれかから書面により延長の申し出があったときは、協議の上３年間延長することができる。その後も同様とする。

（協議事項）

第１３条　本契約に定めのない事項もしくは本契約の解釈について疑義が生じたときは、甲乙互譲協調の精神をもって協議の上これを解決する。

本契約締結の証しとして、本書２通を作成し、甲乙それぞれ記名押印の上各１通を保有する。

年　　月　　日

住　所
甲　　名　称
代表者　　　　　　　　　　　　　　　　印

住　所
乙　　名　称
代表者　　　　　　　　　　　　　　　　印

＊　　　　＊　　　　＊

〔２〕契約前の検討事項

実施許諾の希望者は、申し込む前に下記の事項等について調査をします。知財 DD（デューディリジェンス：due diligence)、即ち、相手方の知財についてリスクと価値を評価するための調査で、言わば結婚前の身元調査みたいなものです。

①特許権の有効性

　無効事由の存否、対応外国特許の状況（有効性のチェック)、特許料の納付状況

②許諾技術が特許発明の技術的範囲内か（実施許諾を受ける必要がある技術か)

③許諾技術が第三者の特許権等を侵害しないか

④　代替技術や競合技術が存在するか

⑤　専用実施権、通常実施権、独占的通常実施権のいずれか
⑥　再実施権は必要か
⑦　実施のための技術資料（ノウハウ等）や技術指導は必要か
⑧　許諾者（特許権者）の信用度、技術開発力等

〔3〕契約事項とチェックポイント

（1）前文

契約当事者名（特許権者（許諾者）：ライセンサー及び実施権者：ライセンシー）、特許番号・発明の名称、契約の目的を記載します。

（2）第1条　実施権の許諾

実施権の種類（通常実施権、専用実施権、独占的通常実施権）を記載します。範囲について制限があるときは、製造、販売、使用の区分許諾、期間、地域等を記載します。

（3）第2条　実施料

実施権者が実施権を特許権者から買い取る場合もありますが、通常は下記の(i)、(ii)のいずれかで実施権者は特許権者に対して実施権の対価（実施料、ロイヤルティ：royalty）を支払います。

実施権の対価の決定方法には、①販売価格や利益に一定の実施料率を掛ける料率法と、②販売数量に1個あたりの実施料を掛け従量法とがあります。実施料率は、販売価格や利益、販売数量の大小等によりケースバイケースです。業界での先例を参考にすることが多く、一般に販売価格（＊1）の２～６％、利益の１０～３０％が多いようです。「ロイヤルティ料率データハンドブック」（経済産業省知的財産政策室）が参考になります。

専用実施権や独占的通常実施権は、通常実施権のように重複して設定できないので、実施料率は通常実施権の場合よりも高くなる傾向があります。また、実施権者の製造・販売量に関係なく、最低実施料（ミニマムロイヤルティ：minimum royalty）（＊2）を定めることがあります。支払方法としては、振込による方法（＊3）も多いようです。

(i)継続実施料（running royalty）
　　料率法：販売価格や利益に一定の実施料率を掛けて支払う。
　　従量法：販売数量に1個あたりの実施料を掛けて支払う。
(ii))頭金（down or initial payment）プラス 継続方式（running royalty）
　　頭金（一時金）と継続実施料との組み合わせ

（＊1）販売価格が正味（純）販売価格の場合

販売価格（総）— （運賃、保険料、梱包費・・・）を規定する（括弧内を特定する）。

（＊2）最低実施料（ミニマムロイヤルティ）の記載例

第2条　「・・・甲に支払う。」の後に下記を追加する。

「ただし、実施料が金○○万円未満の場合は、最低実施料として金○○万円を支払う。」

（＊3）振込による方法の記載例

第3条2項の　「・・・実施料を現金にて甲に支払う。」を下記のように変更する。

「・・・実施料を甲の指定する銀行口座への振り込みにより支払う。振り込み手数料は乙の負担とする。」

（4）第3条　実施報告と実施料の支払

実施報告書は特に6カ月毎に限られませんが、一般には、決算期に合わせることが多いようです。実施料の支払時期や支払方法を規定します。支払いが遅延する場合に備えて、延滞金を規定する場合もあります（第3項）。

（5）第4条　実施料の不返還

実施権者から支払われた実施料は、特許権が無効にされた場合や、契約が解約された場合でも、返還しないのが普通です。特許権が無効にされるまで、又は契約が解約されるまでは、実施権者は実施により利益を得ているためです。（157頁「①特許実施料の返還」）

（6）第5条　帳簿の閲覧

実施権者からの実施報告書は、実施料算出の基礎となるもので、その記載内容に疑義が生じた場合に内容を確認するためのものです。

（7）第6条　改良技術

契約期間中に特許に関する改良技術があったときの取り扱いです。実施権者のみに改良技術をグラントバックさせる行為は独禁法上問題となるので、特許権者と実施権者との間に双務的（相互に義務を負う）となるように規定することが望ましいです。改良技術に係る特許等の権利の帰属等についても規定する場合があります。

（8）第7条　保証

特許権者の実施権者に対する保証には、特許の、①有効性、②実施可能性（技術的効果の発現）、③第三者の権利の非侵害性があります。保証については、実施権者はできるだけ大きな保証を望みますが、特許権者はできるだけ避けたいところです。実施許諾の必要性、実施料等の条件や、特許権者と実施権者の力関係も関係します。

（9）第8条　侵害の回避及び排除

製品が第三者の特許権等を侵害した場合の特許権者の協力義務、又は第三者が特許を侵害し又は侵害する場合の実施権者の通知や協力義務等についての規定です。

（１０）第９条　不争義務

「本件特許の有効性については争わない。」旨の義務を課す行為は、独禁法上問題となる場合があります。しかし、「特許の有効性について争ったときは契約を解約することができる。」旨の取り決めは独禁法上問題でないとされています。

（１１）第１０条　特許表示

特許法 187 条の規定に基づき特許表示をするように努めるもので、独創的で優れた技術（お墨付き）であることを示すとともに、権利侵害の予防にもなります。特許表示は、物の特許発明の場合は「特許第○○○○○号」、物を生産する方法（生産方法）の特許発明の場合は「方法特許第○○○○○号」のように表示します（施規 68 条）。

（１２）第１１条　解約

解約（契約の効力を過去に遡って消滅させる解除とは異なり、将来に向かって消滅させる）についての規定で、実施権者が正当な理由なく実施しなかった場合や、契約の不履行が解約事由となります。

（１３）第１２条　有効期間

契約の発効と終了の規定で、「本件特許の消滅の日まで」とか「本件特許の存続期間満了日まで」等の長期間の規定もみかけます。しかし、事業計画の見直しや変更、市場や経済事情の変動や技術進歩等により大きく影響を受けるので、比較的短い２～３年程度とし、かつ延長できるようにするのが望ましいです。

また、自動延長は手間がかからず便利である反面、時間の経過や担当者の変更により、契約の履行はおろか契約書の存在すらわからない事態にもなりかねません。したがって、時々棚卸をする意味でも、協議による延長の規定が望ましいです。

（１４）第１３条　協議事項

契約に定めのない事項や契約の解釈に疑義が生じたときに協議する規定です。重要事項については協議事項とはせず、契約事項として明記する必要があります。

（１５）末尾文言・日付・調印者

契約書の成立と保管について規定します。日付は、一般に、契約締結日として契約の有効期間の始期と解釈されていますが、条文中で明記する場合もあります。

記名押印する法人の代表者は、会社を代表する権限を有する代表取締役、表見代表取締役である社長、副社長、専務、常務、等が原則ですが、部長や課長の場合もあります。会社の規模が同等の場合は、記名押印者の資格を合わせる傾向があります。

〔4〕印鑑、印紙について

（1）印鑑と契約書

契約書には印鑑が押されますが、押印のない契約書も「有効」です。前記のように、契約は口頭でも成立し、後の争いを避けるための証拠として、書面で作成するに過ぎないからです。民事訴訟法 228 条 4 項は、「私文書は、本人の署名又は押印があるときは、真正に成立したものと推定する。」と定めています。

なお、契約書とは関係ありませんが、特許庁では、コロナ禍における脱ハンコやデジタル社会への対応等のため、令和 3 年 6 月 12 日以降に提出する書面について、偽造による被害が大きい手続（出願人名義変更等３３種）を除いて押印は不要と公表しています。

署名と記名　捺印と押印　実印と認印　角印と丸印（会社）

「署名」は「本人が自筆で氏名を手書きすること」、即ち「自署（サイン）」です。「記名」は署名（自署）以外のゴム印、ワープロ印刷、PC 印刷、代筆等で氏名を記載することです。

「捺印」は「署名捺印」と言われるように、「署名」とともに印鑑を押すことです。「署名」の場合は筆跡鑑定によって本人が契約したことの証明力は高くなりますが、さらに「捺印」もされるのが普通です。「記名」の場合は「記名押印」と言われるように、「記名」とともに印鑑を押すことです。法的効力は、「署名捺印」のほうが「記名押印」よりも高くなります。

印鑑には実印と認印（三文判）とがありますが、法的効力（有効性）には差がありません。実印は役所に登録した印鑑で、印鑑証明により本人のものであること、さらに本人が作成した書類であることが確認できるので、証明力は認印より大きくなります。

会社の場合は、角印と丸印とがあり、角印は社印でいわば会社認印（法務局に登録すれば会社実印）、丸印は法務局に登録された代表者印で会社実印です。角印と丸印の両方を押印した例を多く見かけますが、法的効力があるのは丸印ですので、角印を押印するかどうかは自由です。なお、丸印は代表者名の右余白に押印し、角印は会社名と代表者名の両方にまたがるように押印します。

（2）訂正印、契印、割り印、消印

訂正印、契印、割り印は、契約書が不正改竄されていないことを証明するものです。

訂正印：訂正個所の右余白に，削除や加入した字数を「〇〇字削除」とか「〇〇字挿入」と記載しその上に契約当事者が押印します。

契印：2枚以上からなる契約書の抜き取りや差し替えを防止するため、頁と頁にまたがって押印します。製本（袋とじ）された契約書は、製本テープと表又は裏の表紙にまたがって一個所押印します。

割印：　契約書は通常2通作成され、各当事者により1通ずつ保有されますが、この2通の契約書の関連性を示すために、両契約書にまたがって印鑑を半分ずつ押印します。

消印は、契約書に貼付した印紙と貼付された頁とにまたがって押す印で、印紙が使用済みであることを示すとともに、再使用を防止するものです。

（3）印紙と契約書

印紙税法第5条には非課税文書が記載されています。課税文書であるのに印紙（収入印紙）の貼付がなかったり、非課税文書であるのに貼付した例を見かけます。なお、印紙の貼付を忘れた場合でも契約書は無効ではなく、本来納付すべき印紙税の3倍の過怠税を徴収されます。契約書の場合は、契約当事者の双方に納税義務があります。

〔5〕電子契約

電子契約は電子文書（電子ファイル）に電子署名した契約です。コロナ禍により「ハンコ出社」が問題となり「脱ハンコ」の動きとともに電子契約が急速に普及しています。

「電子契約のメリット」

①業務の効率化：原本の押印、相手方への送付、相手方の押印後の返送等を僅か数分に短縮可能である、

②コストの削減：印紙代、印刷費、郵送料等のコストを削減できる、

③コンプライアンス：電子署名、電子証明書、タイムスタンプで改竄を防止できる。

電子印鑑は認印（三文判）に相当します。電子署名は実印に相当し、電子証明書は電子認証局により発行され印鑑登録証明書に相当します。電子文書の存在と非改竄の証明には、タイムスタンプが用いられます。タイムスタンプは、電子文書に付与されたタイムスタンプの時刻にその文書が存在していたこと、及び、その時刻以降にその文書が改竄されていないことを証明します。したがって、電子署名（実印に相当）、電子証明書（印鑑登録証明書に相当）、タイムスタンプ（文書の存在・非改竄の証明）の3つを合わせることにより高い法的効力を持ちます。相手の法整備、信頼性等により、書面と電子との使い分けが考えられます。

（参考文献：「電子契約の仕組みを解説！　初心者にもわかる「電子署名」「電子サイン」の違いとは？」（インターネット）NEC ネッツエスアイ））

〔6〕特許、ノウハウ等に関する契約書の種類

特許、ノウハウ等に関する代表的な契約書には、下記の図表２１－２に示すものがあります。なお、契約書のひな形については、例えば、中小企業庁から「知的財産取引に関するガイドライン・契約書のひな形について」が、また独立行政法人　工業所有権情報・研修館か

ら「知っておきたい知的財産契約の基礎知識について」が公開されています。

図表２１－２　特許、ノウハウ等に関する契約の種類

種　類	概　要
秘密保持契約	開示者が未公開の技術（発明、ノウハウ等）、営業等の秘密情報を開示するに際し、開示者が非開示者に対し、それらの内容を第三者に開示・漏洩しないように守秘義務を課す。秘密保持の対象・範囲、目的外使用の禁止、期間、等を規定。
研究委託契約	委託者が技術の研究・開発を受託者に委託する。委託内容、委託費用、成果の帰属（通常は委託者に帰属）、第三者との同様研究の制限、等を規定。
共同研究・開発契約	当事者が共同で新技術の研究・開発を行う。異業種企業間の場合が多いので、各当事者の役割分担、成果の権利化（共同出願）、成果の実施、事業化の内容、等を規定。
共同出願契約	特許を受ける権利の共有者が共同で特許出願等を行う。権利の持分、手続の主導者や費用負担、持分の処分、成果の実施（自由実施か要同意か）、外国出願、等を規定。
オプション契約	特許（出願中の発明を含む）、ノウハウの実施（ライセンス）許諾契約を締結する前に、評価・検討に必要な情報、資料を相手方に提供し、一定の期間内に、当該契約を締結するかどうかのオプション（option：選択権）を与える。対価（オプション料：option fee）を伴うことが多い。
特許実施（許諾）契約	特許権者が特許（出願中の発明を含む）を実施（ライセンス）許諾する。実施権の範囲、実施料、実施料の不返還、不争条項、改良技術の取扱、等を規定。
ノウハウ実施（許諾）契約	ノウハウを実施（ライセンス）許諾する。ノウハウの対象・範囲、対価、対価の不返還、改良技術の取扱、契約終了後の守秘義務（特に期間）、等を規定。
特許・ノウハウ実施（許諾）契約	特許権者が特許（出願中の発明を含む）とノウハウを実施（ライセンス）許諾する。
OEM＊契約	製造委託により製造した製品に委託者の商標を付けて供給する。製品仕様書、納入価格、受入検査、瑕疵担保責任、等を規定。
特許権（出願権）譲渡契約	特許権者が特許（出願前の出願権や出願中の発明を含む）を第三者に譲渡する。対価、登録手続、費用負担、等を規定。

＊Original Equipment manufacturing　（相手方（委託者）ブランド名製造）

第22章　職務発明・大学発明

1　従業者発明

発明は大部分が企業、国、地方公共団体（以下、使用者）の従業者による発明であり、この従業者の発明の取り扱いは、従業者の発明へのインセンティブに影響するだけでなく、使用者の経営のみならず国家の産業政策にも係わる重要な問題です。

2　従業者発明の分類

従業者発明は、使用者の業務範囲と従業者の職務範囲とから、図表２２－１に示すように、〔１〕自由発明、〔２〕業務発明、〔３〕職務発明の３種に分類されます。

図表２２－１　従業者発明の分類

従業者発明の分類	（使用者の）業務範囲	（従業者の現在又は過去の）職務範囲	特許を受ける権利の帰属（35 条）
〔1〕自由発明	×	×	×
〔2〕業務発明	○	×	×
〔3〕職務発明	○	○	従業者（1 項） 使用者（3 項）

〔１〕自由発明

発明が、使用者の業務範囲にも従業者の職務範囲にも入らない場合です。例えば、樹脂メーカー会社である使用者Ａの警備員Ｂが樹脂製の警備用具の発明をした場合、警備用具は使用者Ａの業務範囲ではなく、また警備員Ｂの職務範囲でもありません。したがって、この警備用具の発明は使用者とは全く関係がなく警備員 Ｂ 個人の発明であり、特許法が関与するところではありません。もっとも契約により、警備員 Ｂ は、警備用具についての特許を受ける権利を使用者Ａに譲渡することは可能です。

〔２〕業務発明

発明が、使用者の業務範囲には入るが従業者の職務範囲には入らない場合です。例えば、樹脂メーカー会社である使用者Ａにおける成形金型の研究者Ｃが樹脂組成物の発明をした場合、樹脂組成物は使用者Ａの業務範囲ですが、成形金型の研究者Ｃの職務範囲ではありません。この場合は、研究者Ｃは、樹脂組成物についての特許を受ける権利を使用者Ａに譲渡することは可能です。

〔３〕職務発明

発明が、使用者の業務範囲に入り、かつ従業者の職務範囲に入る場合です。例えば、樹脂メーカー会社である使用者Ａの樹脂研究者Ｄが樹脂の発明をした場合、樹脂は使用者Ａの業務範囲であり、かつ研究者Ｄの職務範囲です。

この場合、研究者Ｄの職務範囲は、「現在又は過去の職務」を含みます。例えば、研究者Ｄが現在は成形金型を研究している場合であっても、過去において樹脂を研究していた場合は職務発明とされます。しかし、職務発明は同一企業内の場合に限られるので、研究者Ｄの過去の樹脂研究が別の企業（使用者）の時代の職務であった場合には、職務範囲には該当しません。

3　職務発明の帰属と経済上の利益

職務発明は従業者の特殊な創作的能力と努力等により生まれますが、職務発明が生まれるまでには、使用者も研究開発費、研究設備費、資材、従業者の給与等を負担し、発明完成に貢献しています。したがって、特許法は、両者の間の衡平の観点から特許を受ける権利の帰属と使用者から従業者への経済上の利益の付与について規定しています（35条）。

〔１〕特許を受ける権利の帰属

明治４２年法では使用者に帰属、大正１０年法及び昭和３４年法では従業者（発明者）に帰属としていましたが、平成２７年（２０１５年）改正法では、従業者帰属と使用者帰属を選択性としました。この改正法の使用者帰属の背景には、下記の青色発光ダイオード事件（東京地判平16.1.30）に代表される職務発明をめぐる対価請求事件における権利帰属、相当の対価等があり、これらの問題が減少することが期待されています。

青色発光ダイオード事件（東京地判平16.1.30）

青色発光ダイオードの開発でノーベル物理学賞を受賞した中村修二氏が元勤務先の日亜化学工業を相手に発明の対価として２００億円の支払いを求めた訴訟で、東京地裁は原告（発明者）の貢献度を５０％として発明の相当対価を６０４億円と認定し、被告企業に原告が請求した２００億円の支払いを命じました。

これに対し、東京高裁は和解を勧告し、使用者の貢献度を９５％（発明者の貢献度５％）

雅相当とし、対価６億８５７万円およびこれに対する遅延損害金２億３５３４万円を含む計８億４３９１万円を被告企業が原告に支払うことで和解が成立しました。

（1）従業者帰属

特許を受ける権利等は従業者に帰属するとするもので、35 条１項で、従業者が特許を受けたときは、使用者は通常実施権を有すると規定されています。使用者も職務発明の完成について貢献しているので、従業者が受けた特許を無償で実施することができます。

35 条２項は、予約承継について規定し、職務発明以外の発明については、発明前に特許を受ける権利の承継について予約しても無効であることを規定しています。即ち、これを裏返せば、職務発明については、発明前に特許を受ける権利等の承継について予約することができることを明らかにしています。

（従業者帰属の問題点）

従業者帰属は、下記のような問題を含んでいます。

（イ）従業者が職務発明を自社に報告しないで特許を受ける権利を第三者に二重譲渡し当該第三者が先に出願した場合には、使用者は特許を取得できなくなります（34 条１項：特許出願前の特許を受ける権利の承継は、先に出願した者が優先。）。

（ロ）共同研究の場合のように特許を受ける権利が複数発明者の共有となる場合において、自社の従業者から特許を受ける権利を承継する場合でも共同研究の相手企業の従業者の同意を得ないと承継できず、手続きが煩雑となります（33 条３項：特許を受ける権利が共有に係るときは、他の共有者の同意を得なければ、その持分を譲渡できない。）。

（2）使用者帰属

特許を受ける権利は使用者に帰属するとするもので、35 条３項で、使用者は契約、就業規則等であらかじめ定めることにより、職務発明が完成した時（特許を受ける権利が発生した時）から特許を受ける権利は使用者に帰属すると規定されています。

使用者帰属では、特許を受ける権利は初めから使用者に帰属（原始的帰属）するので、二重譲渡や他の共有者の同意の問題はありません。

〔2〕従業者のインセンティブ

従業者は、使用者に特許を受ける権利等を承継等させた場合は、相当の金銭その他の経済上の利益（相当の利益）を受けることができます（35 条４項）。

２ 項の特許を受ける権利の予約承継による使用者の取得や ３ 項の使用者の原始的取得の他、発明した後に契約等により使用者に承継させた場合も含みます。また、職務発明以外の業務発明等について、特許を受ける権利等を承継等させた場合も当然含まれます。

経済上の利益とは、ストック・オプション（自社株を予め決められた価格で購入できる権利で、その後の値上がりで利益）の付与、留学の機会の付与等の金銭以外の利益を含みます。

〔3〕契約等で定めた相当の利益

特許を受ける権利等を承継等された場合に付与される相当の利益は、契約、勤務規則等より定めることができ、その基準の策定に際して使用者と従業者との間の「協議の状況」、「開示の状況」、「意見聴取の状況」等のプロセスを考慮して適正であると認められる限り契約、勤務規則等が尊重され、その結果、不合理性が否定され、その定めたところにより４項に規定する相当の利益となり、それを付与することで使用者は免責され、発明者は不服申し立てできません（35 条５項）。

〔4〕経済産業大臣の指針

経済産業大臣は、発明を奨励するため、産業構造審議会の意見を聞いて、５項の不合理性に関する考慮すべき事項について指針を定め、公表します（35 条６項）。平成２８年（２０１６年）４月 22 日付で指針（ガイドライン）が公表されています。この指針が使用者及び従業者において尊重され、発明が奨励されることが期待されます。

〔5〕相当の利益の内容

相当の利益の定めがない場合、又は定めがあっても ５ 項の規定により不合理と認められる場合における相当の利益の内容は、その発明により使用者が受けるべき利益の額、使用者が行う負担、貢献及び従業者の処遇（昇給，昇格、論功行賞等）、その他の事情（発明完成又は事業化のため使用者が被ったリスク等）を考慮して定めなければならないと規定されています（35 条７項）。この相当の利益を定めるのは裁判所です。相当の利益については、使用者帰属の下でも訴訟が回避できない場合があるということです。

〔6〕ノウハウについて

ノウハウは特許出願されないので特許権は発生しませんが、特許された発明以上に独占的利益を生むこともあり、発明と同等又はこれに準ずる取り扱いが望ましいです。

4 大学で創出された発明

特許行政年次報告書２０２１年版によれば、大学等からの特許出願件数は近年７，０００件前後で推移し２０２０年度は７，０８４件で、また共同研究実施件数は２０１９年度で３４，３０１件です。大学等で創出された発明の帰属の変遷は下記のとおりです。

〔1〕昭和５３年（１９７８年）文部科学省通知（原則として発明者（教官）帰属）

大学で創出された発明等については、文部科学省通知「国立大学等の教官等の発明に係る特許等の取扱いについて」により、国立大学等の教官等の発明に係る特許を受ける権利の帰属については、特別に国の援助（研究経費を受けたり、研究設備の使用）を受けた場合を除き、「原則として発明者（教官）帰属」であることが明らかにされています。

〔2〕平成１０年（１９９８年）大学等技術移転促進法（ＴＬＯ法）

大学で創出された発明等の技術を民間企業へ移転し事業化を促進するための「大学等における技術に関する研究成果の民間事業者への移転の促進に関する法律（大学等技術移転促進法)」が制定されました。そして、この産学の技術移転の仲介役を果たす機関として、技術移転機関（ＴＬＯ：Technology Licensing Organization）が設置されました。

ＴＬＯは大学の研究成果を特許化し、それを民間企業へ技術移転するための機関です。ＴＬＯには、①国立大学の教官、公立・私立大学及びそれらの教官が有する特許を取り扱う承認ＴＬＯと、②国有特許を取り扱う認定ＴＬＯとがあります。

〔3〕平成２８年（２０１６年）「大学等における職務発明等の取扱いについて」（原則として機関（大学）帰属）

平成１６年（２００４年）の国立大学の独立行政法人に伴い、公的研究機関での研究成果を法人（大学）に帰属させる方針が発表され、平成２８年（２０１６年）の「大学等における職務発明等の取扱いについて」（科学技術・学術審議会　産業連携・地域支援部会　大学等における産学官連携リスクマネジメント検討委員会）において、大学等における職務発明については、昭和５３年文部科学省通知の「原則として個人(教官)帰属」から「原則として大学帰属(機関帰属)」として活用する方向性が示されています。

大学が権利を承継し大学帰属とするかどうかは、多くの大学では、発明委員会等が、職務との関連、特許等成立の可能性、大学の経営戦略、ベンチャー企業等の創出可能性等に基づいて決定されているようです。また、民間企業との共同出願する場合の出願費用については、一般に企業が負担し、将来第三者への実施許諾によるロイヤリティや後述の不実施補償料が入った場合は、このロイヤリティや不実施補償料を充当することもあるようです。

〔4〕学生の発明等

大学等と雇用関係にない学生等（大学等の学生、大学院生、ポスドク等）は特許法３５条の「従業者等」に該当しないため、学生等の発明は職務発明には該当せず、したがって、該発明に係る特許を受ける権利は学生等に帰属します。

２０１８年のノーベル賞の対象となった癌治療薬「オプジーボ（登録商標）」に関する特許について、元大学院生が、特許権者である本庶佑教授と小野薬品に対して、発明者であることの確認を求めた訴訟で、「元大学院生は教授の単なる補助者にとどまるものとは言えないが、創作的な関与に当たると認めることはできない」として発明者とは認めませんでした（**オプジーボ共同発明者事件**　知財高裁令3.3.17）。（「第７章２〔１〕発明者」（74頁））

〔５〕大学と民間企業間での特許権等の共有の場合の不実施補償料

民間企業と大学との共有特許の実施については、一般に、民間企業は自由に実施できるのに対し、大学は実施可能性がないか又は小さいので、大学が企業に対して不実施補償料の支払いを求める場合が多いです。不実施補償料は、通常、第三者にライセンスする場合に採用される実施料に不実施者の持ち分割合（例えば1/2）を乗じた金額です。

最近では、発明が社会で広く実施されるように、大学による第三者への非独占的実施権の実施許諾は企業の同意を得ることなく自由として、得られた実施料は企業にも配分する取り組みが既に始まっているようです。この場合は、企業も同様に大学の同意を得ることなく自由に第三者へ非独占的実施権を実施許諾でき、得られた実施料は大学にも配分することになります。この他にも、産学連携イノベーションを深化させるため、大学と企業との共有特許の取り扱いについて、持ち分の譲渡（単独所有）等も検討されているようです。

上記の癌治療薬「オプジーボ（登録商標）」に関する共有特許についての対価の配分をめぐり、２０２０年6月１９日本庶佑教授は共有者の小野薬品に対して、２２６億円（小野薬品が米国メルク社との侵害訴訟で和解した際に決められた特許の使用対価の配分の一部）の支払いを求める訴訟を大阪地方裁判所に起こしましたが、２８０億円で和解しました（2021 年 11 月 13 日付日本経済新聞）。今後の産学連携への影響は大きいと思われます。

5　日本版バイ･ドール法

日本版バイ・ドール法の経緯

米国では、米国経済の国際競争力の回復策として、１９８０年に、政府資金による研究開発から生じた発明の事業化を促進するために、特許権等を国に帰属させることなく民間企業や大学に帰属させるバイ・ドール法（Bayh-Dole Act：　提案者の Birch Bayh 上院議員と Robert Dole 上院議員の名前に由来）が制定されました。これにより、企業等による技術開発が促進され、ベンチャー企業が生まれる等、米国産業が競争力を取り戻したと言われています。

我が国においては、従来、政府資金による研究開発から生じた特許権等については国に帰属することになっていましたが、上記米国のバイ・ドール法を参考として、国の研究委託開発から生じた特許権等については**開発者（受託者：民間企業や大学）に帰属**させる措置を講じる日本版バイ・ドール法が産業活力再生特別措置法（３０条）で制定されました。

日本版バイ・ドール法は、平成１９年（２００７年）には、特別措置法である産業活力再生特別措置法から恒久法である産業技術力強化法（産技法）（１９条）に移管され、令和元年（２０１９年）に、同強化法１７条、１８条に規定されていた特許料等の減免が特許法に移管されたため、同強化法の１９条から１７条（国が委託した研究及び開発の成果等に係る特許権等の取扱い）に改正（条ズレ）されています。

第23章　特許と条約及び国際機関

1　特許と条約

特許を巡る条約のいくつかについては既に紹介済みですが、特許等の知的財産権に関して紙誌上の記事で頻繁に出てくる主要な条約と国際機関について概観します。

〔1〕パリ条約

パリ条約（Paris Convention）は「工業所有権の保護に関するパリ条約（Paris Convention for the Protection of Industrial Property)」の略称 で、１８８３年3月２０日にパリにおいて調印され、その後数回の改正が行われ、２０21年1月現在の加盟国は１７５カ国です。パリ条約の３大原則は下記のとおりです。

①内外人平等（内国民待遇）の原則

同盟国(加盟国)の国民は、互いに他の同盟国で特許等の産業財産権を内国民と同様に取得できるという原則です（パリ２条１項)。非同盟国の国民であっても同盟国に住所又は営業所があれば同盟国の国民とみなされます（パリ３条)。

②優先権制度

同盟国にされた先の出願(特許又は実用新案)を基礎として、優先期間（１２カ月）内にされた後の出願については、両出願の間に行われた当該発明の公表、実施や、他人の出願等によって拒絶されたり、無効にされたりする不利益を被ることがないという制度です（パリ４条)。この規定は、先願主義の観点からは、本国出願(先の出願)と同日に外国出願(後の出願)も行いたいが、地理的、言語的又は制度的問題から不可能であるところから考え出されたものです。

③特許独立の原則

各同盟国において、同一の発明について取得した特許は互いに独立したものであり、何らの付随性や従属性、因果関係を有しないという原則です（パリ４条の2)。したがって、A国では特許されているからＢ国でも特許されるべきだとの議論や、逆に、A国では拒絶されているからＢ国でも拒絶されるべきだとの議論は許されません。特許独立の原則は、例えば、日本の特許法に従って成立した特許は日本国内でのみ効力が認められ、他の国に効力が及ぶことはない、という属地主義をさらに明確にしたものです。

〔２〕欧州（ヨーロッパ）特許条約

（１）欧州（ヨーロッパ）特許条約（EPC）（第１条約）

欧州特許条約（EPC: European Patent Convention）は、１９７３年１０月にミュンヘンにおいて調印され、１９７７年１０月７日に発効した国際条約です。正式名称は、欧州特許付与に関する条約（Convention on the Grant of European Patents）です。通称、第１条約と呼ばれます。２０１６年１２月現在の締約国は欧州の主要国を含む３８カ国、拡張国（締約国ではないが保護を求めることができる）は２か国です。

出願人は、欧州特許庁（EPO）に対して締約国(拡張国を含む)を指定（みなし全指定）して、公用語の英語、ドイツ語、フランス語を含む一つの言語で出願することにより、単一の手続、単一の審査により複数の指定国で欧州特許を取得できます。この欧州特許権の有効や無効、特許権の効力や侵害等は各国の国内法に任されます。したがって、欧州特許権は国内特許の束（bundle of national patents）と言われます。

日本はこの条約の加盟国ではありませんが、パリ条約に加盟しているため、この条約に基づいて出願し欧州特許を取得することが可能です。通常は、日本出願をしてパリ条約に基づく優先権を主張して PCT 国際出願をし、EPC 締約国(拡張国を含む)を指定し、審査請求して特許許可通知を得た後、異議申立を経て、特許を取得したい締約国で権利の有効化（Validation: 当該締約国の公用語への翻訳、庁費用の納付、代理人の指定）をします。

（２）共同体特許条約（CPC）（第２条約）；統一特許裁判所協定（UPC 協定）

共同体特許条約（CPC: Community Patent Convention）は、１９７５年１２月にルクセンブルグで調印され、加盟国の国内特許法を統一してＥＵ領域内で単一特許（UP: Unitary Patent）を付与するものです。この単一特許 UP の効力はＥＵ全域に及び、訴訟は統一特許裁判所 UPC (Unified Patent Court)の管轄権に属します。５０年近い紆余曲折を経て、統一特許裁判所協定（Unified Patent Court Agreement)として、２０２３年の運用開始に向けての準備が進行中と言われています。

〔３〕特許協力条約（ＰＣＴ: Patent Cooperation Treaty)

特許協力条約（ＰＣＴ）は１９７０年６月にワシントンで調印され、１９７８年1月２４日に発効した 国際条約です。加盟国(締約国)は２０２１年１２月現在で１５４カ国です。本部事務局は、スイスのジュネーブに所在の世界知的所有権機関 WIPO(World Intellectual Property Organization)(通称：ワイポ)です。

特許協力条約は、複数の国で特許を取得する場合に出願人の労力を軽減するとともに、各国特許庁の重複作業を軽減することを目的として設けられたものです。

即ち、国際段階では方式を統一して加盟国の「出願の束」として当該条約の下で単一の手続が進行し、国内段階に移行した後は「出願の束」が指定国において枝分かれして各指定国の国内法令下で国内出願として各国特許庁に委ねられ、特許性(新規性、進歩性)等の実体的要件は各国特許庁で審査され特許が付与されます。特許権の有効や無効、特許権の効力や侵害等も各国の国内法に任されます。

〔４〕トリップス協定（TRIPS）

トリップス（TRIPS)協定（TRIPS Agreement）は、正式名称を「知的所有権の貿易関連の側面に関する協定」(Agreement on Trade-Related Aspects of Intellectual Property Rights）と言い、１９９５年1月１日に発効した世界貿易機関（WTO：World Trade Organization）設立協定の付属書として発効しました。特許のほか、著作権、意匠、商標等の知的所有権を包括的にカバーし、各国が順守すべき知的所有権保護の最低水準を定めています。

〔５〕特許法条約（PLT）と実体特許法条約（SPLT）

特許法条約（PLT: Patent Law Treaty）は、WIPO において１９９５年から開始された、各国で異なる特許出願等に関する実体面以外の手続の国際的調和と簡素化を目的とし、出願人の利便性向上及び負担軽減を図るための条約で、２０００年６月にジュネーブで採択され、２００５年４月に発効しました。２０１９年１月現在４０カ国が加盟しています。数カ国のみについて特許取得を目指す場合は、PCT ルートではなくパリルートで各国に直接出願するほうが効果的で、PLT はこのような出願人の利便性向上及び負担軽減を図るものです。期間に関する救済（延長）や、相当な注意(due care)を払ったこと、又は、故意でなかったこと(unintentional)が認定された場合の、喪失した権利の回復等が規定されています。

実体特許法条約（SPLT: Substantive Patent Law Treaty）は、実体面（新規性、進歩性、クレームの解釈等）での国際的調和を目的とするものですが、先進国と新興国との対立により、いまだ条約の制定には至っていません。

〔６〕ストラスブール協定（Strasbourg Agreement)

ストラスブール協定(Strasbourg Agreement)は国際特許分類に関する協定で、正式名称を「国際特許分類に関するストラスブール協定」(Strasbourg Agreement Concerning the International Patent Classification)と言い、１９７１年3月２４日にフランスのストラスブールで作成され、１９７５年１０月７日に発効しました。２０１３年１月現在加盟国は６２カ国です。この協定が適用される国は特別の同盟を形成し、特許、発明者証、実用新案及び実用証について、国際特許分類を採用することになっています。国際特許分類は、特許文献の整理や調査に有用です。

〔７〕ブダペスト条約（Budapest Treaty）

ブダペスト条約(Budapest Treaty)は微生物に係る特許出願に関する条約で、正式名称を「特許手続上の微生物の寄託の国際承認に関するブダペスト条約」(Budapest Treaty on the International Recognition of the Deposit of Microorganisms for the Purposes of Patent Procedure)と言い、１９７７年４月２８日にハンガリーのブダペストで作成され、１９８０年８月１９日に発効しました。微生物を国際的に承認されたうちのいずれか一つの寄託機関に寄託すれば、締約国は自国の微生物寄託の効果を承認することになり、したがって自国の寄託機関への寄託は不要です。

2　国際機関

〔１〕世界貿易機関（WTO）

世界貿易機関（WTO：World Trade Organization）は、ガット(関税と貿易に関する一般協定)（GATT: General Agreement on Tariffs and Trade）に代わり、１９９５年１月１日に創設された国際機関で、本部はジュネーブにあり、２０１７年１２月現在１６４カ国・地域が加盟しています。自由貿易の促進を目的とし、知的所有権に関する問題を取り扱う理事会が設置され、トリップス協定の実施を所管する「TRIPS 理事会」があります。

〔２〕世界知的所有権機関（WIPO）

世界知的所有権機関（WIPO：World Intellectual Property Organization)(通称：ワイポ)は、世界の知的所有権の 保護及び改善を目的とする国連の専門機関で、１９７０年に設立されスイスのジュネーブに本部を置いています。２０２０年９月現在で加盟国は１９３カ国です。PCT における国際事務局や受理官庁の役割を果たしています。我が国は、WIPO と連携して、途上国に対して知的所有権の保護強化のため、人材育成や技術協力等を支援しています。

第24章 実用新案

1 実用新案制度

〔1〕実用新案制度の概要

特許制度は発明を保護し、実用新案制度は小発明を保護すると言われるように、特許制度と実用新案制度は緊密な関係にあります。実用新案制度は、明治１８年（１８８５年）に施行された特許制度より２０年遅れて、明治３８年（１９０５年）にドイツ法を母法として制定されました。

工業所有権制度百年史別巻（特許庁編）によれば、初年度の明治３８年（１９０５年）は特許の出願件数が上回っていましたが、２年目の明治３９年（１９０６年）から昭和５５年（１９８０年）までは常に実用新案の出願件数が特許の出願件数を上回っていました。因みに、昭和５５年（１９８０年）の実用新案の出願件数は１９１，７８５件であるのに対し、特許の出願件数は１９１，０２０件です。昭和５６年（１９８１年）以降は逆転し、平成２９年（２０１７年）の実用新案の出願件数は６，１０５件で、特許の出願件数３１８，４７９件の僅か２％です。実用新案出願件数の減少の原因としては、①我が国の技術水準の向上、②実用新案よりも強い権利である特許での保護を志向、③平成５年（１９９３年）に導入された無審査（事後評価）制度による権利行使の不便さ、等が挙げられます。

出願件数からは実用新案制度の役割は既に終わったようにも見えますが、図表２４－１に示したように、中小企業の出願件数比率を見ますと、実用新案の出願件数比率は５４％と高く、なお存在意義を示しています。なお、実用新案でも絶大な経済効果が得られることは、「あとがき」の「修正テープ具」を参照してください。

図表２４－１　中小企業と大企業の出願件数比率（２０１７年）

出願件数比率	中小企業（３８１万社：９９．７％）	大企業（1万社：０．３％）
実用新案（%）	５４．１	４５．９
特許（%）	１５．３	８４．７

(特許行政年次報告書 2018 年版より作成)

〔2〕特許制度と実用新案制度

実用新案制度を特許制度と比較すると図表２４－２のとおりです。

図表２４－２　特許制度と実用新案制度の比較

	項目	特許制度	実用新案制度
1	制度目的	発明の保護及び利用により、発明の奨励と産業の発達に寄与	考案（物品の形状、構造、組合せ）の保護及び利用により、考案の奨励と産業の発達に寄与
2	保護対象	自然法則を利用した技術的思想の創作のうち高度のもの	自然法則を利用した技術的思想の創作（「高度」は要求されない）
3	出願書類	願書、明細書、請求範囲、図面(任意)、要約書	願書、明細書、請求範囲、図面（必須)、要約書
4	実体審査	あり	なし（無審査）
5	進歩性	容易に発明できないこと	きわめて容易に考案できないこと
6	審査請求・評価請求	出願日から３年内	時期的制限なし（無効後、特許出願移行後は不可）
7	権利化までの期間	審査請求から１０～１２カ月	出願から２～３カ月
8	存続期間	出願日から２０年（２５年も）	出願日から１０年
9	異議申立	特許公報発行日から６カ月内	なし
１０	訂正	請求範囲の減縮等	請求範囲の減縮等（１回限り）
１１	権利行使の条件	なし	技術評価書を提示して警告
１２	過失の推定	あり	なし（無審査のため）
１３	権利者の責任	原則としてなし（故意、過失の場合はあり）	無効確定の場合は権利者に損害賠償責任の立証転換

（１）実用新案の制度目的

考案の保護及び利用を図ることにより、考案を奨励し、もって産業の発達に寄与することを目的としています(1条：実用新案法、本章において以下同じ)。

（２）保護対象

発明も考案も、ともに自然法則を利用した技術的思想の創作である点で同じですが、考案は物品の形状、構造又は組合せに係るものに限られるのに対し、発明はこれらをすべて含みます。方法は、物品の形状、構造又は組合せに係るものに該当しないので考案ではなく、実用新案では保護されません。保護対象が発明よりも限定される点で小発明です。

また、発明は、「高度」の技術的思想であるのに対し、考案は「高度」は要求されないので、技術的思想であればよい（高度でも、高度でなくてもよい）ことになります(特2条、実2条)。しかし、「高度か」「高度でないか」は抽象的で、実質的な区別は困難です。この高度性の有無は、後述の（5）進歩性の相違に対応します。

物品とは広く解され、不動産、プラント、機械、装置や、これらの構成部分も含まれます。

形状とは、外部から観察できる物品の外観的な形態で、立体的又は平面的を問わないとされています。また、この形態は一定性を有することが必要です。材料や素材、例えば、化学物質、樹脂、合金、セメント等の流動体、粉状体等は一定の形態を有していないので、そのままでは保護対象ではなく、他の物と結合して物品の一定の形態にすれば保護対象となります。

構造は、物品の機械的構造を意味し、化学構造のようなものは含まれません。組合せは、単独の物品を組み合わせて使用価値を生じさせたものを言い、例えば、ボルトとナット、碁盤と碁石、カルタ、トランプ等が挙げられます。

（3）出願書類

願書、明細書、図面、要約書が必要で、このうち図面については、特許では必要な場合にのみ提出すればよいのに対し、実用新案では必須です(特36条2項、実5条2項)。

（4）実体審査

特許では実体的要件(新規性、進歩性等)が審査されるのに対し(特47条)、実用新案では実体的要件は審査されずに(所謂無審査で、形式的要件のみ事前審査)設定登録され（14条2項)、事後審査とも言える技術評価制度を採用しています（12条)。

（5）進歩性

特許では「容易に発明できない」ことが要求されるのに対し(特29条2項)、実用新案では「きわめて容易に考案できない」ことが要求されます(3条2項)。即ち、「容易か」又は「きわめて容易か」は抽象的で、実際には明確に区別することは困難です。この進歩性の相違は、上記（2）の保護対象における「高度性」の有無に由来するものです。

要するに、発明と考案は高度性や進歩性の定義における相違からは実質的に区別することはできないということです。実際、高度性の高い技術が実用新案で出願・登録されていたり、逆に、高度性の低い技術が特許で出願・特許されていることに驚かされることも決して珍しくはありません。

（6）審査請求・評価請求

特許での審査請求は出願日から３年以内であるのに対し(特 48 条の 3)、実用新案での技術評価の請求には時間的制限はありません。ただし、無効審判で無効にされた後や、実用新案登録に基づく特許出願の基礎とした実用新案登録については評価請求をすることはできません(12 条)。後者の理由としては、①出願人は実用新案権を放棄し特許権を選択したこと、②過去の侵害に対しては実用新案権の維持で対応すべきこと、③同一の技術について、特許審査と技術評価の二重の審査による特許審査の遅延を防止する必要があること、が挙げられています。

（７）権利化までの期間

特許の場合は、審査請求してから通常１０～１２カ月ぐらいで権利化されるのに対し、実用新案の場合は、出願してから通常２～３カ月で権利化されます。

「実用新案登録表示」

実用新案権者は、登録実用新案に係る物品又はその包装に実用新案登録表示を付するように努めなければならないと規定されています (51 条)。実用新案登録表示は、「登録新案」の文字及びその登録番号を記載するとされ（施規 20 条)、「登録新案第〇〇〇号」のように記載します。実用新案登録表示は付さなくても効力に影響がなく罰則のない訓示規定ですが、表示の効果としては、該物品が実用新案権で保護されていることを明示し、他社による権利侵害を未然に防止する等があります。

（８）存続期間

特許権の存続期間は特許出願日から２０年であるのに対し(特 67 条)、実用新案権の存続期間は実用新案登録出願日から１０年です(15 条)。実用新案は小発明と言われ、ライフサイクルの短い技術を保護するとの考えが反映されているようです。

（９）異議申立

特許権は、特許公報発行日から６カ月以内に特許異議申立できるのに対し(特 113 条)、実用新案権は異議申立制度がありません。

（１０）訂正

訂正の可能範囲は、特許権については、①特許請求の範囲の減縮、②誤記又は誤訳の訂正、③明瞭でない記載の釈明、④請求項間の引用関係の解消であるのに対し(特 126 条１項ただし書)、実用新案権ついては、①実用新案登録請求の範囲の減縮、②誤記の訂正、③明瞭でない記載の釈明、④請求項間の引用関係の解消であり、訂正の回数は１回限りです。訂正の時期（1 号、2 号のいずれか早いほう）に要注意です(14 条の 2 第１項、2 項)。

（１１）権利行使の条件

実用新案権の侵害者に対しては、実用新案技術評価書（12 条）を提示して警告した後でなければ権利行使できません（29 条の 2）。これは、実体的要件(新規性、進歩性等)の審査を経ることなく権利が付与されていることから、①権利の濫用を防止、及び②第三者に不測の不利益を与えることを回避するために、権利の有効性に関する客観的な判断材料である技術評価書を提示した後でなければ権利行使できないことを規定したものです。

したがって、技術評価書を提示せずに行った警告は有効なものとは認められず、その状態で侵害訴訟を提起しても、直ちに訴えが却下されるわけではないものの、差止請求、損害賠償請求等は認容されないものと解されています。

これに対し、特許権は実体的要件(新規性、進歩性等)の審査を経た後に権利が付与されているので、このような権利行使の条件は規定されていません。

（１２）過失の推定

特許権の侵害においては、特許発明は特許公報や特許登録原簿に公示されているため、侵害者に過失があったものと推定され、立証責任を権利者から侵害者に転換しています(特 103 条)。これに対し、実用新案権の侵害においては、登録前に実体的要件(新規性、進歩性等)の審査を経ていないため、侵害者に権利の有効性まで含めて調査義務を負わせるのは妥当でないことから特許法 103 条（過失の推定）は準用されていません(30 条)。したがって、実用新案権者が損害賠償を請求するには、民法 709 条に基づき、侵害者の故意又は過失を立証する必要があります。

（１３）権利者の責任

実用新案権者が侵害者に対し権利行使又は警告した場合において、実用新案権の無効審決が確定したときは、権利者に注意義務違反があったものとして、権利行使又は警告により相手方に与えた損害を賠償する責任を負います（29 条の 3 第 1 項）。実用新案権は実体的要件(新規性、進歩性等)の審査を経ずに権利が付与されているので、瑕疵ある権利を濫用しないように慎重な権利行使を求めるものです。ただし、技術評価書の評価(新規性、進歩性あり)に基づき権利行使又は警告したとき、その他相当の注意をもって権利行使又は警告したときは、損害賠償責任を免れることができます（29 条の 3 第 1 項ただし書）。

これに対し、特許権は実体的要件（新規性、進歩性等）の審査を経た後に権利が付与されているので、差止請求権の行使は適法な権利行使であり、たとえ差止請求権を行使した後に無効審決が確定しても損害賠償の請求は認められません。

2　実用新案の出願手続

上記のとおり、実用新案は特許の場合とは異なり、審査官による考案の新規性や進歩性等の実体的要件は行われず、出願書類の形式的要件のみが審査されるので手続は簡単です。

図表２４－３は、実用新案の出願手続の流れ（実用新案登録出願から実用新案権の取得まで）を示したものです。以下の（１）～（７）は、図表２４－３内の（１）～（７）に対応しています。

実用新案制度には出願公開制度、審査請求制度、異議申立制度がありません。

図表２４－３　実用新案の出願手続の流れ

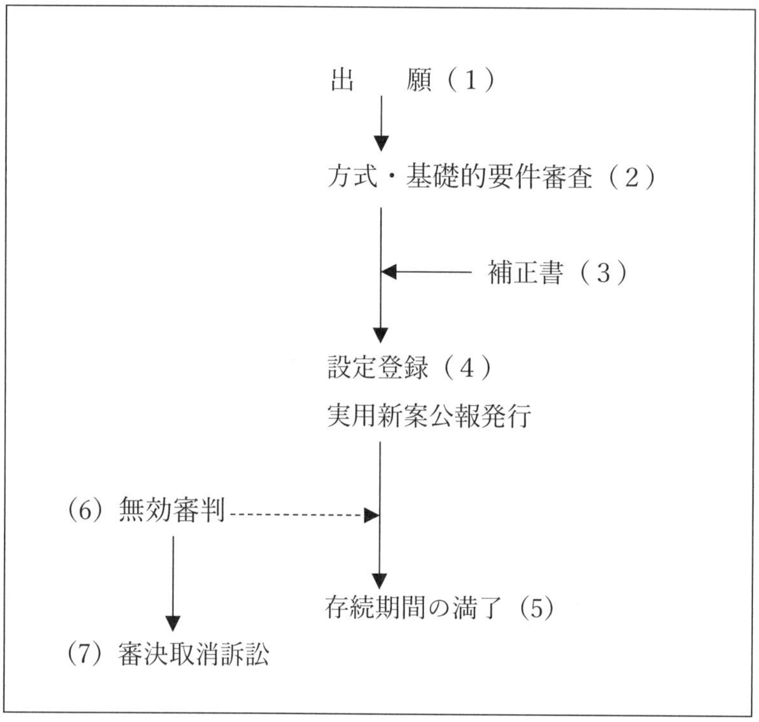

（１）出願

実用新案登録を受けようとする者（出願人）は、願書（実用新案登録願）に、明細書、実用新案登録請求の範囲、図面及び要約書を添付して特許庁長官に提出します(5条)。特許とは異なり図面が必須です。また、出願と同時に、出願料の他に第1年から第3年までの登録料を一括納付します（32条)。

（２）方式・基礎的要件審査

方式上の要件（手数料の納付等書類上の不備：2条の2第4項）と下記の基礎的要件（6条の2）の不備がないかどうかについて審査が行われ、不備があれば補正命令が出されます。

①考案が物品の形状、構造又は組合せに係るものであること。

②考案が公序良俗、公衆衛生に反しないこと。

③実用新案登録請求の範囲の記載要件及び単一性要件を満たすこと。

④明細書、実用新案登録請求の範囲、図面の必要事項が記載され、その記載が明確であること。

（３）補正書

明細書、実用新案登録請求の範囲又は図面については、補正することができます（実２条の２）。補正の期間は出願日から１カ月（施規１条）、補正内容は願書の最初に添付した明細書、実用新案登録請求の範囲又は図面に記載した事項の範囲内（新規事項の禁止）です（実２条の２第２項）

（４）設定登録・実用新案公報発行

方式・基礎的要件審査に不備がなければ登録番号が付与され、実用新案登録原簿に設定登録され実用新案権が発生し（14条１項，２項)、実用新案公報が発行されます（14条３項)。

(5）存続期間の満了

存続期間は、実用新案登録出願日から１０年です（15条)。ただし、4年以降の各年度の登録料の納付が必要です（31条)。

(6）実用新案登録無効審判

何人も、いつでも実用新案登録を無効にすることについて無効審判を請求することができます(37条)。無効審決が確定すると、実用新案権は初めから存在しなかったものとみなされます(41条で準用する特125条本文)。

(7）審決取消訴訟

上記（6）の実用新案登録無効審判の審決に不服の場合には、その謄本の送達後３０日以内に審決取消訴訟を東京高等裁判所（知財高裁）に提起することができます（47条)。知財高裁判決に不服である場合は、最高裁判所に上告できます（民訴311条)。

3 実用新案明細書の作成

〔1〕実用新案明細書の作成方法

実用新案明細書の作成方法は、実用新案施行規則 2 条によって様式第3に詳細に記載されています。

基本的には、特許明細書の場合と同じで、各項目の見出しにおいて、「発明」を「考案」に置き換え、明細書における記述も「本発明」を「本考案」のように置き換えることにより実用新案明細書を作成できます。

下記の図表２４－４を参照してください。

図表２４－4 実用新案明細書の作成方法

【書類名】　　明細書
【考案の名称】　　（考案の名称を簡明に記載）
【技術分野】　　（考案の属する技術分野を記載）
　【０００１】　　（段落ごとに、連続した段落番号を付す）

【背景技術】　　（従来技術を記載）
　【０００２】

【先行技術文献】＊　　（関連する公報や刊行物を記載）
　【特許文献】
　【・・・・】
　【特許文献１】実用新案登録第○○○○○号公報
　【特許文献２】特開○○○○－○○○○○号公報
　【非特許文献】
　【・・・・】
　【非特許文献１】○○○○著、「△△△△(書名)」××出版、○○○○年○月○日発行、p. ○○～○○

【考案の概要】
　【考案が解決しようとする課題】　　（従来技術の問題点を記載）
　【・・・・】

　【課題を解決するための手段】　　（実用新案登録請求の範囲に記載した構成を記載）
　【・・・・】

　【考案の効果】　　（従来技術に比し有利な効果を記載）
　【・・・・】
【図面の簡単な説明】　　（図面の概要を記載）
　【・・・・】
　【図１】・・・・(平面図)である。
　【図２】・・・・(断面図)である。
【考案を実施するための形態】　　（考案をどのように実施するかを具体的に記載）
　【・・・・】

　【実施例】

【・・・・】

【比較例】

【・・・・】

【産業上の利用可能性】　（産業上の利用方法、使用方法を記載）

【・・・・】

【符号の説明】　（図の主要な部分を表す符号の説明を記載）

【・・・・】

1　○○○

2　△△△

＊　【先行技術文献】は必要ではない。しかし、出願人の有する先行技術情報を有効利用でき、技術評価書を作成する際に、審査官及び第三者による考案の理解や先行技術調査が容易となるので記載するのが好ましい。また、特許出願への変更の場合にも好都合である。

〔2〕実用新案登録請求の範囲（クレーム）、図面及び要約書の作成

クレームについては、【書類名】が「特許請求の範囲」から「実用新案登録請求の範囲」に変更するだけでよく、また、図面については、特許の場合と変わるところはありません。さらに、要約書については、「本発明」を「本考案」のように置き換えます（5条）。

〔3〕　仮想実用新案明細書

第8章1〔2〕（4）仮想明細書の例（88 頁）で示した特許明細書「転動を防止した鉛筆及びその製造方法」を実用新案明細書にアレンジしたものです。

「製造方法」は実用新案の保護対象ではないので、考案の名称及び実用新案登録請求の範囲から製造方法を削除しています。明細書中の製造方法の記載も大幅に簡略化でき、例えば「本考案の鉛筆は、軸体の断面形状の円形を多角形とする以外は、従来の製造方法により製造することができる。」と記載することもできます。

また、「先行技術文献」に関する四角で囲った部分は、実用新案明細書では要求されませんので削除して差し支えありません。しかしながら、前述したように、出願人の有する先行技術情報を有効利用できる点や、また特許出願に変更する場合等を考える

と、むしろ記載するのが好ましく、敢えて削除する必要はないと思われます。

【書類名】　明細書
【考案の名称】　転動を防止した鉛筆
【技術分野】
　【０００１】
本考案は、転動を防止し、筆記作業中における転動や、机上等からの転落を防止した鉛筆に関する。
【背景技術】
　【０００２】
従来の鉛筆は、軸体の断面が円形であるため、筆記作業中に転動したり、机上から転落したり、また、転落の際に芯体が折れたりして、作業が中断されるという欠点がある。

近年、図５に示すように、軸体１３の一端に、断面が３角形の消しゴム１４が取付金具（図示せず）により取り付けられた鉛筆１１が提案されている（例えば特許文献１）。
【先行技術文献】
　【特許文献】
　【０００３】
　【特許文献１】　特開２０１９－○○○○○号公報

【考案の概要】
　【考案が解決しようとする課題】

　【０００４】
特許文献１の鉛筆１１に取り付けられた消しゴム１４は、細部の文字も消せるように３角形状とし角部を形成したもので、鉛筆１１の転動防止とは全く関係がない。しかしながら、消しゴム１４の角部が軸体１３の円周から外側に突出しているため、該消しゴム１４の部分で鉛筆１１の転動が防止される可能性がある。
しかしながら、特許文献１の鉛筆は、消しゴム１４を後加工により取り付ける必要があり、このため、製造が面倒であるばかりでなく、コストアップとならざるを得ない。また、消しゴム１４の取り付けを望まない鉛筆単独の場合には、転動防止は全く期待できない。

　【０００５】
本考案は、上記のごとき従来技術の問題点を解消し、鉛筆の軸体自体を改良することにより、鉛筆の転動を防止し、筆記作業中に机上等での不用意な移動や、机上等からの転落を防止した鉛筆を提供するものである。
　【課題を解決するための手段】

【０００６】

上記目的を達成するための本考案は、下記の鉛筆を特徴とするものである。

（１）芯体と該芯体を包囲する軸体とからなる鉛筆において、前記軸体の断面形状を多角形としたことを特徴とする鉛筆。

（２）多角形が、３～１０角形であることを特徴とする上記（１）記載の鉛筆。

（３）多角形が、５～８角形であることを特徴とする上記（２）記載の鉛筆。

（４）多角形が、６～７角形であることを特徴とする上記（３）記載の鉛筆。

（５）軸体の素材が、木、紙、樹脂及び発泡樹脂からなる群より選択されることを特徴とする上記（１）～（４）のいずれかに記載の鉛筆。

（６）軸体の素材が、発泡樹脂からなることを特徴とする上記（５）記載の鉛筆。

（７）さらに、多角形のキャップを着脱自在に備えたことを特徴とする上記（１）～（６）のいずれかに記載の鉛筆。

【考案の効果】

【０００７】

本考案の鉛筆は、鉛筆の軸体の断面形状を多角形としたことにより、筆記作業中に机上等において転動したり、机上等から転落することが防止され、作業の能率化が図られる。また、転落による芯体の損傷がないので鉛筆を長期にわたって使用でき、経済的である。

【図面の簡単な説明】

【０００８】

【図１】本考案の鉛筆の実施例を示す斜視図（要部）である。

【図２】本考案の鉛筆の他の実施例を示す斜視図（要部）である。

【図３】本考案の鉛筆の別の実施例を示す斜視図（要部）である。

【図４】スラットを示す側面図である。

【図５】従来の消しゴム付き鉛筆を示す斜視図（要部）である。

【考案を実施するための形態】

【０００９】

本考案の鉛筆は、芯体と該芯体を包囲する軸体とからなる鉛筆において、前記軸体の断面形状を多角形としたことを特徴とするものである。

【００１０】

本考案の実施例を示す図面に基づいて説明すると、図１は、芯体２と該芯体２を包囲する軸体３とからなる鉛筆１において、前記軸体３の断面形状を３角形とした鉛筆１である。

図２は、軸体３の断面形状を６角形とした鉛筆１であり、図３は、軸体３の断面形状を１０角形とした鉛筆１である。

【００１１】

本考案において、軸体３の断面形状の多角形は、転動防止性の観点からは３～１０角形が好ましく、転動防止性及び鉛筆を親指、人差し指、中指の間で持った際の鉛筆角部の指への触感性の観点からは５～８角形がより好ましい。また、筆記作業中において、無意識に鉛筆を左右に回動させ把持位置を変えることがあるが、この把持回動性は辺の数が多いほど良い。しかし、辺の数が多くなれば、転動防止性が低下する傾向がある。したがって、転動防止性、触感性及び把持回動性の全ての観点からは６～７角形がさらに好ましく、特に６角形が好ましい。６角形は意匠性においても優れている。

【００１２】

軸体３の素材としては特に限定されないが、木、紙、樹脂、発泡樹脂等が挙げられる。これらの中では特に木、樹脂、発泡樹脂が好ましい。樹脂や発泡樹脂としては、塩化ビニル系樹脂、ポリエチレンやポリプロピレン等のポリオレフィン系樹脂、AS樹脂、AES樹脂等が挙げられる。環境にやさしいポリ乳酸、ポリブチレンサクシネート等の生分解性樹脂も使用できる。これらのリサイクル樹脂や、木粉、顔料等を添加した疑似木も含まれる。これらの中で、AS樹脂、AES樹脂が疑似木にしやすく、成形性が良好である点で好ましい。

【００１３】

木からなる軸体３は、インセンスシダー等の板材の片面に複数の芯体収容溝 4a、４b を有する１対のスラット３a、３bを作製し（図４）、前記スラット３a、３bの芯体収容溝4a、４bの面に接着剤を塗布し、一のスラット３aの各芯体収容溝４aに芯体を乗せた後、他のスラット3bを重設して張り合わせ、各スラット３a、３bの表面を削り且つ１本１本切り離して多角形の軸体３とする方法により本考案の鉛筆１を製造することができる。

【００１４】

発泡樹脂からなる軸体３は、上記の片面に複数の芯体収容溝 4a、４b を有する１対のスラット３a、３b を、発泡剤を含有する発泡性樹脂を押出発泡成形する方法により製造し、以降の工程は上記と同様の方法により本考案の鉛筆１を製造することができる。

樹脂からなる軸体３は、キャビティに芯体２を装着してインサート成形が可能である。

【００１５】

鉛筆 １ の軽重や硬度を発泡倍率により自在に調整でき、また触感が良好である点で、樹脂よりも発泡樹脂の方が好ましい。発泡樹脂の発砲倍率は、強度と削り易さの観点から、２～５倍程度が好ましい。芯体２は、これまでの黒鉛と粘土からなる焼結体が好適に使用できる。

上記のようにして得られた鉛筆１は、通常、軸体３に塗装が施され、所定の本数（通常１ダース）が箱詰めされ製品とされる。

【００１６】

さらに、キャップを使用する場合は、例えば、多角形のキャップを着脱自在に備えることもできる。キャップの素材は、従来公知の金属、樹脂等でよい。

【実施例】

【００１７】

以下、本考案を実施例及び比較例に基づいて説明するが、本考案はかかる実施例のみに限定されるものではない。

【００１８】

実施例１

インセンスシダー製のスラットの芯体収容溝の面に接着剤を塗布し、その上に芯体を乗せ、もう１枚のスラットを重ねて張り合わせた。上側スラットの上の面と下側スラットの下の面を削り、１本１本切り離して断面が３角形の軸体の鉛筆を得、軸体に機械で塗装した。

得られた鉛筆の転動防止性は極めて良好で、親指、人差し指、中指の３本の指の間にすっぽりと収まり鉛筆角部の指への触感性も良好であったが、把持回動性にやや難があった。

【００１９】

実施例２

軸体の断面を５角形とした他は、実施例１と同様にして鉛筆を得た。転動防止性、触感性、把持回動性はいずれも良好であった。

【００２０】

実施例３

軸体の断面を６角形とした他は、実施例１と同様にして鉛筆を得た。転動防止性、触感性、把持回動性はいずれも極めて良好であった。また、意匠性も良好であった。

【００２１】

実施例４

軸体の断面を７角形とした他は、実施例１と同様にして鉛筆を得た。転動防止性、触感性、把持回動性はいずれも極めて良好であった。

【００２２】

実施例５

軸体の断面を８角形とした他は、実施例１と同様にして鉛筆を得た。触感性、把持回動性はいずれも良好であったが、転動防止性が僅かに低下した。しかし、実用性には何ら問題は見られなかった。

【００２３】

実施例６

軸体の断面を１０角形とした他は、実施例１と同様にして鉛筆を得た。触感性、把持回動性はいずれも良好であったが、転動防止性が少し低下した。しかし、実用性には特に問題は見られなかった。

【００２４】

実施例７

軸体の断面を１２角形とした他は、実施例１と同様にして鉛筆を得た。触感性、把持回動性はいずれも良好であったが、転動防止性に低下が見られ、筆記作業中において、稀に転動により鉛筆が不本意な場所に移動することがあった。しかし、机上からの転落は殆どなく、比較例１の軸体断面が円形の鉛筆に比べると、転動防止性には明らかに著差が認められた。

【００２５】

実施例８

AES樹脂（A社製、商品名WWW（登録商標））１００重量部、木粉（B社製、商品名XXX（登録商標））１５重量部、発泡剤（C社製、商品名YYY（登録商標））０．８重量部、及び顔料（D社製、商品名ZZZ（登録商標））５重量部からなる発泡性樹脂組成物を押出発泡成形して得られたスラット（発泡倍率：２．５倍）を用いた他は、実施例３と同様にして軸体の断面が６角形の鉛筆を得た。転動防止性、触感性、把持回動性はいずれも極めて良好であった。また、意匠性、削り易さも良好であった。

【００２６】

比較例１

軸体の断面を円形とした他は、実施例１と同様にして鉛筆を得た。触感性、把持回動性はいずれも良好であったが、転動防止性が全く認められず、筆記作業中において、しばしば転動により鉛筆が机上で不本意に移動したり、机上から転落し、その都度筆記作業が中断された。

【００２７】

【産業上の利用分野】

【００２８】

以上のとおり、本考案の鉛筆によれば、筆記作業中における机上等での不本意な移動や机上等からの転落が防止されるので作業の中断が避けられ、事務の能率化に大きく貢献するものである。

【符号の説明】

【００２９】

１　　鉛筆

２　　芯体

３　　軸体

３a、３b　スラット

４a　４b　芯体収容溝

１１　従来（消しゴム付き）の鉛筆

１２　芯体

１３　軸体

１４　消しゴム

（改ページ）

【書類名】　実用新案登録請求の範囲

【請求項１】

芯体と該芯体を包囲する軸体とからなる鉛筆において、前記軸体の断面形状を多角形としたことを特徴とする鉛筆。

【請求項２】

多角形が、３～１０角形であることを特徴とする請求項１記載の鉛筆。

【請求項３】

多角形が、５～８角形であることを特徴とする請求項２記載の鉛筆。

【請求項４】

多角形が、６～７角形であることを特徴とする請求項３記載の鉛筆。

【請求項５】

軸体の素材が、木、紙、樹脂及び発泡樹脂からなる群より選択されることを特徴とする請求項１～４のいずれか１項に記載の鉛筆。

【請求項６】

軸体の素材が、発泡樹脂からなることを特徴とする請求項５記載の鉛筆。

【請求項７】

さらに、多角形のキャップを着脱自在に備えたことを特徴とする請求項１～4のいずれか１項に記載の鉛筆。

註：マルチマルチクレームは、２０２２年４月１日以降は認められなくなりました（99頁参照）。請求項７は、マルチクレームの「請求項５」「請求項６」も引用して「請求項１～６のいずれか １ 項」するとマルチマルチクレームとなります。マルチマルチの解消法にはいくつかの方法がありますが、本例では、「請求項５」「請求項 6」を引用するのを避け、「請求項１～４のいずれか１項」を引用しています。なお、特許庁よりマルチマルチクレームの検出ツールが提供されています。

（改ページ）

【書類名】　要約書

【要約】

【課題】　筆記作業中に机上で転動したり、机上から転落することが防止され、したがって、作業の中断が避けられるので事務の能率化に大きく貢献する鉛筆を提供する。

【解決手段】　芯体２と該芯体２を包囲する軸体３とからなる鉛筆において、前記軸体３の断面形状を多角形（６角形）とした鉛筆１である。

【選択図】　図２

（改ページ）

【書類名】図面

【図１】

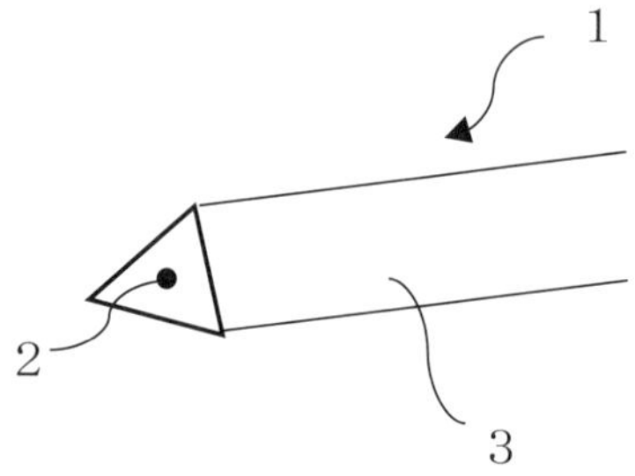

【図２】

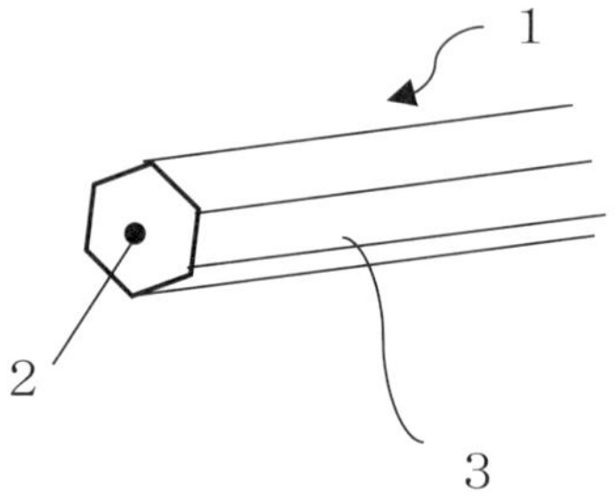

【図３】

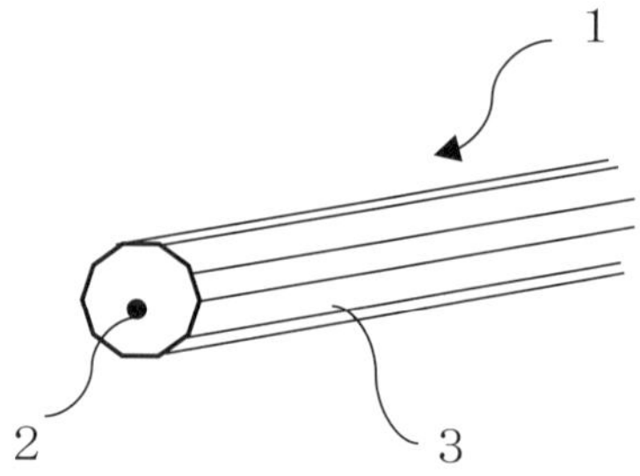

【図４】

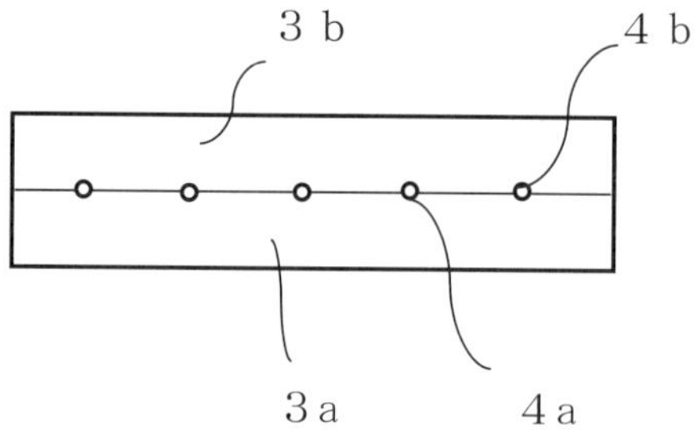

【図５】

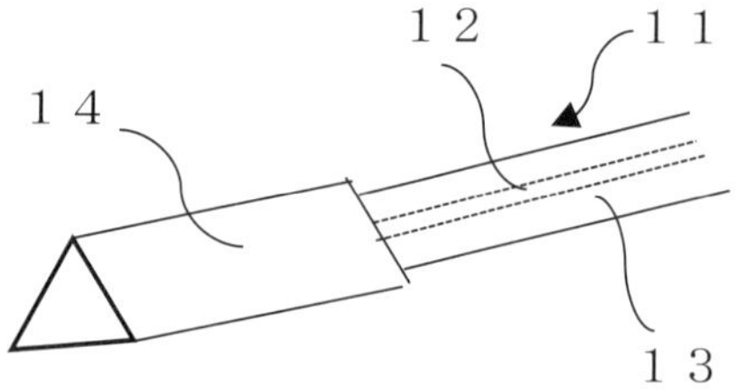

4 実用新案権の効力

〔1〕実用新案権の効力及びその制限

実用新案法は、16 条で実用新案権の効力として、「実用新案権者は、業として登録実用新案の実施をする権利を専有する。」と規定しています。

実用新案権の効力である積極的効力（独占的効力）、消極的効力（排他的効力）、民事上の救済、刑事上の救済、間接侵害（みなし侵害）、及び実用新案権の効力の制限は、特許権の場合と概ね同様です（「第１４章２特許権の効力（168 頁）、３間接侵害（みなし侵害）（175 頁）、４特許権の効力の制限(176 頁)」を参照）。

ただし、前述したように、実用新案は無審査のため、過失の推定はありません。また、実用新案は存続期間の延長登録がないため、存続期間延長による効力の制限はありません

〔２〕実用新案権の侵害と侵害紛争の解決

実用新案権の侵害と侵害紛争の解決についても特許権の場合と概ね同様です（「第 16章「特許権の侵害と侵害紛争の解決」を参照）。

〔３〕実用新案登録請求の範囲と方法的記載

実用新案は物品の形状、構造又は組合せに限られ、方法は保護されません。しかし、物品の形状や構造を特定するために方法的記載がされている場合（方法的記載は法的には禁止されていない）に、どのように解釈するかについて下記の３つの説があります。

①方法便法説

方法的記載は物を特定するのに便法として認められ、方法が異なっていても技術的範囲に属するとする(**封入包装半導体装置事件**　東京高判昭 53.10.31)。

②方法要件説

方法による物の特定を許さないと解すべき法文上の根拠はなく、方法が異なれば技術的範囲に属しないとする(**密封袋状容器事件**　大阪地判昭 40.4.30)。

③方法除外説

方法的要素を除外しても新規な考案を構成している場合には、その他の要件が一致すれば技術的範囲に属するとする(**慶祝用砂糖事件**　大阪地判昭 44.11.21)。

5 実用新案制度の活用

上記のように、実用新案制度は特許制度とは異なる多くの特徴を有し、安価、早期権利化、必要に応じて特許権への変更も可能という特徴を生かした実用新案制度の活用が可能です。

（１）安価な費用

実用新案は、特許取得における審査請求や拒絶対応（意見書や補正書の提出）等の費用が

不要であり、技術評価の費用を考慮しても大幅に安価となります。

（2）早期権利化

出願から2〜3カ月で権利化されるため、販売する製品を実用新案権で保護してから市場に流通させることができます。

（3）高度でない技術の権利化

特許では権利化が困難な技術（進歩性が低い等）も実用新案権で保護することができます。

（4）特許出願から実用新案登録出願への変更

特許性の有無、ライフサイクルの長短、費用等を考慮し、特許出願から実用新案登録出願への変更が可能です（変更の時期的制限：特許出願について最初の拒絶査定謄本の送達日から3カ月又は特許出願日から9年6カ月以内（実10条1項））。

（5）複数権利でのネットワークの構築

費用が安価であるので、複数の実用新案権によるネットワーク（権利網）が構築できます。

（6）特許権との併用によるネットワークの構築

基本技術（技術思想）は特許権で広く保護し、その周辺技術（形状、構造）は安価な実用新案権によりネットワーク構築を図ることが可能です。

（7）意匠権との併用によるネットワークの構築

意匠権は図面が異なると別意匠となるため件数が多くなり、費用も高くなります。そこで、意匠の件数を抑えるとともに、図面が異なっても1出願に包含でき広い権利範囲を保護できる実用新案権を併用してネットワーク構築を図ることが可能です。

（8）実用新案登録出願から特許出願への変更

ライフサイクルが長くなりそうな場合や、審査を経た安定性の高い権利を取得したい場合には、実用新案登録出願の係属中（無審査のため係属期間が短い点に注意）に特許出願への変更が可能です（変更の時期的制限：実用新案登録出願日から3年以内。特46条1項）。

（9）実用新案登録に基づく特許出願

実用新案登録後に上記（8）と同じ事情が生じた場合には、実用新案登録に基づく特許出願をすることができます（時期的制限：実用新案出願日から3年以内等。特46条の2）。

（10）特許庁の中小企業支援策

前出の図表24－1に示すように、中小企業の特許出願件数が異常に低いのが目をひきます。特許庁では、内外での知的財産権の取得から活用まで各種の支援策を実施していますので活用してください。

（問い合わせ先：特許庁総務部普及支援課　03-3581-1101(内線2340)

第25章　意匠

1　意匠制度

〔1〕意匠制度の概要

意匠制度は物の外観である意匠（デザイン）を保護するもので、詳しくは、物品（部分を含む）の形状、模様、色彩、これらの結合、建築物（部分を含む）、画像（部分を含む）で、美観を起こさせるものを保護する制度です（2 条）。意匠は物の外観についての創作であり、特許や実用新案と同じく精神活動の産物です。一方、意匠は一定期間の継続的使用により商標の機能である自他商品の識別機能を持つに至り、そのため、「他人の業務に係る物品、建築物又は画像と混同を生ずるおそれがある意匠」は、意匠登録を受けられません（5 条 2 号）。

意匠制度は、明治２１年（１８８８年）の意匠条例に始まり、明治３２年（１８９９年）に意匠法に改正されました。意匠出願件数は、２００４年の４０，７５６件をピークにここ数年は３１，０００件台、登録件数は２７，０００件前後です。２０２０年の出願件数は３１，７５２件、登録件数は２６，４１７件です（特許行政年次報告書２０２１年版）。

特許制度や実用新案制度は技術である発明や考案（小発明）を保護するのに対し、意匠制度は技術が物の外観に現れた意匠（デザイン）の面から保護するものです。特に、実用新案制度と意匠制度はともに物品に関するもので、物品の形状を対象とする場合には、実用新案制度は技術面からの保護、意匠制度は意匠（デザイン）面からの保護と、保護の観点が異なるだけで非常に近い関係にあります。また、これらの制度間においては、互に出願の変更が可能です。したがって、意匠制度も特許制度や実用新案制度と比較することにより、より理解しやすくなります。

また、意匠は一定期間の継続的使用により、商標と同様の機能である自他商品の識別力（出所表示機能）を持つ場合があります。平成８年（１９９６年）改正法で立体商標制度が導入されたことにより、物品の形態が意匠登録されるとともに立体商標としても商標登録されることが多くなり、デザインのブランド化が進んでいます。この点については、「第 27 章　知財ミックス戦略」で詳述します。

〔2〕特許制度、実用新案制度と意匠制度

図表２５－１は、特許制度、実用新案制度と意匠制度の比較を示しています。

図表２５－１　特許制度、実用新案制度と意匠制度の比較

	項目	特許制度	実用新案制度	意匠制度
1	制度目的	発明の奨励と産業の発達	考案の奨励と産業の発達	意匠の奨励と産業の発達
2	保護対象	発明（技術的なアイデアのうち高度のもの）	考案（物品の形状、構造、組合せについてのアイデア）	意匠（物品の形状、模様、色彩、これらの結合等で美観を起こさせるもの）等
3	出願書類	願書、明細書、請求範囲、図面(任意)、要約書	願書、明細書、請求範囲、図面（必須）、要約書	願書、図面（図面に代えて写真、ひな形、見本）
4	実体審査	あり	なし（無審査）	あり
5	審査請求・評価請求	審査請求（出願日から３年内）	技術評価請求（時期的制限なし）	自動的に審査（審査請求等は不要）
6	新規性	公知、公用、刊行物等記載でない	公知、公用、刊行物等記載でない	公知、刊行物等記載でなく、類似意匠でない
7	進歩性・創作性	容易に発明できない	きわめて容易に考案できない	容易に意匠を創作できない（創作非容易性）
8	権利化までの期間	審査請求から１０～１２カ月	出願から２～３カ月	出願から６～７カ月
9	存続期間	出願日から２０年（最長２５年も）	出願日から１０年	出願日から２５年＊
１０	訂正	請求範囲の減縮等	請求範囲の減縮等（１回限り）	なし（図面に減縮等なし）
１１	権利の効力	業として実施する権利を専有	業として実施する権利を専有	業として登録又は類似意匠を実施する権利を専有
１２	権利行使の条件	なし	技術評価書を提示して警告	なし（秘密意匠は、証明書を提示して警告）
１３	過失推定	あり	なし	あり（秘密意匠は、なし）
１４	権利行使	差止、損害賠償、不当利得等、侵害罪	同左	同左
１５	権利者の責任	原則としてなし（悪意、過失の場合はあり）	無効確定の場合は権利者に損害賠償責任の立証転換	原則としてなし（悪意、過失の場合はあり）
１６	特殊な制度			組物、関連、部分、動的、秘密意匠
１７	外国での権利取得	直接出願 PCT 国際出願	直接出願 PCT 国際出願	直接出願 ハーグ国際出願

令和元年改正法（２０１９年5月１０日成立、同月１７日公布）により、出願日から２５年に改正（２１条1項）（２０２０年4月1日施行）。

（1）意匠制度の目的

意匠の保護及び利用を図ることにより、意匠の創作を奨励し、もって産業の発達に寄与することを目的としています(1条：意匠法、本章において以下同じ)。

（2）保護対象

特許（発明）も実用新案（考案）も、ともに自然法則を利用した技術的思想の創作（技術的なアイデア）で、実用新案は物品の形状、構造、組合せについてのものです。

意匠は物品の外観に関する創作で、物品の形状、模様、色彩、これらの結合、建築物（部分を含む)、画像（部分を含む）で、美観を起こさせるもの（物品の外観、デザイン）です。実用新案と意匠は、有体物である物品に関する点で共通しますが、実用新案は、技術的アイデアでその機能や効果による利便性で国民生活を豊かにし、産業の発達に貢献するのに対し、意匠は、美感（審美性)、心地よい外観（デザイン）で国民生活を豊かにし、産業の発達に貢献するものです。なお、美感については、あまり厳密なものは要求されません。

例えば、6角形の鉛筆については、特許や実用新案は不用意に転動せず、机上から転落しにくいという技術的効果による利便性の面に着目し、一方、意匠は6角形の外観（デザイン）の美しさ（審美性)、斬新性、興趣性の面に着目し、ともに市場価値を高めるものです。

物品とは、一定の外形を有する有体物であって市場で流通する動産を言います。肉眼で認識される必要があり、粉状物や流動物は物品ではありません。なお、微細で肉眼では形態が認識できないものであっても、取引に際し拡大観察されるものは物品として認められます。また、物品には、物品の部分も含まれます。

なお、令和元年（２０１９年）改正法で、画像、建築物等の不動産（2条1項）や内装（8条の2）も意匠法による保護対象となりました（２０２０年4月1日施行)。

（3）出願及び出願書類

① 複数意匠一括出願

1意匠1出願が原則です（7条）が、令和元年（２０１９年）の改正法により、複数意匠一括出願により複数意匠を 1 つの願書で出願できます。一括出願に包含できる意匠の数は１００までとされています。出願人の出願の負担の軽減が目的で、出願後は、個別に出願番号が通知され、審査も意匠ごとになされ、登録番号も意匠ごとに付与されます。これに伴い、「物品区分表」が廃止されました（２０２１年4月1日施行)。

② 出願書類

願書、図面が必要な点で実用新案と共通していますが、意匠では、原則として、正投影図法による6面図（正面図、背面図、平面図，底面図、左側面図、右側面図）が必要で、さらに必要に応じ、断面図、拡大図、斜視図、参考図を追加します。また、図面に代えて、写真、ひな形、見本による出願も可能です（6条)。

（4）実体審査、（5）審査請求・技術評価請求

実用新案では実体的審査はされない(所謂無審査)のに対し、意匠は審査官により実体的審査（新規性、創作性等）が行われます（16条)。意匠では審査請求や技術評価請求は不要で、出願即審査されます。

（6）新規性

出願意匠が、出願前に、同一又は類似の意匠が内外において公知でないこと（3条1項1号）、刊行物記載やインターネット公表（利用可能）がされていないこと（同2号）、これらの公知又は刊行物等記載の意匠に類似する意匠でないこと（同3号）が必要です。意匠の新規性は、物品の外形的な形状、模様等の比較により行われるので、同一のみならず類似するものまで新規性がないとされています。また、特許や実用新案のように、公然実施（公用）が規定されていないのは、意匠は外観であるので公然実施すれば、全て公知になるためです。

「新規性喪失の例外」

出願前に、販売、見本市への出展、新聞等への発表等の公開をした場合は、新規性なしとして拒絶されるので、新規性喪失の例外の適用を受け、公開日から１年以内に出願する必要があります（4条）。この適用を受けると、新規性は喪失されなかったものとされます。

「第6章　新規性喪失の例外」を参照してください。

（7）進歩性・創作性

特許や実用新案では進歩性と言われますが、意匠では創作性（創作非容易性）と言われ、その意匠分野について通常の知識を有する者（当業者）が容易に創作できないこと（創作非容易性）が必要です（3条2項）。その他、特許や実用新案同様に、先願範囲の拡大（3条の2）、先願（9条）、意匠登録を受けられない意匠（5条）も審査されます。

（8）権利化までの期間

出願から最初の審査結果（通常、登録査定又は拒絶理由通知）までの期間は、平均6～7カ月です。登録査定（又は審決）の謄本の送達日から３０日以内に各年の登録料を納付し（42条、43条）、意匠登録原簿に意匠権の設定登録がなされ（20条1項）、意匠公報に掲載されます（20条3項）。早期審査・早期審理制度があります。

「意匠登録表示」

意匠権者は、登録意匠又はこれに類似する意匠に係る物品又はその包装等に意匠登録表示を付するように努めなければならないと規定されています（64条）。意匠登録表示は、「登録意匠」の文字及びその登録番号を記載するとされ（施規 17 条）、「登録意匠第○○○号」のように記載します。意匠登録表示は付さなくても効力に影響がなく罰則のない訓示規定ですが、表示の効果としては、該物品が意匠権で保護されていること（お墨付き）を明示し、他社による権利侵害を未然に防止する等があります。

拒絶理由（17 条各号）があると、出願人は意見書、必要に応じ、補正書を提出できます

（19条、50条3項で特50条を準用)。意見書、補正書により拒絶理由が解消すると、登録査定がなされます（18条)。

拒絶理由が解消しない場合は拒絶査定され（17 条)、この拒絶査定に不服がある場合は、拒絶査定謄本の送達日から3月以内に拒絶査定不服審判を請求できます（46条)。この審決（拒絶審決、請求棄却、審判不成立）に不服がある場合は、審決の謄本送達日から３０日以内に東京高等裁判所（知的財産高等裁判所）に審決取消訴訟を提起することができます（59条)。知財高裁判決に不服である場合は、最高裁判所に上告できます（民訴311条)。

（9）存続期間

意匠権の存続期間は、出願日から２５年です（21条1項)（２０２０年4月1日施行)。令和元年（２０１９年）の改正前は、登録日から２０年です（後出の「図表２５－３参照)。

（１０）訂正

意匠では、図面について減縮補正は存在せず、したがって、訂正審判や訂正無効の審判もありません。

（１１）権利の効力

意匠権者は、業として登録意匠及びこれに類似する意匠の実施をする権利を専有します（23条)。特許権や実用新案権と比較すると、類似範囲まで及ぶことに特徴があります。

（１２）権利行使の条件

意匠権は、特許権と同様、実体的要件(新規性、創作性等)の審査を経た後に権利が付与されているので、実用新案権のような権利行使の条件は規定されていません。ただし、秘密意匠は意匠権が発生してもその内容が公示されないので（20条4項)、特許庁長官の証明書を提示し警告した後でなければ差止請求をすることができません（37条3項)。

（１３）過失の推定

意匠権の侵害においては、特許権と同様、意匠権の内容は意匠公報や意匠登録原簿に公示されているため、侵害者に過失があったものと推定され、立証責任を権利者から侵害者に転換しています（40条)。ただし、秘密意匠は意匠権が発生してもその内容が公示されないので（20条4項)、侵害者に過失があったものとは推定されません。したがって、権利者が過失を立証することになります。

（１４）権利行使

意匠権の権利行使には、特許権や実用新案権と同様、民事上の救済である差止請求権（37

条)、損害賠償請求権（民709条)、不当利得返還請求権（民703条、704条)、信用回復措置の請求（41条で特106条を準用)、及び、刑事上の救済である意匠権侵害罪（69条）等があります。

（15）権利者の責任

特許権と同様、意匠権は実体的要件（新規性、創作性等）の審査を経た後に権利が付与されているので、差止請求権の行使は適法な権利行使であり、たとえ差止請求権を行使した後に無効審決が確定しても損害賠償の請求は認められません。

（16）特殊な意匠制度

通常の意匠の他に、特殊な制度である部分意匠、動的意匠、組物の意匠、関連意匠、秘密意匠があります。これらの制度の利用により、戦略的に意匠制度を活用することができます。

（ア）部分意匠

① 物品等の物理的に切り離せない部分、例えば、コップの「取って部」について意匠登録を受けることができます（2条1項)。物理的に切り離せて市場で取引できるものは、「部品」の全体意匠として登録可能です。組物、建築物、画像の部分についても登録可能です。

② 「意匠登録を受けようとする部分」（上記例では「取って部」）を実線で描き、「その他の部分」（上記例では「取って部」を除く「コップ」）を破線で描き、意匠登録を受けようとする部分を特定します。

③ 部分意匠の意匠権の効力は、「部分意匠と同一又は類似するもの」に及びます。したがって、部分意匠（上記例では「取って部」）と同一又は類似しておれば、他の部分（上記例では「コップ」）が異なっていても侵害する可能性があります。これが、部分意匠の意匠権を取得する本来の目的です。しかし、他の部分が全く異なっていても侵害するかどうかについては、部分は物品全体との関係における部分であるので、物品全体における位置や大きさが全く異なる場合には、侵害しないとされる場合があります。

（イ）動的意匠

① 物品の有する機能に基づいて形状等が変化する場合、例えば、変化するオモチャ、びっくり箱等については、動的意匠として登録可能です（6条4項)。

② 変化の状態を含めて一意匠として扱われるので、変化の前後にわたる物品の形状等の図面を添付します。

（ウ）組物の意匠

① コーヒーセット、ディナーセットのように、組物として販売され、同時に使用される2以上の物品、建築物、画像であって、施行規則別表第二で定められたもので、組物全体と

して統一があるときは、組物の意匠として登録可能です（8 条）。部分意匠も可能です。

② 「統一がある」とは、（ア）各構成物品の形状等が同じような造形処理で表されている場合、（イ）組物全体として一つのまとまった形状等が表されている場合、（ウ）形状等により物性など組物全体として観念的に関連性がある印象を与える場合、のいずれかに該当する場合とされています（意匠審査基準）。

③ 上記組物の要件を充足しないとして拒絶理由通知を受けた場合は、分割出願することができます。分割した新たな意匠登録出願は、もとの意匠登録出願時にしたものとみなされます（10 条の 2 第 1 項、第 2 項）。

（エ）関連意匠

① 同一のデザインコンセプトから多くの類似するバリエーションの意匠が創作されることがあります。このような類似するバリエーションの意匠を、同一出願人が関連意匠として出願した場合に意匠登録する制度で、意匠権の範囲を拡張することができます（10 条）。関連意匠により本意匠権の類似範囲が拡張されるとともに、その範囲が明確となり、侵害の判断が容易となります。

従来の関連意匠は、類似関係にある意匠のうちの一つを本意匠として、他の類似意匠を関連意匠として、本意匠の意匠公報発行日前（８カ月程度）までに出願し、登録を受ける制度でした。この制度では、関連意匠の出願可能期間が８カ月程度と短く、連鎖的に類似する関連意匠を保護できないことから、２０２０年４月１日より、出願可能期間を１０年と長くし、「関連意匠にのみ類似する意匠」も関連意匠として登録可能となりました（10 条 4 項）。

② 例えば、デザイン A、デザイン A に類似するデザイン B、デザイン B にのみ類似するデザイン C、デザイン C にのみ類似するデザイン D を創作した場合、A を本意匠とし B を関連意匠、B を本意匠とし C を関連意匠、C を本意匠とし D を関連意匠として、それぞれ意匠登録することができます（この例では関連意匠 C が関連意匠 B にのみ、関連意匠 D が関連意匠 C にのみ類似する関連意匠で、関連意匠 B、C、D が連鎖状に登録）。

関連意匠(例えば D)の出願可能期間は、（イ）最初に選択した一の本意匠、本例では A（基礎意匠という）の出願から１０年を経過する日前で、（ロ）設定登録時において、関連意匠（D）の本意匠である（C）の意匠権（関連意匠）が存続していることが必要です（10 条 5 項）。（イ）は関連意匠が無限に連鎖することの回避と思われ、（ロ）は本意匠権の消滅によりパブリック・ドメイン（共有財産、即ち、第三者が自由に実施可能）となった意匠が後の関連意匠の権利範囲に含まれ、第三者に害を与える恐れがあるためとされています。

関連意匠の意匠権の存続期間は、その基礎意匠の出願日から 25 年です（21 条 2 項）。関連意匠として登録された意匠権は、本意匠権が放棄や無効により消滅しても存続し、各々独立して権利行使が可能です。

（オ）秘密意匠

① 特許や実用新案は発明や考案の公開の代償として独占権を付与するため、発明や考案を秘密にしておくことは許されませんが、意匠は外観（デザイン）を保護対象とするため、一度公開されると一目で内容が分かり模倣されやすいという特徴があります。したがって、製品発表のスケジュールが登録時よりも先になる場合や将来の流行を見越して予め登録をしておきたい場合などにおいては、登録後すぐに公開されると第三者に知られ、製品発表のインパクトが薄れたり、模倣される場合があります。このような場合に備えて、意匠権の設定登録の日から 3 年を限度としてその意匠を公開せず秘密にできる制度です（14 条)。

② 秘密意匠の請求時期は、意匠登録出願時又は第 1 年分の登録料の納付時です。*

③ 秘密請求期間は、最長 3 年以内の範囲で延長又は短縮を請求できます（3 項)。

④ 秘密意匠は意匠権の内容が公開されていないので、過失の推定はなく（40 条)、また、特許庁長官の証明を受けた書面を提示し警告した後でなければ、差止請求権を行使できません（37 条 3 項)。

（１７）外国での権利取得

特許、実用新案の場合と同様、①日本出願に基づいて優先期間（意匠の場合は６カ月）内に優先権を主張して各国に出願し意匠権を取得する直接出願ルートと、②ハーグ協定（ジュネーブ改正協定）に基づいて１つの出願書類をＷＩＰＯ国際事務局又は日本国特許庁に提出することにより、締約国（２０１９年3月現在６０の国・政府間機関）において意匠権を取得するハーグ国際出願ルートがあります。後出の「5　国際出願（ハーグ出願)」で詳述します。

2 意匠の出願手続

〔1〕意匠の出願手続

意匠登録出願から意匠権の取得までの手続の流れは、図表２５－２のとおりです。以下の（1）～（１６）は、図表２５－２内の（1）～（１６）に対応しています。

図表２５－２　意匠の出願手続の流れ

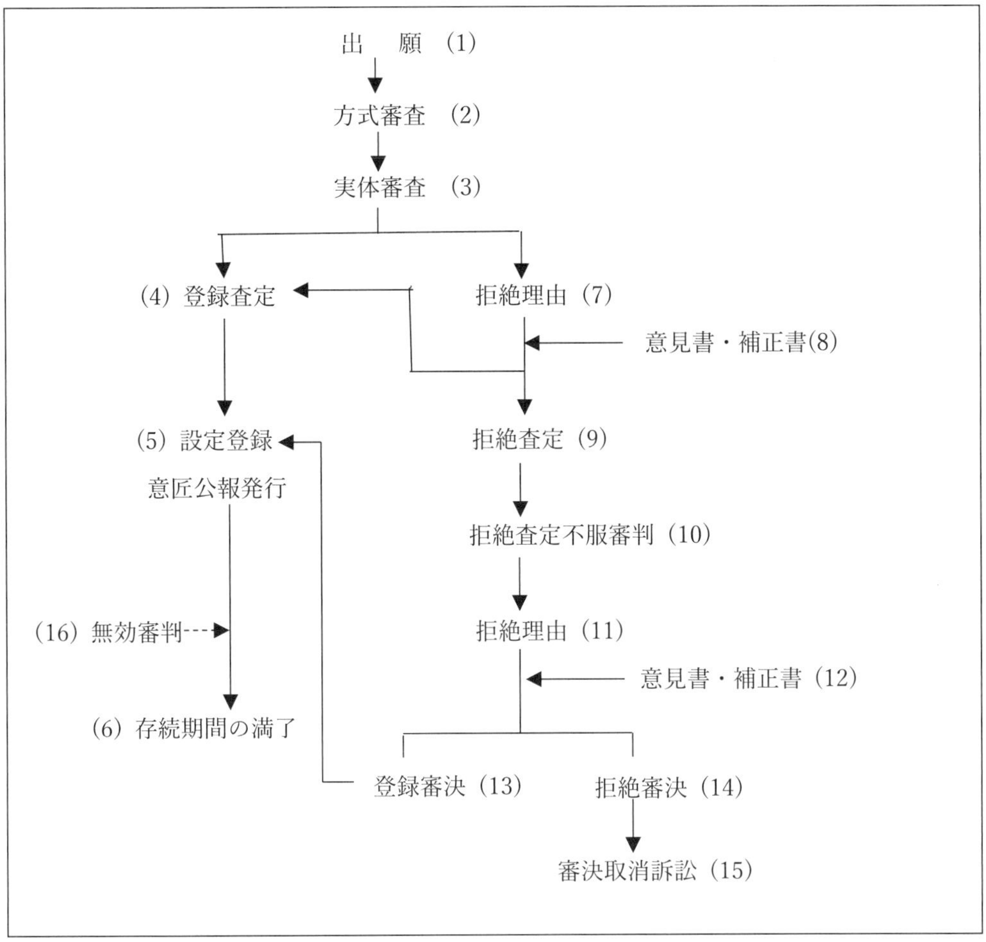

特許制度の出願手続の流れと似ていますが、意匠制度には出願公開制度、審査請求制度、審査前置制度、異議申立制度がありません。

〔１－１〕拒絶理由がない場合

（１）出願

意匠登録を受けようとする者（出願人）は、願書に、意匠を記載した図面を添付し、あるいは、写真、ひな形又は見本を特許庁長官に提出します(6条)。

（２）方式審査

形式的要件不備がないかどうかについて方式審査が行われます(68条2項で特17条3項を準用)。

（３）実体審査

特許とは異なり審査請求制度はないので、方式審査後に、審査官により拒絶理由がないか実体審査されます(19条で特50条を準用)。具体的には、登録要件（工業上の利用性、新規性、創作非容易性、先願等）を充足しているかどうかについて審査されます（17条)。

（4）登録査定

上記の実体審査で拒絶理由を発見しない（登録要件を充足）ときは、登録査定がなされます（18 条）。

（5）設定登録・意匠公報発行

登録査定（又は審決）の謄本の送達を受けてから３０日以内に第 1 年分の登録料を納付する必要があります（43 条）。登録料を収めると登録番号が付与され、意匠登録原簿に意匠権の設定登録がなされ、意匠公報が発行されます（20 条）。

（6）存続期間の満了

存続期間は、出願日から２５年です（ただし、2 年以降の各年度の登録料の納付が必要）（21 条, 42 条）。令和元年（２０１９年）の改正法により、管理上の観点から、意匠権の存続期間の終期の起算日を特許権と同じく「出願日から」に変更し、また、デザインコンセプトの開発支援とブランド価値の向上の観点から、意匠権の存続期間を「２５年」に変更しました（２１条）。２０２０年4月1日以降の出願に適用されます。この結果、図表２５－3 に示すように、出願の時期によって 3 つの存続期間が併存することになります。

図表２５－３　出願の時期と存続期間

出願の時期	存続期間
令和２年（２０２０年）4 月 1 日以降	出願日から２５年
平成１９年（２００７年）4 月 1 日から 令和２年（２０２０年）3 月 31 日まで	登録日から２０年
平成１９年（２００７年）3 月 31 日以前	登録日から１５年

〔１－２〕拒絶理由がある場合

（7）拒絶理由通知書

審査官は拒絶理由を発見すると拒絶理由通知書を出願人に送達し、その発送日から４０日以内に、出願人に対し意見書を提出する機会を与えます(19 条で特 50 条を準用)。

（8）意見書、補正書

出願人は意見書で反論したり、必要に応じ手続補正書で図面等を補正することができます。これにより上記（7）の拒絶理由が解消されると、上記（4）の登録査定がなされます。

（9）拒絶査定

上記（7）の 拒絶理由が上記（8）の意見書や手続補正書で解消しない場合には、拒絶査定となります（17 条）。

（10）拒絶査定不服審判請求

上記（9）の拒絶査定に不服の場合には、その謄本の送達後 3 月以内に拒絶査定不服審判を請求することができます（46 条）。審判は審査の上級審で、審査官が行った審査（拒絶査定）が妥当であったかどうかを審判官の合議体（３～５人）がもう一度審査(審理)します(52 条で特 136 条を準用)。

（11）拒絶理由通知書

上記（7）の 拒絶理由と同様に、審判官は拒絶査定の理由と異なる拒絶理由を発見すると拒絶理由通知書を請求人（出願人）に送達し、その発送日から40日以内に、出願人に対し意見書を提出する機会を与えます（50条3項）。

（12）意見書、補正書

請求人はで意見書で反論したり、必要な場合には手続補正書で図面等を補正することができます。

（13）登録審決（請求容認、審判成立）

上記(11)の拒絶理由が上記（12）の 意見書、補正書により解消されると、登録審決がなされます。以下、上記（5）の設定登録、(6）の 存続期間の満了に従います。

（14）拒絶審決（請求棄却、審判不成立）

上記（11）の拒絶理由が上記（12）の 意見書、補正書により解消されない場合には、拒絶審決となります。

（15）審決取消訴訟

上記（14）の拒絶審決に不服の場合には、その謄本の送達後30日以内に審決取消訴訟を東京高等裁判所（知財高裁）に提起することができます（59条)。知財高裁判決に不服である場合は、最高裁判所に上告できます（民訴311条)。

〔1－3〕意匠登録録無効審判

（16）意匠登録無効審判

利害関係人は、いつでも意匠登録を無効にすることについて無効審判を請求することができます(48 条)。無効審決が確定すると、意匠権は初めから存在しなかったものとみなされます(49条本文)。審決に不服である場合は、審決取消訴訟を東京高等裁判所（知財高裁）に提起することができます（59条)。知財高裁判決に不服である場合は、最高裁判所に上告できます（民訴311条)。

3 意匠権の効力

〔1〕意匠権の効力

意匠権者は、業として登録意匠及びこれに類似する意匠の実施をする権利を専有します（23条)。即ち、意匠権は独占排他権であるので、専用的効力を有するとともに、他人の実施を排除する禁止的効力を有します。

「業として」は特許や実用新案と同じく、「事業として」の意で、家庭的、個人的な実施は含まれず、侵害にはなりません。

「登録意匠の範囲」は、願書の記載及び願書に添付した図面、写真、ひな形若しくは見本により現わされた意匠に基づいて定められます（24条1項)。これは、特許や実用新案におけるクレーム（請求範囲）に相当するものです。

「登録意匠と類似する意匠」の判断は、「**需要者の視覚を通じて起こさせる美感**」に基づいて行います（24条2項）。登録意匠（下記の図表２５－５の（A））のみならず、これに類似する意匠（同（B1）（B2）（B3））も保護される点が特異的です。これは特許や実用新案は抽象的な技術的思想を対象とするのに対し、意匠は図面や写真等により表される具体的な形態（デザイン）を対象とするため、意匠権の効力を登録意匠と同一性の範囲とすると狭くなりすぎるとされています。即ち、**類似範囲にまで専用権が及びます**。

「実施」とは、「意匠に係る物品の製造、使用、譲渡、貸渡し、輸出若しくは輸入又は譲渡若しくは貸渡しの申出をする行為等を言います（2条2項）。

なお、意匠は物品の外観であるので、**物品が異なれば別意匠**となります。したがって、意匠権の効力は物品が同一（用途及び機能が同一）又は類似（用途は同一であるが機能が異なる）の範囲に及び、**非類似物品（用途も機能も異なる）には及びません**。

意匠の類否判断は、①意匠に係る物品の性質、用途、使用態様、②新規な創作部分の存否等を参酌し、③需要者の注意が惹きつけられる部分を要部として把握し、④両意匠が要部において構成態様を共通にしているかどうかを観察し、⑤全体として美感を共通にするかどうかを判断すべきである、とされています（**マニキュア用やすり事件**　大阪地判平23.9.15）。

図表２５－４、図表２５－５は意匠権の効力を図示したものです。

図表２５－４　意匠権の効力(I)

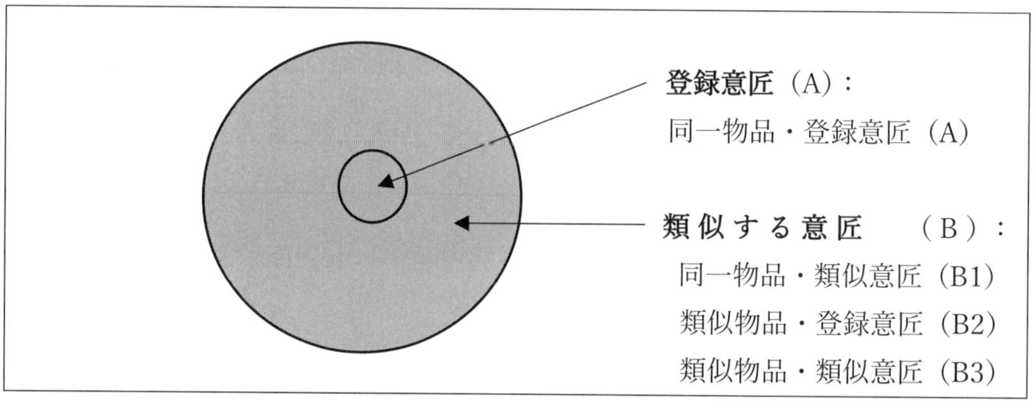

図表２５－５　意匠権の効力(II)

	同一物品	類似物品	非類似物品
登録意匠	(A)専用権 （侵害）	(B2)専用権 （侵害）	範囲外（非侵害）
類似意匠	(B1) 専用権 （侵害）	(B3) 専用権 （侵害）	範囲外（非侵害）
非類似意匠	範囲外（非侵害）	範囲外（非侵害）	範囲外（非侵害）

〔2〕意匠権の効力の制限

意匠権は、業として登録意匠及びこれに類似する意匠の実施を専有する権利です（23 条）が、意匠制度の目的（創作の奨励、産業の発達）及び公益上の見地から、多くの制限があります。「第 14 章 4 特許権の効力の制限」（176 頁）を参照してください。

（1）意匠権の効力が及ばない範囲

（イ）試験又は研究のための実施、（ロ）単に日本国内を通過するに過ぎない船舶等、（ハ）意匠登録出願の時から日本国内にある物（36 条で特 69 条を準用）

（2）他人の登録意匠等との関係による制限

他人の先願に係る登録意匠等の利用、又は他人の特許権等との抵触（26 条）

（3）法定・裁定実施権による実施

（イ）法定実施権（29～32 条、56 条、15 条 3 項で特 35 条を準用、）、（ロ）裁定実施権（利用抵触）（33 条）（不実施、公共の利益の場合の規定なし）、 先使用権（29 条）

（4）回復した意匠権の効力の制限

（イ）登録料の追納による回復（44 条の 3）、（ロ）再審による回復（55 条）

4 意匠権の侵害と救済

〔1〕意匠権の侵害

（1）意匠権の侵害

意匠権は、業として登録意匠及びこれに類似する意匠の実施を専有する権利で（23 条）、専用的効力を有するとともに、他人の実施を排除する禁止的効力（排他的効力）を有します。したがって、他人が権限無く（実施権等の正当事由なく）登録意匠及びこれに類似する意匠に係る物品を製造、使用、譲渡（販売）等の実施をすれば意匠権の侵害となります（図表２５－４，２５－５参照）。

近年、海外事業者が模倣品を直接個人宛に郵送等により持ち込む行為が増加していますが、「業として」ではないため、意匠権の侵害とはなりません。しかし、本来は「業として」の輸入であるにも拘わらず個人的な輸入に偽装して侵害を免れるケースが多発しているため、令和３年（２０２１年）の改正法により、このような個人宛に持ち込む行為も「輸入」に含まれ、意匠権侵害として税関での輸入差止、裁判での差止、損害賠償の請求が可能となりました（２条２項１号）（２０２２年１０月１日施行）。

（2）侵害とみなす行為（間接侵害）

登録意匠又はこれに類似する意匠に係る物品の製造にのみ用いる物品等（のみ品、専用品）の製造、譲渡等をする行為は、意匠権の侵害とみなされます。例えば、カメラの意匠権がある場合に、カメラの部品を製造する場合等です。カメラの部品の製造は、カメラの意匠権の直接侵害には至らないが、直接侵害を誘発する蓋然性の高い予備的行為を意匠権の侵害とみなすものです（38 条 1 号）。さらに、専用品に限らず、「その物品等が意匠の実施に用いられることを知りながら」侵害品の構成部品の製造や輸入等する行為も侵害とみなされます（多機能型間接侵害）（38 条 2 号）。その他、直接侵害を誘発する蓋然性の高い一定の行為も侵害とみなされます（38 条 3 号～9 号）。

（3）意匠の類否の判断

上記裁判例にも見られるように、意匠の類否の判断は「**両意匠を全体的に観察し、両意匠の要部を対比して行う**」とされ、「要部」とは、主要部、本質的部分、支配的要素、看者の注意を引く部分、創作性の存在する部分です。また、意匠の類否を看者（見る者）に与える印象や美感が共通するかどうか（共通すれば類似）、一般の需要者が両意匠を誤認混同する恐れがあるかどうか（誤認混同する恐れがあれば類似）で判断している例が多いようです。

〔2）意匠権侵害に対する救済

特許権、実用新案権と同様、民事上の救済である差止請求権（37 条）、損害賠償請求権（民 709 条）、損害の額の推定（39 条）、過失の推定（40 条）、不当利得返還請求権（民 703 条、704 条）、信用回復措置の請求（41 条で特 106 条を準用）、及び、刑事上の救済である侵害罪（69 条）等があります。「第 14 章 2 特許権の効力〔2〕消極的効力（排他的効力）」（170 頁）を参照してください。

〔3）意匠権の侵害と侵害紛争の解決、他社からの権利行使への対策

「意匠権の侵害と侵害紛争の解決」については、「第　16章特許権の侵害と侵害紛争の解決」を、「他社からの権利行使への対策」については、「第２０章他社からの権利行使への対策」を参照してください。

5　国際出願（ハーグ出願）

日本で取得した意匠権は日本国内のみで有効で、海外でも保護を受けるには保護を求める国で意匠権を取得する必要があります（属地主義）。海外で意匠権を取得するには、（1）各国への直接出願と（2）国際出願（ハーグ出願）とがあります。商品は一旦市場

に出ると国境を越えたボーダレス化、グローバル化により転々流通するため、意匠は複数国に出願することが多く、手続きが簡単で複数国に出願できる国際出願（ハーグ出願）が便利です。特許の PCT 国際出願の意匠版です。

〔1〕各国への直接出願

典型的には、特許の場合と同様、パリ条約に基づく優先権を主張して、日本の意匠出願日から６月以内（特許の場合は１２月）に各国に直接出願する方法です。優先権を主張すると、外国出願（第２国出願）が日本国での出願（第１国出願）の日になされたのと同様の取り扱いを受け、第１国出願から第２国出願までの間になされた行為（例えば、他人による出願）により不利な取り扱いを受けない利益が得られます。各国の言語での出願手続、代理人の報酬、翻訳等の負担が大きいので、出願国が少ない（例えば、１～２か国）場合に適しています。

〔2〕国際出願（ハーグ出願）

ハーグ協定のジュネーブ改正協定（略してハーグ協定）（２０２１年1月現在６５カ国・政府間機関が加盟）・に基づき、一つの出願手続きで複数の指定国で意匠権を取得できる制度です。特許のＰＣＴ国際出願の意匠版です。

（1）権利発生までの流れ

①国際出願

一つの願書（英語、フランス語、スペイン語のうちの1つで作成）で、（A）国際事務局WIPO）に直接出願、又は、（B）日本国特許庁を経由しての国際事務局（WIPO）に間接出願します。一つの出願に最大 100 意匠を含めることができます。PCT のように、日本国特許庁に直接出願することはできません。国際出願を国際事務局が受理した日又は日本国特許庁が国際出願を受領した日が国際出願日となります。

②国際登録

国際事務局が方式審査した後、国際登録簿に記録され国際登録されます（なお、未だ指定国で審査されていないので、指定国で自動的に意匠権が発生するわけではない点に注意）。国際出願の出願日が国際登録の日となります。

③国際公表

国際登録から原則 12 月後（国際出願日が 2021 年 12 月 31 日以前の場合は原則 6 月後）に国際登録の内容が国際公表されます。無審査国では、この時点で国内登録されます。国により、国際公表を最大３０月延期することができます。各指定国で意匠権による保護が与えられる前に公開されるので、意匠権の内容や販売の時期等を考慮し出願方法（各国への直接出願か国際出願か）を選択する必要があります。秘密意匠制度はありません。

④指定国での審査

各指定国は国内の法令に基づき実体審査を行い、その結果を国際事務局に通知します。国際公表から６月（各国の宣言により１２月）以内に、拒絶理由がない場合は「保護付与の声明」が国際事務局に通知され、通知した国では意匠権による保護の効果が発生します。一方、拒絶理由がある場合は「拒絶の通報」が国際事務局に通知され、指定国官庁、例えば日本国特許庁において意見書や補正書等を提出し、これにより拒絶理由が解消すると、国際事務局に対して「保護付与の声明」を行います。

⑤国際登録の存続期間

国際登録日から５年間で、５年毎に更新でき、国際登録日（国際出願日）から１５年です。各指定国の存続期間が１５年より長い場合は指定国の存続期間と同一（日本の場合は２５年）となります。

（２）国際出願（ハーグ出願）のメリットとデメリット

図表２５－６に、国際出願のメリットとデメリットを示しました。

表２５－６　国際出願のメリットとデメリット

メリット	デメリット
①費用の節減 指定国で拒絶通報を受けなければ現地代理人なしで手続きが可能で、代理人の報酬や翻訳等の費用が節減 ②手続・管理の簡略 １つの出願手続で最大100意匠を複数国に出願でき、また存続期間の更新、名義変更等も１つの手続きで可能 ③審査が迅速 審査期間が国際公表から６月（各国の宣言により１２月）以内に制限されているので、早期に出願結果を知ることが可能	①国際公表 国際登録から原則12月後に国際公表され、指定国での登録前に公開（秘密意匠制度はなし） ②日本語での出願は不可 英語、フランス語、スペイン語のうちの１つで出願 ③5年毎の権利更新 1年毎の権利更新はなく、5年毎に権利更新

第26章　商標

1　商標制度

〔１〕商標制度の概要

商標（トレードマーク：trademark　又は trade mark）は、商品や役務（保険、運輸等のサービス）について、自他（自社のものと他社のもの）を識別するための標識です。需要者（消費者）が商品を購入したりやサービスを利用する場合には、**商標を目印**として選択します。その際の選択の基準は、一言でいえば「この事業者の商品やサービスなら品質も満足でき信用できる」ということにほかなりません。この信用は、以前に購入したことがある場合は、その商品が品質等において満足だったこと、新規に購入するばあいは、テレビ、新聞、雑誌等の宣伝広告や口コミによる情報に由来することが多いと思われます。

具体的には、① 同じ商標を付した商品（以下、役務：サービスを含む）は同じ事業者によるものであること（**出所表示機能**）、② 同じ商標を付した商品は同じ品質を備えていること（**品質保証機能**）、③ 商標を宣伝広告することにより、その事業者の商品であることを需要者に印象付け、購買意欲を喚起すること（**宣伝広告機能**）であり、これらを「**商標の三大機能**」と言います。

このように、商標は商標の使用する者の「**業務上の信用（good-will）**」が化体（蓄積）されたものであり、この信用を頼りに需要者は当該商標の付された商品を選択し購入するわけです。このため、商標は「**商品の顔**」とか「**もの言わぬセールスマン**」とか言われます。

商標法１条は、「この法律は、商標を保護することにより、商標の使用する者の業務上の信用の維持を図り、もって産業の発達に寄与し、あわせて需要者の利益を保護することを目的とする。」と規定しています。

商標制度は、明治１７年（１８８４年）の商標条例に始まり、明治３２年（１８９９年）に商標法に改正されました。商標出願件数（国際登録出願を含む）は、２０１４年の１２万台から上昇の傾向にあり、２０１７～２０２０年の出願件数は１８万台～１９万台、登録件数は１０万台～１３万台で、２０２０年の出願件数は１８１，０７２件、登録件数は１３５，３１３件となっています（特許行政年次報告書２０２１年版）。

（１）商標

① 商標の定義

「商標とは、人の知覚によって認識できるもののうち、文字、図形、記号、立体形状若しくは色彩又はこれらの結合、音その他政令で定めるもの（標章）」であって、

「(一) 業として、商品を生産し、証明し、又は譲渡する者がその商品について使用をするもの、

（二）業として役務を提供し、又は証明する者がその役務について使用をするもの」

と定義されています（２条１項：商標法、本章において以下同じ）。

② 標章と商標

標章と商標の関係は、標章を「商品又は役務」について使用すると商標となります。役務（エキム）はサービス(service)とも言われ、言わば「無形の商品」で、例えば、運輸、ホテル、銀行、保険等で提供される労務や便益です。商品に使用される商標は商品商標、役務（サービス）に使用される商標は役務商標（サービスマーク）と言われます。「標章」はあまり聞きなれないので、しばしば「マーク：mark」と言われます。

③ 標章（商標）の使用

標章（商標）の使用とは、商品や商品の包装に標章を付する（表示する）こと、これらの商品を譲渡（販売、インターネットでの販売も含む)、輸出、輸入すること、役務の提供の際に使用する物（例　レストランでの食器）に標章を付する（表示する）こと、これらを用いて役務（例　料理）を提供すること、商品や役務に関する広告等に標章を付する（表示すること、等が含まれます（2条3項1号～10号)。輸入には、海外事業者が直接個人宛に郵送等により持ち込む行為が含まれます（2条7項)。(2022年11月21日までに施行)。

平成９年（１９９７年）から**立体商標**が登録可能となり、「ペコちゃん人形」(商標登録第4157614号)、「ヤクルトの容器」(同第5384525号)、「スーパー・カブ」(同第5674666号)等が登録されています。なお、通常のロゴ（logo：文字や図形)、ロゴタイプ（logotype：図案化、装飾化された文字)、ロゴマーク（logomark：ロゴタイプ（文字）とシンボルマーク（図形）の組み合わせ）等は**平面商標**と言われます。

平成２７年（２０１５年）から、**動き商標**（文字や図形等が時間の経過とともに変化する商標：商標登録第5804316号)、**ホログラム商標**（文字や図形等がホログラフィー等により変化する商標：同第5804315号)、**色彩のみからなる商標**（単色又は複数の色彩の組み合わせのみからなる商標：同第5933289号)、**音商標**（音楽、音声等からなる商標：同第5804299号)、**位置商標**（図形等を商品等に付す位置が特定される商標：同第5858802号）が登録可能です。これらの公報は、特許情報プラットフォーム（J-PlatPat）で閲覧できます。

（２）商標の構成

商標は上記のように、標章（マーク）とそれを使用する商品又は役務とからなります。指定した商品を「指定商品」、指定した役務を「指定役務」と言い、商品は1～34類の区分に、役務は35～45類の区分に分類されています（施行規則の別表)。商品及び役務の区分は、類似の範囲を定めるものではありません（6条3項)。

商標と商品・役務との関係については、たとえ商標が同一又は類似であっても、商品・役

務が同一又は類似してなければ、通常、消費者は混同することなく求める商品・役務を選択できるので、商標出願しても登録され、また使用しても侵害しないことになります。

〔2〕商標登録を受けられない商標（I）（一般的非適格性）（3条）

商標の最も重要な役割は、自分の商品（役務を含む）と他人の商品とを識別（区別）することで、これを「自他商品の識別機能」と言います。したがって、自他商品の識別機能を有しない商標は、商標として機能しないため登録されません。

（1）商標登録の要件（3条1項）

商標登録の要件として、自他商品の識別力のないものが 1～6 号に規定されています（図表２６－１参照）。判断時期は査定時（又は審決時）です。

（2）使用による特別顕著性（例外的に登録）（3条2項）：

上記 1～6 号のうちで 3～5 号に該当する商標については、繰り返し使用した結果、誰の商品かの識別機能（出所表示機能）を持つに至ることは経験的に認められます。これを「使用による特別顕著性」と言います。特別顕著性を持つに至った商標は登録されます（図表２６－１参照）。使用した期間や地域、生産量や販売量、広告媒体（新聞、雑誌、テレビ等）による広告回数、アンケート調査、等の証拠書類による立証が必要です。

図表２６－１　商標登録を受けられない商標（I）（一般的非適格性）

商標登録の要件（3条）		
1項	**自他商品の識別力のないもの**	例
1号	商品の普通名称	「レタス」に「サニーレタス」;「袋物」に「SAC」;「無線呼出用携帯受信機」に「ポケベル」
2号	慣用されている商標（慣用商標）	「清酒」に「正宗」；「弁当」に「幕の内」；「カステラ」に「オランダ船（図形）」
3号	産地、販売地、品質、効能、用途、形状等の表示	「石鹸類」に「ワイキキ」;「スキー用具」に「オールラウンド」；「菓子パン」に「デリシャス」
4号	ありふれた氏、名称	「伊藤」;「鈴木商店」;「WATANABE」
5号	極めて簡単で、ありふれた標章	「AA」；「２００」；「エイティーン」；「♡」；「AB　K.K.」;「WA - 7」；「LI - P」
6号	誰の商品か認識できないもの（1～5号の総括条項）	「令和」;「Net」;「ECOLIFE」;「お客様第一主義の」（標語、キャッチフレーズ、スローガン）
2項	３～５号に該当するが使用により**自他商品の識別力を持つに至ったもの**	「あずきを加味した菓子」に「あずきバー」；「羊羹」に「東京羊羹」;「乳酸菌飲料」に「容器の立体形状（ヤクルト）」

〔3〕商標登録を受けられない商標（II）（具体的非適格性）（4条）

上記〔2〕の一般的非適格性（商標登録の要件）には該当しませんが、公益性、公序良俗、他人の商品との混同、品質誤認等の具体的観点から登録されない商標です（4条1項1～19号）（図表２６－２参照）。出願商標が各号に該当するかどうかの判断の時点は査定時（又は審決時）ですが、8号、10号、15号、17号、19号については、査定時に該当していても出願時に該当していなければ登録されます（4条3項）。

図表２６－２　商標登録を受けられない商標（II）（具体的非適格性）

商標登録を受けることができない商標（第4条1項）	
（1）公共の機関の標章と紛らわしい商標（公益性に反するもの）	
1～6号	国旗（内外）、勲章等、外国、国際機関の紋章、標章等、赤十字の標章等と同一又は類似の商標、国、地方公共団体等を表示する著名な標章
7号	公序良俗（公共の秩序や普遍的道徳）に違反する商標
9号	博覧会の賞と同一又は類似の商標
16号	品質誤認を生ずるおそれのある商標
18号	商品や包装が当然に備える特徴（商品の立体的形状等）のみからなる商標
（2）他人の氏名、登録商標等と紛らわしいもの	
8号	他人の氏名、名称、著名な雅号、芸名等を含む商標
10号	他人の周知商標と同一又は類似の商標
11号	他人の先登録商標と同一又は類似の商標
15号	他人の商品等と出所混同を生ずるおそれのある商標（10～14号までの総括条項）
19号	他人の周知商標と同一又は類似で不正の目的（不正の利益を得る、他人に損害を加える等の目的）で使用する商標
（3）その他	
12号	他人の登録防護標章と同一の商標
14号	種苗法で登録された名称と同一又は類似の商標
17号	ぶどう酒や蒸留酒の産地の表示を含む商標

註：13号は平成23年（2011年）改正の際に削除。　（　）内は筆者が追加

2 商標の類否

〔1〕商標の類否

商標は需要者が商品を選択する際の目印であり、商標「X」（A社の商品）と誤認混同して類似商標「X‘」（B社の商品）を選択することを防止する必要があります。

商標の類否は、取引段階において、二つの商標を見て、取引者や需要者が商品の出所につ

いて誤認混同する程度に類似しているかどうかであり、図表２６－３に示すように、商標の**外観、称呼、観念**の観点から判断されます。

外観類似は外見・見た目が近似して紛らわしく誤認混同することであり、称呼類似は発音・呼び名が近似し紛らわしく誤認混同することであり、観念類似は意味・意義が近似し紛らわしく誤認混同することです。外観、称呼、観念のいずれか一つで類似していると原則として「類似」と判断され、また外観、称呼、観念のいずれか一つ又は二つで類似していても他の一つ又は二つで類似していない場合は「非類似」と判断されることもあります。

図表２６－３　商標の類似

	商標の類似	概要	例
①	**外観**（外見）	外見・見た目が近似し誤認混同	「テイオン」と「ライオン」 「雪印バター」と「美雪バター」 「P&R」と「P&K」
②	**称呼**（発音）	発音・呼び名が近似し誤認混同	「花王」と「KAHO」 「グルコ」と「グリコ」 「MINION」と「ミリオン」
③	**観念**（意味）	意味・意義が近似し誤認混同	「巨人」と「ジャイアント」 「マホウ」と「マジック」 「磯小町」と「磯美人」

〔2〕商標類否の判断方法

商標類否の判断方法に、（１）対比観察と離隔観察、（２）全体観察と要部観察があります。

(1)対比観察と離隔観察

対比観察は、二つの商標を同じ時間と場所で並べ対比して観察し類否を判断する方法で、離隔観察は、二つの商標を時間と場所を異にして観察し類否を判断する方法です。需要者が商品を買う場合、以前に買ったことがあるとか、TV の CM や新聞・雑誌の広告で見た印象、記憶とか、時間と場所を異にするのが普通です。このため、印象や記憶が曖昧となり誤認混同が生じやすくなるので、特に離隔観察が重要です。

(2)全体観察と要部観察

全体観察は、二つの商標の全体を観察して類否を判断する方法で、要部観察は、二つの商標の要部を観察して類否を判断する方法です。全体観察は、商標が文字、図形、記号等の組み合わせからなる場合でも一つの商標を構成しているため、全体を総合的に観察する方法です。要部観察は、要部、即ち、識別力を発揮する部分や、需要者の注意を引きやすい印象や記憶に残りやすい部分に着目して観察されます。

実際には、下記の図表２６－４に示すように、（１）の対比観察と離隔観察の方法と（２）

の全体観察と要部観察の方法が総合的に採用され、商標の類否が判断されます。

図表２６－４　商標類否の判断方法

商標類否の判断方法	
(1)対比観察と離隔観察	
対比観察	二つの商標を同じ時間と場所で並べ対比して観察して類否を判断
離隔観察	二つの商標を時間と場所を異にして観察して類否を判断
(2)全体観察と要部観察	
全体観察	二つの商標の全体を観察して類否を判断
要部観察	二つの商標の要部を観察して類否を判断

3 商品・役務の類否

商品（役務を含む）の類否は、単に商品の品質や形状が似ているかどうかではなく、「両商品に同一又は類似の商標を付して使用した場合に商品の出所に誤認混同が生じるかどうか」で判断されます。

〔1〕商品・役務の類否判断

商品と商品、役務と役務の類否は、取引の実情に応じて、下記の図表２６－５に記載した基準を総合的に考慮して判断されます（商標審査基準より）。

図表２６－5　商品と商品、役務と役務の類否

商品と商品の類否	
①	生産部門が一致するかどうか
②	販売部門が一致するかどうか
③	原材料及び品質が一致するかどうか
④	用途が一致するかどうか
⑤	需要者の範囲が一致するかどうか
⑥	完成品と部品との関係にあるかどうか
役務と役務の類否	
①	提供の手段、目的又は場所が一致するかどうか
②	提供に関連する物品が一致するかどうか
③	需要者の範囲が一致するかどうか
④	業種が同じかどうか
⑤	当該役務に関する業務や事業者を規制する法律が同じかどうか
⑥	同一の事業者が提供するものであるかどうか

〔2〕類似商品・役務審査基準

商品・役務の類似については、「類似商品・役務審査基準」を参考にします。これは特許庁の審査において、互いに類似すると推定する商品・役務を定めたもので、互いに類似する商品・役務のグループごとにコード（**類似群コード**）を付与し、**同じ類似群であれば互いに類似すると推定**して審査されます。

なお、商品・役務の区分（第○類：施行規則の別表）は類似関係を定めるものではなく、同じ区分内の商品・役務であっても類似すると推定されるものもあれば、類似しないと推定されるものもあります（6条3項）。

4 商標の出願手続

〔１〕商標の出願手続

商標登録出願から商標権の取得までの手続の流れは、次頁の図表２６－６に示すとおりです。以下の（1）～（19）は、図表内の（1）～（１９）に対応しています。

〔１－１〕拒絶理由がない場合

（１）出願

商標登録を受けようとする者（出願人）は、願書に、商標登録を受けようとする商標、指定商品又は指定役務の区分を記載して特許庁長官に提出します(5条)。商標は１つの商標に限られます（**一商標一出願**：6条)。区分は施行規則別表で定められており、1区分でも多区分でも構いません（1出願多区分制)。

「二段書き商標」

アルファベット（ローマ字）と片仮名（平仮名）(例：「ＮＡＬＤＥＣ／ナルデック｣)、振り仮名と漢字（例：「ういはだ／初肌｣)、アルファベット（英語）と漢字（例：「SUN/太陽｣）等のように、上下二段書きの登録商標が見られます。これらは、通常、「上段商標のみ」又は「下段商標のみ」での使用を予定し、したがって、本来は別々に２つの出願をすべきところを１つの出願ですまし費用の節減を図るためにも利用されます。しかし、これらはあくまで「二段書き商標で１つの商標」であり、審査や不使用取消審判で物議を醸すことがあります。この点については、後出の「（８）拒絶理由通知書」(321頁)、「二段書き商標と上段商標のみ又は下段商標のみの使用」(326頁）で説明します。

（２）方式審査

出願が受理されると出願番号が通知され、形式的要件不備がないかどうかについて方式審査が行われます（5条の２第２項)。

図表２６－６　商標の出願手続の流れ

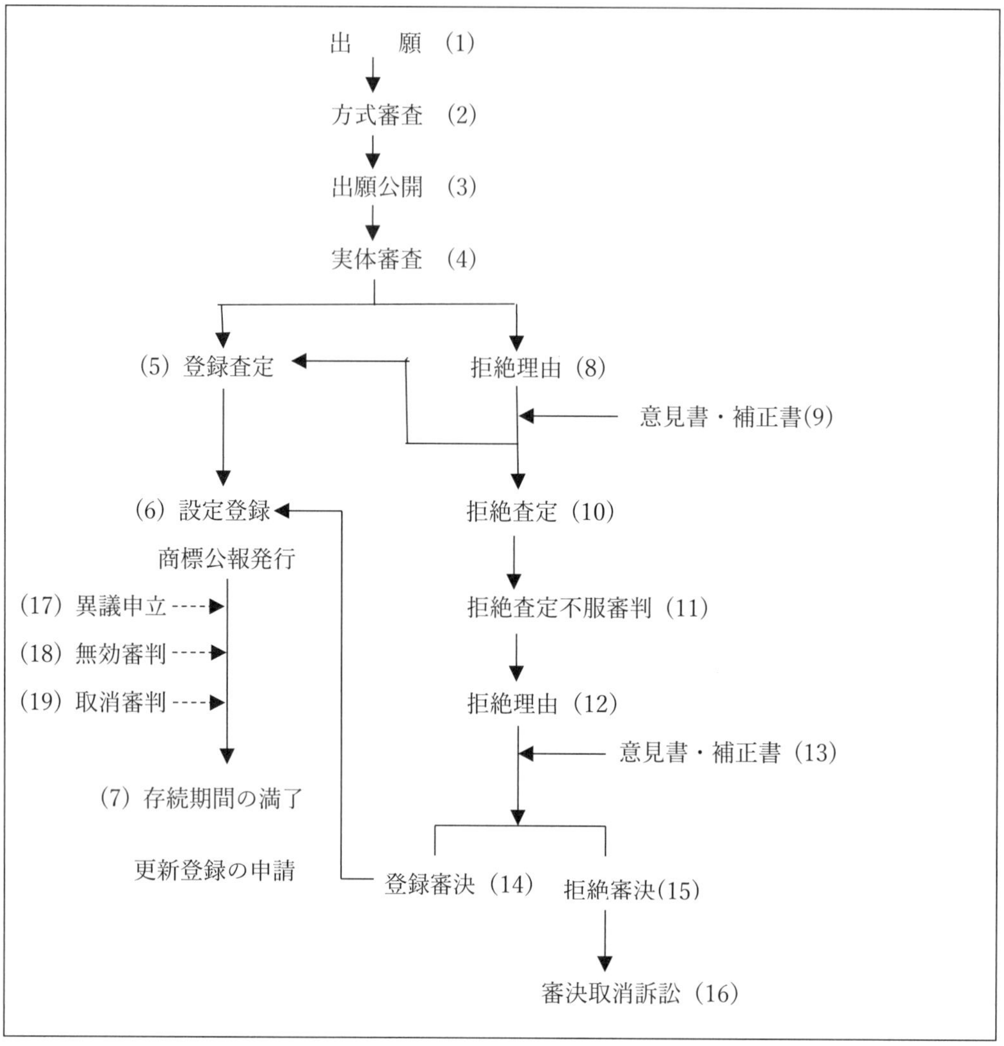

（３）出願公開

出願後、公報の発行準備が整い次第、商標公報に掲載することにより出願公開されます(12 条の 2)。現実には、出願後約１～２カ月です。

出願から設定登録までの間に、第三者が出願に係る商標を指定商品（又は指定役務）に使用したときは、警告をすることにより、設定登録後に**金銭的請求権**を行使できます（13 条の 2)。特許法６５条の補償金請求権により請求できる実施料相当額とは異なり、「第三者の当該使用により生じた業務上の損失」に限られ、出願人が出願商標を使用していることが必要です。これは、商標の使用により化体した業務上の信用を保護するためとされています。

（４）実体審査

特許とは異なり審査請求制度はないので、方式審査後に、審査官により拒絶理由がないか実体審査されます（15 条の 2)。具体的には、商標登録の要件（3 条)、商標登録を受けることができない商標（4 条)、先願（8 条 2 項）等の登録要件を充足しているかどうかについて審査されます(15 条)。早期審査・早期審理制度があります。

（５）登録査定

上記の実体審査で拒絶理由を発見しない（登録要件を充足している）ときは、登録査定がなされます（16条）。

（６）設定登録・商標公報発行

登録査定（又は審決）の謄本の送達を受けてから３０日以内に登録料を納付する必要があります（40条、41条）。登録料の納付方法には、①10年分の一括納付と、②前半，後半に分けて5年ごとの分割納付があります(41条の2)。ライフサイクルの短い商品に使用する商標の場合は、分割納付が便利で経済的です。登録料を収めると商標登録原簿に設定登録され商標権が発生し（18条）、商標公報が発行されます（18条3項、75条）。

「商標登録表示」

商標権者は、指定商品もしくはその包装、又は指定役務の提供の用に供する物等に商標登録表示を付するように努めなければならないと規定されています（73条）。商標登録表示は、「登録商標」の文字及びその登録番号を記載するとされ（施規17条）、「登録商標第○○○号」のように記載します。商標登録表示は付さなくても効力に影響がなく罰則のない訓示規定ですが、表示の効果としては、①他社による権利侵害を未然に防止する、②登録商標の普通名称化を防止する、等があります。

（７）存続期間の満了と更新登録の申請

存続期間は、設定登録日から１０年で終了します（19条）。ただし、更新登録の申請により何回でも更新できます（19条2項、20条）。これは、特許、実用新案、意匠は、①権利者の一定期間の独占実施と当該期間経過後は第三者の自由実施とを図る制度であること、②新規性と不可分であるため時間の経過により陳腐化することから存続期間を限る必要があるのに対し、商標は商標に化体（蓄積）された信用を保護する制度で、使用するほど信用は化体されるので存続期間を限る必要がないためです。更新登録申請料も分割納付可能です。

〔１－２〕拒絶理由がある場合

（８）拒絶理由通知書

審査官は拒絶理由を発見すると拒絶理由通知書を出願人に送達し、その発送日から４０日以内に、出願人に対し意見書を提出する機会を与えます（15条の2)。拒絶理由については、後出の「〔２〕拒絶理由・異議申立理由・無効理由」（323頁）を参照してください。

「二段書き商標」

例えば、上下二段書き商標「ういはだ/初肌」の場合は、「はつはだ」とも称呼（発音）されるにもかかわらず称呼を「ういはだ」（振り仮名）に特定したものとされ、「はつ肌」とは非類似とされる可能性があります。また、「しらうめ/白梅」の場合は、「はくばい」という自然の称呼も生じるとして、「ハクバイ」と類似とされる可能性があります。

（9）意見書、補正書

出願人は意見書で反論（例えば、引用商標とは非類似である等）したり、必要な場合には手続補正書で指定商品・役務等を補正することができます。これにより上記（8）の拒絶理由が解消されると、上記（5）の登録査定がなされます。

（10）拒絶査定

上記（8）の 拒絶理由が上記（9）の意見書や手続補正書で解消しない場合には、拒絶査定となります（15条）。

（11）拒絶査定不服審判請求

上記（10）の拒絶査定に不服の場合には、その謄本の送達後3月以内に拒絶査定不服審判を請求することができます（44条）。審判は審査の上級審で、審査官が行った審査（拒絶査定）が妥当であったかどうかを審判官の合議体（3～5 人）がもう一度審査(審理)します（56条で準用する特136条）。

（12）拒絶理由通知書

上記（8）の 拒絶理由と同様に、審判官は拒絶査定の理由と異なる拒絶理由を発見すると拒絶理由通知書を請求人（出願人）に送達し、その発送日から40日以内に、出願人に対し意見書を提出する機会を与えます（55条の2）。

（13）意見書、補正書

請求人はで意見書で反論したり、必要な場合には手続補正書で指定商品・役務等を補正することができます。

（14）登録審決（請求容認、審判成立）

上記(12)の拒絶理由が上記（13）の 意見書、補正書により解消されると、登録審決がなされます。以下、上記（6）の設定登録、（7）の 存続期間の満了に従います。

（15）拒絶審決（請求棄却、審判不成立）

上記（12）の拒絶理由が上記（13）の 意見書、補正書により解消されない場合には、拒絶審決となります。

（16）審決取消訴訟

上記（15）の拒絶審決に不服の場合には、その謄本の送達後30日以内に審決取消訴訟を東京高等裁判所（知財高裁）に提起することができます（63条）。知財高裁判決に不服である場合は、最高裁判所に上告できます（民訴311条）。

〔1－3〕登録異議申立・登録無効審判・登録取消審判

（17）登録異議申立

何人も、商標公報の発行日から2カ月以内に、登録を取り消すことについて異議申立をすることができます(43条の2)。取消決定が確定すると、商標権は初めから存在しなかったものとみなされます(43 条の 3 第 3 項)。取消決定を受けた商標権者は、決定取消訴訟を東京高等裁判所（知財高裁）に提起することができます（63 条)。知財高裁判決に不服である場合は、最高裁判所に上告できます（民訴 311 条)。

（１８）登録無効審判

利害関係人は、いつでも登録を無効にすることについて無効審判を請求することができます(46 条)。無効審決が確定すると、原則として、商標権は初めから存在しなかったものとみなされます(46 条の 2)。審決に不服である場合は、審決取消訴訟を東京高等裁判所（知財高裁）に提起することができます（63 条)。知財高裁判決に不服である場合は、最高裁判所に上告できます（民訴 311 条)。

（１９）登録取消審判

後述の「5　登録取消審判」を参照してください。

〔2〕　**拒絶理由･異議申立理由･無効理由**

（1）拒絶理由・異議申立理由・無効理由

図表２６－７に拒絶理由・異議申立理由・無効理由の関係を示しました。拒絶理由が異議申立理由、無効理由と若干異なっているのは、異議申立は公益性（公衆の利益）を目的とし、無効審判は当事者間の紛争解決を目的としているためです。なお、除斥期間の適用のある無効理由に注意が必要です（図表２６－８参照)。

図表２６－７　拒絶理由・異議申立理由・無効理由

拒絶理由（15条1項）			異議理由 43条の2第1項		無効理由 46条1項	
1号	3条(登録要件)	○	1号	○	1号	○
	4条1項（不登録理由）	○		○		○
	7条の2第1項（地域団体商標）	○		○		○
	8条1項（先願）(1)	×		○		○
	8条2、5項（先願）	○		○		○
	51条2項（不当使用の制裁違反）	○		○		○
	53条2項（不当使用の制裁違反）	○		○		○
	77条3項（外国人の権利の享有）	○		○		○
2号	条約違反	○	2号	○	2号	○
3号	5条5項（記載・物件の明確性）	○	3号	○	3号	○
	6条1項（一商標一出願）(2)	○		×		×
	6条2項（商品・役務の区分）(2)	○		×		×

無効理由　46条1項（つづき）		
4号	冒認出願（商標登録出願により生じた権利を承継しない者の出願）	○
5号	登録後の権利享有能力の喪失又は条約違反	○
6号	登録後の公益的不登録理由（4条1項1～3，５，７，１６号）	○
7号	登録後の地域団体商標違反	○

1. 註（1）：8条1項（先願）違反は4条1項１１号（先願の登録商標による拒絶）違反で拒絶できるので、８条１項違反は拒絶理由とされていない。しかし、登録後は４条１項１１号違反では後願の先登録を異議取消又は無効にできないので、８条１項違反で異議取消又は無効にできるように異議取消理由又は無効理由とされている。
2. 註（２）：実体的な瑕疵ではなく形式的な瑕疵であるため、異議理由、無効理由とはされていない。

（２）除斥期間の適用のある無効理由

私益的な無効理由については５年の除斥期間が設けられ、この期間の経過後は無効審判の請求はできません。除斥期間は、権利の安定化と化体（蓄積）された信用の保護を図るために、一定期間無効審判がなく平穏に経過したときは、公益性の見地から既存の法律状態（無効審判がない状態）を尊重維持し無効理由が治癒したものとして、無効審判の請求を認めないとするものです（４７条)。消滅のための時効期間と類似していますが、除斥期間は中断のない固定期間であり、当事者が援用する必要がなく当然に適用される点で異なります。図表２６－８に除斥期間の適用のある無効理由を示しました。

図表２６－８　除斥期間の適用のある無効理由

４７条：下記に該当する場合は、登録日から５年経過後は無効審判を請求できない。	
1項	① ３条(登録要件) ② ４条1項8号、１１～１４号（私益的不登録理由） ③ ８条1項、2項、5項（先願） ④ ４条１項 10 号（周知商標の保護)、17 号（ぶどう酒又は蒸留酒の産地を表示する標章の保護) ⑤ ４条１項 15 号（他人の商品・役務との混同)（ただし、不正の目的で登録を受けた場合は除斥期間の適用なし） ⑥ 46条1項4号（冒認出願）
2項	７条の２第１項（地域団体商標＊の周知性要件が登録時には非充足でも、登録から５年経過後には充足されていた場合）

＊「地域の名称と商品（役務）の名称」等からなる文字商標（地域ブランド）：
「米沢牛」「小豆島オリーブ」「越前がに」等

5　登録取消審判

〔1〕不使用取消審判

継続して3年以上使用していない登録商標の登録を取り消す制度です（50条）。

商標法の目的は、商標の使用によって商標に化体（蓄積）された信用を保護することにあります。したがって、一定期間商標を使用しない場合は保護すべき信用が発生せず、また発生した信用も消滅し保護の対象がなくなり、また、このような使用しない登録商標の存在は、商標使用希望者の商標選択の可能性を奪うことになります。即ち、商標は使用をしてこそ保護を受けられるのであり、使用をしなければ取り消されてもやむをえません。

不使用取消審判は、使用したい商標が他人により登録されている場合や、商標権侵害の警告を受けた場合の対抗手段として利用されます。不使用取消審判は取消審判の中でも特に重要ですので、以下に概要と留意点について記載します。

(1)不使用取消審判の要件（50条）

① 審判請求人：　何人も可能（1項）

② 不使用の証拠：　審判請求人が立証する必要なし（1項）

③ 登録商標の使用の立証：　被請求人（商標権者）が立証する

被請求人は、(イ)審判請求の登録（予告登録日：予め警告の目的のためにされる登録日）の前 3 年以内に日本国内で指定商品・役務について登録商標を使用していたことを証明する、又は、(ロ) 使用しなかったことについて正当理由を明らかにする（2項）。

④駆け込み使用の立証：　審判請求人が立証する

（ア）審判請求の前3月から審判請求の登録日までの間の使用で、(イ) その使用が審判請求がされることを知った後であることを、(ウ) 審判請求人が証明したときは、取消を免れる使用とは認められない。ただし、正当な理由（例えば、審判請求がされることを知る前から使用計画や準備がなされていた等）があれば、使用と認められ取消を
免れる（正当な理由は被請求人が立証）（3項）。

(2) 不使用取消審判の留意点

① 上記③の被請求人（商標権者）による登録商標使用の立証について

指定商品・役務について登録商標の使用（専用権の範囲）に限られる。類似範囲での使用（禁止権の範囲：類似部分の使用は権利としての使用ではなく、事実上の使用であり、登録商標の使用義務を果たしているとは言えない）では取消を免れることはできない。

②上記③の登録商標の範囲

登録商標と厳密に同一でなくてもよく、**「社会通念上同一と認められる商標」**であればよい。運用上の例示として、(ア)書体のみに変更を加えた同一の文字からなる商標、(イ)外観において同視される図形からなる商標、（ハ）平仮名、片仮名及びローマ字の文字の表示を相互に変更するものであって同一の呼称及び観念を生じる商標、が挙げられている。

「二段書き商標と上段商標のみ又は下段商標のみの使用」

(あ)「SUN/太陽」、(い)「ＮＡＬＤＥＣ／ナルデック」、(う)「LAB／ラブ」のように、上下二段書きの登録商標は、あくまでも「二段書き商標で１つの商標」であるので、二段書き商標のままで使用すれば何ら問題はないが、いずれか一つで使用する場合は、「登録商標の使用」か、又は「社会通念上同一と認められる商標」かが問題となる。

(あ)「SUN/太陽」

登録商標「SUN/太陽」に対し使用商標が「SUN　」又は「太陽」の場合、観念（意味）が同じであるので登録商標の使用と認められる（審判便覧）。

(い)「ＮＡＬＤＥＣ／ナルデック」

登録商標「ＮＡＬＤＥＣ／ナルデック」に対し使用商標が「Ｎａｌｄｅｃ」の場合、構成欧文字の綴り字が同じで称呼も「ナルデック」と同じあるから、使用商標と登録商標とは、社会通念上同一と認められる商標であると判断されている(取消審判2004－31408)。

(う)「LAB／ラブ」

登録商標「LAB／ラブ」に対し使用商標が「ラブ」又は「LOVE」の場合、登録商標は「実験室、研究所」等の観念を生ずるのに対し、使用商標は「愛、恋愛」等を意味する英語として広く知られており、称呼を同じくするとしても、観念において著しく異なり、外観も大きく相違するので、使用商標は登録商標と会通念上同一と認められる商標であるとはいえないと判断されている（取消審判2005－31066)。

③上記④の駆け込み使用の立証

駆け込み使用の立証は審判請求人側にある。したがって、不使用取消審判の請求に先立って、商標権者と譲渡やライセンスの交渉をする際には、「交渉不成立の場合には不使用取消審判を請求する」旨を書面（内容証明等）で伝えておくことが必要である。この伝達以降の使用は駆け込み使用である。

〔２〕不正使用取消審判

商標法の目的は、商標の不適正な使用によって商品の品質に混同を生じたり、他人の商品と混同を生じることを防止することにあります。このような不適正使用により一般大衆の利益が害されるのを防止し、当該商標権者に制裁を課す趣旨で商標登録を取り消すことにしています。４種の不正使用取消審判（下記の図表２６－９の②～⑤）があり、５年の除斥期間内に取消審判を請求する必要があります。図表２６－９に取消審判の種類を示します。

図表２６－９　取消審判の種類

	種類	概要	条文	除斥期間	条文
①	不使用取消審判	継続して3年以上の不使用 商標権は審判請求の登録日に消滅	50条 54条2項		
②	商標権者の故意の不正使用による取消審判	故意の不正使用による品質誤認又は出所混同 商標権は審決確定日以降消滅	51条 54条	5年 *1	52条
③	商標権移転により出所混同が生じたことによる取消審判	不正競争の目的で他の商標権者の商品・役務と混同 商標権は審決確定日以降消滅	52条の2 54条	5年 *2	52条の2 2項
④	使用権者の不正使用による取消審判	専用・通常使用権者の不正使用による品質誤認又は出所混同 商標権は審決確定日以降消滅	53条 54条	5年 *3	53条 3項
⑤	同盟国等の代理人等の登録による取消審判	代理人等が権利者の承諾なしに我が国に登録 商標権は審決確定日以降消滅	53条の2 54条	5年 *4	53条 の3

＊１～＊３：不正使用をやめた日から５年経過後は取消審判請求不可

＊４：商標権の設定登録日から５年経過後は取消審判請求不可

6 商標権の効力

〔1〕商標権の効力

商標権者は、指定商品・役務について登録商標の使用をする権利を専有します（25条）。

商標権は、商標と指定商品・役務との組み合わせから構成され、商標権の効力は、「商標の同一・類似」と「指定商品・役務の同一・類似」との組み合わせにより、下記の図表２６－１０、２６－１１のとおり、専用権と禁止権（排他権）とからなります。

登録商標の使用とは、商標的な使用、即ち、自他商品・役務の識別標識として使用されていることであり、前記したように、①商品や商品の包装に標章を表示したり、これらの商品を販売、輸出、輸入すること、②役務の提供の際に使用する物に標章を表示したり、これらを用いて役務を提供すること、等です（2条3項1号～10号）。商標としての使用でない場合、例えば、「○○○１００％製」のような素材表示等の説明的な使用などは、識別標識として使用されていないので侵害にはなりません。

また、特許権、実用新案権、意匠権と同様に、「業として」の使用に限られ、家庭的、個人的な使用は含まれず、侵害にはなりません。

近年、海外事業者が模倣品を直接個人宛に郵送等により持ち込む行為が増加していますが、個人的使用のための輸入は「業として」ではないため、商標権の侵害とはなりません。しかし、本来は「業として」の輸入であるにも拘わらず個人的な輸入に偽装して侵害を免れるケースが多発しているため、令和３年（２０２１年）の改正法により、このような個人宛に持ち込む行為も「輸入」に含まれ、商標権侵害として税関での輸入差止、裁判での差止、損害賠償の請求が可能となりました（２条７項）。（２０２２年１０月１日行）。

図表２６－１０　商標権の効力（I）

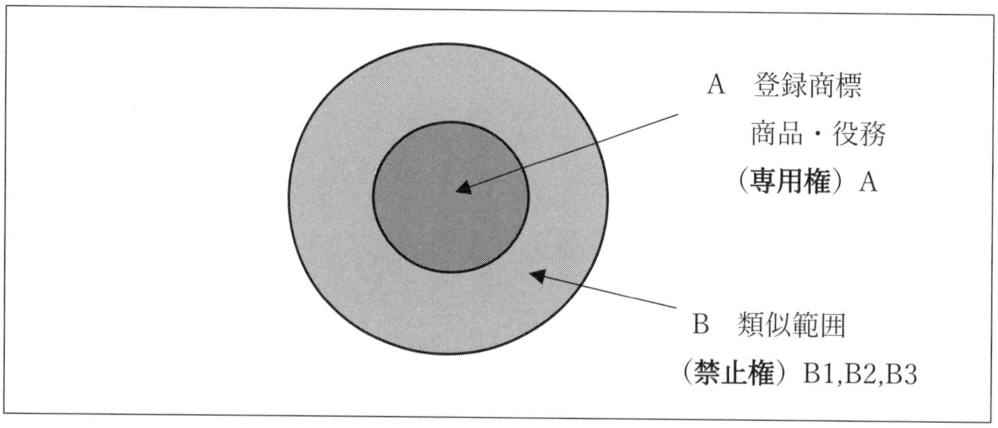

図表２６－１１　商標権の効力(II)

	商品・役務	類似商品・役務	非類似商品・役務
登録商標	A　**○専用権** （独占的使用） （侵害）	B2　**△禁止権** （事実上の使用） （侵害）	C3　×範囲外 （非侵害）
類似商標	B1　**△禁止権** （事実上の使用） （侵害）	B3　**△禁止権** （事実上の使用） （侵害）	C4　×範囲外 （非侵害）
非類似商標	C1　×範囲外 （非侵害）	C2　×範囲外 （非侵害）	C5　×範囲外 （非侵害）

〔２〕専用権と禁止権

（１）専用権（A）

商標権者は、指定商品・役務について登録商標の使用をする権利を専有します(25条)。商標権は独占排他的な使用権であるので、他人が権限無く（実施権等の正当事由なく）使用すれば侵害となります。商標権は意匠権と同じく、**非類似商品・役務には及びません。**

（2）禁止権（B1, B2, B3）

上記専用権と類似関係にある範囲（禁止権）については、いわば専用権の防御範囲として、他人の使用は禁止され排除されます。具体的には、図表２６－１１に示すように、①指定商品・役務について類似商標の使用（B1)、②類似指定商品・役務について登録商標の使用（B2）もしくは③類似指定商品・役務について類似商標の使用(B3)は商標権を侵害するものとみなされます(みなし侵害）(37条1号)。禁止権は本来の登録商標及び商品・役務の専用権の範囲を類似の商品及び商標にまで拡大し、商標権の保護に完全を期すものです。

なお、禁止権の範囲は、他人の登録商標の専用権や禁止権に触れない限り、商標権者は事実上自由に使用することができます。しかし、禁止権の範囲の使用は権利としての使用（専用権の範囲）ではないので、専用使用権や通常使用権を設定することはできません。また、前述の不使用取消において、禁止権の範囲の使用で不使用取消を免れることはできません。

即ち、商標権は、類似範囲も専用権である意匠権とは本質的に異なっています。

7 商標権の効力の制限

〔1〕商標権の効力が及ばない範囲

商標権の効力を一律に及ぼすと経済活動に支障をきたす場合は、商標権の効力は及びません（26条)。

図表２６－１２　商標権の効力が及ばない範囲

商標権の効力が及ばない範囲（26条）		
①	自己の氏名、名称等を普通に用いられる方法で表示する場合	1項1号
②	商品・役務の普通名称、品質等を普通に用いられる方法で表示する場合	2、3号
③	商品・役務について慣用されている商標	4号
④	商品等が当然に備える特徴のみからなる商標	5号
⑤	誰の業務に係る商品・役務か認識できない態様で使用されている商標	6号
⑥	特定農林水産物等の名称の保護に関する法律（GI法）により登録された地理的表示（GI*）を付したり、それを譲渡したり、展示等する行為	3項1～3号

＊　Geographical Indication：　酒類、農林水産物・食品等の名称で、品質や社会的評価の確立した特性が産地と結びついているもの(例　「神戸ビーフ」､「市田柿」､「夕張メロン」)

〔2〕他人の特許権等との関係による制限

商標登録出願日前の出願に係る他人の特許権、著作権等と抵触するときは、抵触する部分について、その登録商標を使用できません（29条)。例えば、容器の形状について他人の特許権が存在する場合に、その容器の形状を立体商標として使用することはできず、使用するためには特許権者の使用許諾（ライセンス）を得ることが必要です。

〔3〕法定使用権による実施

法定使用権（32条，32条の2，33条，33条の2、33条の3）による実施です。使用権は商標権者から妨げられることなく登録商標を使用する権利であるので、使用権を有する者の使用に対しては商標権を行使することはできません。特に、先使用権が重要です。

先使用による商標の使用をする権利（先使用権）（32条）

（ア）他人の商標登録出願前から不正競争の目的でなく、（イ）その商標登録出願に係る同一・類似の指定商品・役務について同一・類似の商標を使用した結果、（ウ）その商標登録出願の際、現にその商標が自己の業務に係る商品又は需要者の間に広く認識されているときは、（エ）継続して使用することができます。

需要者の間に広く認識されている商標（周知商標）は、他人が出願しても拒絶（4条1項10号）されるはずですが、誤って登録された場合に無効審判を請求することなく使用を認めるものです。また、除斥期間の5年が経過し無効審判を請求できない場合にも実益があります。さらに、商標権侵害に対する防御方法としても利用されます。

〔4〕回復した商標権の効力の制限

再審により回復した商標権の効力の制限です（59条）。異議申立による取消又は無効審判による無効により消滅した商標権は、本来自由に使用できるので、回復した商標権の効力を遡及的に及ぼすことは妥当ではありません。したがって、商標権の効力が制限されます。

8　商標権の侵害と救済

〔1〕商標権の侵害

（1）専用権の範囲

商標権者は、指定商品・役務について登録商標の使用をする権利を専有します（25条）。商標権は独占排他的な使用権であるので、他人が権限無く（使用権等の正当事由なく）指定商品・役務について登録商標を使用すれば商標権の侵害となります（図表２６－１０、２６－１１の専用権A）。

（2）侵害とみなす行為（間接侵害）

（イ）禁止権の範囲

上記の商標権の本来の効力の防御範囲として、類似関係にある範囲についても、他人の使用は禁止・排除されます。具体的には、①指定商品・役務について類似商標の使用、②類似指定商品・役務について登録商標の使用、又は、③類似指定商品・役務について類似商標の使用は、商標権を侵害するものとみなされます(みなし侵害、間接侵害)（37条１号）（図表２６－１１の禁止権 B1, B2, B3)。禁止権は専用権を防御する範囲であり、他人の使用を禁止・排除します。しかし、商標権者は事実上使用することができます。

（ロ）侵害の予備的行為

商標権の効力の実効性を高めるために、「目的」を要件とし、上記侵害につながる予備的行為、さらに予備的行為の予備的行為も侵害とみなされます（37条２～８号)。

〔２）商標権侵害に対する救済

特許権、実用新案権、意匠権と同様に、民事上の救済である差止請求権（36条)、損害賠償請求権（民709条)、損害の額の推定（38条)、過失の推定（39条で特103条準用)、不当利得返還請求権（民703条、704条)、信用回復措置の請求（39条で特106条を準用)、及び、刑事上の救済である侵害罪（78条）等があります。「第１４章２ 特許権の効力〔2〕消極的効力（排他的効力)」(170頁）を参照してください。

〔３）商標権の侵害と侵害紛争の解決、他社からの権利行使への対策

「商標権の侵害と侵害紛争の解決」については、「第 １６章特許権の侵害と侵害紛争の解決」を、「他社からの権利行使への対策」については、「第２０章他社からの権利行使への対策」を参照してください。

9 防護標章登録制度

〔1）防護標章登録制度の趣旨

防護標章登録制度は、著名登録商標と出所混同のおそれがある非類似商品・役務について、当該著名登録商標と同一の標章の防護標章登録を認める制度です（64条)。図表２６－１１（328頁）の C3の領域（登録商標―非類似商品・役務）に該当します。

商標は商品・役務の出所の混同を防止するものですが、出所の混同は通常それらの類似範囲内で生じます。そのため、商標権の保護は商品・役務及び登録商標のそれぞれ類似範囲までです（専用権及び禁止権)。

しかしながら、商標が著名になると、他人が著名商標を非類似商品に使用した場合であっても、需要者はその非類似商品も著名商標の所有者が又はその関係者が生産・販売したものと誤認混同する恐れがあります。このような著名商標として世界的な商標「SONY」

がしばしば例に引かれます。例えば、ソニー株式会社と何ら関係のないＸ社が商標「SONY」を「寝具」に使用した場合、需要者はその寝具はソニー社又はソニー社と経済的又は組織的に何らかの関係を有する者の業務に係る商品であると誤認混同して購入し、Ｘ社は努力することなく、ソニー社の信用、名声及び顧客吸引力に**只乗り（フリーライド：free-ride）**して不当に収益を上げることになります。

また、「SONY」の「AV 機器、ゲーム、映画・音楽」等の特定商品に対する信用や顧客吸引力、広告宣伝が「寝具」に分散して希釈され、財産的価値が低下します（**商標の希釈化：ダイリューション： dilution**)。もっとも、著名商標の所有者自身が経営の多角化により著名商標を新商品に使用することもありますが、この場合は、所有者自身が自分の商品によって築き上げてきた信用や顧客吸引力、広告宣伝を利用して自己の新商品の販売を促進するもので、只乗りや希釈化の問題が存在しないことは言うまでもありません。

更に、Ｘ社の「寝具」が粗悪・低品質である場合は、ソニー社の高級イメージは**汚染（ポリューション：pollution）**されます。

〔２）防護標章登録制度の概要

防護標章登録制度は上記のような問題に対処するもので、商標権者が著名な登録商標について予め商品・役務の出所の混同を生ずる範囲を明確にしておき、①他人が商標登録を受ける危険を防止し、②著名な商標が未登録であっても他人の使用を禁止し、③他人が使用した場合には商標権の侵害とみなして迅速な救済を図るものです（67 条）。

防護標章は使用意思がないことを前提とするので、不使用取消審判の対象ではなく、また商標権者は他人の権利と抵触しなければ防護標章を事実上使用することができます。

10　国際登録出願(マドプロ出願)

日本で取得した商標権は日本国内のみで有効で、海外でも保護を受けるには保護を求める国で商標権を取得する必要があります（属地主義)。海外で商標権を取得するには、（１）各国への直接出願と（２）国際登録出願（マドプロ出願）とがあります。商品は一旦市場に出ると国境を越えたボーダレス化、グローバル化により転々流通するため、商標は複数国に出願することが多く、手続きが簡単で複数国に出願できる国際登録出願（マドプロ出願）が便利です。特許のＰＣＴ国際出願の商標版です。

〔１〕各国への直接出願

典型的には、パリ条約に基づく優先権を主張して、日本の商標出願日から６カ月以内に各国に出願する方法です。優先権を主張すると、外国出願（第２国出願）が日本国での出願（第１国出願）の日になされたのと同様の取り扱いを受け、第１国出願から第２国出願までの間になされた行為（例えば、他人による出願）により不利な取り扱いを受けない利益が得られます。出願国が少ない（例えば、１～２か国）場合に適しています。

〔2〕国際登録出願（マドプロ出願）

マドリッド協定議定書（マドリッドプロトコル：マドプロ）（２０２１年1月現在１０７カ国・政府間機関が加盟）・に基づき、日本国の商標出願又は登録を基礎として、一つの願書で日本国特許庁を経由して国際事務局（WIPO）に国際登録出願する方法です。

（1）権利発生までの流れ

①　基礎出願・基礎登録

日本国特許庁（本国官庁）に基礎となる商標出願又は商標登録が必要です。

② 国際登録出願

英語で願書を作成し、日本国特許庁を通じて国際事務局に国際登録出願します。商標は基礎となる商標出願又は商標登録と同一、指定商品・役務は同一又はその範囲内であることが必要です。出願人は、基礎となる商標出願又は商標登録の名義人と同一です。

③ 国際事務局による国際登録及び国際公表

国際事務局が方式審査した後、国際登録簿に記録され（国際登録）国際登録証が送付されます（なお、この段階では指定国での審査が行われていないので、指定国で自動的に商標権が発生するわけではない点に注意）。国際登録日は国際事務局が国際登録した日ではなく、日本国特許庁が願書を受理した日（願書を発送した日ではなく特許庁に到達した日）です。この国際登録日に各指定国に直接出願したのと同じ効果が与えられます。国際登録された商標は、国際事務局により国際標章公報で国際公表されます。

④ 指定国での審査

国際事務局による国際登録の指定国官庁への通報（指定通報）から１年（国により１８カ月）以内に、各指定国は国内の法令に基づき実体審査を行い、その結果を国際事務局に通知します。拒絶理由を発見しない場合は「保護認容声明」を国際事務局経由で出願人に送付します。一方、拒絶理由を発見した場合は「暫定的拒絶通報」を国際事務局経由で出願人に送付します。この期間内に「暫定的拒絶通報」を送付しなかった場合は、その指定国において自動的に保護されます。「暫定的拒絶通報」は拒絶理由に相当し、出願人は代理人を選任し意見書や補正書で対応します。

⑤ 国際登録の存続期間

国際登録日から１０年間です。１つの更新申請の手続で１０年毎に更新でき、指定国毎に行う必要はありません。

⑥ 指定国の事後指定

出願時に指定しなかった加盟国（国際出願後の新規加盟国を含む）を後から指定国として追加することができます。また、指定商品・役務についても国際登録簿上の範囲内で追加できます。

⑦ セントラルアタック（国際登録の従属性）

国際登録の日から5年以内に基礎とした日本の商標出願が拒絶、無効、取消等により消滅すると国際登録も取り消されます。この場合、救済措置として各国の国内出願への変更が可能です。この問題への対策として、優先権を主張する場合は、日本の商標出願が早期審査の請求により登録査定されるのを確認した後、日本の商標出願日から6カ月以内に優先権を主張して国際登録出願することが有効です。早期審査を請求すると1～2カ月で登録査定されるので、時間的には十分間に合う場合が多いです。優先権を主張しない場合は、日本の商標出願の登録査定を確認した後に国際登録出願する方法が有効です。

（２）国際登録出願（マドプロ出願）のメリットとデメリット

図表２６－１３に、国際登録出願のメリットとデメリットを示しました。

図表２６－１３　国際登録出願のメリットとデメリット

メリット	デメリット
①費用の節減 指定国で拒絶理由を受けなければ、現地代理人なしで手続きが可能で費用が節減 ②手続・管理の簡略 一つの出願手続で複数国に出願でき、また存続期間の更新、名義変更等も１つの手続きで可能 ③審査が迅速 審査期間が1年（又は１８カ月）に制限されているので、早期に出願結果を知ることが可能 ④事後指定の利用 出願時点で指定しなかった指定国の追加が可能	①セントラルアタック 国際登録の日から5年以内に日本国の商標出願又は登録が消滅（拒絶、無効、取消等）すると国際登録も取り消される。この場合、救済措置として各国の国内出願への変更が可能 ②基礎出願との同一性 商標及び指定商品・役務が基礎とした日本国の商標出願又は登録との同一性が必要 ③英語で出願（日本語は不可）

11 ネーミング（商標の選定）

商標は「商品の顔」であり「ものいわぬセールスマン」ですので、商品や役務（サービス）を市場に投入するには商標が不可欠です。一度見たり聞いたりすると強く印象に残り、忘れないネーミングが望ましいと言えます。商標を変更しただけで売り上げが急増したという事例も少なくなく、特許庁発行の「事例から学ぶ商標活用ガイド」には商品名の変更により売り上げが３０倍以上になった事例が紹介されています。

また、商標は自他商品・役務を識別するための選定（選択）物であり、特許、実用新案、意匠のように新規性（新しさ）は必要ではなく、使用した後でも出願できます。

参考までにネーミングのパターンを紹介します（出所：不明、筆者が一部加筆）。

図表２６－１４　ネーミングのパターン

ネーミングのパターン		
1	創業者の氏名	ブリジストン（石橋の逆）；サントリー；トヨタ
2	企業の地名	日立；カネボウ；カネカ；阿波鳴門；富士
3	商号の変更	ニコン；カネカロン；カネエース
4	商品の品質・形状・効能の間接表示	ハイシー；フェザー；ハッキリ；熱さまシート；スーパーエース；ブルーレット
5	神話型	オリンパス；アポロ；キューピッド
6	結合型（合成型）	VOLKSWAGEN；NESCAFE
7	漢語型	不老林；中華三昧；玄米菜食；松竹梅
8	和製英語型	ポカリスエット
9	語呂あわせ・駄洒落型	ぬかよろこび；からまん棒；ニオワナイン
１０	フィーリング型	ゴキブリホイホイ
１１	逆綴り型	ボネカ；レートー
１２	反覆型	アンアン；モミモミ；モーモー；ピヨピヨ
１３	大和言語型	文作くん；どっしりくん

12 ブランドとトレードマーク及びブランド・マネジメント

〔1〕ブランドとトレードマーク

ブランド（brand）もトレードマーク（trademark, trade mark ）も、ともに「商標」を意味する英語ですが、ブランドは「ブランド物（品）」、「ブランド好き」、「高級ブランド」、「ブランド力」、「ハイブランド」、「ラグジュアリーブランド」、「プレステージブランド」等に見られるように、日常生活の中に深く溶け込んでいます。ブランドは、自分の家畜を他人の家畜と識別するために家畜に「焼き印を押したこと（burned)」に由来すると言われ、まさしく商標と同様に自他識別の役割を果たしてきました。今日では、ルイ・ヴィトンやロレックス等の著名商標を指す場合も多く、これらのブランドの付された商品は高価格であっても優れたデザインや高品質のため消費者の好意的感情や憧れの対象であり、消費者に働きかける巨大な信用・顧客吸引力となっています。ペプシコーラとコカ・コーラの飲み比べを実施したところ、目隠しテストではペプシコーラに、目隠しを外しブランド名を明かしたテストではコカ・コーラに軍配が上がったとの結果がブランド力を余すところなく示しています（228頁のコラム参照)。このように、ブランドは財産的な価値を有し、ブランド資産（ブランド・エクイティ；brand equity）と言われています。

ブランドは、商標を包含し、顧客により認識され差別化された商品やサービス、更には企業自体のイメージの総体を指し、このイメージの総体を伝達するツールが商標であると言われています。

〔2〕ブランド・マネジメント

最近、ブランドイメージを経営戦略とするブランド・マネジメント（brand management）が重視されています。これは、ブランドイメージによる差別化を重視する考え方で、上記したブランドの価値を高め、市場での競争優位性を強化するブランド管理又は経営です。ブランドは、下記のように、商標法や不正競争防止法における商標の保護によって保護されます。

（1）商標の識別性、周知性、著名性の向上・維持

混同を生じるような他人の類似商標は登録を阻止し（4条1項11号、15号)、侵害（25条）や間接侵害や予備的侵害（37条1～8号）に対しては差止請求（36条）や損害賠償請求（民709条)，さらに刑事罰（侵害罪：78条）等の法的救済により、登録商標の識別性、周知性、著名性を維持します。

（2）商標の普通名称化や慣用商標化の防止

「エスカレータ｣、「メカトロニクス」や「魔法瓶」も商標が普通名称化したものです。普通名称化は、辞書、百科事典、新聞、雑誌等で、商標や登録商標の表示をせず恰も普通名称、一般名称のごとく使用されていることを放置することから起こります。したがって、普通名称、一般名称的な使用を目にしたら放置せず、商標や登録商標の表示を求めることが必要です。取引業者間で一般名称的に使用されることにより識別力を失い慣用商標化する場合も同様に対処します。登録商標が普通名称化又は慣用商標化すると商標権の効力が及ばず、第三者の無断使用を禁止できません（図表２６－１２②，③）(329頁)。

（3）商標の只乗り（free-ride)・希釈化（dilution)・汚染（pollution）の防止

他人による周知・著名商標の信用や顧客吸引力への只乗り、特定商品・役務に対する信用や顧客吸引力が他の商品・役務に使用することにより生じる希釈化や、低劣・低価格の商品・役務に使用することにより生じる汚染を放置すると、商標の識別力、顧客吸引力や財産的価値が低下します。防護標章登録制度（64条）や、下記のように、不正競争防止法により対処します。

（４）周知・著名商標及び形態模倣の不正競争防止法による保護

（あ）不正競争行為

①　周知表示混同惹起行為

他人の商品等表示として需要者間に広く認識されているものと同一・類似の商品等表示を使用して、他人の商品・営業と混同を生じさせる行為は不正競争行為となります（不競２条１項１号）。

②　著名表示冒用行為

他人の著名な商品等表示と同一・類似の商品等表示を使用する行為は不正競争行為となり、混同を生じるかどうかは問題ではありません（不競２条１項２号）。著名な商品等表示の顧客吸収力を只乗りする行為（free-ride）、希釈化する行為（dilution）、汚染する行為（pollution）を規制するものです。

③　商品形態模倣行為

他人の商品の形態を模倣した商品（デッドコピー：dead copy）を譲渡等する行為は不正競争行為となります（不競２条１項３号）。ただし、最初に販売された日から３年以内に限ります（不競19条１項５号イ）。先行開発者は３年以内に投下費用や労力を回収し、利益を上げているだろうから、３年経過後は規制する必要はないとの考えです。

商品の形態は商品の形状、模様、色彩等で、上記１号、２号のように商品等表示の機能は問わないとされています。また、周知性、著名性は問題ではありません。

なお、模倣行為自体は規制対象ではありません。試験研究のための模倣行為まで規制対象となり、妥当ではないからとされています。

（い）救済

特許権、実用新案権、意匠権と同様に、民事上の救済である差止請求権（不競３条）、損害賠償請求権（不競４条）、損害の額の推定（不競５条）、不当利得返還請求権（民703条、704条）、信用回復措置の請求（不競14条）、及び、刑事上の救済である罰則（不競21条、22条）等があります。

“捕らえてみれば市会議員”

会社在職中、中央研究所から特許室（当時）に移って間もないころ、大牟田市で登録商標が無断で香港製の偽ウイッグにつけられ販売されているとの情報がはいり、初めて飛行機に搭乗して現場へ。捕らえてみれば現職の市会議員で、韓国から輸入し販売。悪意はなかったと判断し、証拠としてウイッグ２個を入手し、追って詫び状を送付してもらう旨の一筆を取って帰阪し関連事業部長に報告。事業部長はこれで納得せず、「○○特許室長の弟子にしては生っちょろい。首に縄を付けてでも引っ張ってこい。」

翌日再び現地に飛び、市会議員に事情を話して、さすがに縄は付けませんでしたが来阪してもらい事業部長のところへ案内。名刺を交換するなり「遠路はるばるおいで下さいました・・・？？？」。昨日の権幕は一体どこへやら？

肩書には弱い？それともこれもビジネスマナー？

余談ですが、前日の初のフライトでは乱気流と雷に巻き込まれ、爾後の飛行機嫌いの一因＊となり、その後のクライアントからの海外の特許庁や見本市への出張要請を敬遠し、迷惑をかける結果となりました。

＊飛行機嫌いの他の原因：１９７２年に商標問題をワールド・ワイドに解決するためにオランダへの出張中に、該商標の事業部の社員２名がモスクワでの日航機墜落事故で犠牲になったこと；仕事を終え、ロンドンのヒースロー空港から搭乗した大阪行き飛行機の離陸直後、着用していたノンフレーム眼鏡のレンズが脱落したこと；さらにスカンディナビア半島の上空辺りで計器の故障とかでヒースロー空港にユーターンし肝を冷やされたこと。

第27章　知財ミックス戦略

1　知財ミックス戦略

知財ミックス戦略は、知的財産を組み合わせることにより、各知的財産の補完的効果と相乗的効果とによって市場での競争優位性を高めようとする戦略です。特許権（実用新案権を含む）、意匠権、商標権等の知的財産権を組み合わせたものが**知財権ミックス戦略**、これらの知的財産権にノウハウ等の知的財産を組み合わせたものが**知財ミックス戦略**と言われます。

欧米では、ヒューレット-パッカード社の社長であったJ. A. Young氏を委員長とし米国の産業競争力の強化を目的として１９８５年に公表された「ヤング・レポート」で提唱した「プロパテント（pro-patent）（特許重視政策）」から、その後継版と言われ、IBMのCEOであったSamuel J. Palmisano氏が２００４年の「パルミサーノ・レポート」で提唱した、イノベーションこそが競争力強化の原動力とする「プロイノベーション（pro-innovation）（技術革新重視政策）」に移行し、技術の開示・開放と秘匿・独占とを組み合わせたオープン＆クローズ戦略と標準化を基軸とし、「知財権ミックス戦略」又は「知財ミックス戦略」を中心とする知財マネジメントが行われていると言われています。

例えば、アップル社とサムスン社との間で、スマートフォン端末及びタブレット端末に関して、２０１１年から７年に亙り米国、韓国、日本等１０か国に及び和解で終結した知財訴訟で、アップル社が特許権、意匠権（デザイン特許）、商標権、トレードドレス（trade dress）（製品の形状、包装等から生じる全体的イメージ）等を組み合わせた知財ミックス戦略を展開し、特に、意匠（デザイン）やブランドイメージを重視したことで一躍有名になりました。巷間言われるように、携帯電話売り場を覗くと、他社の携帯電話は見分けがつかないのに対し、アップル社のiPhoneだけが際立っています。

２０１８年５月、経済産業省と特許庁は「デザイン経営宣言」という報告書で、「デザイン経営」とは、デザインの力をブランドの構築やイノベーションの創出に活用する経営手法であると定義しています。ここでのデザインとは「意匠」よりも「設計」に近く、製品のデザインだけではなくブランドやプロセスを再設計することにより、ブランドの構築やイノベーションの創出を図り競争力を高めようとする経営手法のようです。

令和元年（２０１９年）の意匠法の改正では、意匠の定義の見直し、保護対象の拡充、存続期間の延長等、大幅な改正が行われました。

技術の優位差による他社製品との差別化が困難となる中で、特許権、意匠権、商標権による差別化により競争優位性を確保する考え方が大きくなるものと予想されます。

以下、特許権、意匠権、商標権の知的財産権を多角的・重層的に組み合わせた知財権ミックス戦略を考えます。なお、特許権は同じく技術を保護対象とする実用新案権を含みます。例えば、特許権では「技術思想」で広く権利化し、実用新案権では「形状・構造」で権利化すれば、実質的に同じ技術を異なる保護対象として、特許権と実用新案権の両方で権利化することが可能です。実用新案権は出願から2〜3カ月で早期に権利化される特徴があります。これらに意匠権や**半永久的な商標権**を組み合わせることにより、複合的且つ相乗的な保護範囲の拡大を図り、**競争優位性の半永久的な維持**を図ることができます。

2 知財ミックス戦略の例

〔1〕特許権と意匠権のミックス戦略

特許は発明（技術：作用効果）を保護対象とし、意匠は物品の外観（デザイン：美感）を保護対象とし、両者は異質のものを権利の客体としているため、それぞれ権利が付与されます。例えば、「自動車のタイヤに特殊な凹凸を形成することによりタイヤの摩耗やスリップを少なくする作用効果を奏する場合は特許権」が付与され、また、「同じ凹凸を形成したタイヤが美感を起こさせる場合は意匠権」が付与される可能性があります。例えば、住友ゴム工業の自動二輪車用タイヤについて、特許権（特許第5161933号）と意匠権（登録意匠第1426606号）が挙げられます（出所：「意匠法を活用した知財ミックス」日本弁理士会）。この場合の知財権ミックス戦略の効果は下記のとおりです。

① 特許権、意匠権のいずれか、又は、両方を取得できる可能性がある。また、無効審判等でいずれかの権利が消滅しても、他の権利が残る可能性がある。

② 特許出願について審査請求を出願から3年経過直前まで遅らせる場合、権利化に3年以上（3年プラス審査期間）かかるのに対し、意匠出願は出願から6〜7カ月で権利が付与されるので、保護のない無権利の期間を意匠権が付与されるまでの6〜7カ月間に短縮することができる。（なお、実用新案権は出願から2〜3カ月で早期に権利化されるので、実用新案権をミックスすれば無権利の期間を2〜3カ月に短縮できる。）

③部分意匠や関連意匠との組み合わせで、意匠権と特許権との保護範囲は拡大される。

④ 特許権の存続期間は出願日から２０年、意匠権の存続期間は出願日から２５年で、両者を同日に出願した場合では特許権が消滅した後も５年間は意匠権で保護される。

⑤ 意匠権は物品の外観（デザイン）であるので、特許権に比べて侵害を発見し易い。

〔2〕特許権と商標権のミックス戦略

平成８年（１９９６年）の改正法で立体商標制度が導入されたことにより、特許権と商標権が取得できる可能性があります。例えば、「自動車のタイヤに特殊な凹凸を形成することによりタイヤの摩耗やスリップを少なくする作用効果を奏する場合は特許権」が付与され、「同じ凹凸を形成したタイヤが、一定期間の継続的使用によって商標の機能である自他商品の識別力を有するに至った場合は商標権」が付与される可能性があります。

なお、商品の形状（立体形状）自体は通常自他商品の識別力はなく、一定期間の継続的使用や広告宣伝によって初めて自他商品の識別力を持つに至るもので、商標法３条２項の使用による（特別）顕著性（自他商品の識別力）に似ています。この場合、他社の同一又は類似の形状の不正使用を放置すると、継続的に使用しても顕著性が発生しないので、不正競争防止法第２条１項１号（周知表示混同惹起行為）、２号（著名表示冒用行為）、３号（商品形態模倣行為（デッドコピー））により、他社の不正競争行為の停止又は予防を請求し不正使用を排除します。この場合の知財権ミックス戦略の効果は下記のとおりです。

① 特許権、商標権のいずれか、又は、両方を取得できる可能性がある。また、異議申立や無効審判等でいずれかの権利が消滅しても、他の権利が残る可能性がある。

② 特許権の存続期間は出願日から２０年、商標権の存続期間は登録日から１０年であるが１０年毎に何度でも更新できる。したがって、特許権が消滅した後も商標権で半永久的に保護される。

③ 商標権は、特許権に比べて侵害を発見し易い。

〔３〕意匠権と商標権のミックス戦略

立体商標制度が導入されたことにより、意匠権と商標権が取得できる可能性があります。例えば、「特殊な凹凸を形成した自動車のタイヤが美感を起こさせる場合は意匠権」が付与され、「同じ凹凸を形成したタイヤが一定期間の継続的使用によって商標の機能である自他商品の識別力を有するに至った場合は商標権」が付与される可能性があります。例えば、株式会社ヤクルトの包装用容器（乳酸菌飲料用）について、意匠権（登録意匠第409380 号等）と商標権（登録商標第 5384525 号）（３条２項の使用による特別顕著性により登録）が挙げられます。この場合の知財権ミックス戦略の効果は下記のとおりです。

① 意匠権、商標権のいずれか、又は、両方を取得できる可能性がある。また、無効審判等でいずれかの権利が消滅しても、他の権利が残る可能性がある。

② 意匠権の存続期間は出願日から２５年、商標権の存続期間は登録日から１０年であるが１０年毎に何度でも更新できる。したがって、意匠権が消滅した後も商標権で半永久的に保護される。

③部分意匠や関連意匠との組み合わせにより、意匠権と商標権との保護範囲は拡大される。

〔４〕特許権と意匠権と商標権のミックス戦略

上記した〔１〕～〔３〕の知財権ミックス戦略の補完的効果と相乗的効果が総合的に得られ、知財権ミックス戦略の最大の効果が期待できる。

索　引《さくいん》

（そ）

（た）

（ち）

（つ）

（て）

（と）

裁判事件一覧表

事件名	判決日	裁判所	要旨(メモ)	頁
青色発光ダイオード事件	平16.1.30	東京地裁	発明の対価　高裁で和解（発明者貢献度５％）	270
アクリルアミド事件	昭51. 5 .2	東京地裁	クレームの要素に軽重なし	101
アバスチン（ベバシズマブ）事件	平27.11.17	最高裁	延長登録の可否　「包含しない場合」は可	168
あられ菓子事件	昭47.12.14	最高裁	訂正とクレームの変更　度Cを度Fに訂正は不可	160
椅子式マッサージ機事件	平18.9.25	知財高裁	能力超過分の実施料相当額分の賠償を否定	171
一眼レフカメラ事件	昭55.7.4	最高裁	頒布された刊行物	56
インクカートリッジ事件	平19.11.8	最高裁	製造に当たるリサイクル製品は消尽せず侵害	204
ウオーキングビーム式加熱炉事件	昭61.10.3	最高裁	先使用権における事業の準備	186
エアロゾル製剤事件	平13.10.30	大阪高裁	作用効果不奏功は構成不充足も主張	193
液体調味料事件	平24.12.24	知財高裁	限界付近の実施例なしでサポート要件充足	110
遠赤外線放射体事件	平21.3.18	知財高裁	測定方法の不備：明確性違反	96
オキサリプラチン事件	平28.10.28	東京地裁	国際禁反言：米国、ブラジルの審査経過を参酌	192
雄ねじ部品事件	平23.2.24	東京高裁	侵害の警告と権利行使	211
オプジーボ共同発明者事件	令3.3.17	知財高裁	発明者の認定　創作的関与が必要	75
回路用接続部材事件	平21.1.28	知財高裁	進歩性判断は推測では不十分で示唆等が必要	127
カム装置事件	昭40.8.31	東京地裁	独占的通常実施権者の差止請求（肯定）	182
感光性熱硬化性樹脂組成物事件	平20.5.30	知財高裁	除くクレームは明細書範囲内の訂正	101
キルビー事件	平12.4.11	最高裁	権利の濫用　無効の蓋然性が高い	202
金属編籠事件	昭45.4.17	大阪地裁	禁止権の制限　万人共有の財産	201
金属製棚の受干係脱装置事	昭49.2.25	松山地裁	公知公用の実案権　最も狭く限定的に解釈	201
グレーバー・タンク事件	50.5.29	米最高裁	アルカリ土類金属のケイ酸塩とマンガンのケイ酸塩とは均等	195
クロルプロマジン事件	昭33.9.11	大阪地裁	迂回方法（否定）意味と価値を有し回り道でない	198
クロルプロマジン事件	昭33.9.11	大阪地裁	利用発明　そっくり説	43
外科手術の光学的表示方法事件	平14.4.11	東京高裁	医療行為の特許性	54
血清コレステロール低下剤事件	平25.10.3	知財高裁	予測し難い顕著な効果	58
減音用囲い付内燃機関事件	昭57.5.27	東京高裁	公知発明の効果の総和	60
抗真菌外用剤事件	平9.11.28	東京地裁	PBP　製法限定説（禁反言）	36
ごみ貯蔵機器事件	平25.2.1	知財高裁	権利者不実施でも損害は侵害者の利益	172
磁器治療器事件	平7.3.7	最高裁	共有者全員で訴え提起	163
地震時ロック方法事件	平18.10.11	東京地裁	機能的表現は具体的構成に示された技術思想で確定	99
食品包装容器事件	昭55.1.24	最高裁	裁判所で技術常識の認定資料は提出可	163
自動車用アースベルト事件	昭63.7.19	最高裁	クレームの補正と再度の警告	121
シワ形成抑制剤事件	平18.11.29	知財高裁	用途発明　機序が異なる	61
膵臓疾患治療剤事件	平11.4.16	最高裁	製造承認のための試験は非侵害	177
ストレプトマイシン事件	昭38.2.26	東京高裁	結合発明　結合が新規で効果が顕著	60
生体高分子事件	平17.6.17	最高裁	専用実施権を設定した特許権者の差止請求（肯定）	179
石油バーナー事件	昭39.8.4	最高裁	公知、公用の部分を除外	201
接着テープ事件	平3.1.2	東京高裁	比較例も後願を排除	65
装飾化粧板事件	昭54.2.16	大阪地判	「のみ品」と他の用途：社会通念上の用途	175

あとがき

（知財との出会い）

某化学会社の中央研究所にいたときに、本社の特許室（当時）の室長が先輩をカバン持ちに伴って来所し、特許の講演を行った。内容は、当然、「発明とは」、「特許とは」、「特許権の侵害とは」等についてと思いきや、「概念とは」、「内包とは」、「外延とは」等、まるで大学での「論理学」の講義かと見まがうばかりの内容に些か当惑。講演後の質疑応答で、質問など出るはずもないと高をくくっていたら、何と数人から質問が出たのにも仰天。久々に学生に戻ったかのように、どの顔もはにかみながらも生き生きとした表情が印象的。

企業利益に密接した現実的な講義を予想していたので、この講演内容にはショックを受けるとともに、予想外のアカデミックな雰囲気に興味を抱き、ほどなく特許室への移動を自己申告したところ、あっさりと認められた。これが、知財との出会いである。

当時、特許室としても、講義録の「均等」のところで触れた「発泡剤事件」（195 頁）の裁判やら、また、当時ストレートな頭髪を望む黒人女性の間で人毛に似た合成繊維のウイッグが世界的にブームとなり、ウイッグやその素材である繊維についての海外商標出願やらで、猫の手も借りたい状況であった。まさしく渡りに船であったようである。

（弁理士試験）

弁理士試験にチャレンジしたのは、昭和４６年（１９７１年）に上記カバン持ちの先輩から誘われたのがきっかけである。択一試験まで半年ぐらいだったので択一試験のみにしぼる。試験場は近畿大学。冷房はなく、扇子であおぎながらの回答。無事パスしたが、論文試験は不勉強のため予定通り棄権した。

昭和４７年は一応論文試験の準備もした。当時は勤務しながらの受験では、平均５～６年かかると言われていた。確かに、受験のベテランともなると、特許法条文のほとんどを諳（ソラ）んじ、仮想の設問に対しては、まるでレコーダを再生しているかのように回答が口をついて出てくるのには圧倒された。こんな怪物でもパスしないのだから、僅か１～２年の新米では逆立ちしても到底パスするはずもないと思うと却って熱がはいらず、冷やかし半分で準備も年が明けて取り掛かる始末。

試験場は前年と同じ近畿大学。論文試験は必須 5 科目と選択 3 科目の計 8 科目。何とか回答はしたものの、試験場で初めて目にするような問題ばかり。しかし、予想に反し１０月半ばに論文筆記試験の合格通知。この年を含め当時の合格率は２％台の狭き門。足掛け２年とはいえ幸運にも実質的には１回の受験でパス。この直後に気分よく、後述の商標係争解決のためにオランダへ。

（「発泡剤事件」）

「発泡剤事件」の裁判では、当時技術説明会や準備書面等でてんやわんやで、筆者は少々筆記速度が速かったため室長の口述筆記に指名され、一日に５０～６０枚にも及ぶことも。終了後には加筆や削除もあり、頭の中には全て入っていることにも感嘆。終わった後に決まってご馳走してくれるのは、疲労回復に良いからと小豆のたっぷり入ったぜんざい。

ある日の裁判所での技術説明会。こちらの弁護士が発泡剤であるブタンを黒板に書いて説明する際に、炭素の原子価（水素原子と結合する手の数）４本を誤って５本書いたときには、出席者一同互いに顔を見合わせ「誰か訂正しろ」と目配せしあったが、結局誰も訂正せず。果たして説明会の目的は達成できたのかどうか疑問が残った。

（海外での商標係争）

合成繊維とウイッグを指定商品として、１２０カ国以上に国内代理人を通さず海外代理人に直接依頼して商標出願したが、そのうちの２０数か国において、オランダの会社の商標との間で異議申立や無効審判で係争となり、オランダでは遂に差止めされるに至り、俄かに両社間でワールド・ワイドに話し合いで解決しようという気運が高まった。

昭和４７年（１９７２年）１１月末、ドイツの駐在員と事前打ち合わせのためハンブルグに滞在中に、前夜に駐在員宅でもてなし翌朝駐在員が空港で見送った営業マン ２ 人がモスクワでの日航機墜落事故で犠牲になるという出来事にでくわした。この２人の営業マンは、奇しくも件（クダン）の繊維事業部の所属であり、駐在員と一緒に欧州の市場を回った後、帰阪途中での悲劇であった。２人のうちの上司の方が無類の山好きで、欧州の市場を回り終えたのが週末だったので帰阪予定を延ばし、マッターホルンに登頂したのが事故機に乗り合わせる羽目となった。駐在員も彼らに同行したが、山頂は、１１月の外界の曇天とはうってかわっての好天で、かの上司の口から出た一言は「ああ、俺はいつ死んでもいい。」だったとのこと。爾来、思わずこの言葉が口をついて出そうな場面に出くわしても、この件が思い出され慌てて飲み込むことにしている。

この事故の翌日にオランダのアーネムに飛び、広大な池を擁する閑静な相手会社の保養所で交渉を行い、互いに重要な商品分類を分け合うことで無事決着した。交渉相手は５０歳代ぐらいの女性で、幼少期から父親の仕事の関係により欧州各国で生活をしたため６か国語を話せるとのことであった。こちらの英語に気づかってか、「ほかに得意な言葉があればご遠慮なく」との問いかけには、我が国随一の大学出身で、一流商社を渡り歩いて英語には自信があるはずの駐在員の表情にも流石に苦渋の色と不快感がありあり。

（実用新案「修正テープ具」）

代理人として印象に残っている事案に、文房具界において、何十年に一つと言われる「修正テープ具」がある。修正後直ぐに修正面に筆記できる画期的な優れものである。

この修正テープ具の基本特許は、ケース内に収納した繰り出しリールから塗膜転写テープを繰り出し、ケース先端のヘッドにより修正したい文字上に該テープを押し付けて塗膜を文字上に転写・被覆し、残ったテープのみをケース内の巻取りリールに巻き取るというものである。

実用新案に係る修正テープ具は、上記構造にテープの捻転機構を設け、テープをヘッドの手前で９０°捻転させ、塗膜を文字上に転写・被覆した後に捻転をもとに戻す構造に改良したものである。

上記の基本特許も、同じ出願人により取得されているが、この修正テープ具は、テープをケースの表裏両面に対しほぼ垂直に案内するため、修正テープ具を把持してテープの長手方向に移動させるので肘を張り、肘を浮かせる必要があり、安定性と確実性に欠け、したがって、ヘッドを修正箇所にセットし移動させにくいという課題を含んでいた。

実用新案の修正テープ具は、捻転機構の採用により、テープをケースの表裏両面に対しほぼ平行に案内するため、恰も筆記具を持つように把持でき、筆記具で筆記するように手の平の手首に近い部分を紙面につけた安定した状態で横方向に修正テープ具を移動させればよく、基本特許の安定性と確実性に欠けるという課題を解消したものである。

この実用新案出願は、実体要件（新規性，進歩性等）が審査され、異議申立が認められていた時代の出願であり、審査後に登録公報が発行されるや異議申立がなされ、その内容は全く予断を許さない非常に厳しいものであったが、無事勝利を得ることができた。

この修正テープ具は「横引き修正テープ具」と呼ばれ、使い勝手の良さが話題となって大ヒット商品となった。考案者は一躍時代の寵児となり、しばしばTVにも登場した。

内外でライセンス許諾を希望する企業が相次ぎ、１０社を優に超える国内の企業はいずれもライセンス許諾を得て市場に参入した。

このケースで注目すべきことは、権利の存続期間が満了するまで、これをさらに改良し、凌駕するような修正テープ具が出現しなかったことである。一般に、特許も実用新案も、数年後には改良技術・改良品が現れ、これにとって代られることが多く、存続期間の満了まで独占的に実施でき、実施料収入が得られるケースは少ない。

そうであるなら、なぜ実用新案ではなく存続期間が長い特許ではなかったのかとの疑問を持たれるかもしれない。しかし、特許（発明）の場合は、実用新案（考案）よりも高い進歩性が要求される。もし特許出願していたら拒絶査定され、あるいは異議申立で取り消され、前代未聞の成功は「夢のまた夢」に終わっていたかもしれない。このケースは基本特許の「縦引き」を「横引き」に変更して実用性、使い勝手を高めたもので、そのアイデアの内容からは実用新案に相応しいとも思われる。腹八分は知財にも当てはまるのかもしれない。

ともかく、本件は、特許にせよ実用新案にせよ、権利化できるかどうかは出願人の命運に大きく係り、権利化を左右する審査や代理の重大性と責任とを改めて痛感・再認識させられ、同時に代理人冥利に尽きる１件である。

最後に、長い間、知的財産権の勉強会にお付き合い頂いたことに感謝を申し上げる。

２０１９年１０月・２０２２年7月　　　　　　　　　　伊丹　健次

《著者略歴》

徳島県出身。
徳島県立徳島工業高等学校（現徳島科学技術高等学校）、
神戸高等技術研修所、神戸市外国語大学、
大阪市立大学（現大阪公立大学）を卒業。
某化学会社で知的財産権の業務を担当。
１９７３年　弁理士登録。
１９８１～２０１７年　伊丹特許事務所の代表者。
２０１８年～　企業、特許事務所の顧問。
２０１９年～　企業、特許事務所の顧問。オンライン知財塾を主宰。
E-mail: itamipt@mua.biglobe.ne.jp
（ご教示、ご叱正、ご意見等があればお寄せください。）

特許講義録

2023 年 2 月 19 日　初版　第一刷発行
著者　伊丹 健次
発行者　谷村 勇輔
発行所　ブイツーソリューション
〒466-0848 名古屋市昭和区長戸町 4-40
電話　052-799-7391
ＦＡＸ　052-799-7984
発売元　星雲社（共同出版社・流通責任出版社）
〒112-0005 東京都文京区水道 1-3-30
電話　03-3868-3275
ＦＡＸ　03-3868-6588
印刷所　モリモト印刷
万一、落丁乱丁のある場合は送料当社負担でお取替えいたします。
小社宛にお送りください。
定価はカバーに表示してあります。

　ISBN 978-4-434-31210-6